ジュール・ミシュレ

フランス史 VII
ルネサンス

Jules Michelet
HISTOIRE DE FRANCE: RENAISSANCE

◎桐村泰次 訳

論創社

凡例

一、本書は、Jules Michelet『Histoire de France』のなかの「十六世紀史」を訳したものである。この「十六世紀史」は「ルネサンス」「宗教改革」「宗教戦争」「シャルル九世からアンリ四世まで」の四部で構成されており、拙訳では、そのそれぞれを一巻ずつに分けた。

一、翻訳の底本には、すでに刊行したミシュレ『フランス史』（中世編）の場合と同じく、Robert Laffont版 "Renaissance et Réforme（Histoire de France au XVIe siècle）"（1982）を用いたが、Flammarion社の全集版（1978）も参照した。挿絵についても、中世編と同じJules Rouff版（1897）のそれを転載させていただいた。

一、章立てとそれぞれの章の見出しは、底本としたラフォン社版のそれに従った。

一、人名・地名については、たとえばチェーザレはミシュレの原書の表記は「César（セザール）」であるが、イタリア式に「チェーザレ」としたように、それぞれが属している現在の国での呼び方をカタカナで表記するのを原則とした。しかし、日本ですでに慣用化しているものはそれに従った。たとえば、ベルギーの都市「Anvers」はフランス語式では「アンヴェルス」、フランドル式では「アントウェルペン」であるが、日本で慣用されている英語式の「アントワープ」にした。また人名では「Michel-Ange」はフランス語式なら「ミシェランジェ」であるが、慣用に従って「ミケランジェロ」とした。また「レオナルド・ダ・ヴィンチ」は、本来は「ヴィンチ村のレオナルド」という意味の呼び名であるが、わが国でも「ダ・ヴィンチ」を苗字のように使うのが慣用化しているし、ミシュレも原書で同じような使い方をしているのでそれに倣った。

目次

フランス史Ⅶ　ルネサンス

まえがき

「中世」の研究に注いだ一八三〇年から一八四四年までの十余年と、「フランス革命」の研究に注いだ一八四四年から一八五三年までの約十年のあと、わたしに残されている仕事は、この二つの歴史の間に「ルネサンスおよび近代の歴史」を置いて、大きな全体を接合することである。

この巻は、本来の意味の「ルネサンス Renaissance」と、それにつづく「宗教改革 Réformation」と呼ばれるものから成る。もっとも、わたしたちは、これらのタイトルをシリーズ全体のなかで、それと明示することはしなかった。

全般的にいって、わたしたちは、すでに知られている印刷本を引用することはしなかった。引用されているのは、ほとんどがこれまでに知られていない手書き写本である。

本巻の出発点と到達点を二つの長い歴史で確定したからには、その間にひろがるこのルネサンスと宗教改革の歴史はあっという間の一歩である。

先の「大革命 Révolution」から「ルネサンス」に戻るには、「中世 Moyen Age」が完成して以来、公刊されたものを見直しておく必要がある。十四世紀と十五世紀についてわたしたちが書いたこと（第三部から第八部まで）は、なんら書き改める必要がない。あれから十年の歳月が流れたが、このわたしたちの仕事が揺らぐことはまったくなかった。手書き写本の第一次史料に基づいて記述したものだからである。

フランス人の起源を扱い、学問的探求を加えたのが第一巻（第一部と第二部）であるが、変更すべきことはなかった。その構成は、わたしたちが築き上げたままで、尊敬すべき競争者たちも、それぞれのフランス史を展開するうえでの基盤として採用してくれている。

西暦一〇〇〇年から一三〇〇年までの本来の意味での「中世」（第二巻と第三巻）については、未刊のテキストが数多く明らかにされており、それらは、この時代の慣習、ゴシック芸術などについて明確にしてくれている。文書として残されたものでわたしたちが勝手になかったことにできるものは、何一つない。むしろ、このあと「序論 Introduction」を読んでいただけば分かるように、そうしたテキストから引き出される思考をより一層厳密に追求したいというのがわたしたちの願いである。そこでわたしたちが書いたことは、中世が自らに課した理想としては真実であるが、ここでわたしたちが示すのは、中世自身によって告発されている現実である。

その結果、全体としては、最初に書いたところとそれほど違っていない。当時（一八三三年、第一巻を書いたころ）は中世芸術についてわたしたちに課された訓練もそれほど厳しくなかったが、わたしたちは、この原理は、生命全般の規範に従っており、現在のわたしたちみんなと同じく、人間も人民も宗教も、死の有効な純化として解釈できると宣言した。死というのは、それほど大きな不幸であろうか？　人は、死によって、よりよい生に再生するのではないだろうか？

そのうえ、この本は、死にゆく人々を苦しめるために書かれたものではなく、生きる力への呼びかけである。

わたしの考えでは、古代の書は、人間が自ら自分の運命を切り開くことを支持している。


「fabrum suae quemque esse fortunae　人は己の運命の作者なり」（サルスティウス）

ところが中世においては、人間は自らが作り出した巨大な集団的力によって打ち砕かれ、個人は集団に対抗するには自らはあまりにも弱いと思い込んでいた。それが、十五世紀になると、「人間l'homme」への信頼が甦る。わたしたちは「個人l'individu」を信じるのである。

ここから出て来るのが次の厄介な問題である。「進歩progrès」がわたしたちに刃向かってきたのである。わたしたちが自分たちのやったことの大きさに興奮すればするほど、その大きさがわたしたちを貶め落胆させるようになったのだ。あたかもピラミッドを眼前にしたときのように、わたしたちは、自らを取るに足りない存在であるとする思いに囚われ、自らを見失うのである。しかし、それを築いたのは、わたしたち人間以外の誰であろうか？　昨日わたしたちが創造した工業が、今日はわたしたちの前に立ちはだかる障害となり、わたしたちを左右する運命と映っているのだ。本来ならわたしたちを元気づけ情報を提示して導いてくれる歴史が「すべてを決定するのは時代であり個人の意志など取るに足りない」と思わせて、わたしたちを萎えさせるのである。

わたしたちは、歴史を呼び覚ましたはよいが、その歴史に捉えられ、窒息させられ、打ち砕かれるのである。あるいは、歴史の重荷の下で身体をへし曲げられ、息絶え絶えとなり、新しい何かを考え出すこともできなくなる。過去が未来を殺しているのである。「芸術は死んだ」というのは、どこから来たのか？　歴史が殺したということであろうか？

わたしたちは、歴史の名誉のため、生命の名において、そのことに抗議する。歴史をそのような石の堆積と見るべきではない。歴史とは、魂と独創的思考の堆積であり、豊かな主導性、行動と創造のヒロイズムである。

歴史が教えているのは、一人の魂は、一つの王国や帝国、一つの国家機構、場合によっては人類全体よりもはるかに重みをもつということである。

それは、どういうことから言えるのか？　ルターがその一例である。彼は、法王とローマ教会、神聖ローマ帝国に対して「否」と言い、ヨーロッパ全体を起ち上がらせた。

クリストファー・コロンブスは、ローマとそれまでの幾世紀かの歴史に対し、公会議と伝統に対して「否」を突きつけた。

コペルニクスは、学者たちと人民に対し、本能と学問、眼で見ているものや五感で捉えているところをさえ否認し、観察を理性に従わせ、一人で人類に勝利した。

それこそが、十五世紀が腰掛けている堅固な石なのだ。

一八五五年一月十五日、パリ

序章

一、ルネサンスの意味と範囲

「ルネサンス」という好もしい響きをもつ言葉から美の愛好家たちが連想するのは、一つの新しい芸術の出現と空想力の自由な飛翔であるが、碩学の人の脳裏に浮かぶのは古代研究の復活であり、法曹家たちが思うのは古きフランスの雑然たる慣習法のカオスの上にいよいよ陽が射し始める日が到来したということである。

それだけだろうか?『オルランドOrlando』〔訳注・中世の『ローランの歌』を下敷きにしてイタリアの詩人アリオスト（1474-1533）が書いた『狂乱のオルランド』〕、画家ラファエロ（1483-1520）のアラベスク〔訳注・元来はアラビア風装飾の意。主として植物をモチーフに線がもつれ合った模様〕、彫刻家ジャン・グージョン（v.1510-v.1566）の妖精たち〔訳注・パリの『イノサンの泉』を飾るレリーフ〕などが護教論に縛られることなく世界の移り気を楽しませてくれるようになったことである。芸術家、聖職者、懐疑家という精神的に異なる人々が一致して、この偉大な世紀の決定的成果がそのようなものであることを示してくれている。モンテーニュ（1533-1592）の「私は何を知っているか Que sais-je?」は、パスカル（1623-1662）が知見したもののすべてであり、ボシュエ（1627-1704）はこうした思索のなかで『プロテスタント教会変異史（Variations）』を書いた。このようにして革命に注がれた、かくも広汎で複雑、骨の折れる壮大な努力が《無 néant》しか生み出さなかった可能性があった。もしもこのような広大な意志が何の結果も遺さなかったとしたら、これほど人間の思考をがっかりさせることがあろうか？

これら、やってくるのが早すぎた人々が忘れていたことは二つに絞られる。世界の発見と人間の発見との二つで、それが、他の何にもまして、この時代に属していたのだ。

十六世紀は、その偉大かつ必然的な拡大のなかで、コロンブスからコペルニクスへ、コペルニクスからガリレオへ、地上の発見から天上の発見へと進んでいった。

そのなかで、人間は自身を発見した。人間は、ヴェサリウス〔訳注・現在のベルギーの解剖学者。1514-1564〕とセルヴェ〔訳注・Michel de Villeneuveとも。スペイン人の医師で神学者。カルヴァンにより焼き殺された。1511-1553〕によって生命とは何かを示され、ルター（1483-1546）、カルヴァン（1509-1564）、デュムーラン（1500-1568）、クジャス（1522-1590）により、さらにラブレー（1494-

1553)、モンテーニュ(1533-1592)、シェイクスピア(1564-1616)、セルバンテス(1547-1616)によって心の神秘に分け入った。そして、人間の本性の深い基盤を測り、それをはじめて正義(Justice)と理性(Raison)のなかに確定した。懐疑主義者たちも信仰の樹立を助けた。なかでも、最も大胆な人〔訳注・ラブレー〕は、その「意志の神殿Temple de la Volonté」〔訳注・『ガルガンチュア』に「テレームの僧院」として出て来る〕の柱廊に「入って、ここに深い信仰を樹立せよ」と書いた。

この新しい信仰が立脚している基盤は、事実、深い。再発見された古代は、自らを好んで近代と同一視し、垣間見られたオリエントも、わたしたちの西欧に手をさしのべてきたから、時間と空間の両方で人類家族のメンバーの幸福な和解が始まったのだった。

二、ルネサンスの時代

奇妙に人工的で怪物的なのが中世であるが、この中世が自慢できる点があるとすれば、その持続性と自然回帰への粘着的な抵抗であろう。

しかし、揺り動かされ、剝ぎ取られながらも、常に元どおりに復そうとするのが自然であるから、それも当然ではないだろうか？　封建制を、それが地中に根を下ろしたままに御覧なさい。それは、十三世紀に死んだように見えたが、十四世紀には再び開花し、十六世紀にも、《カトリック同盟》が幽霊のように姿を現し、貴族階級はフランス革命にいたるまで、それを保持するであろう。聖職者階級にいたっては、言うまでもない。いかなる衝撃も、これを無くすのには役に立たなかったし、いかなる攻撃も致命傷を与えることはできなかった。時間の経過と批判精神と理念的進歩によって打撃を受けても、聖職者たちは教育と慣習の力によって、より深層へと根を下ろした。中世は、このようにして持続したのであり、とっくに死んでいるので、「殺す」ことは困難なのである。「殺される」ためには「生きている」必要があるからである。

中世は、何度「終わった」ことであろう！

一つは、すでに十二世紀、「聖人伝 légende」に代わって世俗的な詩が三十編ほどの叙事詩を流布させたとき、そして、アベラールがパリで講筵を開き、《良識 bon sens》をもって旧来の神学に批判を加えたときに、《中世》は終わっていた。

次に、十三世紀には、一つの大胆な神秘主義が、たんなる批判を超えて、「歴史的福音のあとを永遠の福音が引き継ぎ、聖霊がイエスを継承する」と宣言した。このとき、一つの《中世》が終わった。

さらに十四世紀には、一人の俗人〔訳注・ダンテ〕が三つの世界〔訳注・地獄と煉獄と天国〕をわがものとし、それらを自分の「人間喜劇 comédie humaine」のなかに取り込んで幻視の王国を変貌させ閉じ込めたときに《中世》は終わった。

中世が決定的に終焉したのは、十五世紀から十六世紀にかけて、印刷術が発明され、古代とアメリカとオリエントが相次いで発見されて、真実の世界システムが明らかとなり、電撃的な光が眩い光を降り注ぐようになったことによる。

このことから、何が結論されるだろうか?

ひとたび支配的立場を獲得した制度・システムは、長い間持続し、容易に死に絶えるものではないということである。古代の多神教信仰はキケロの時代(前一世紀)には息絶え絶えになっていたが、ユリアヌスの時代(AD355-363)にもテオドシウス〔訳注・一世(379-395)と二世(408-450)といるが、ここでは、コンスタンティノポリス公会議を開催し、異教を厳しく取り締まった一世であろう。二世はテオドシウス法典の編纂で知られる〕の時代をも超えて勢いを保っていた。一般的に、ある人物について、その死体が埋葬された日をもって「没年」とするのが通常であるが、歴史家は、生産的活動ができなくなったときをもって「没した」とするのである。

図書館に行って、マビヨン〔訳注・ベネディクト会士の古文書学者で、「歴史考証学の父」とされる。1632-1707〕の『Acta Sanctorum ordinis S.Benedicti』(ベネディクト会聖人伝)を見よ。そこには、何世紀にもわたって沖積土のように積み重なった聖人たちの話が集められているが、それら聖人の信仰が、時代によって子供じみた蛮族的信仰の色合いを帯びていたこと、彼らが教えた神とキリストの相貌も地方的特色を帯びていたことがはっきりと窺われる。そうした現象が明白に終わるのが十七世紀であって、この本は、これらの豊かに開いた花が突如枯れた十七世紀をもって終わっている。

「イエズス会は、伝統を引きついでさまざまな聖人たちの伝記を刊行した。聖人たちはボランディストたちの聖人伝集に溢れている。」

〔訳注・ジャン・ボランド（1596-1665）がアントワープで『Acta Sanctorum』を刊行したのを承けて、ブリュッセルでは、十九世紀から二十世紀初めにも、ローマ、ギリシア、オリエントの聖人たちの足跡を集めた伝記が刊行されている。〕

ほかにもイエスが知ったら仰天し恐怖心を懐くのではないかと思われるような、好戦的でエキセントリックな聖人たちも現れた。そのような荒々しい聖人は、聖フランチェスコ（v.1188-1226）の出現とともに影が薄れるが、フランチェスコこそ、その妄想により、神への愛に酩酊した本物のバッカス信徒といえる。同様に、聖母マリアへの信仰熱も、イスパニアの聖ドミニクス（1170-1221）の出現によって、マリア本人をたじろがせるほどとなる。ドミニクスが組織した異端審問は、聖母マリアのために築かれた火刑台であり、その焔は永遠に燃えさかっていくであろう。

これらの激越な人物たちは、それまでのベネディクト会士たちとは対照的である。新しく台頭した人たちの行動の頻度やその言葉の激しさのなかには、天上を仰ぎつつも、彼ら自身が呪っている地獄の業や異端を思わせる何かがあった。

当時の公会議決議書を開いてみるがよい。そこには、聖人伝におけるのと同じ変化が見出される。

昔の公会議の議題が一般的に教会の制度や機構の問題であったのに対し、十六世紀以後は、ラテラノの大公会議（一五一二年から一五一六年にわたった第五回ラテラノ会議）をはじめとして、異端者に対する脅しと恐怖、残虐な処罰が主な議題となり、それを実行する警察の設置と運用が諮られる。ローマ教会自体、その勝利への努力の結果、輝かしい勝利と一緒にテロリズムが入ってきて、かつて見られたような豊饒さは消え去り、新しい危機を招来したのであった。かつて十二世紀にも、聖ベルナールは教会を守るためにアベラールに勝利したが、彼が教会にもたらした勝利は理性と批判に対する外見上の勝利であり、その勝利は神秘主義の流れを勢いづかせた。かくして勢いを増した神秘主義の思潮のなかで十二世紀末以後に姿を現したのが、ヨアキム・デ・フローリス（1145-1202）の恐るべき予言であり、「永遠の福音博士」パルマのジョヴァンニ（1209-1289）の教育であった。〔訳注・ヨアキムは歴史を三段階に分け、旧約の「父の時代」、新約の「子の時代」を経て一二六〇年からは「聖霊の時代」に入ると予言した。パルマのジョヴァンニはフランシスコ会総長で、「清貧」をめぐる規範の緩和派と厳格派の対立のなかで、厳格派に属しつつも反対派の意見も尊重して改革を行い、ボナヴェントゥラを後継者に指名して自らは一修道士に戻った。〕

芸術創作について見ると、それまで聖職者が主導権を握り、作品はあくまで宗教的であったのが、十六世紀には急速に世俗的になる。宗教的諸建築も、実際に手がけたのは、相変わらず教会と緊密に結びついた石工たちの慎ましい集団であったが、とりわけ装飾においては職人たちの自由な発想が形として表現されるようになっていった。

それだけではない。中世のゴシック建築は、骨の折れる組積み法による支柱と扶壁で支えられていたが、ルネサンス時代になると、支柱によらない合理的で数学的な建築法へと移った。その最初のお手本が、ブルネレスキ（1377-1446）の壮大な円蓋で知られるフィレンツェのサンタ・マリア・デル・フィオーレである。

芸術は、終わっても再び始まる。そこには中断はない。それに対しスコラ学は活力において劣り、ここには、ひとたび死ぬと再生はない。オッカム（1300-1349）は、アベラールが遺したところに戻すことによって、これを仕上げなければならなかった。その究極にして最終的な勝利は、自分のゆりかごに戻ることなのである。

中世の科学については、どうか？　中世科学を支えたのは、もっぱら、中世人から敵視されたアラブ人とユダヤ人であった。彼ら抜きでは、《中世》は《古代》に比してゼロ以下で、これは、恥ずべき後退であった。数学は、十二世紀には確固たる一つの学問であったが、十六世紀には、中身のない占星術や魔方陣（carrés magiques）のゲームになっていた。化学はロジャー・ベイコン（1214-1294）では、まだ道理にかなった学問であったが、十六世紀ごろには馬鹿げた錬金術や《まじないdélire》に近いものになっている。魔術が幻想の闇を最も深くしたのは十五世紀のことで、世界は、恐ろしいまでに光を失っていた。「印刷術によって世界は生まれ変わった」などと信じてはならない。あとで見るように、印刷術の恩恵は、光の友にも光の敵にも公平に及んだのであって、その効力の表れ方は緩慢であった。

これまであまり言われてこなかったことだが、一つはっきり言っておこう。フランス革命は文字で書かれた哲学が下準備した上で爆発したが、十六世紀の革命は、当時の哲学が死んで百年以上経ってから到来した。しかも、この十六世紀の革命は、「虚無néant」という一つの信じがたい死に遭遇し、その「無」から再出発したのであった。

その再出発は、壮大な意志の英雄的噴出であった。十九世紀の偉大さをもたらしている集団的力への過信に囚われた世代の人々は、この十六世紀に立ち戻ってみるべきである。そうすれば、人類に活力を回復させる源泉は、この世界を超えた何かであり、隣人に救いを期待しない魂の力であることを知るであろう。

まさに、十六世紀こそ一個の英雄なのである。

三、十二世紀から十五世紀の秩序の組織化と個人の無力化

十二世紀から十五世紀にいたる四百年間に、聖俗の行政機構がどのように組み立てられ完成されたか、そして、公的秩序と平和が構築されたか。これらは、すぐれた歴史家たちによってあますところなく記述されている。

ただ、その陰で見逃されてきたのが、当時、宗教と文学のなかで生じた退行——魂の生き生きした力と個性の衰退——の動きである。

十二世紀フランスで生まれ、全ヨーロッパで模倣を産んだ約三十編にのぼる叙事詩から『薔薇物語 Roman de la Rose』の陳腐さ、ヴィヨンの哀しい快活さにいたる退行ぶりは、なんと言ったらよいだろうか？

とくにフォリエル（1772-1844）といった文学史家たちは、適切にも「十二世紀を黎明期とすると、十四世紀は黄昏である」と喝破しているが、では、十五世紀は何というべきだろうか？

政治史家たちは、この時代を高く評価し、あらゆる面で人間解放が進んだこと、ブルジョワ層が増えて豊かさを増し、階級的上昇の道が広がったことを指摘しているが、たしかに、そうした動きは、人々に心理的効果をもたらし、精神活動を昂揚し、尊厳性のまったく新しい意味によって神は創造性を明確にし、インスピレーションを与えたように見える。

しかしながら、このとき広がった市民的自由は、目に見える結果をほとんどもたらさなかった。人間は「物 chose」から「人 personne」となり、「人間 homme」となった。しかし、それによって彼は何を得ただろうか？　何かを得たとしても、そのようには見えない。彼は、涸渇し不毛になっただけである。

この間に、さまざまな影響の発信源である上位の世界（monde supérieur）では何が起きただろうか？

ローマ教会（l'Eglise）は一つの君主制国家、おそるべき警察機構を装備した統治体となった。封建制の凋落のうえに君主制国家が建てられ一種の教会になったのと同じように、司牧権の衰微のうえに築かれたこの教皇の君主制国家は、俗人による公会議によって政策を定め、法律家が司教として動かす「ローマ教会」となった。

これらの行政体は、両者とも「神の恩寵grâce de Dieu」によって成っており、「不可謬」という神聖な性格を付されているが、それを構成している神々は可死の存在である。信者である人々は彼らのなかに一種の化肉（incarnation）を感じている。それゆえ、権力者は「生きた法律」であり、「肉の知恵」、「無における神」である。――これがこの世界の新しい宗教である。

この「君主制」で祀られるのは、教皇と王の二つの偶像であり、その祭壇は、中世において集団的行政の確立に寄与したのち十五世紀には死に絶えて墓の中で眠りに就いていた公会議・都市コミューン・自治都市・大連合・ロンバルディア連盟・神聖ローマ帝国議会・フランス三部会の廃墟の上に築かれた。いたるところで結果として勝利をわがものにしたのが教皇と王であり、すべてを満たしたのが神秘主義であって、理性の占める場はなかった。

かつてオリゲネスが行ったと言われる手術〔訳注・ギリシア哲学によるキリスト教教理の再解釈〕が、この時代には人間精神全体について要請され、その結果、十六世紀には、けっして消滅することのない自然と生産的生活が一種の野性的エネルギーをもって目覚め、反抗するまでになる。

ギゾー氏は、中世的共同体の凋落によってわたしたちは何かを失ったのではないかと疑問を投げかけている。わたしに言わせれば、失ったものは一つだけである。それは、魂であり、人格的誇りと強靭な抵抗精神、自己への確信である。これらこそ、十二世紀の都市コミューンをフリードリヒ・バルバロッサにも勝るくらい強靭にしていた基盤であったが、それが、十五世紀のブルジョワジーには全く消え失せてしまっている。

オーギュスタン・ティエリ氏は、一四一三年にパリでカボシャンたちが試みた行政改革を称賛し、それより約六十年前の一三五五年ごろにエティエンヌ・マルセルが取り組んだ革命の進展ぶりを注目している。ティエリ氏は、公共精神の低落には目を向けず、都市行政を締めつけ窒息させていた政治的枠組みを変えることなく行政を改良できると考えていたようである。ジャン二世〔訳注・善良王〕の軽率さとシャルル六世〔訳注・狂王〕の精神異常の間にあって、しかも、このような王に終身変わらず任せられている気まぐれな政治のもとにあって、いかなる確固たる改革が可能だったであろうか？　十四世紀はまだしも、病気がどこにあるかを感知していたし、治療法の探索も行われたが、十五世紀には、もはや考えることすら放棄されている。

哀れなフレデゲール〔訳注・フレデガリウスとも。メロヴィング時代の年代記者〕は、謙虚にもその年代記の冒頭に自分は半ば白痴であると述べているが、それは十五世紀の同様のモニュメントにふたたび現れているようである。メロヴィング時代の修道士の誰かが、凡庸さにおいてモリネの詩と同じレベルに達していたかどうか、わたしは知らない。〔訳注・ジャン・モリネ。マリー・ド・ブルゴーニュの家臣で、詩人。一四七四年から一五〇四年にいたる年代記を遺した。〕

四、十三世紀の低落

《中世》の横暴は「自由」から始まった。何事も「自由」から始まらないものはない。ユード（エウデス）がノルマン人の襲撃からパリを守り、ロベール豪胆公が殺され〔訳注・ユードの父。八六六年、ブリッサルトの戦いでノルマン人に殺された〕、アラン・バルブトルト〔訳注・「バルブトルト」は巻鬚の意。ブルターニュ公。937-952〕がノルマン人たちを海に追い落とした、この暗黒の十世紀に、偉大な結果をもたらす出来事が起きている。英雄ローランの歌が初めて謳われるのが、おそらくこのころである。

英雄ローラン、あるいは、それに類する歌は、一〇六六年のギヨーム（ウィリアム）征服王の時代には、すでに往昔の伝承となっていたのであり、一般的に信じられているような溶解する一方になっていた重苦しい封建期の作品ではない。『ローランの歌』に謳われている事態は、封建的しがらみのもとに隷従を強いられた時代のことではなく、人々がまだ自由で、ノルマン人やハンガリー人、サラセン人の侵入が相次いだため、ヨーロッパの防備を固め、あるいは、イスパニアにまで遠征していった時代のことである。

これらの重大な危機に立ち向かった戦士たちは、特権的な騎士ではなく、外敵に侵略された辺境地や河川の河口に要塞を築き、命がけで守った人々で、自分たちの子孫が、その土地の支配者になるなどと想像さえしていなかった。現代のわたしたちが囚われがちなガリア人かフランク人かローマ人かといった民族的違いも、当時の人々にとっては無関係であった。

では、当時の人々を種分けしていたのは何だったのだろうか？　あらゆる形の人々の結合があった。幾つかの地方では、相互に養子縁組した。これは最も古い形態である。交互に主従関係で結び合うのもあり、その典型的事例はフランシュ＝コンテに見られる。同じ主従関係でも、対等の立場で契約を交わす場合もある。戦士の場合、人間は塔のように上下に位置づけられた。この「人間の塔」は、通りすがっただけで逃げようとする人に「止まれ。われわれは協力して守り合おう。君は、好きなときに去ってよいし、わたしは君が去るのを手助けしよう。そして、必要とあれば、道案内もしてあげる。したがって、この橋やこの谷の入口、わたしの門、わたしの館、わたしの命、わたし自身もわが妻と子供たちのことも君に託そうではないか」と声をかける。結局、他方は「わたしは、自分の命をあなたに捧げます」と答え、互いに抱き合い、同じテーブルで食事する。これによって、両者を繋ぐ絆はますます強くなる。すべてが、成るべくして成ったのである。フリードリヒ・バルバロッサは言う。「そちのような騎士には、皇后を二人与えようぞ」。（これについては、わたしの『権利の起源 Origines du Droit』を読んでいただきたい。）

このようなのが往古の人々を結びつけた契約であった。そこには、なんと実り豊かな自由があったことか！　こうして、石が人間となり、子供たちは数え切れないほどで、人民は地上に満ちた。人間の数が増えただけでなく、心は豊かになり、生命は強靱となり、霊感は豊かとなった。人々は、大きな仕事をするだけでなく、それを口に出して言いたがった。戦士たちは自分の戦いぶりを歌にして謳い、年代記者たちは、それを印象深く伝えた。

「Les preux chantaient（勇者たちは謳った）」。

だからといって、わたしが、この種の歌の作者は十二世紀の雇われ詩人たちで、それを十三世紀になって、領主に仕える司祭が文字に記したのだと思い込んでいるなどと期待しないでいただきたい。今日に遺っている最古にして頂点を画する『ローランの歌 Chanson de Roland』には封建的形態が反映しているにしても、わたしがそこに聴くのは民衆の力強い声と英雄たちの重々しい響きである。

わたしは、中世のもろもろの自由のシステムが、どのような運命的かつ背信的解釈によって失われ、「vassal」（臣下）、「servus」（農奴）などの語彙が自由人を惑わせ、土地に人間を縛りつける魔術的標語となったかを、以前から講義のなかでも述べてきたし、このあとでも述べるつもりである。要するに、これらの不吉な言葉は、曖昧さ、忘却、無知といった暗く危険な道のために、本来の意味から全く別の言葉にすり替えられていったのである。わたしは、眠りについたときは自由人だったのに、目が覚めると農奴になっていて、自分がもはや人間ではなく石や畑や獣になっていたことを知った人の激しい怒りと抵抗、封建世界の海原のなかに囲まれ抑えつけられながらも自由人として絶望的な抵抗を試みた人々の戦いについて、別の著作で述べた。封建領主の法廷で、人々の嘲笑のなかで、自分の土地がもはや自由地（alleux）でないことを告げられて怒りの稲妻に襲われ、血管は破裂し、まだ残っていた自由の血が流出してしまったという、ブリュージュの市長やエノーの男の恐ろしい物語を読んでごらんなさい。

この邪悪な時代にあっては、『ローランの歌』の高貴さは、はるか昔の話であることがいたるところで感じられる。この高貴な物語が十字軍より古く、さらには、領主の慰みのために城のなかで作られた時代よりも古いことは、洞察力に富んだ校訂者によってすでに明確にされている。たとえば『エモンの四兄弟 Quatre Fils Aymon』のような詩は、主君に反抗する家来に着目し、王制と中央集権に対する憎しみをその本質的テーマとしている。そこでは、シャルルマーニュは魔術師によって操られる愚か者であり、玉座の上でまどろみ、宮廷じゅうの嘲笑で目を覚ます悲しむべき君主である。彼の頭上にあるのは雑巾の冠であり、彼の手に握られているのは、帝国の剣の代わりに燃えさしの薪である。

そのようなのが、王権が眠っている封建全盛期に見られた事態であった。だが、襲い来る蛮族たちとの戦いのさなかにあった十世紀には、その反対に、一つに統合されていた古代の帝政が懐かしまれ、称賛され、祝福された。皇帝と人民の間を隔てるものは何もなく、ローランやオリヴィエといった英雄たちは、武装せる人民にほかならなかった。それこそが、形は、おそらく一一〇〇年ごろの時代のそれを帯びているが、この『ローランの歌』の真の偉大さを成しているものである。大きな転落が起きたのが、この一一〇〇年ごろから聖ルイ時代（1226-1270）までの間である。千年かかるほどの大規模な凋落がこの百年あるいは百五十年間に生じたのだ。この『ローラン』の校訂者は、きわめて繊細な感覚と驚くべき批判力をもって、この移り変わりを見事に解明している。写本から写本への変移には、並々ならない再生のセンスが窺われる。その結果、最初の版が『ホメロスHomère』のようであったのが、最後の版は『アンリ王の歌Henriade』〔訳注・ヴォルテールがアンリ四世について謳った作品。1723, 1728〕を思わせるものになっている。

とはいえ、十二世紀から十三世紀にかけての短い間に、聖ルイ時代の古色蒼然たる叙事詩が、ルイ十五世の時代（1715-1774）になっても生気を失わない近代的な文学に若返っていたのである。十二世紀は文学の世紀である。こういえば、優雅な節度の感覚から、細部を凝縮し、さまざまな思想を濃縮したものとなったように思われるであろうが、事実は真逆である。無節操なまでの感情表現と積み重ねられた脚韻の重みで思想は貧弱化して窒息させられ、語彙の羅列による誇張的表現は中学生レベルを思わせる。十二世紀には、詩といえばメロディーにのせて口ずさむことのできる短詩、いわゆる「シャンソンchanson」であった。それが十三世紀には、耳で聴くのではなく、眼で読むものとして文字に書かれるようになる。その結果、修辞学がもてはやされ、とどまることを知らない饒舌な美辞麗句が好まれるようになった。元の詩が二千ないし三千行だったのが、二万だの三万行に殖えたとしても、驚くことがあろうか？　これらの作者たちは、城の塔に住まいを宛がわれた礼拝堂付き司祭や書記であり、あるいは、行数や写本の重量で儲けが決まる「本の商人」となっていた吟遊詩人であった。

彼らは、作品の素材になっている信仰心篤き時代のことなど何も理解していないだけでなく関心さえない人たちであった。英雄たちが活躍した時代の生活と無縁である点では、わたしたちと同様であったうえ、わたしたちよりもこの英雄たちの時代に近かっただけに、知ろうとも思わなければ学ぶ時間もなかったようで、人の名前と地名を取り違えてさえいる。

奇妙な幻想である！　当時のフランスを照らすには、聖ルイの後光で充分であり、すでに近代化していたこの時代を中世の偽の光で照り返していたのだった。

わたしは、この世界が、どこまで己を忘却していたかを述べた。その忘却は、時間の経過と無頓着による自然のものであろうか？　とんでもない！　その真相が語られることはないであろうが、西暦一二〇〇年のころに人間の心を切り裂いた深傷によるもので、このため、伝統は断ち切られ、個性は打ち砕かれて、汝自身から切り離されたのである。おそらく彼は、かつての自分の姿を眼にすることがあったとしても、「この人は誰？」と言ったであろう。

五、人間の独立性の放棄

「奴隷になることは、死の一つの形である」――古代人は、その悲劇的ともいえる率直さで、こう言った。ここには、曖昧さも揶揄もない、一つの明確な立場がある。奴隷とは、運命の犠牲として自らの神と自分が属すべき都市を失い、もはや《市民 citoyen》でなくなった存在である。その意味では、それ自体、死であるが、なおかつ「わたしは奴隷のエピクテートスである」と尊厳性をもって名乗ることができた。〔訳注・西暦五〇年ごろにフリュギアで生まれ、エペイロスのニコメディアで中庸主義哲学を説き、一三〇年に亡くなった。弟子のアリアノスが、その教説を伝えている。〕

隷従は不条理で矛盾した状態である。たとえば、キリスト教徒であるということは、その魂は、神の血をもって贖われたがゆえに皆等しく尊厳であるが、この世では、実際の奴隷と同じで、違っているのは名前だけということになる。非キリスト教徒である場合は、責任があると同時に責任がないので、その責任によって主人の罪に繋がれ、従わされ、その罰も分担することになる。

彼は、自由なのか自由でないのか、といえば、自由である。彼は秘蹟によって保証された家族をもっている。しかも、彼は自由ではない。彼の妻は、古代の奴隷の妻のような意味では彼のものではない。彼の子供たちは、彼の子だろうか？　イエスでもあればノーでもある。彼は、今日も種族全体が古代の領主の特徴を再生しているような村の一員である。（わたしが言っているのはミラボー一族の例である。）

農奴は、自由でもなければ不自由でもなく、嘲弄されるために生まれてきた私生児（bâtard）と同じである。

これが、中世の傷跡である。ということは、みんなが互いに嘲笑し合っているということである。すべてがいかがわしく何一つはっきりしていない。そこでは、すべてが滑稽に見える可能性がある。上から下まで曖昧な形が溢れている。中世に幕をおろさせるべく遅れて創造されたブルジョワ（すなわち下層市民の出自ながら農民の手と鍛冶屋の肩を借りて小貴族の役割を演じた彼ら）は、宮廷人の前では、白鳥を前にした鵞鳥というべきである。

したがって、古きよき楽しい時代は笑うがよい。ふざけたクリスマスだと笑うがよい。愉快な小咄を作って、笑いものにするがよい。

アリストファネスの陽気さはますます高まるだろう。裁判官たちは貴族たちの意向を受けて毎日のように死刑を宣告し、大胆な皮肉屋は、『お人好しの連中 Bonhomme Peuple』をお芝居に仕立て、贔屓筋の笑いを誘うだろう。これは、大胆で偉大なことである。中世の笑劇（farce）が誘発するのは、むしろ悲しみである。それが採りあげるネタは縛り首（potence）と鞭打ち刑（bastonnade）、そして女房を寝取られる男（cocu）の三つだからである。しかも、同じ「コキュ」でも、力づくによるものは、笑いものにするには可哀想すぎる。

この時代の嘲笑の的を生み出しているのは個人の独立性と自由の余地の少なさである。われわれフランス人にあっては、《自由地 francs alleux》〔訳注・封建的負担をいっさい免れた土地〕などというものは永遠の冗談である。ドイツでは、《太陽の封地 fiefs du soleil》と呼ばれ、太陽のように独立的で、その光のように明瞭で、人々の楽しみの元であった。こうした太古の人々の感動的なまでの自由への欲求は、中世の奴隷（農奴）たちにとって問題にもならない。臣下も主君もない領主制の世界などというものは冗談でしかありえず、名称の付けようもない異形の怪物である。それが「王権 royauté」と呼ばれているのである。《イヴトーの王 le roi d'Yvetot》に笑わなかった人がいようか？〔訳注・イヴトーは、ノルマンディー公領のなかに一三七〇年から一三九二年まで設けられデュ・ベレ家に引き継がれたフランス王直属封地。〕農奴の世界であった当時は考えられなかった制度だったので、その王である《自由》には笏杖の代わりに葦の茎を持たされ、頭には紙の王冠がかぶせられて、嘲笑され、軽蔑され、罵言を浴びせられた。

当初は自由人が迫害され、権利を強引に放棄させられ領主や僧侶に仕えさせられたのと同じように、《自由都市のコミューン》も、生まれたのは十一世紀だったが、自立したのは十三世紀になってからで、それまでは、領主である王の管轄下に置かれた。

南フランスでコミューンが誕生し、力と偉大さ、活力を身につけるようになると、それにつれて、イタリア、ドイツ、低地諸国のコミューンも活力を示し、十六世紀にまでいたるヨーロッパの芸術や技術、あらゆる形の文明が開花していった。

しかし、法王たちと王たちの松明のもとにアルビジョワ十字軍の武力侵略を蒙り、焔のなかに崩れ落ちた南フランス都市の廃墟は、重要な教訓を北フランスのコミューンに遺した。隣接するある領主が加えてくる地方的圧力ならば、まだしも抵抗も可能であった。だが、十三世紀に姿を現したのは、《王》という、遠隔の地にあって国家（l'État）と教会（l'Église）の二重の力を駆使して押し寄せてくる謎に包まれた人間で、このような男を相手に戦おうというのは気違い沙汰というほかなかった。封建領主同士の戦いでは、士気が低下することなどなかったが、《王》を相手の戦いでは、同じ町のなかでも自分の町に忠誠を貫く人もいれば、王に期待を寄せる人もいて、互いに疑心暗鬼に囚われ、意気阻喪した。後者の人々は都市行政官を「富裕階層に味方し、貧しい民衆を圧迫する輩」として敵視し、彼らを倒して民衆への思いやりある統治を、はるか離れた地にいる君主に託そうと考えたのだった。そうした動きに反対する人は、どこでも比較的少なかった。とくにイタリアでは、全土を統括する君主がいないため、諸都市それぞれに、外国人を行政長官や市長に迎える事例が増えている。フランスの都市の場合は、王政府が任命した代官や裁判官が実権を掌握し、自治コミューンの多くはそのもとに屈服させられて、自らの運命を決する権利そのものまで放棄するに至る。「正義の剣l'épée de justice」は、この町の慣習法も伝統も知らない男の手に握られ、古くから市民に呼びかけてきた一族は塔から降り、都市は沈黙した。もし鐘の音が響くことがあったとしても、それは、王権の家来か聖職者であるかの違いはあっても、いずれにせよ領主のために修道院が鳴らす鐘である。その鐘が告げているのは、「従順であれ！　屈服せよ、眠れ、子らよ！」である。

その重苦しい単調な響きのもとで、人間的魂は沈黙し、退屈して欠伸を繰り返したあげく、自己嫌悪に陥るか、または鈍化していく。

沈黙の町、暗い巣穴となったこのコミューンのなかで優位を占めるのは、間違いなく王室裁判の関係者、王室財政の係官といった王の配下であり、代官の副官である。彼らは、掃き溜めの鶴さながら汚物だらけの狭い街路を睥睨しながら歩く。そうした彼を手本にしようとする市民の精神状態、彼らの品行は、どのようなものであろうか？　近代の歴史家たちに言わせると、要するに、彼らは臆病な正直者である。しかし、残っている歴史記録をひもとくと、浮かび上がってくるのは、当時の人々の、精神における厚顔無恥、行動における野放図さである。裁判記録を見ると、近代のそれに較べて百倍も豊かな内容が立ち現れてくる。わたしが言っているのは、王室文書保管庫〔Trésor des chartes〕の三百冊を超える記録簿、とりわけ特赦に関わる書類である。そこには、《ファブリオー fabliaux》〔小咄集〕やヴィヨンの作品に述べられているさまざまな風俗、バスラン〔訳注・十五世紀の詩人〕だのレニエ〔1573-1613〕、さらにくだってルイ十四世時代のフレシエ〔1632-1710〕の奇妙な覚書に記されていることを裏づける情報まで含まれている。これらのブルジョワジーにまつわる素朴な文書は、あのパトラン先生やグリッペミノー〔訳注・ラブレーの『パンタグリュエル第五書』に登場。司法族を皮肉っており渡辺一夫氏は「掻攫猫」と訳している〕の手本と目される人々の実態を垣間見せてくれる。彼ら検事や行政官こそ、夕方には、裁判官報酬として持ち帰った砂糖菓子を娘たちと一緒に頬ばったうえ、職権を濫用して被告たちを絞首台に送ることで手に入れた利得で御馳走を飽食している卑劣な男たちである。他方、これらのお偉方の夫人たちは、羽根飾りでおしゃれした色男を裏口から招き入れており、その色男は朝になって彼女から貰ったカネを懐に邸を出ると、昨夜の情事のありさまを得意然と通行人に吹聴するのである。

こうした風紀の乱れと人間的品位の劣化に対し、どのような弁償があったろうか？　たしかに、判事や検事を中央から派遣したのは、裁判の公正さを守るためであったかもしれない。しかし、国王の臣下として派遣された裁判官も、地方の有力者のなかで丸め込まれ、法廷で下される判決は私利私欲によって歪められた。色狂いのこの行政官が、夕べ甘い言葉を交わした相手の閨房の女神から求められた不正な判決を、今朝になってはねつけてくれるなどと願っても無駄というものである。地方法廷全体が、女とカネ、金庫と閨房に歪められながら、王権の名のもと重圧的かつ尊大に君臨したのである。

中央政府が悲しい光を放ったのは十四世紀と十五世紀のことで、やがていつかはフランスを救う力となるはずであったが、すぐ姿を消した。その集権化の試みは、一人の狂気の発作の影響を国全体に波及させ、災厄と破綻を誘発させて混迷を広げただけであった。すなわち、フランスの国そのものが、ジャン善良王の身柄とともにイギリスに囚われの身となり、シャルル六世とともに痴呆状態に陥ったのである。

それに較べると、ルイ十一世は、エティエンヌ・マルセルに劣らず巧みに事態に処し大胆に行動したが、国を完全に快復させることはできなかった。彼の最初の試みは、貴族たちみんなの離反を招いた。古代ローマの護民官が一人であったように、一四六四年の王〔訳注・大貴族たちが公益同盟を結成してルイに反抗した〕も孤立した。それは、なぜだったのか？　護民官の場合もルイの場合も、手足となって働く人間がいなかったからである。人々は、惨めなまでに気骨を失い、道義的原動力は壊れ、エネルギーは低下していた。王が一人の王たらんとしたとき、彼が見出したのは何の中身もない空虚の王であった。

王権を守るための長期にわたる譲歩の末に実現したのは、自らを無能化することであった。

この人材不足という曲がりくねり、先の見えない回り道によって、世界を作り直せる新しい生に回帰することができたろうか？　それを予想できた人は誰もいなかった。その間に、最も優れた、最も誇り高い人々も気力を失っていった。《凡庸》がすべてを支配するなかで、若く活力に満ちた人々は、不可能とされてきたこと、高貴な理想、英雄的冒険、実現できない古代に身を投じていった。モンテーニュの友人、ラ・ボエシー（1530-1563）は、王政府に仕える行政官〔訳注・ボルドー高等法院の評議官〕であったが、『反一者論Contr'un』を著した。この書は小著ながら中世全体を無に等しいと断じた著述で、のちにサン＝ジュスト（1767-1794）が「世界はローマ人たちのあとは空虚である」としたのと同じ主張を展開している。

六、「愚かしい人々 peuple des sots」の創造

古代が奴隷と主人の世界で、愚か者（le stupide）と無分別（l'insensé）の社会であったのに対し、中世の修道士の世界は、阿呆（idiots）の世界である。しかし、「愚かしい人le sot」は、本質的には、内容空疎で詰め込み主義のスコラ学の学校が生み出した近世の産物である。「愚か者」が花開いたのは、もったいぶった言葉で溢れ、虚栄の風によって膨らんだ多くの教室においてである。

この近世の時代には、アカデミー、弁護士業、文筆業、議会制による統治機構が次々と創設され、それらに名を連ねる《名士notables》の数が増えた。しかし、そうした機構が、どのように誕生し発展したかを明示しようと思うなら、それを指示する言葉がいつ誕生し、言葉という空疎な抽象的なものがどのように尊重心を惹起するにいたったかを論理性と歴史のうえから明らかにする必要がある。その基盤には、最も気まぐれで恣意的な理念も、対応する物（objet）を自然のなかにもっているという原理がある。この現実世界を創造しあらゆる理念に身体性と基盤を付与するための奇妙な条件を課しているのが《創造主Créateur》にほかならない。

「すべての言葉は一つのイデーに対応しており、イデーはすべて、一つの存在に対応する。文法

は論理であり、論理は学問である。何のために自然を観察し研究し、そこから知識を得るのか？必要なのは、思考を空洞にして世界を見つめることである。そうすれば、真なるもの、現実のものが空想力の鏡に映って見えるようになるのである。」

このドクトリンは、人類にとって三百年から四百年間は充分であったが、どのような果実をもたらしただろうか？　これは、「最後のスコラ学者」というべきオッカム（1300?-1349）が、サムソンさながらに神殿の柱を揺るがし、倒壊させたときに判明した。その廃墟は、どこにあったか？人々は探したが無駄であった。理念の欠片も残ってはいなかったからである。この「最後のスコラ学者」が教えたことは、《良識bon sens》の出発点つまりアベラールの教えからやり直すことであり、言い換えれば、この三百年は無駄であったと認めることであった。

それは、巨大な難関であった。哲学は創造されなかったにしても、一つの民族、新しい人種が創造されたばかりで、彼らは、終わりにしたいなどと全く望んでいなかった。たくさんの学校が造られ、多くの講筵が開かれ、大勢の博士が送り出され、無数の愚説・愚行が繰り広げられた。ああ！そのすべてを削除せよとは、権威にとってなんという打撃であろう。昼間の光を遮るための、これ以上に堅固で大きく厚い壁をどこで見つければよいだろうか？

哲学と理屈づけを禁じることは、それらを尚更に刺激することになったであろう。しかし、小さな合法的サークルのなかに哲学を閉じ込めれば、前進するのでなく、そのサークルのなかを永遠に回りつづけさせることになったであろう。ある点まで理屈づけることを許し、理性と戦うためにのみ理性を容認すれば、それは、もっと賢明なやり方になったであろうし、「良識bon sens」と呼ばれるこの危険な病気のワクチンが見つかっただろう。

アベラール（ペトルス・アベラルドゥス）が、観念（idées）は存在（êtres）ではなく、《一般概念または普遍概念universaux》と呼ばれる抽象観念は、人間の精神が産み出したものであって実際には存在するものでないと大胆にも言い出したとき、学校全体が恐怖を覚えて十字を切った。理性に対する公然たる反撃が始まったのだ。アベラールは、のちにガリレオがするように、理性のために非を認めて謝罪した。彼は、ただ、ライバルたちに正統と信じている実念論（réalisme）にはまり込むことによって、自分たちの正統性のドグマが癒やしがたいまでに毀損する破綻の淵へ向かって直進していくことを警告しようとしたのだった。彼は、すでに十二世紀の時点で、スピノザの資質を示していた。

理性は禁じられたが、直観は多分容認された。理性によって歩むことを禁じられた精神は、直観によって飛翔しようとした。そのためによりどころとしたのが愛の力と透視力（seconde vue）で、これらにより天才は、遙かな真理に到達し、未来を先取りすることができるのである。アベラールを打ちひしぐのに法王がよりどころにした神秘家たちは、その完璧な純粋さのなかでなら自由な聖霊（libre Esprit）の時代の啓示をもたらしたであろうし、その光と自由と愛からは若々しい教会が生まれたであろう。そのときには法王は老いた教会とともに姿を消すはずであった。だが、ローマは、教会を若返らせようという彼らが、メデアの大鍋のなかで自分たちを溶解させようとしている恐るべき友人であることに気づき不安に駆られた。〔訳注・メデアは金羊毛を求める勇士イアソンを助け、薬草の入った大鍋のなかに老いた牡羊を投入して若返らせ、イアソンの敵であるペリアヌについては偽の薬草を入れた大鍋に入らせて溶かしたコルキス王の娘。〕理屈屋の側にすれば、神秘家ほど危険な敵はなかった。後戻りできないからである。それには神秘家たちを罰しなければならないが、どうしたらよいか？　もし神秘主義の専断を赦さず正義と法を基本とする原則に立ち返れば、ローマ教会は、神学者に対立する法律顧問の信仰を重用する道に戻るであろう。法律家と理屈屋の教会に真っ向から対立するのが「無原因の結果」「空無」の教会であるからだ。

そこで考えられた貧弱な弥縫策が、ちょうどアベラールのあと、多少理屈を並べられる「半理屈屋 demi-raisonneurs」に苦しめられたように、多少とも錯乱しているがある程度順序立てることのできる「半神秘家 demi-mystiques」を許容する方法である。これが、「愚者の第二クラス la seconde classe des sots」である。

彼らは、「愚者」とはいうものの、他の人々が足かせを嵌められた悲しむべき四足動物のように不器用にしか進めなかったのに対し、「理性の翼をそなえた神秘主義者」というすばらしい存在であった。ただし、正統教義という鶏小屋のなかで、その小さな翼を糸につながれ、眼は布で覆われており、ときどき、翼を広げて一フィートばかり飛び上がっては鼻先から地面に落下しつつも、再度、体勢を立て直しては飛び立とうと努力を繰り返している鵞鳥であった。

これは、教会と修道院の学校が開花した西暦一二〇〇年ごろのことで、「方法論的愚者sots méthodiques」と「熱狂的愚者sots enthousiastes」という二つのクラスの間で激しい論争が繰り返されたのだった。そのなかで、ユダヤ人たちが、当時熱望されていたアリストテレスの著作をイスパニアからもたらす悪役を演じた。アベラールも、その幾編かの小論を、なんとかして入手しているが、十二世紀の時点では、「哲学的蔵書」などといえるものは、せいぜい五、六巻であった。そこへ、「古代の百科全書」とそれを注解した膨大な書が四頭の駱駝に載せて運ばれてきたのである。当時のフランス人たちが、この《牧草》を、どれほど激しい貪欲さをもって奪い合ったか想像できよう。それらは、元のギリシア語からアラブ語へ、アラブ語からラテン語へ訳されるなかで歪められ、また、アヴィセンナによって不具にされ、アヴェロエスなどの翻訳者やユダヤ人カバラ神学者によって本来のそれとは別物にすり替えられていたとしても、そんなことにはお構いなしに食らいついていった。

ここに一つの奇妙な見世物がある。これらの人々は、十字軍やイスパニアのムーア人相手の戦争、南仏の異端弾圧、さらにはユダヤ人に対する執拗な迫害のなかで自分と異教徒の間に剣の刃を置き武力的に対立しつつも、学校教育と神学のなかでは、多くの場合は名前は隠しながらであるが、容認し受け入れたことである。こうして、折衷的アラブ人アヴィセンナの分類法とかなりの数の理念がアルベルトゥス・マグヌスや聖トマスの折衷主義的キリスト教に影響を与えたのであって、ブルッカー〔訳注・Johann Jacob Brucker 1696-1770　哲学史の草分けというべき『Historia critica philosophiae』

（1742-1744）を著した〕は、「アヴィセンナはアラブ語とキリスト教学校の王であった」とまで言っている。彼が正統教義自体に与えた影響は少ないが、彼が教えたオリエント的偽アリストテレスには、ユダヤ人ダヴィド、アヴェロエス、アルキンディ〔訳注・キンディーとも。八八〇年ごろに亡くなったアラビアの哲学者〕のスピノザ的萌芽が混じり込んでいる。

〔訳注・ユダヤ人ダヴィドは十二世紀ディナンに生まれ、インノケンティウス三世の宮廷でも何年かを過ごした神学者で、著書は異端説として焼かれ、アルベルトゥス・マグヌスとトマス・アクィナスの言及によって知られているのみである。アル・キンディは九世紀後半にバグダッドで活躍した学者で、ピュタゴラス、プラトン、アリストテレスに通じていた。アヴィセンナはイブン・スウィーナーといい、九八〇年から一〇三七年まで生きたイラン人。アヴェロエスはイブン・ルシュドといい、一一二六年イスパニアのコルドヴァで生まれ、モロッコなどで活躍し一一九八年に亡くなった。〕

哲学史家オレオー（1812-1896）には感謝しよう。彼は、現在のわたしたちの友人たちさえも中世の博士たちへの尊敬心から口にするのを憚るほどの大胆な批評によって障壁を壊した。彼の説を要約すると、次の三点になる。

① 中世の博士たちは、しばしばアラブ人注解者たちの意見をアリストテレスに帰するという誤りを犯した。

② 彼らは、アリストテレスの名の代わりに『逍遥学派péripatéticiens』の呼称を用いているが、

およそ逍遥学派とは似ても似つかない説をアラブ人たちの名の下に隠した。

③　さらに彼らは、自分たちが誤解して捉えているアリストテレスと自分たちが知らないプラトンを正統教義に合致させたいとの願望から、本当に言ったこととは反することをアリストテレスやプラトンに言わせている。このため、ほんの一例だが、アルベルトゥス・マグヌスや聖トマス・アクィナス、ドゥンス・スコトゥス（1265?-1308）は、アリストテレスの立てた原理の精神に反しており彼が書くはずも言うはずもない「原因la cause」の定義を、そろってアリストテレスの説としてしまっているのである。

「アリストテレスはキリスト教正統教義の先駆者として異教をキリスト教に合致させたのだ」とするこうした試みは、アラブ的教理をギリシア風マントとドミニコ会士のフードで変装させるようなもので、これらの偉大な神学博士たちの匠の技がいかほどであったとしても、三重に混血した怪物的異種混交の教えとならざるをえなかった。それが、たとい、世界を同じ一つのドクトリンのなかに和解させようという称賛すべき意図のもと、驚くべき鋭敏さと抽象の努力をもって行われたものであったとしても、そこから生まれたものは、ちぐはぐの身体をもつ醜い怪物でしかなかった。諸問題を解明するために細分することは、実際には浮遊させ不明瞭にし、見誤らせることになるし、あげくは、少しも確固たるものを得ることができず、逆に困惑と疑念に陥ることとなる。理屈はいろいろ立てられるが、明証は何一つなく、よりよく見ようと千の眼を駆使しても、すべてが混乱しすべてが濁ってしまうこととなるのである。

馬と驢馬の合いの子である騾馬は子を作ることができないように、この学派〔スコラ学派〕は不毛・不妊の状態から脱することができなかった。この学派は、聖トマス（1225-1274）のあと、一時的に創造的と思われた新しい試みに挑戦したが、結局は無駄であった。そのとき、ひとりの若々しい頭脳をもったアイルランド人が現れ、かつてない論争を繰り広げた。それが、ドゥンス・スコトゥス（1265-1308）である。聖トマス・アクィナスが、たとえば天使たちの心理の探求という突飛な問題を採りあげながらも、理性と正常な感覚を保持しようとしたのに対し、この大胆不敵なアイルランド人は、存在しうる、そして考えられうるすべては物質の本質のなかに位置づけられるとする岸辺を去って、スコラ学を空想の分野に投げ入れたのであった。彼は、見たこともない生き物のいる未知の国へ航海し、キマイラ chimère〔訳注・頭部がライオンで尾が蛇、胴が山羊という怪獣〕、山羊鹿 hircocerf、ブケンタウロ bucentaure〔訳注・上半身が人間、下半身が牡牛〕といった怪獣と触れ、これを自在に乗り回した。

〔訳注・アリストテレスの学説を導入することに関して、ローマ教会は神学的知と哲学的知を分離し、哲学的知を神学のなかに混入することを禁じた。そうした動きのなかで、ドゥンス・スコトゥスは人間の知のあり方を人間の歴史性に結びつけて理解することで、哲学者の知を「永遠不変の真理」としてでなく、あくまでもこの世を旅する人間に可能なかぎりでの知として位置づけた。〕

夢が実在と同等であるなら、言葉は事物と同等であり、言葉の結合は事物や事実の結合と同等である。言葉をつなぎ止めることが「知る」ということであり、わたしたちは、定型表現のシステムのなかでこの脈絡を辿り予見することによって、「思考の機械 machine à penser」を手に入れることができるのである。これによって、これまで学んだこともない問題をいちいち判定しないで口で語ることができる。いわば機械的に語り、考えないで考えることができるわけで、これは、どんな分野でもよいし、その深さも自在である！　かくして、愚者たちは驚嘆と称賛とで己の額を打つこととなる。〔訳注・フランス語で「額を打つ」ことは「いい考えが浮かんだ」という意味と「頭がおかしい」という意味の所作を表す。〕ドゥンス・スコトゥスが聖トマスを凌駕したように、そのドゥンス・スコトゥスをライムンドゥス・ルルス（1235-1315）が凌ぐのである。

これは、それ自体でもすばらしいことであるが、教育と知的慣習にとっては更にすごいことである。知性の変形には、人をせむしやびっこ、片眼にする特殊な体育に似たものは見つからない。その独特の教育にあっては、相容れない欠点同士が補い合うという奇跡が起きる。内容は、取るに足りないつまらないことであるが、その論証のために膨大なテキストが動員された。奇抜で夢想的なテーマのために、時間をかけた、丹念な、骨の折れる詳述は、それなりに重みをもっている。

事は慎重に進められた。出発するには、見守り、答えてくれる師、博士、道案内が必要で、この《師》が一冊の手書き写本（manuscrit）であった。この写本は、大なり小なり偽造されたもので、元のアラブ語版も粗悪であるうえラテン語訳はもっとひどかった。この二重のいい加減さに加えて、考証はまったく欠如しており、いたるところに混乱があった。

この暗闇をさらに深刻にしたのが、中世の学校で行われた『註解 commentaire』というもののありようであった。そこで学生が身につけた貴重な才能が、空疎な言葉で満足することであった。もしなんらかの判断を下すことに固執するなら、議論は際限がなかった。こうした競争心、対抗心、うぬぼれはさまざまな幸運な効果を生んだ。若い雄鶏たちは、挑発的に睨み合い、英雄的勇気を奮い立たせて理屈を捏ね、問題を紛糾させて、聴衆を驚かせるだけでなく、自分自身が振り回すフェンシングで目を回すのである。彼にとって栄光は、六時間だろうと十時間だろうと、一歩も退くことなく論争を続けることで、これをやめさせることができるのは夜の帳が下りることだけであった。そのとき初めて、判定者も対戦者も「勝った、勝った」と自慢しながら引き揚げていくのだが、議論の中身はからっぽで、白痴同然であった。

ホメロスの謳った戦いなど、ひっこめ！　である。「ねずみと蛙の戦争」（Secchia rapita）もここでは形無しである。フアール街のぬかるみとサン＝ジャック通りの溝は、十二世紀以後は、「両刀論法者 cornificiens」と「虚無論者 nihilistes」が相対峙し角を突き合わせる戦場となる。後者の基本的やり方は、一つの肯定をするためには幾つ否認しなければならないかを、身じろぎもしないで即座に数え上げることである。否認二つだと肯定、三つだと否認、四つ否認すると肯定になる、という具合である。前者の「cornificiens」（両刀論法を立てる人）は、きわめて重要な問題、たとえば「市場へ連れられていく豚を逃げられないようにしているのは豚飼いか、それともロープか？」といったことを討議した。なかでもよく知られているのが《ビュリダンの驢馬 l'âne de Buridan》である。まったく等しい動因、誘惑、たとえば二つの同量の燕麦の間に置かれた驢馬は、どちらも選ぶこと

ができないで哀れにも飢え死にするだろうという議論である。〔訳注・ビュリダンは一三五八年に亡くなったスコラ学者。〕

事実の研究をまったく無視したこのような思考で養われた頭は、経験の光から完全に遮蔽されていて、風で驚くほど大きくなったが中身は空虚であった。薄黒いローブと泥だらけのケープの下から覗いている陰鬱な眉とそうした机上の空論の嵐に怯える大きな目は、それを見事に見せてくれている。

彼らが学生として尊敬されたのは、十五歳だの二十歳だのといった年齢にもかかわらず、明白な証拠を突きつけられても、屁理屈を並べて一歩も退かないことによってであった。本人の思い込みでは、知識において自分に敵う者はいないと自信満々であったが、それは取りも直さず並ぶ者のない愚者だということであった。

この「愚者を産み出すシステム」は、種類はいろいろと移り変わっても不変であった。スコラ学の亡霊たちはオッカムに吹き飛ばされて姿を消しても、スコラ学そのものは、不変の「リヤン Rien の学校」として生き続けた。二人の著名な歴史家が、その墓を宣揚した。一人はフッテン（1488-1523 ルターを庇護し、教皇制に反対したドイツの人文主義者）で、彼は、修道士の無知と愚鈍に対し感動を吐露した。もう一人はラブレーで、彼は、次のような恐るべき問題提起によって、学者的愚鈍とスコラ学の天分を要約した。

「人々は、空を飛び回るキマイラによって、それ以外のもろもろの二次的意図は食い尽くされてしまうのではないかと心配した。これは、公会議で十二週間でも十五週間でもかけて根底から討議されてよい問題である。」

七、自然の放逐

光が漏れる可能性のあった穴は、これでかなり巧く塞がれたように見える。見たくてたまらない人々の目をふさぐ代わりに、ちっとも見たいと思わない人々を近視や鳥目にして、「見てごらん、君は目をもっているのだから」と勧めるという巧妙なやり方を採用したのであった。

しかも、人間精神は、理性と不条理、論理と予見という二つの力をそがれ、一足飛びで到達することのできる英雄的狂気の手段をさえ禁じられた。いわば、歩行も飛翔も権威筋によって禁じられたなかで、唯一認められたのが匍匐であったから、たとえていえば毛虫とナメクジだけがクロスカントリー競走で賞金獲得に挑んだようなものであった。

これが、アベラール（1079-1142）の「汝自身を知れ connais-toi」（ラテン語では「Scito teipsum」）とヨアキム・デ・フローリス（1130-1202）の『永遠の福音 Évangile éternel』が窒息させられた翌日のことで、時あたかもロンバルドゥス〔訳注・ペトルス・ロンバルドゥス。正統教義を要約した『命題集Sententiae』を執筆。1100-1160〕の全盛期で、この『命題集』という《愚昧sottise》の手引き書が二百人の学者によって書かれている時期であった。だが、見よ！　人間精神の土台には、魂の探求と内面世界の自由を排除されると、生来の反抗心があるので、こっそりと自然の観察を始めるのである。理性により自由を、というのは賛成である。もっと詩情を、というのも結構である。しかし、少なくとも監視は必要である。野草を摘んだり、病人を治したり、薬草からわたしたちの身体を治す力を引き出すことがどうして重大な異端であろうか？

したがって、心に留めておきなさい。実際には、異端などというものは存在しないのだ。ところが、ユダヤ人やアラブ人が神に呪われているとされるのは、まさに、そのためなのだ。憐れな人々である！　彼らは、病が神の贈りものであり戒告であって、あの世の刑罰を差し引いたこの世での軽微な煉獄であることを理解できなかったのだ。神もまた、彼らを罰するために、地上の誘惑を増やされた。ヴァレンシアの《ウェルタhuerta》〔訳注・果樹園〕、グラナダの《ベガvega》〔訳注・沃野〕は、ヨーロッパ、アフリカ、アジアのあらゆる宝を集めた本物の「悪魔のパラダイス」である。絹、米、サフラン、サトウキビ、ナツメヤシ、バナナ、没薬、生薑、アンズと綿を優先的に生産したために、気候風土は、神が創造されたときとは一変してしまった。火薬、紙、羅針盤を持ち込んだこの蛮族たちは、天上世界を観察するために天文台を築き、凸面のガラスを用いた望遠鏡で星たちをもっと近く下りてこさせてその動きを白状させた末に、聖書や教父たちが不動の水晶面に固定した太陽、月、星たちを人間の眼のもとにへりくだらせたのであった。

端的にいうと、これらの異教徒たちは、アダムの罪に上塗りして《知恵の木 arbre de science》の果実を食べ始めたのだ。彼らは「救い」を、奇蹟ではなく自然のなかに、「子なるイエス」（Fils）の伝説でなく「父なる神」（Père）の創造のなかに求めたのである。

したがって、この世界を、中世を理解せよ。留意すべきは、十五もの世紀の間、「父なる神 Dieu le Père」「創造主たる神 Dieu le Créateur」は、神殿一つ、祭壇の一つも持っていなかったことである。彼の姿は、十二世紀にいたるまで、まったく存在していなかった（Adolphe Didron『Histoire de Dieu, iconographie des personnes divines』1843）。神が思い切って「息子」と並んで姿を現すのは十三世紀のことである。しかし、その数は少なく、この「父なる神」のためにささやかな捧げ物をし、彼のためにミサを誦《とな》えようと思いついた人がいただろうか？　彼は、群衆からは、その長い髯とともに無視され、そっぽを向かれて、ひとり除け者にされている。彼は、認知はされている。この家のあるじである息子と聖母から追い出されることはない。それだけでも大したことである。彼は、恨まれていないだけで幸せである。なぜなら、結局、彼はユダヤ人だったからだ。しかも、彼（エホヴァ Jéhovah）がメッカのアッラー Allah と別人であるかどうか誰が知っていようか？　アラブ人とユダヤ人たちは、自分たちが「父なる神」を奉じており、その「父なる神」は、その報酬として、創造の贈りものを呉れたのだと主張している。

神の業（industrie）である「創造création」も人間の業である「生殖production」も、その語彙自体、中世においては、あまり好ましい意味をもっていなかった。古代諸宗教においては素直に祭壇上に置かれていた生殖力が、中世キリスト教にあっては侮辱され、妊娠だの出産などといった語彙は、青ざめた修道女の前では口にするのも憚られた。祭壇上の聖母は、あくまで処女であって、母でありながら母でなく、息子も息子ではない。「わたしとあなたの間にどんな共通点があるの？」――まして、父は父でない。彼は養い親（nourricier）以上の存在ではない。中世のクリスマスにおいては、ヨセフのつつましく苦悩する像は冷ややかに扱われ、嘲笑の的でさえある。

ペルシアの創造神アフラ・マズダ（Ormuzd）、ユダヤ人の多産神エホヴァ、ギリシアの英雄的な神ユピテル〔訳注・原著では「Jupiter」となっているが、厳密にいえばユピテルはローマ神話の主神で、ギリシア神話のそれは「ゼウスZeus」〕は、すべて立派な髯を蓄え、自然を熱烈に愛し、人間の諸活動を推進する神である。それに対して中世キリスト教の神は、封建末期にいたるまで、髯もない優しくメランコリックな青二才である。髯は多産性の表れで、それが描かれるのは、世の終わりが近いことを示すためであろうか？　では、あした死ぬのに、子をなすことが何の役に立つのか？　すべての生産活動がやまなければならないのに？　「百合を見よ。彼らは紡ぐことも知らないのに、あなた方より、すばらしい衣装をまとっているではないか」。こうして、労作業は終わる。「カエサルのものはカエサルに返しなさい」。《祖国》全体が帝国のなかに統合された。「もはやギリシア人もローマ人も蛮族もなくなった」。そのローマ帝国が倒壊し、蛮族が入ってきた。聖パウロでさえ『ユリア法loi Julia』〔訳注・アウグストゥスが定めた基本法〕を大胆に否認して結婚をほとんど認めなかった。家族もまた終わった。夫婦は別れ、男は修道士、女は修道女として、それぞれの共同体のなかで、分離の理念で結びついた「よき友bons amis」となった。

これが真の伝統であり、聖ベネディクト修道会が蛮族侵入に続く飢饉のなかで一時期、土地の開拓に取り組んだのは、やむを得ざる例外的活動で、やがて、すべて休止していった。

時間の連鎖は、どのように継承されていったのだろうか？「アテナイの祭り」で「みんなが生命の松明を引き継いだ」（et quasi currentes vitaï lampada tradunt）ように、この世界の永遠の流れは終わらなかったではないか？　それが、この至高の合唱の結果ではなかったろうか？　美の神々は壊されて地中に埋められ、書物は焼かれて失われた。イサウリア朝〔訳注・八〜九世紀にわたったビザンティンの帝政〕のコンスタンティノープル自体、聖画像破壊（iconoclastre）政策のもと、西側で大グレゴリウス〔訳注・ベネディクト会修士。法王在位590-604〕が行ったのと同じ美神に対する戦いをしかけた。その日、憐れな未亡人のように最後に残った人類の遺産は、ボエティウスの翻訳のなかにおけるポルフュリオスの一節のみとなった。それは、学問をすべて放棄して愚神に信仰を捧げるよいチャンスであった。信仰のありようについてパスカルが「愚かになれAbêtissez-vous」と言うまでもなかったであろう。〔訳注・ポルフュリオスは三世紀の哲学者で全十五巻の『キリスト教徒駁論』など膨大な書を著したが、コンスタンティヌス一世により禁書とされて焼却され、約百五十年後、ボエティウスの訳による一節が遺されているのみである。〕

ここで想起されるのが次の言葉である。

「古代の文化の保存者として活躍したのが修道士たちであった。これらのよきベネディクト修道士たちは、疲れを知らない著述家として古代の本を写し、その数を増やした。」〔訳注・ヌルシアのベネディクトゥスは五二九年、モンテ＝カシーノにベネディクト教団の中央修道院を建設したとき、写本製作を修道士の重要な活動の一つと定めた。〕

そして、まさに、そこに悪があった。ベネディクト修道士たちが読み書きなどできなかったらよかったのに！ しかし、彼らは古代の写本の文字を掻き削ってそこに文字を書き、写本を作ることに情熱を傾けた。もしも彼らがいなかったら、蛮族たちの熱狂も信仰の深化もなかったであろう。修道士たちの忍耐強さは「ウマールの災厄」〔訳注・七世紀の人で、メソポタミア、シリア、パレスティナ、エジプトにまでイスラム教支配を確立し古代の書物を焼却した第二代カリフ〕にも負けなかったし、イスパニアの百以上の図書館が遭った災厄にも、異端審問の燃えさかる薪の火にも敗れなかった。修道士たちによって書写されたパリンプセスト〔訳注・古い羊皮紙の文字を消して、そこに重ね書きされたもの〕の写本への崇敬心を懐いて人々が訪れた修道院は、古代の傑作を抹殺するサン＝バルテルミーの愚行が行われた場なのだ。

「モンテ＝カシーノに着くと、わたしは、あの有名な蔵書館を訪ねることはできるでしょうかと尋ねた。一人の修道士が『どうぞどうぞ。門は開いていますから』と素っ気なく答えた。行ってみると、扉もなく鍵もなかった。雑草が窓よりも高く伸び、本は棚の上に埃にまみれて眠っていた。

手にとって開いてみると、壊れていない本は一冊もなかった。あるものは綴じ糸が切れてバラバラで、あるものは、余白部分を利用するために切り取られていた。わたしは、覚えず涙を流し、なぜこんなにひどいことになっているのかと尋ねた。修道士の一人が答えるには、仲間の修道士たちが、四スーだの五スーといった端金で、余白の紙は子供たちに日課書を書くため、文字の部分は女たちに護符として持たせるために売ったのだろうということであった。――これはイモラのベンヴェヌートが語ったことである。」

これらの古文書保管人たちの近くにはアラブ医学の学校、すなわちサレルノの学校があった。この学校は、長寿と健康に役立つ学問を重視した王たちから手厚い保護を受けていた。伝説によると、あるアフリカのムーア人が、はるばるアジア（おそらくアレクサンドリア）へ旅し、ヒポクラテス（BC.460-375）やガレノス（AD.129-199）の著作を持ち帰って訳し、それがこの学校の宝になっていた。しかし、アラブ人たちは、古代の医学書を読むだけでは満足できず、不信仰の君主、フリードリヒ二世の督励のもと、死者の身体を開いて生命の秘密を読み解こうという瀆聖《とくせい》的な仕事にまで手を染めた。大胆にして悪しき信仰者であるが魅惑的な詩人でもあったこの皇帝は、『三人の詐欺師Trois Imposteurs』の著者でもあるとされている。確かなことは、彼が、イスラム教徒の医学博士に「神についてのあなたのお考えは、いかなるものか?」と問いかけたといわれるように、ヨーロッパとアジアとの兄弟愛に立った偉大な君主であり、おそらくは十字軍の剣を折るための対話の糸口となりえたであろう人間性の声を発した数少ない人であったことである。サレルノやモンペリエ、アラブ人やユダヤ人、イタリア人、さらには、その弟子たちを経て自然の神の栄光ある復活が成されつつあった。その復活は、イエス・キリストのそれの場合のように埋葬後三日というわけにはいかなかったが、千年ないし千二百年かけて墓石を突破し、両手を花と果物で一杯にした世界の慰め主たる愛の神として返り咲こうとしていた。ムーア人たちは、大地母神（la Terre）が人間に贈った薬草の数々、おそらく彼女の母性的生命であるこれらの強力な霊薬を発見していた。この名も知られない母神は、息子すなわち人類への尽きることのない優しさからこの息子が弱々しく、よろめき、彼のほうから母のところへは行けないのを見て、自分のほうから駆け寄って腕のなかに抱きしめたのであった。

そんな偉大な母であり力強い乳母である彼女に、人間は、何を返すことができたか？　一つの偉大な心、至高にして広大な一つの意志である。一人の英雄が現れた。ロジャー・ベイコン（1214-1294）である。

彼は、オックスフォードとパリ大学で学び、当時の空疎な神学に飽き足らず、ヘブライ語、ギリシア語、アラビア語を習得して、古くから議論の的であった諸問題を一刀両断して「聖書を読む人以外にキリスト教徒はない」と述べている。

彼は、大変な苦労をして、アラビア語とギリシア語の典籍を集め、アラブ人たちに倣って、自然に真っ向から切り込んでいった。しかし、彼を魔術師であると信じた同僚の修道士たちによって告発されたので、釈明のために法王のもとへ自著の『オープス・マユスOpus majus』〔訳注・「大著作」と訳され、文法・論理学・数学・物理学・言語学・哲学に関する論文を集めたもの〕を送った。それが抱懐していた異端性は、当時の人々の想定を遙かに超えており、「魔術など何ほどでもない」と言ってのけた。それに対してローマ教会が「よろしい。だが、なぜか?」と訊くと、彼は、「人間精神は、自然を利用することによってなんでもできるからである」と答えている。

これは、「魔magie」というものを断固として否定し、人間の全能を神聖なる魔術であり奇蹟としているのである。

彼が法王のもとに送ったのは一冊の本だけであったが、自分がこれまでに存在した最もすばやく最も恐るべき教育者であることを示すために、一人の人間を「生ける本un livre vivant」としてこれに加え、「わたしの本を持参したこの若者をごらんください。彼は、名をジャン・ド・パリといいます。彼は、わたしが四十年かかって学んだことを一年で習得しました」と法王に伝えた。

良識（bon sens）の教育の電撃的迅速さ！　人間の頭脳に先在する知識を電気的火花をもって抽出し、補強されたミネルヴァ〔訳注・技術を司る女神で、ギリシアのアテナ神に対応する〕をそこから飛び出させる不思議な力！

修道士たちは、いみじくもこのベイコンについて「神託を告げてくれる頑丈な頭を鍛造したのに違いない」と言いふらした。

このベイコンの伝言を受け取った法王〔訳注・クレメンス四世。在位1265-1268〕は呆然として、あえてこの魔術師には手を触れなかった。〔訳注・クレメンス四世は、本名をギィ・フルクといい、ナルボンヌ大司教を務め、アラブ科学にも造詣があり、ベイコンに心を寄せていた。〕ベイコンを拘留(1278-1292)させたのは、そのあとの法王〔ニコラウス四世〕である。これは、適切な措置であった。ベイコンの著述は、新しい世界のために力と真理を用意したもので、恐るべき光に満ちたものであった。

そのなかでは、火薬と大砲についても述べられているし、大西洋の彼方についての記述は、コロンブスのアメリカ大陸発見の機縁にもなった。すでにアラブ人たちには知られていた望遠鏡を初めてキリスト教徒に伝えたのもロジャー・ベイコンである。『大著作』のなかには、諸学問と人間の関係についてコンドルセが述べる「無限の改良の可能性」も、五百年先駆けて読み取ることができる。万古不易の「Imitation」〔訳注・『キリストにまねびて』〕と「Consummatum est」〔訳注・「わが事終われり」。十字架にかけられたイエスが最後に述べた言葉で、『ヨハネ福音書』19-30にある〕の様式は、どうなるのだろうか?

ベイコンは間違いなく焼き殺されていたであろう。しかし、彼に起きたことは、彼と同じ博学者で、ブランデーを発明したアルノー・ド・ヴィルヌーヴ〔訳注・クレメンス五世の顧問を務めた。医学や占星術に傾倒し、法王庁と対立したが、処罰されることはなかった〕に起きることである。法王〔クレメンス四世〕は法王としては彼の罪を追及したが、医学を志す者としては尊重した。ベイコンは、老衰による障碍を回避する手段について一書を著した。この無信仰者は、寿命を延ばす技をもっていたのだろうか？　法王がこの問題について繰り返し考えている間に、ベイコンは八十歳で亡くなり、彼が「ガリレオの否認」をするのを眼にする幸せは失われた。

そこに、この時代の権力の当惑がある。精神に生きる人間も、身体にまつわる種々の恐れに動揺し、生の欲望、肉の救済への欲求に心乱された。

法王たちは医薬を是認し、ユダヤ人医師たちの世話にもなったが、医術の手段である解剖や化学については禁じた。

自然の観察者たちは意欲を失った。事実を研究することは、あまりにも危険だった。人々は本を隠れ蓑にし、古いテキストを重視して空想的学問に終始した。真理探究の学問は荒廃し、十四世紀には何一つ新しい発見はなかった。その反対に、誤謬はわんさと産み出された。誤謬と饒舌、詐欺師、占星術師、錬金術師が幅を利かせた。フィボナッチ〔訳注・Leonardo Pisano 1180-1250〕。インドとアラビアの数学を伝えた〕のように十二世紀には信頼され活躍した数学者が、十四世紀には魔術師扱いされ、魔方陣（carrés magiques）を作って人々を驚かせることしかできなくなる。シャルルマーニュがカリフ〔訳注・ハルン・アル＝ラシッド（786-809）〕から贈られた時計を持っていたのに対し、聖ルイは東方へ十字軍で遠征し帰還したが、夜の時間を計るのには大ろうそくしか使えなかった〔訳注・昼間は日時計を使った〕。イスパニアのアラブ人たちは、ロジャー・ベイコンから一目置かれる化学知識をもっていたが、その知識は、黄金を溶かして煙を出してみせるぐらいしかできなかった〔訳注・おそらく塩酸と硝酸の混合液「王水」を使ったのであろう〕。西欧の立ち後れでわたしたちが注目するのは哲学や文学についてであるが、自然科学においては、さらに際立っていた。コペルニクス、ハーヴェー、ガリレオの出現は、三百年以上遅れる。阻害したのは一つの新しい堅固な扉である。この扉は、自然に心を向けないくせに、やたらと自然について饒舌に語る人々が造り出したもので、厚くて重く、これが「愚者」の大軍にとって立派な応援部隊となった。

八、ルネサンスの予言——「永遠の福音書」

ルネサンスは十二世紀には姿を現していたが、そこには予言の巫女シビュラSibylleが古代ローマ王の前に現れたときのエピソードを想わせるものがあった。シビュラは未来を予示する運命の書を五巻持っていたが、王が買い取るのをためらったので二巻を焼いて残り三巻を示して五巻分と同じ代価を要求した。王がさらにためらったため彼女は二巻を焼いたので、結局、王が入手できたのは一巻だけで、しかも、代価は元の五巻分のままであったという。

〔訳注・高津春繁著『ギリシア・ローマ神話辞典』によると、巫女のシビュラは十人が知られているが、この話はキュメーのシビュラについてのもの。古代ローマのタルクイニウス王から予言集を求められたが、王がカネを惜しんだので九巻のうち三巻を火に投じ、残余を同額で提示。王が拒むとさらに三巻を焼いたので、王は残った三巻を元の値で買い取り、カピトリヌスのユピテル神殿下の部屋に石の箱に収めて保管。前八三年にカピトリウムが焼けたとき、この本も焼失したとされる。〕

こうしてルネサンスが最初の飛翔において人々に提示したのは、何よりも近代への直接的で迅速な道であった。したがって、この最初期の人々は、理論家も神秘家も、あとの時代の人たちより理解しやすい。この厳粛な時代が過ぎると、ルネサンスの道は曲がりくねり不確実となる。後戻りして目的地から遠ざかることはしないまでも、回り道や袋小路のような試行錯誤が続き、回りくどい道に疲れ果てた人間精神は、道ばたの石に座り込んだり、泣きじゃくる子供のように人の言葉に耳を傾けることもしない者まで出て来る。

最初の出発点を思い起こそう。そこにいたのは最初の批評家、最初の予言者にして、「汝自身を知れ Connais-toi toi-même」の著者、アラベールであり、その「永遠の福音 Évangile éternel」の啓示である。〔訳注・アベラールの『倫理学』は『Scito teipsum』という題で、これは「汝自身を知れ」という意味のラテン語。〕

アベラールが山〔サント＝ジュヌヴィエーヴ〕の学校を逐われてサン＝ドニ大修道院に移り、ここにもいられなくなって荒れ野〔訳注・トロワの近く〕に居を定め、そこに学問と愛の聖霊のために「パラクレ Paraclet」の祭壇を築いた。〔訳注・「擁護者」「聖霊」を意味するラテン語「パラクレトゥス paracletus」に由来〕。アベラールを慕って、さまざまな出身地の若者たちが、その周辺に小屋を建てて移り住み、学問と自由を旗印に一つの町が形成されるにいたった。聖霊に献げられた新しい神殿を中心に、この町は人々の寄進によって発展し、アベラールがよそへ移ったあとも、エロイーズが学園長として守っていくことになる。

「聖霊」は、惨めにも忘れられたり獣のような形で表されていたのを、アベラールは《三位一体Trinité》の三つのペルソナがいずれも人間の容姿で表されているのに倣って、それにふさわしい尊厳な姿に戻したのだった。《三位一体》自体、それまでは「父」も「聖霊」もない奇妙な姿で表されていたが、アベラールは、聖霊は《愛》と同一であり、「子」は、中世が教えているような《愛》ではなく、《智》と《言葉》であると教えたのであった。〔訳注・三位一体とは、神は本質において一つであり、そのなかに同時に父・子・聖霊の三つの位格（ペルソナ）を備えているとするキリスト教の教義。ノラのパウリヌスは、神の手・仔羊・鳩のなかに三位一体を見ている。五世紀後半のアルベンガのサン＝プリスコ聖堂のモザイクでは、三重の光輪で表現されている。そのほか、旧約聖書でアブラハムを訪れた三人の神の使いの姿で表現したものや、三角形で表現したものもある。〕

アベラールの教えは、キリスト教のプラトン主義的起源に合致しているとともに、解釈の幅を広げ、古代の信仰を保持しつつも進歩を大事にすることによって、新しい世界のやり方に適応させようとしたのである。

この主張が、これを亡きものにしようとする人々によって、どのような激しい野蛮さをもって押し潰されたかは周知のとおりで、十二世紀になると、過激で破壊的なさまざまな解釈システムが現れた。

ワルドー派（les Vaudois）は、福音を空間的・時間的制約から切り離して「神の人間としての化肉は日々に刷新されるのであり、それが神の受難であって、福音はティベリウス帝〔訳注・皇帝在位AD14-37〕のかくかくの年次のことではなく、年々にいつでも起きていることである」と教えた。このように、時間的・空間的枠組に縛られないとするのが、いわゆる「永遠の福音Évangile éternel」説である。

この説は、キリスト教の死を告げる恐るべき単純化であると映り、大多数の人は、この教えが放つ光を前にして、身震いし眼を閉じた。

南イタリアのカラブリアで、修道院の門番をしているヨアキムという男がいた。ある日、菜園で居眠りをしていると、驚くほど美しい男が、瓶を手に、水を唇に注いでくれた。だが、彼が慎ましく一滴の水しか飲まなかったので、その美しい男は、「おお、憐れな男よ！ もし底まで全部飲み干していたら未来のすべてがお前のものになっていただろうに！」と言った。一滴しか飲まず、すっきりしないで却って苦しみを覚え、キリスト教の未来に待ち受けている深淵に不安を覚えたヨアキムは、心の平穏を求めて巡礼に出発し、キリストの墓へ詣でた。

同行した弟子によると、聖地から帰る途中、シチリアを巡り、エトナ山の麓にある修道院に寄って休息したが、そこで一種の断末魔の苦しみに陥り、三日間、脈も停止し、死んだようになった。それから正気に戻ったのだったが、その三日間に彼が見た夢のことを文字に遺そうと決意したのは、かなり経ってからであった。書き取ったのは三人の同行者であったが、口述は昼夜にわたった。このとき、彼の顔は枯葉のように真っ蒼であった。

彼が愛と純粋さのなかで飲んだ一滴の水が一つの海であったことは、やがてごらんになるとおりである。

驚くべきことである！　生まれつつあるキリスト教は、自分のことを世界のたんに一つの時代、歴史的形の一つであると理解していたようである。二世紀、キリスト教護教論者テルトゥリアヌス（一六〇年ごろ－二二二年以後）は、こう述べている。

「すべては熟する。正義も然りである。正義は、その幼少期にあっては、《自然 nature》であり神への畏れでしかなかった。少年期にあたるのが《法 Loi》と《預言者たち prophètes》である。《福音 Évangile》は青年期であり、《聖霊 Saint-Ésprit》が現れてはじめて正義は成熟期にいたるのである。」

一二〇〇年の人ヨアキム（1145-1202）は、それに加えて、「聖霊」は自由な精神であり「聖霊の時代」とは学問の時代であることを知っている。

「キリスト教徒の間に三つの時代的推移あるいは秩序がある。第一は《法》を完成する仕事が求められる時代であり、第二は《受難》の時代。最後の時代（あるいは階層）は、前後にはみだしているが、《瞑想の自由》のために選ばれた人々の時代である。それこそ、聖書にこう述べられていることが立証される時代である。いわく『主の御霊は自由の存するところにある』。《父なる神》は法に従うよう命じられた。それは、人々に求められるのは畏れと屈従である。《子なるイエス》は鍛錬の仕事を課した。そこで求められるのは英知である。これらに対し、《聖霊》が提供するのは自由であり、このとき原動力となるのは愛である。福音のもとでの第二の時代は、第一の時代に較べると自由であったが、第三の聖霊の時代に較べると、自由ではなかった。」

「ユダヤの民には文字で記された旧約聖書が委ねられた。ローマの民には新約聖書が託された。それに対し、霊的な人々のために取っておかれたのが、旧約および新約聖書から発出する霊的英知である。」

「神の王国の玄義は、当初、深い闇において現れ、ついでそれは夜明けのように明け初《そ》め、その後、昼間のごとき光を放った。これは、世界の各時代を経るにつれて知識は増大し多様化していったからで、『多くの人を経るにしたがって知識は殖える』と書かれているとおりである。」

「最初は奴隷の時代、第二は自由人の時代、第三は友人同士の時代である。第一は老人たち、第二は成人、第三は子供たちの時代である。第一の時代はイラクサ、第二の時代はバラ、第三の時代は百合が、これを象徴する。」

（ヨアキム・デ・フローリス『旧新約聖書の調和Liber concordiae novi ac veteris testamenti』pp.9, 20, 96, 112.）

これは、テルトゥリアヌスにとって未知であった「心の光」という聖霊の啓示を受けた教義である。この古代の博士（テルトゥリアヌス）が信仰を少年期から壮年期まで導いたのに対し、ヨアキムは、さらに若い年代に遡り、成熟の結果として英知が備わることを示したのだった。ああ、至高の教えよ。聖なる心の英雄的幼少期よ！　あらゆる人生は、この幼少期を経て、再開するのである。自由な精神が君臨する時代は、幼さと知識が同時に備わった時代である。これこそ、ダンテがいつまでも漕ぎ進みたいと熱望し、わたしたち自身、神が世界から世界へ航海されるよう求める友情の船である。この船に人類を乗せて出航させようというのが、ルネサンスの第一歩である。

これ以後、この偉大な教えは《永遠の福音》として広まった。多くの人が、火刑台の上で炎に包まれながら教えたのがこれである。パルマのジョヴァンニはコルドリエ会士たちに大胆にも「Quod doctrina Joachimi excellit doctrinam Christi」（この点で、ヨアキムの教理は、キリストの教えより優れている）と告白している。

〔訳注・コルドリエ会士とはフランシスコ会のなかでも清貧の理想を守る原始会則派のこと。同会総長であったジョヴァンニ・デ・パルマは《清貧》をめぐって亀裂を生じた同会を救うためにヨアキムの思想を基本に改革を志したが、法王アレクサンデル四世の勧告に従って、ボナヴェントゥラに総長の席を譲り、みずからは一介の修道士に戻った。」

九、英雄的福音――ヤン・フスとジャンヌ・ダルク

「ルネサンス」の第一声が発せられたのがこの十三世紀である。しかもこの第一声が最も強かったのであり、その後の試みはすべて、十六世紀のそれでさえ、相対的に後退している。その天分と発明の独創性、気質の崇高さは、十八世紀にいたるまで、何ほどのものでもない。門は、開けられたあと閉じられた。これ以後の中世からの解放の試みは緩慢で、成果も少ない。なぜか？　古いシステムの枠から出ようと努力はしても、そこから出ることを本当には望まなかったからである。ヨアキム・デ・フローリス自身、《永遠の福音》を遙かな遠方に押しやり、弁解するばかりで、本来否定したはずの法王に自分が著した書を献呈している。その百年後、ダンテは、三つの世界の封印を除去して自分の心の力で人間化し、ある意味で中世を破壊したが、別の意味で自身の天分により新しい魔力をそれに付して《聖別》したのだった。十六世紀のルターも、その英雄的な飛翔と「ローマおよびサタンへの大仰な侮蔑」のなかで過去のすべてを根底から覆そうとしているように

思われたが、期待とは裏腹に彼が求めたのは聖パウロを経て、より昔へ回帰することであった。

注目すべきは、この一三〇〇年から一五〇〇年にかけての「鉄と鉛の時代」神慮は惜しげもなく奇蹟を起こしたが、それによって人類が目覚めることはなかった。「Ferreus urget somnus（重い眠りがのしかかる）」。神も、もはや自らの創造を信じることしかできなかった。

あなた方は自身の目で見ることだ。一三〇〇年には、人間的才能のなかで最も霊感を受け、最も計算された作品であり、知識および集中的情念の努力の結晶である『神曲Divine Comédie』が世に出たが、なんの行動も起きなかった。フィレンツェはユダヤ人から銀行と高利貸しを引き継いでいて、しなければならないことで手が一杯であり、イタリア全体は反ダンテの風潮のなかで『デカメロンDécaméron』しか読もうとしなかった。ダンテのこの神学的な詩は、聖トマスと神学学校、ローマ教会、日曜説教のもとへ送り返された。

ペトラルカは、より庶民にもてはやされたが、古典の発掘という地道な努力においては失敗する。彼は、ギリシア人の師匠たちを呼び寄せたが、弟子入りしようという人はいなかった。彼自身、破壊された世界のさまよえる幻であり、死者たちのもとへ合流しに行ったが、彼らへの崇拝を復活させることはできなかった。そのことは、たとえばホメロスについて見ると分かる。ペトラルカはホメロスの写本を手に入れ口づけはしたが、読むことはできなかった。

古代帝国を信奉しローマを真の意味で復興したのは、わがフランスの《レジストたち》であり、主君フィリップ美男王の平手打ちをボニファティウス八世（在位1294-1303）に届けに行ったギヨーム・ノガレである。法王を相手に証明された「人民の安寧salus populi」への彼らの権利は、まもなく王たちを相手として証明される。マルセル家やアルテフェルデ家は、ブルジョワジーを基盤に共和国を樹立しようと考えた。その基盤となるブルジョワジーは逃げだして姿を消すか、または屈従してしまい、すべては崩壊する。

こうしてブルジョワジーは、民衆のなかから現れてまもなく、恐怖のなかで消滅した。パリの革命は、同じときに田園で広がった《ジャックリーの乱》に、みずからと共通するものを見ようともせず、ただ、脅威を覚えただけであった。この甦ったラザロ〔訳注・ヨハネ伝福音書に出て来る。病死したのをイエスが奇蹟の力で蘇生させた〕は、以前とはすっかり容貌が変わっていたので、彼が近づくとみんな逃げ出したわけだ。人々は、これらの農民は、まだ人間であるのか？と疑い、彼に憐れみの心を起こすことさえ拒んだ。

しかしながら、このとき一つの革命が始まった。それは、まだ明確ではなかったが、兄弟愛的結合の前奏となる偉大で神聖なものであった。とくに言葉を共有する「同郷人」それぞれの特性が、初めての試練によっておずおずと目を覚ましたのである。この結合の神秘となるものこそ「祖国Patrie」に他ならない。

イタリアでは、たくさんあった方言が姿を消して同じ固有言語「ランガ・デル・シlangua del si」〔訳注・フランス語の場合、「はい」を意味する言葉により、北フランスは「langue d'oïl」、南フランスは「langue d'oc」に分かれていたように、イタリア語は「si」が「はい」を意味する語であった〕に取って代わられた。フランスの固有言語の問題を解決したのは、歴史の魅惑的な語り手であったフロワサールであった。ドイツ語の場合は、ルターが神の言葉をドイツ語で表現するまでの間、情熱的な英雄であり預言者であるヤン・フスがボヘミアの言葉を公式化しスラヴ魂を呼び覚まして、その祖国と言語を創造した。

「祖国」！　この神聖な言葉！　お前を文字に書くとき、どうして眼がかすみ、視野は乱れなければならないのか？　わたしたちフランス人の心に重くのしかかるのは、延々と続き、栄光と没落の思い出が詰まった悲劇の歴史のゆえか、それとも、お前の受肉がはじまりお前がそのなかに姿を見せたあの女性の、何百回語っても涙が尽きない物語のゆえか！

この世界は、さまざまな伝説と偽りの奇蹟が溢れているため、真実と事実を見、確かな奇蹟を眼にしても、それを感知しないのだ。

しかし、この歴史を前にして、いかなる伝説、いかなる神話が太刀打ちできようか？　三万回も化身を繰り返してきたというオリエントの神も、西洋の死すべき神々や英雄、賢人あるいは殉教者たちも、ここでは、あえて戦うだろうか？

よく考えてみなさい。この場合、殉教するのは、その教義で強化され、その生気を証明された賢人や聖人ではない。押し戻された末に受け入れられた受動的殉難者ではない。切望され、何度も傷を負いながら剣の波にも怯むことなく突き進み、挙げ句の果ては、痛ましくも火刑台でじわじわ迫る死を迎えた能動的殉難者である。

このとき『キリストにまねびてImitation』によって刷新された修道院的福音書は、わたしたちに「この取るに足りない世界から逃れよ」と述べる。それに対して、この英雄的福音書（書といっても、明確な本があるわけではなく、これは、魂のありようである）は、「この世を救え。戦って、この世のために死んでゆけ」と言っているのだ。

しかも、剣を通して、みずからの血をもって福音を説いた啓示者、驚くべき殉難者はどのような人であったか？　つい昨日まで母親のもとで糸を紡ぎ、畑仕事に明け暮れていた無学文盲の娘である。だが、彼女の力はその心であり、その彼女の心には光があった。

彼女は、その女性の胸のなかで、魅惑的な憐憫をもって「祖国」を覆った。そこに一つの祖国があった。彼女は、「フランスの血」が流されるのを黙って見ていることができないのだと語った。《フランス》は、この彼女が流した涙から生まれる。

そして彼女は、火刑台の上で、博士たちを狼狽させる崇高な無知のなかで、内なる声の権威、良心の権利を打ち立てるのである。

世界は、彼女のために祭壇を築き、その権威の前に跪くだろうか？　みなさんは、当然だと思われるだろう。しかし、間違えてはならない。薪の山が燃え上がったとき、古い伝説が事実となって現れたときも、それを認め、注目した人は誰一人としていなかった。彼女の聖なる遺物を見つけ、それを自由のために命をなげうったわたしたちの仲間に結びつけたのは、ずっとあとになって、近代の批評家たちである。

おお！　不幸な世代よ！　真実を見ることもなく生きていた絶望の時代よ！　あまりの不幸と飢えと腹の鳴る音（voix de ventre）、悲惨のために耳を塞いで無感覚となり、眼と心を閉ざしていたのだろうか？　否、それらの不幸以前にも、重苦しい平板さ、鉛のような無気力状態、一種の虚無感が時代のなかに入り込んでいた。民衆の教育係をもって任じながら、民衆に嫉妬した主人たちは、不毛の教育に徹した。中世が去ったあとに残ったのは、砂漠しかなかった。

ダンテに耳を傾けるために誰が残っていたか？　誰ひとりいなかった。誰もいなかった。オッカムがスコラ学を破壊したとき、彼を理解できる人がいたか？　誰もいなかった。すべてが無に帰した。民衆の英雄的福音であり大革命の生きた予言であるジャンヌ・ダルクの声を聴き理解した人は、生き残っている人々のなかでもはるかに少なかったであろう。

それは、空虚より以上、砂漠や死より以上であった。なぜなら、あとに残っていたのは不和であり、致命的分裂の芽で、それが生じる苦い果実は今もわたしたちフランス国民を苦しめ、宿命的不幸をもたらしているからである。本来は一つであるのに二つのフランスがあり、友愛を共有できず文化も異なり対峙し合う二つの国民がある。中世には最悪の幾世紀であっても、民衆と貴族は『ディエス・イラエ Dies irae』〔訳注・怒りの日〕だの『ローランの歌』だの同じ歌を唄った。両者の間には、たしかに厳しい社会的差異があったが、心の一体性があった。十二世紀ごろ、上流階級は、自分たちにふさわしい歌、洗練された文学を歌いたくなると、民衆のことは聖職階級が引き受けて、その世話をした。民衆に触れる者に災いあれ！　では、この養育者は、どのように民衆の面倒を見たか？　自分でももはや理解できなくなっていたラテン語で、アリストテレスも知らなかったであろうビザンティン的抽象概念を使って説得しようとした。しかしながら、上のほうでは、身分の高貴な、あるいは金持ちのお偉方たちは、ますます狡猾になっていったのに対し、下のほうでは、民衆は見捨てられたので、両者の開きは拡大し、相互の敵意も強まっていった。共通の言葉は一語としてなく、ほんとうの意味でみんなで歌える歌はなかった。ドイツでは、まだしも音楽がみんなを結びつけていたが、フランスでは、そのようなものはなかった。こうして二つに分裂した人々は、十六世紀には、まったく相互に近寄らなかったし、贅沢になっていった十七世紀も、却ってますます両者を引き離した。モリエールを知っている農民などいたろうか？　そもそも農民が何を知っていたか？　何一つ知ってはいなかった。

十、ゴシックの敗走と数学的・合理的建築

「ルネサンス」が最初に民衆にも感知されるのは、芸術の分野においてであるが、それには二つの理由があった。

神学の道は決定的に閉ざされているように見えた。コンスタンツ公会議〔訳注・一四一四～

一四一八年。フスを異端と断じた）で主役を務めた教会改革者たち（ジェルソンもその一人）が生きながら焼いたのは、自分たちとあまり違わない信仰をもつ熱烈なキリスト教徒であった。ヤン・フスの支持者たちは、祭式という外面的相違のために、あたかもキリスト教全体を転覆させようという者たちと同じように破門制裁に遇い、一つの民族全体が剣をもって攻められ、その地域（ボヘミア）全体が皆殺しの措置に遭った（訳注・いわゆるフス戦争）。恐るべき出来事であり、恐怖に駆られたゆえの蛮行と言わなければならない。いまや天井に亀裂が走り倒壊しそうになっているローマ教会を修復するための補強材になると信じていなかったら、『イエスにまねびて』の著者と目されるジェルソンがその手を「義人juste」の血に浸すことはしなかったであろう。

いまや死ぬことも生きることもかなわないで、ますます残忍さを強める恐るべき瀕死状態の中世の終末を速められるのは、幾つかの回り道によってであった。その一つが学問の道で、これは、ロジャー・ベイコンとアルノー・ド・ヴィルヌーヴに対する迫害以来、監視され閉ざされていた。しかし、芸術の道は、それほど監視が厳しくなかった。暴君たちは、人間精神には多様な自由があるが、その相互の間には親密で深い関係があること、芸術の解放が文学や哲学の解放の端緒になりうることにあまり気づいていなかった。

注目すべきは、もし旧システムがまだ大きな顔をしていたとすれば、それは芸術においてであったことである。旧システムは、芸術をわがものであると考え、自分が産み出した果実であると主張していた。宗教的体制がすべてを独占すると、人間活動のいずれの創作的力もこの体制によって感化され、人々も体制に敬意を払うように見える。しかしながら、偉大な画家ジオットー（1266-1337）は、すでに、宗教的主題の枠内に留まりながらも、自分が古いインスピレーションから如何に自由であるかを、人々の思いもしない大胆さをもって示している。彼は、中世には無味乾燥の物言わぬ人物として描かれてきた聖人たちを、身近に接しているイタリア人らしい生き生きした男女として描き、その赤毛の頭部を光輪で囲んで祭壇に献げたのである。しかし、とりわけ伝統を一新する大きな変化をもたらしたのは、北方の奥地からやってきた画家、ファン・エイク（1390-1441）であった。彼は、卵白を媒材にしたくすんだ色の絵の具を捨てて、鮮やかな燃え上がるような生命を描いた。その輝きによって、他のものは青ざめ、スコラ学とともに亡霊さながらに眠りのなかへ追いやられたのだった。

だが、芸術のほんとうの戦いは、そこにあったのではない。芸術の核心、その詩趣、過去の時代を忘却の彼方へ追いやりたいという意気込みが現れたのは、建築の分野においてであった。アラブとペルシアで八世紀から九世紀にかけて生まれた筋交い骨による丸天井が西欧でも十二世紀には、石工たちによって荘厳な建造物に採用された。それは、聖職者には関わりない、あくまで建築技術という世俗領域での革命であったが、だからといって、聖職者たちの思い上がりと無関係ではなかった。そこには、ローマ教会の不敗の信念が反映していた。ローマ教会の論理に異議を立て、その伝説に疑義を挟む者に対して、教会は、この伝説を石で示し、その奇蹟を壮大な穹窿《きゅうりゅう》に引き継がせることによって「見なさい。そして信じなさい」と言ったのだ。

ゴシックの石工の神秘的伝統は、特にライン地方では十四世紀になっても存続していた。それは、この地域には少し遅れて伝わったが、流派というべきものを形成し、限度を知らない野心的モニュメントを建設して、芸術の最終的スタイルをそこに見ようとした。それが、完成ということを知らないケルンの大聖堂である。〔訳注・ケルンのザンクト・ペーター大聖堂が着工されたのは一二四八年。内陣は一三二〇年に完成したが、尖塔などの建設は、中断されたままになり、十九世紀中頃にドイツ・ナショナリズムの高揚とともに再開されて、一八八〇年にいたって高さ一五七メートルの双塔をもつ全体が完成したのだった。したがって、ミシュレが本書を執筆しているときは、まだ最後の工事中であった。〕

ケルンやシュトラスブルクといったライン地方の石工の支部が占めた首座としての権威は、イタリアも認めざるをえず、ミラノ大聖堂の大ドームを完成するにあたって、ミラノ公のジョヴァンニ＝ガレアッツォ・スフォルツァは南ドイツの石工を呼び寄せたと言われている。〔訳注・シュトラスブルクのノートル＝ダム大聖堂の建設は十一世紀に始まり、高さ一四二メートルの双塔が完成したのは一四三九年である。ミラノの大聖堂が着工されたのは一三八六年。完成するのは、ナポレオンの命によって一八一三年のことである。〕

神学的教会を顧客とする芸術的教会の法王として君臨した石工組合（フリーメーソン francs-maçons）の無謬性に対し、断固たるイタリア的精神をもって疑義を立てたのが、フィレンツェ人のブルネレスキであった。情け容赦のない計算家であった彼が、旧来の気まぐれな建築を厳しく見直して堅固さに疑問を呈し、あやふやな正統性に対抗して立てた耐久性ある異議は、今や建築芸術の信条となっている。

ゴシック建築界は騒ぎ、計算式と見せかけの数比を盾に反論した。「3」という数がもっている神聖不可侵性、「7」のもつ神秘性に拘り、それを教会の各部分にあてはめたのである。「入り口は七つ、アーケードも七つ、長さは16×9、塔の高さは204（18×12）ピエで、9も12も3の倍数である。このように、3と7に基づいてこそ、この教会は堅牢なものとなるのである」。

それならば、なぜ、飛び梁や大きな扶壁を外側に付けるのか？ それらは、撤去するのを忘れた作業現場のように見える。そんなものは取り払って、穹窿が自力で立っているようにすればよいではないか？ いまのままでは、建物全体が見る人に疲労感を与えている。完成したばかりなのに、はやくも老衰期に入ったかのようだ。このようにたくさんの支えを必要としているのを目にすると手を貸したくなるくらいである。

屋外で雨や冬の悪天候に晒されているのは何か？ 建物の強度を維持するための支持材である。それは、まるでやせこけた四肢を引きずって歩いている弱々しい昆虫のようである。普通、堅牢な建物は、長持ちできるための支持材を内部に収め、外から見えないようにしているものである。生存に必須の器官を外気に晒している生体は、必然的に病気に弱い。建築も同じで、病気や外傷に侵されたところを治す医者を近くに配しておく必要がある。それが、このような建物の周りに代々、住み着いている石工の村である。彼らは肥え太っていて、子だくさんである。建物は、絶えず部材が新しく取り替えられていくので、二百年、三百年経つと、すべてが入れ替わっている。

絶えず修繕しなければならない中世の建造物のこうした脆さは、ローマ時代のそれと並べてみると明白である。ローマ軍団の人々によって建てられた古代の建造物は、アルプスやピレネーの山々と同じく、人手に依ることなく二千年以上も冬の風雪に耐え、びくともしないで聳え立っている。

計算能力に優れ先見の明のあるこのイタリア人（ブルネレスキ）は、この違いに気づいた。伝記によると、彼は、意志強固な人で、若くしてあらゆる技芸を学んだが、それは数学を基盤としてそれらを統合する中心芸術である建築のなかに調和と耐久性を見つけるためであった。すなわち、彼はダンテの魂と、その精神の普遍性をもっていたが、彼の精神を導いたのは別のベアトリーチェの魂、すなわち数と目に見えるリズムの神のメロディーであった。

彼があらゆる誘惑、とりわけ、その男性的魅力をもって彼を捉えた彫刻の誘惑に打ち勝つことができたのは、このベアトリーチェの魂によってであった。彼は、遠近法、機械工学、種々の技術を駆使することによって、天体の規則性と神の築きしものの永遠性を地上になぞったウラニアUrania〔訳注・人間の知的活動を司るギリシア神話のムーサ（女神）たちの一人で、ウラニアは天文を司るとされる〕を探求していったのだった。

このような高尚な性向をもつ人々にとって、当時ほど不利な時代はなかった。イタリアは、暴君たちや傭兵隊、卑屈な拝金主義者が支配する根っからの散文調の世界に入っていた。フィレンツェの銀行家のなかから、黄金を崇拝し為替手形を聖体と仰ぐ一つの新しい宗教が誕生していた。メディチ家の治世は「一人の財産家を作るには、四オーヌの布があれば充分である」という言葉で始

まる。〔訳注・一オーヌは約一・二メートル〕

ブルネレスキは所有していた小さな農地を売り、そのカネをもって、親しくしていたドナテロといっしょにローマへ行った。ドナテロは彫刻を学ぶため、ブルネレスキは建築を学ぶためである。当時の旅は危険が伴った。ロマーニャの田園は、盗賊や有力家門であるコロンナ家、オルシーニ家の兵士たちが跋扈し、恐ろしいほど荒廃していた。野生の水牛が支配しているこの荒れた土地では、毎日のように人々は命を落としていた。荒廃はローマ市内にも広がり、街路は草が生い茂り、古い建物は要塞化して元の形は失われていた。それは、法王のローマではなくピラネージ〔訳注・十八世紀の人でローマの廃墟化したモニュメントの絵を多く遺した〕のローマであった。「美の支配者」である《時》が一見したところ投げ出したかのようでありながら、丹念に積み重ねた風変わりな廃墟であり、草木が破壊し呑み込みながら飾り立てている、そんな廃墟なのだ。彫像たちは、ほとんどが地中に埋もれて眠っており、人の目に映ることはなかった。宏壮な浴場は幾つか遺っていたが、十一あった古代神殿は、ほとんどが土台部分だけ遺して姿を消していた。皇帝たちの凱旋行進さえも可能であったような壮大な下水道など、「地下のローマ Roma sotteranea」の物悲しい驚異もいっさいが埋もれたままであった。

ペトラルカは、「忘れられたローマも世界から崇拝されるにふさわしい」と述べたが、ブルネレスキが努力したのは、それらを再発見し、心のなかで再構成することであった。その精力的な巡礼行を、彼は、どうして書き遺さなかったのか！　ほとんどすべては地下に埋没していたからで、かつて聳えていた神殿の屋根も、地下を掘り進んで初めて現れてくるありさまであった。この不可思議なローマに辿り着くためには、山羊を追って危なっかしい軒蛇腹の断崖を進むか、曲がりくねった暗黒の奈落の溝のなかに潜り込む必要があった。

しかも、このクリストファー・コロンブスは、形を探ることで満足するデッサン家ではなかった。彼は、素材の種類、セメントの質、さまざまな石の重量、それらが、どのように接合されているかを研究した。古代ローマ人たちの秘訣を探り、さらには、それをどのように凌駕するかを探求したのである。その結果、ローマ人たちは、きわめて用心深い人たちで、ポン・デュ・ガールやアルルの円形闘技場にも見られるように、モニュメンタルな建造物の基礎は、必要以上に大きく堅固に築いていることが分かった。ブルネレスキは、超人的野心と自分の計算への確信から、基盤はもっと小さくしても、タルクイニウス王朝〔訳注・前七世紀の王制時代のローマの王朝〕の壮大なアーチをまず築き、そのうえにパンテオン Panthéon の穹窿を空中三百フィートに据えることができると考えたのであった。

彼は、フィレンツェに戻る（一四〇七年）と、基礎部分を造っただけで建築師が亡くなって未完になっていたフィレンツェの大聖堂（サンタ・マリア・デル・フィオーレ）の穹窿を完成する仕事を任せてほしいと要請。この建物は、基礎が八角形で独特の設計のため技術的に困難であったのに加えて、万事について口うるさく嫉妬深い銀行家や商人のフィレンツェ人たちを納得させなければならないという難問があった。それには、全ヨーロッパ的問題を処理するのに要する以上の外交手腕が必要であった。

彼は、この大工事にあたっては、イタリア各地の名の通った建築師だけでなく、とくに北方ドイツの名工を呼び、意見を聴取することを要請した。これは、自分の考えているやり方について、かならず比較し批判されるであろうから、工事を始める前にまとめて会って彼らの手段の不充分さ、技術の不確実さを認めさせて自分の案への同意を勝ち取り、途中で邪魔されるのを防ぐためであった。事実、呼ばれた人々は、建築物の形態や見栄えをよくすることについては才能があったが、科学的に裏づけられた知識に欠けていたため、壁にかかる圧力がどれほどであるかについて試行錯誤しながら支持材で補強するほかなかった。建造物が、父親によって手引き紐（lisière）で支えられて初めて立っている幼児のようになったのは、そのためであった。厳密な計算に基づく建築が行われるのは十五世紀になってからで、一四二〇年にフィレンツェに集められた建築師たちの会合以前は、そのような計算に基づく建築が行われた痕跡はない。

この会議で、彼らは、壁の足もとを外側から補強しないで建てる方法を提示するよう求められても、巨大な一本の柱を立て、その上に丸天井を載せるという無骨な方法しか提示することができなかった。そのようなのが、かくも大きな反響を呼んでいた「技術なき芸術 art sans art」の実態であった。

彼らは、むきだしのあらゆる種類の支柱を使っただけでなく、フランスのある大聖堂を設計した現代建築家がわたしに教えてくれたことだが、装飾自体においても、危なっかしい部分は、鉄の鎹で強度を保たせるようにしなければならず、この鋲はすぐ錆びたので、次々と取り替える必要があった。

　ここで大事なことは、外側からの支えなしに自力で立っている建造物を初めて造ることであった。われらの大芸術家は、自分の計画を話した。だが、誰も、理解しようとはしなかった。判定者たちは、当初、そんなことは不可能だとする側に立った。みんなが、彼は狂っているとしか思わなかった。事実、人々は、そのように言いふらし、彼が通りかかると、「あれが気違いのブルネレスキだ」と嘲笑した。

　しかしながら、代案を提示する人が出てこなかったので、ブルネレスキが呼び戻され、「それでは、君の案で模型を作りなさい」ということになった。おそらく、彼らは、その模型を元に造るつもりだったのであろう。この悪意に満ちた提案に、ブルネレスキは、それにふさわしい論法でやり返した。ポケットから卵を取り出して、「これが、その模型です。これを立たせてごらんなさい」。しかし、誰も立たせることができなかった。すると彼は、殻の一部をつぶして立たせた。みんなが「そんな簡単なことなら誰でもできる!」と騒いだ。――「それなら、あなた方は、どうして気づかなかったのですか?」

　すべてを語ることができれば、それに越したことはないのだが、そうもいかない。これは、ヒロイズムにして芸術、天才の仕事にして殉難の物語である。彼は、この勝負には勝った。しかし、彼の仕事をことごとに邪魔することになる彫刻師〔訳注・ロレンツォ・ギベルティ。もっともギベルティは、彫刻師としては優れた能力をもっていたが、この大聖堂の穹窿建設については、ブルネレスキに対抗できる知識も技術も有していなかった」を共同責任者として受け入れることを求められた。ブルネレスキは、サンタ・マリア・デル・フィオーレの丸屋根建設に関して、ほかにも何千という困難にぶつかった。職人たちが次々と逃げていったので、彼は、石工には石の積み方を、金具師には鍛冶のやり方をというように、自分で職人を育成しなければならなかった。彼は、驚くほどの万能ぶりを早くから示し、大きな仕事をするうえで力を発揮したが、そうした能力によって細かい点で支えられていなかったら、何百回も挫折していたであろう。

巨大な教会堂が、骨組もなければ扶壁もなく、飛び梁のような外側からの支持材もないのに、ちょうど健康な人間が、朝、杖に依らないで床から起き上がるように、自然に起ち上がったのである。すべてを計算し尽くしてこれを実現した彼は、その頂上に重い大理石の帽子のように頂塔(lanterne)を載せ、驚きびくついているみんなを笑って、こう言った。

「この石の重量が堅固さを付け加えてくれるのだよ」。

したがって、中世の不安定な芸術に対する恒久的異議申し立てとして厳密な計算と理性の権威により自身で立っているこの建造物こそ、ルネサンス最初の試練であり勝ち誇る要石なのである。技芸と理性の和解、美と真理の婚姻――これがルネサンスである。

そこにあるのは、魂への深い崇拝である！

くだって、ローマのサン＝ピエトロ大寺院の主任建築師となり(1546)、その大ドームを設計し建造した〔訳注・フィレンツェの大ドームから百六十年後の一五八七－一五八九年〕ミケランジェロは、「どこに埋葬されることを望みますか」との問いに、「ブルネレスキの作品を永久に眺めていられる場所に」と答えている。

十一、ダ・ヴィンチ、そして印刷術

森羅万象を包括しようとする百科全書的英雄主義が、ブルネレスキ時代のフィレンツェの精神のようである。それ以前は、画家、金銀細工師、彫刻家、建築家というように、すべてが分化していた。ある日、全技芸が混じり合い結合して「芸術全般」となり、それが半世紀続いた。その掉尾を飾る頂点に位置するのがダ・ヴィンチである。レオナルド・ダ・ヴィンチこそ、すべての技芸、すべての科学の万能の天才である。ミケランジェロは少なくとも造形芸術を統合し、彫刻家であるとともに画家であり建築家であったが、もはや学者ではなかった。ラファエロなどの他の十六世紀の巨匠たちは、一つの技芸に専心する。

十五世紀の芸術の動向のなかで最も驚かされるのが、ブルネレスキの仕事があれほど驚異を引き起こし称賛を浴びたにもかかわらず、影響するところ少なく、模倣も産まなかったことである。ルネサンスの勝利を前にしつつも、瀕死のゴシックは生きのび、最後の力をふりしぼってシュトラスブルクの尖塔を建てている。〔訳注・シュトラスブルクの高さ一四二メートルの双塔はフィレンツェのドームが一四三五年に完成して四年後の一四三九年に完成している。〕しかし、ゴシックは、そのあとは創造的な力が持続せず、彫金師や刺繡職人を思わせる細部の装飾で身をくるむようになる。凝りに凝ったブルゥ Brou の教会〔訳注・ブルゴーニュ南東部でフランボワイアン・ゴシック建築の代表として有名〕は、完成早々から修復を必要とした。ブルネレスキの偉大な弟子、ミケランジェロが建てた最高傑作というべきサン＝ピエトロ大聖堂ですら、形は師のそれを引き継いでいるが、確固たる天分は、受け継いでいない。サン＝ピエトロの称賛すべきドームは、外側から締めつけることによって維持されており、自身の力で聳えてはいない。

絵画にもぶり返しがあった。ファン・エイクが、男性的でエネルギッシュな創造者であり発信源であったのに対し、あとを継いだのは、月の光で描いたような女性的なハンス・メムリンクであった。そのことは、ブリュージュ（ブルッヘ）の救済院の自画像に見られる。この絵のなかで彼は病人の帽子をかぶっている。

こうして、フランドルは再び転落した。イタリアも転落するだろうか？ ルネサンスの飛躍を決定的なものにしたのは、この世紀の半ばに出現した完璧にして均衡ある、全能というべき偉大なイタリア人を措いてない。彼こそ、過去のすべてを集約し、未来を先取りし、それによってフィレンツェのみならず北方の普遍性をも体現し、化学と機械技術を絵画芸術に統合したのだった。わたしがかく言うのは、もちろん、レオナルド・ダ・ヴィンチのことである。

「解剖学者であり化学者、音楽家、地質学者、数学者、種々の楽器の即興の名手、詩人、技術者、物理学者であるダ・ヴィンチは、蒸気機関、臼砲、温度計、気圧計を発案し、古生物の研究ではキュヴィエ（1769-1832）に、一致論（théorie de l'unité）ではジョフロワ・サンティレール（1772-1844）に先駆けたが、画家としても、生命体の統一性に見られる創造主の構想を人間芸術に適用しようとした。」（E・キネ『イタリアの革新 Révolutions d'Italie』）〔訳注・「一致論」とは、脊椎動物の多様性の根底に単一の設計図があるとする理論。〕

自然を前にして中世がとった態度は、臆病きわまるもので、偉大な精霊を呪文で祓うことぐらいしかできなかった。それに対し、愛の息子であり彼自身、最高の美男子であったダ・ヴィンチは、自分もまた自然であることを感知していたし、自然に対し何ら怖れを懐いていなかった。自然全体が彼にとっては愛する身内のようであった。彼は、芸術家として出発した当初から人を怯えさせた。彼の田舎の人々が木製の一種の盾を持ってきて装飾を依頼したところ、彼は〔訳注・ヴァザーリの記述によるだが〕蜥蜴と蛇、蝙蝠などを組み合わせてどこか惹きつけるとともに畏れさせるような無気味な怪物の姿を描いて返した。同様の大胆さはレダ Lédas〔訳注・スパルタ王の妻で、彼女を見初めたゼウスは白鳥に姿を変えて交わった〕の像にも見られる。このレダ像に描かれている二つの自然の婚姻は、こんにちの近代科学が明らかにしている人間と万物の類縁性を大胆不敵に描き出している。

ルーヴル美術館に入ってみよう。グランド・ギャラリーの左側には旧世界が、右側には新世界がある。一方には、フラ・アンジェリコ・ダ・フィエゾーレ（1400-1455）の作品があり、中世的な聖母の足下に弱々しい人物たちが描かれている。病んで死にそうな眼差しをしているが、何かを探し求めて起ち上がろうとしている。この古びた神秘主義と向かい合っているのがダ・ヴィンチの絵で、そこでは、ルネサンスの神髄が、より厳しい不安と鋭い刺のなかにありながら、光を放っている。両者は、ほぼ同時代の作品であるが、その間には、千年を超える隔たりがある。

ダ・ヴィンチの筆を通して、バッカス、洗礼者聖ヨハネ、そしてモナ・リザが、視線をあなたのほうへ向けている。あなたは、その強い視線にどぎまぎするだろう。一つの無限なるものが、不思議な磁力を通じてあなたに働きかけているのだ。芸術よ、自然よ、未来よ、神秘と発見の天分よ、世界の深みと未知の深淵の巨匠よ。あなたはわたしに何を求めているのか？　この絵はわたしを惹きつけ、呼びかけ、満たし、呑み込む。わたしは、蛇に睨まれた小鳥のように、意志に反して、この絵のほうへ向かってしまうのだ。

それがバッカスか聖ヨハネであるかは、大した問題ではない。同一人物の現れ方の違いに過ぎないからだ。

「原初の時代のこの風景のなかに現れた若きバッカスを見よ。なんという沈黙、なんという好奇心であろう！　彼は孤独のなかで、事物の最初の萌芽、生まれつつある自然のざわめきに耳を傾けている。彼は、キュクロプスの洞窟の下で、神々のうっとりさせるようなささやきに耳を澄ませているのだ。」〔訳注・キュクロプスは天空の神ウラノスと地母神ガイアの子で、雷鳴・電光・閃光の神々。ゼウスなどの神々に武器を提供した。〕

「善悪への同じ好奇心は、ダ・ヴィンチの『洗礼者聖ヨハネ』にも見られる。彼の眼差しは、眩いばかりの光を帯び、時代と事物の闇など物ともしない。貪欲に知識を求める新しい精神は『われ発見せり』と叫ぶ。」（エドガー・キネ）〔訳注・「われ発見せり」は、ギリシア語で「ユーレイカ」で、アルキメデスが浮力の原理を発見したときに発した有名な言葉。〕

これは、開花した知性に真理が啓示された瞬間の有頂天の喜びを表しており、そこには、老い朽ちた古い世代への軽い嘲りが込められている。この嘲りの正当性については、ガリレオ（1564-1612）のヴォルテール風対話のなかで世界を統べる女王として君臨しているのを目にされるであろう。〔訳注・ガリレオ『天文対話』『新科学対話』〕

ここで言っておくべきことが一つだけある。彼らは神々であるが、病んでいる。わたしたちは、その勝利に立ち会っているわけではない。ガリレオが出るのは、まだ先のことである。バッカスと聖ヨハネは、新しい精神の預言者として、さまざま抵抗に遭い、そのことで苦しみ、憔悴している。そのことは、彼らの眼差しにも読み取れる。両者の間は一つの砂漠によって隔てられ、この砂漠には幾百もの幻影が浮遊している。優美にほほえむ「ジョコンダ」もまた幻影であり、その瞳のなかにはアルシーヌ〔訳注・アリオストの『狂乱のオルランド』に登場し、愛人を岩や木に変える魔女〕の不思議な島が映っている。あなたには、彼女がボッカッチョの軽佻浮薄な物語に耳を傾けているように思われるだろう。用心しなさい。幻術の大家であるダ・ヴィンチでさえ、彼女の罠にかかったのだ。ダ・ヴィンチは不安定で流動的な絶えず形を変えるこの迷宮から脱出できず、何年もの間、そこに留まった。その危険な迷宮は、この絵の背景に描かれている。

レオナルド・ダ・ヴィンチ以上に讃えられた人はいなかった。追随者の少なさでも、敵う人はいない。彼は、ファウストのイタリア人兄弟というべき魔術師で、人を驚かせ恐れさせ、都市フィレンツェからもローマ法王庁からも助成してもらえなかった。ミラノは、なんとか彼を受け入れたが、遠巻きにしてであった。彼は、常に孤独で、諸科学の予言者、大胆な創造者として自然に立ち向かった。

動物の生態をわずかに描いたヴァティカンのアラベスク文様〔訳注・ラファエロが描いた〕と、ダ・ヴィンチが描いた荒々しい軍馬たちが噛み合い、蠍や蛇を思わせる甲冑に身を固めた野蛮な戦士たちのぶつかり合う戦闘場面の絵とを並べてみなさい。どちらが科学的かは一目瞭然である。ラファエロがマルクス・アウレリウスの騎馬像〔訳注・ローマのカピトリウム広場にある〕を模写するだけだったのに対し、ダ・ヴィンチには、ずっとあとのルーベンス（1577-1640）の学究的エネルギーとジェリコ（1791-1824）の専門家的観察力が窺われる。

十五世紀に戻ろう。中世末の学芸凋落のあと、ブルネレスキやファン・エイクが飛翔を示すが、そのあと再度の転落が起きる。彼ら先駆者の努力が表しているのは偉大な孤立でしかない。当時、フィレンツェには何千人、ブリュージュには三百人の画家がいたが、絵画と建築におけるこの偉大な革新家たちは、正統の跡継ぎもないまま亡くなる。彼らが後継者を得るのは、かなり経ってからである。あとで見るように、グーテンベルクやコロンブスでさえ、並々ならぬ努力と研究、試行錯誤の末に目的を達しはしても、その発明と発見から期待されるような成果がすぐにもたらされたわけではなかった。この強固な意志をもった五、六人の英雄たちと、惨めにも足枷を課されゴシック中世と十五世紀の衰運から抜け出せないでいる残りの群衆との間には、一つの断絶が横たわっている。

印刷術は、人間解放の手段を百倍に増やし、多大な恩恵をもたらしてくれるものであったが、それが寄与したのは、当初は、この三百年来、ルネサンスの実現を最も妨げてきた書物を普及させることであった。つまり、印刷術によってまず数を増やしたのはスコラ学者であり神秘主義者であった。たしかに、タキトゥスも印刷されたが、印刷の恩恵によって各地の図書館に溢れたのはドゥンス・スコトゥスであり聖トマス〔トマス・アクィナス〕であった。埃まみれに放置されていたペトルス・ロンバルドゥスの何百もの注解書が永遠不滅の書として息を吹き返した。〔訳注・タキトゥスは古代ローマの歴史家。ドゥンス・スコトゥスとトマス・アクィナスは、ともに十三世紀の神学者。ペトルス・ロンバルドゥスはアベラルドゥスの弟子で、パリ司教となった。〕

こうして、印刷術の普及によって、まず中世の「野蛮な書」が一挙に掘り出され、洪水のように溢れたおかげで、各地の学校とも、愚かしい神学論争の残念至極なぶり返しに見舞われたのであった。それにくらべ、俗語〔訳注・のちにフランス語やイタリア語となる民衆の日常の言葉〕の本が印刷されることは、まったくないか、出ても、ごく僅かであった。古代の著作が出版されるのは、ずっと遅れてである。ホメロス、タキトゥス、アリストテレスの最初の印刷本が出るのは、印刷術の発明から五十年ほどあとであり、プラトンのそれにいたっては、世紀を跨いでのちである。〔訳注・印刷術の発明については一四四〇年、一四四五年など諸説あるが、ミシュレ『フランス史』の Bouquin 版『Le Moyen Age』の年表を編んだ Alain Ferrari は一四三四年としている。〕

また、古代の著作家の本が出版されるようになってからも、中世の本は、その何倍も版を重ねている。その主なものは、キリスト教についての教科書、キリスト教教義にまつわる知識の集成である大全（sommes）、概論、あらゆる種類の馬鹿げた教訓話、聴罪司祭のための手引き書や良心の問題を扱った本であった。ニーダー（ドイツのドミニコ会士。1380-1439）は『イリアス Iliade』の十倍、フィシェ（ソルボンヌの神学博士。1433-1490）はウェルギリウスの二十倍多く印刷されている。

『聖書』は人類にとって、長い間、内容も知らないままその権威に服従してきた聖典であったが、印刷術のおかげで、人々がこれを自分の手に取ることができるようになった。ラテン語聖書につづいて多くの俗語版聖書が出版された。ドイツ語訳だけで十七版を数えたが、聖書自体、その分量の膨大さと含まれる各書の多様さで、人々を困惑させた。人類は、文字で書かれたこの神を手にすることで有頂天になるとともに、その神にもたくさんの容貌があるのを知って驚き畏れた。この容貌の多様は、「神」の属性の第一たる唯一性、不易性と矛盾するように見えた。人々が求めたのは一つの象徴であったのに、手に入ったものは、百科事典であった。求めたのは単純で応用と真似のできる手本であったのに、手に入ったのは、そうではなかった。このため、時代精神は不安に陥ったが、革命的にはならなかった。キリストに退位を求めた傲慢な中世は、遙かな過去になっていた。十五世紀は、創意に富んでいたが、模倣することしか望まなかったであろう。しかし、旧約の聖書に示されている数々の手本は、福音書に見られるそれとはほとんど関連がなかった。それが問題を複雑にした。早い話、イエスよりもダヴィデのほうが魅力的だったのである。

『聖書Bible』が呼び覚ましたこのような混沌、たとえば原罪についての賛否両論のように相矛盾する教理から、他を圧し、しばらくでも支配できる一つの原則を引き出せただろうか？　そんなことは不可能なように見えた。偉大な説教師、ヨハン・ヴェッセル〔訳注・オランダの神学者。1420-1489〕は、聖書をヘブライ語で読み、のちにルターが流布する教義をライン地方で説いてまわった。しかし、時期が熟していなかったため、ほとんど注目されなかった。あまりにも多面的な対象を前にして、まず人々がおこしたのは「めまい」であった。茫然自失した人間精神は、どれかを選ぶ代わりに、面食らって目を回し、身動きもできず、何も取ることができなかったのである。

十二、ブルジョワジーの台頭

以前に『ローランの歌Chanson de Roland』の校訂本を刊行した有能な編者によって、十五世紀の笑劇『パトラン先生Farce de Patelin』が、ごく最近、世に出た。この作品は、十五世紀全体を隅から隅まで見渡させてくれる傑作である。

この編者は、中世の最初と最後を飾ったモニュメント的作品の出版に関わったわけで、とりわけ後者の『パトラン』は、詐欺師の時代というべき中世末期のために作られた『ローランの歌』であり、盗賊を鼓舞してやまない「ラ・マルセイエーズ」である。主人公の代言人は、今にも死にそうだという芝居を演じて商人を騙して追い返すが、この悪知恵に長けた男が、無学文盲でお人好しの羊飼い、アニュレに騙される。この羊飼いは、カネの問題になると羊のように「メエー」と言うばかりで、見事に代言人に報いを受けさせるのである。

これは、金持ちのブルジョワジーと貧しい庶民の間での貴重な相互教育である。庶民も、それほど粗雑ではないので、こうした代言人や商人を手本にすれば、ペテン師になれないわけではない。

この編者は、『パトラン』を書いたのは、この世紀に最も広く読まれた小説、『小姓ジャン・ド・サントレPetit Jehan de Saintré』の作者であるとしているが、作者の問題は、大して重要ではない。

たしかなのは、パトランが民衆とブルジョワジーの下劣さを表しているのと同じように、ジャン・ド・サントレは貴族の低落ぶりを示していることである。

『小姓ジャン・ド・サントレ』（1456）は、王子の教育のために聖職者（フェヌロン。1651-1715）があれこれを混ぜ込んで作り上げた重苦しく退屈な『テレマック Télémaque』（1699）の十五世紀版で、幾つかの元の作品を作り替えているが、あまり成功していない。テーマだけ見ると、一人の小姓が高貴の奥方に気に入られ、一人前の男に育てられるという、中世にはよくあった話であるが、そこで施される愚かしい教育に耐えるためには小姓のサントレは、よほど素直な気質でなくてはならないだろう。なかでも、奥方が教えるのは道徳で、それが、『ギリシア語の語源 Racines grecques』〔訳注・十七世紀の文法学者ランスロが韻文で書いたギリシア語の語彙集〕風の凝った韻文で述べられる。たとえば「Malle mori fame quàm nomen perdere famae. Tristitiam mentis caveos plusquàm mala dentis」〔訳注・悪い評判を立てられるくらいなら飢え死にしたほうがよい。歯痛よりも心痛を恐れよ〕といった教訓である。かのアーサー王妃ゲニエヴァーなら、寵愛する騎士ランスロに駿馬か剣を与えるであろうところを、サントレの王女は、カネをポケットに入れてやる。その結末は、当然、恥ずべきものである。十字軍から帰ってきたサントレは、自分の立場が力自慢で屈強の修道院長に奪われているのを目にし、しかも、彼から決闘を申し込まれる。騎士は、決闘の申し込みを受けないようにして、相手が武器を持っていないときを狙う。〔しかし、結末は、騎士は、この修道院長に殴り倒される。〕これを目にして王女は取り乱してしまう。これが、自分を庇護し養ってくれた女主人への騎士の恩返しであった。〔訳注・『サントレ』の作者、アントワーヌ・ド・ラ・サル（1388-1469）は、アンジュー家に王子の教育係として仕えたが、中世末の騎士道を皮肉をもって見ていた。〕

最良のものが害をもたらすというのが、この世紀の特徴である。哲学においてはスコラ学に対する良識の勝利は、大きな空白を生じただけであったように、政治的秩序における公正の実現、下層階級の上昇は、真に重要なものは何ももたらさず、一財産作って貴族になりたいだけの、無定見で猿まね好き、両生類のような階級を生み出しただけであった。

貴族とブルジョワジーという二つの階級を並べてみると、新興ブルジョワは、その利得欲の激しさ、活動力、活力によって貴族の輝きを奪う。

奴隷商人として、イスラムの国々と商売したジャック・クールは、ブールジュの自分の館にこう刻ませている。――「心《クール》雄々しければ不可能事はなしAvaillant coeur rien d'impossible」

皇帝の家門に属する貴族のジャン・ド・リニー〔訳注・ジャン・ド・リュクサンブールとも。ブルゴーニュ公の臣下でサン＝ポル伯。ルクセンブルク家は神聖ローマ皇帝を出した家門〕は、膝を折り曲げて屈する駱駝を紋章に描き、「いかなる者も不可能な事に耐える義務はない　Nul n'est tenu à l'impossible」との句を入れさせている。彼がジャンヌ・ダルクをブルゴーニュ公に引き渡したのは、この銘句を忠実に守ったのである。

こうして、貴族の立場が低落する一方で、勃興したのがブルジョワジーである。よろしい！ヴェルサイユに飾られている肖像を見てごらん。それは一人のブルジョワ女の肖像ではなく、ブルジョワジーそのものの肖像である。あなた方は、新しく到来した世界について明確に理解されるであろう。彼女は、大砲隊を組織して戦争に一つの革命をもたらしたジャン・ビュローの娘でありルイ十一世の顧問の妻である。父親が砲術だけでなく文筆家でもあり金融家という抜け目のない男であったように、彼女もエネルギッシュで精神も頑健、感性優れた女性であったが、容貌は美しくなかった。むしろ、若さと老い、優しさと酷薄さが同居しているような明らかに醜女である。心身はともに頑健であることで釣り合いがとれていたが、優雅さと気品はまったく欠けており、その容姿は魂の卑しさを示していた。

ルイ十一世のフランスにせよ、ドイツの帝国都市にせよ、さらにはメディチ家時代のイタリアにせよ、ヨーロッパ全体で、このブルジョワ階級が支配的になったからといって、ルネサンスが市民的革命によって成されたわけでないことは確かである。むしろ、ブルジョワジーは、もともと民衆のなかから興隆した階級であったが、民衆全体の興隆に対しては障壁となり、必要に応じて民衆を押しとどめ、圧力をかけるようになる。

この時代の惨めさを如何ともしがたくしていたことが二つある。

この時代の不安と妬み深さは、ブルジョワという社会的上昇の主役となった階級が投影したものであった。富裕農民は、自由になっただけ不満を増大し、都市住民は金持ちになればなるほど多くの心配事を抱えた。パトランのような代言人（弁護士）やラシャ業者のような商人は、アニュレのような貧しい連中によって自分たちの羊が食い尽くされ、地代も払ってくれなくなるのではないかと心配が絶えない。

もう一つの悲しみの種は、風刺のネタが使い古されて、生気を失ってしまったことであった。法王についての冷やかしも、修道士の品行や司祭と住み込み女中についての噂話も、はじめて話題になったときは衝撃的だったのだろうが、三百年も繰り返されると飽きが来る。風刺という表面的で軽薄な批判は、悪事を正すどころか、むしろ、それを既定事実化し、根本的問題から眼を逸らさせる。濫用については論議されても、原則について議論されることはない。それがフランスであり、フランス人は冗談めかして陽気に笑うのが好きなだけで、物事を根底から変革しようとはしなかった。

そんなに笑って、あとに何が残ったか？　悪は重篤化し、善は元気を失い、人々は絶望して倦怠に陥り、心は病んだ。日は傾き、空は真っ黒とはいわないまでも灰色になった。霧に包まれて全ては色彩を失い、鐘が疲れを知らないかのように鳴り続けるなかで、人々は欠伸し、ラテン語の鼻歌を歌っている。いつも同じことの繰り返しで、すべてが予期したとおりであり、将来に期待できるものは何もない。わかりきった明日を思うと、いまから欠伸が出るし、この先何年も、このような状態が続くと思うと、生きる意欲もなくなる。反射的かつ不可避的に、痙攣が脳から胃、胃から口へと連鎖し、顎まで緩んでしまう。もはや正真正銘の病気だが、信心深いブルターニュでは、悪魔のいたずらだとされている。ブルターニュの農民によると、悪魔は森に隠れていて、通りかかる人や家畜番をしている人を見つけると、僧侶の晩課そのほかのお祈りの文句を唱えて、死ぬほど欠伸をさせるのだという。

十五世紀には、芸人たちが陽気なふりをして、技巧を凝らして笑わせようとすればするほど、時代は陰鬱になった。ブラント（1458-1522）がその著『愚者の船Vaisseau des Fous』で語っている教訓話くらい陽気さに欠けるものがあるだろうか？　わたしは、形態はさまざまだが印刷された「死者の舞踏Danse des Morts」が好きである。そこに込められた寓意は、いかにも平板で出来もよくないが、それらを通してわたしは、《サン・ギィSaint Guiのダンス》〔訳注・てんかん性舞踏病〕やシャルル六世の輪舞といった、もっと活気に満ちていた時代の残像を想起する。

これらの幾つかの発明のうち、真にこの時代の発明として特筆に値するのがバロック音楽である。その音色は、聖歌隊の下手な低音を真似たもので、群衆の重々しい声のカリカチュアになっている。この「セルパンserpent」〔訳注・蛇の意で、この楽器の曲がった管の形に由来する〕は、次第に集まりが悪くなった教会で民衆の代役を果たすか、あるいは経費のかかる合唱隊の人員削減の穴埋めをしている。この楽器が発する音は、十二人の酔っ払った合唱隊にも引けを取らないものがあり、ロバと牡牛の合唱のようなひどいハーモニー、あるいは、獣に逆戻りした人間の声というべきである。

この楽器が、当時の民衆の教育係を務めているのだ。ミサで唱えられるラテン語の文句と、それよりもっと分からない「公教要理catéchisme」のはざまで、民衆が聴かされるのがこの「セルパン」の楽音なのだ。この野蛮なメロディーによって耳を占領された彼は、口をポカンと開けたままである。肉体はここにあるのだから、魂もここにいるはずだが、ほんとうは四方の壁を突き抜けて外へ行ってしまったのではないだろうか？　身体は囚われ隷従していても、魂は畑や森の彼方を飛び回っていたのではないだろうか？　人間の思考という捕らえがたい妖精を一つの袋のなかに閉じ込められると考えること自体、「阿呆の極み」でいうべきではないだろうか。

あえていうなら、彼は、ここにはいない。では、どこにいるというのか？　妖精たちが宿る楢の木や清らかな水が湧き出る泉こそ、人々が何千年来、夜になると集まった聖なる場所なのだ。貴方たちは信じられるだろうか？　この太古の信仰の伝統は、あなた方が単純素朴な連中とあざ笑っている民衆によってしっかりと守られてきているのだ。森の美しいディアーナ〔訳注・ローマ神話で樹木・狩猟・月・多産を司る女神。ギリシア神話のアルテミスに対応〕は、暴君が支配している昼間を避け、夜になると月光のもと自由を謳歌する。黄昏は、その祝いの時である。泉の底に広がる広大な森の永遠の薄明かりのなかには、古の精霊、土地の生き霊たちが生き続けている。ローマの神々がやってきたときも、彼らは、通り過ぎるのを黙って見ていた。人間がさまざまなものを発明しても、泉が湧き出す清冽な水より純粋で、楢の木々以上に他から侵されることなく確固として誠実なものは見出せないことを知っていたから、動揺することもなかった。

これこそ、全中世を通じて受け継がれた邪心なき反抗なのである。（グリムの『ドイツ神話学』を見よ。）邪心がないというのは、それが、素朴で純粋な心の本能によるものだからである。フランスの甦りをもたらした最もよき魂、かの聖なる処女ジャンヌ・ダルクが、その最初の啓示を受けたのがロレーヌの辺境にあった神秘的な森の空き地であった。その空き地に聳え、樹齢千年を超え、妖精たちの集うこの雄弁な樹が、彼女に祖国（la Patrie）について語ったのだ。

このようなのが、慰めの母たる《自然Nature》への心の回帰がもたらした必然的結果であった。とはいえ、民衆は単純ではなかった。彼らは、子供たちをスコラ学者に育てたい、神学者にしたいといった突飛な願望と努力のおかげで、阿呆になるか、気違いになるほかなかった。この世紀には、陰鬱な狂気の発作が現れ、それが、倦怠と絶望によって勢いを増していく。魔女たちが集う草原に戻ってくるのは穢れなきディアーナではなく、贋の神々の長子たる最も忌まわしいアーリマン〔訳注・ゾロアスター教における闇と悪の神〕である。

十三、魔術

有名な異端糾問の手引き書『魔女の鉄槌Marteau des Sorcières』を著した善良なドイツの修道士、シュプレンガー（1436-1496）は、「このように男の魔術師が少なく、魔女が多いのはなぜか？　悪魔が女と折り合いがよいのは、なぜなのか？」という疑問を提示している。彼は、この問題に対して蘊蓄を傾けて多くの馬鹿げた答えを出しているが、要は、男（アダム）を堕落させたのが女（イヴ）であること、女は頭が軽く、ソロモンが言っているように、自分のなかに肉体的快楽の深淵を有していることなどにある。ほかにももっと単純で、多分、もっと真実な理由があるであろう。

女性は、この奇妙な時代には、観念的に祭壇上の神に代わって崇められたが、現実にはあらゆる不幸がその上に降りかかる犠牲者であり、彼女にとってこの世界は地獄であった。ボッカッチョは、その「グリセリディス Gliselidis」〔訳注・『デカメロン』の第十日、第十話〕で、哀れで母性的な女心に対する男の無頓着で冷酷な仕打ちというありふれた話しか物語らない。女性を襲う不幸に男は信心深く忍受するばかりなので、女は次々と身ごもり、人口が過剰に増える。そこでバランスをとるために子供の死亡率が上がるというのである。女は常に幼子を抱え、常に喪に服している哀れな慰みもので、〔シュプレンガーに言わせると〕「子供は悪魔のものに！」と言いながら子を孕むしかなかった。そして、三十歳か四十歳ですでに老婆となり、子供たちより長生きしても、家族もないいま誰からも顧みられることもなく放置されていた。家族のなかにあっても、苦しい農民の家庭では、このように老いた女のために、どのような居場所があっただろうか？　使用人でも最低の部類である羊飼いの子供のほうがまだましだった。人々は彼女に対しては、パンの切れ端も惜しみ、「まだ生きているのか」と厭味を言った。スイスのある州では、母親が息子の家で暖炉の前に席を得るためには、ちゃんと法律に明記される必要があった。

居場所もない老女は、寒い夜、ぶつくさ言いながら人気《ひとけ》のない草原を彷徨い歩いた。苦々しい思いを胸に、悪霊たちに呼びかけ、呪いの言葉をつぶやきながら徘徊した。悪霊たちがいなかった場合は、自分で作り出したであろう。

悪魔が彼女の中から現れるために、手間暇はかからなかった。悪魔にとって、彼女は母親であり許嫁であって、彼女はもはや彼しか崇めようとしなかった。

彼女が、このようになるのを誰が引き留めたろうか？　キリスト教の神は、ラテン語と理解不能なシンボルでしか語らなかった。それに対し悪魔は、自分が統治する世界たる自然によって語りかけた。この世界の善事と悪事の数々は、悪魔の力をはっきりと示していた。世界よ！　あなたは、彼女が世界を諦めたなどと思っているのか？　老婆は、色褪せて貧しく、ぼろをまとい、子供たちからは囃されながらも、心中には、荒々しい意志と尽きない憎しみ、奇妙な欲望を抱え続けている。（人は、ひとたび忍耐をかなぐり捨て、この欲望の虜になったら、どこで自分にブレーキを掛けられるだろうか？）

しかし、彼女がとりわけ手に入れたものは、自分の思いどおりに何でも産み出す悪魔的な力であった。その力を使って彼女は隣人を病気にし、嫌悪のまなざしを向けてくる尊大な女には、流産の悲劇を味わわせる。こうして、《恐怖 terreur》という王権の座を手に入れた彼女は、周囲から「ババァ」などと馬鹿にされることはなくなり、「マダム Madame」と敬意を込めた呼称で呼ばれることとなる。幼い子供をもつ母親は、彼女を恐れ、我が子を守ってもらうために、さまざまな物を携えて訪ねてくる。美しい若者も、自分の結婚が成就することを願って、老婆を喜ばせようと望むものを何でも与えてくれる。魔女は、住んでいる屋根裏部屋に仲間の魔女を招き、緑色の服を着た十五人の美しい息子たちを引き合わせ、こう言うだろう。「この子たちはお前さんのものだよ。誰がいいか選びなさい」。

シュプレンガーは、自分が実際に見たことを激しい恐怖をもって語っている。それは冬のことで、道も畑も森もすべてが雪に埋もれ、ある小さなドイツの町は、この現実的な災厄のため、その周辺全体が呪いにかけられたかのようになった。そのなかで、恐怖に取り乱した住民たちは、ぬかるみのなかを、足を引きずり、転びながら、悪魔の恩恵を願うために魔女のもとへ出向いた。その数は、巡礼者で有名なノートル＝ダム＝ド＝グラース教会やノートル＝ダム＝デ＝ゼルミット教会も太刀打ちできないほどであった。このように大勢の人々が自分の前にひれ伏すのを眼にしたときの老婆の慢心と喜びは、いかばかりであったろう。彼女は、勝利の喜びのなかで、もっと人々から愛されたいという欲望を燃やし、この地方で最も尊敬を集めている謹厳な人々を狂わせたいと考えた。ある修道院の修道士たちは、シュプレンガーに「わたしたちは、彼女が三人の神父を呪う言葉を投げつけるのを見ました。その結果、四人目は死にました。そして彼女は、見るだけで胸のむかつくような媚薬を示し、『彼らは、これを食べてしまったのだから、逃げられないだろう』と言いました」と語っている。

ここに見られるように、魔女たちは、自分のやっていることを隠そうともしなかった。むしろ、自慢さえしていたのである。シュプレンガーがその手引き書に挙げている逸話の大部分は、彼女たちが話したことを収録したものである。この本は、聖トマス（トマス・アクィナス）の信奉者たちがよく使った《分割と下部分割 divisions et subdivisions》〔訳注・主題である事柄を区分によって限定していく手法〕に則って奇妙な風に透写した、悪魔の存在を信じきって怯えている素朴な男による衒学的な書である。彼によると、神は悪魔との対決のなかで、全般的に悪魔に優勢を許していて、人間が悪魔を逐い払うには、悪魔に乗っ取られた身体をできるだけ速やかに焼き滅ぼすほかにないようにしているかのようだとしている。

シュプレンガーの功績は、悪魔との対決という膨大なシステムの頂点に立つ、最大限に完璧な本を作成したことである。古くからあった告解聴聞僧が罪を審問するための手引き書『改悛式書 pénitentiaire』に次いで、異端審問のための『教導書 directoria』があったが、最大の異端である《魔術 la sorcellerie》の追及のために特別に編まれた手引き書が『魔女への鉄槌 Marteaux pour les sorcières』で、これは、審問を担当したドミニコ会士たちの情熱を反映して、どんどん内容豊かになっていった。シュプレンガーの『鉄槌 Malleus』は、そのいうなれば完成版であった。この本は、シュプレンガー自身にとって、ドイツでの魔女追及という任務を遂行するうえで導き手となっただけでなく、その後少なくとも一世紀にわたって、魔女追及の案内役となり魔女裁判のための光となったのであった。

そもそもシュプレンガーが、こうした悪魔憑きの問題に関心を寄せたのは、どのような経緯によってであろうか？　彼の言うところによると、彼がローマに滞在していたとき、巡礼者のための宿泊施設の食堂で、ボヘミアからやってきていた二人の男を見かけた。一人は若い司祭、もう一人は、その父親〔訳注・このときは、まだ父親であることは分からなかった〕で、父親は深い苦悩を抱えているらしく溜め息をつきながら、彼の旅の成功のために祈った。その様子に胸を突かれたシュプレンガーが「あなたの苦悩は、どこから来ているのか？」と尋ねた。父親によると、息子が悪魔に取り憑かれたので、長旅のつらさと出費にもかかわらず、息子をローマに連れてきて、聖人方のお墓参りをしているのだということであった。「その息子さんというのは、どこにおられるのですか？」と訊くと、「あなたの傍にいるのがそれですよ」。「この答えにわたしはびっくりして、若い司祭をまじまじと見た。そして、彼が慎ましく食事し、穏やかに受け答えするのを見て、ますます驚いた。その会話によって、あるとき彼が一人の老婆に少しきつく当たったため彼女は彼に呪いを掛けたのだという。その呪いの符は、一本の木の下に隠されているが、魔女は頑として教えてくれないのだ」という。

シュプレンガーは、この悪魔に憑かれた男への憐れみの心から、教会から教会へ、聖遺物から聖遺物へ、連れ添ってまわった。行く先々で悪魔祓いしてもらったが、男は、その都度、叫び声をあげ、痙攣を起こし、訳の分からない言葉を発して跳ねまわるなど、激しい反応を見せた。それが人々の眼前で繰り広げられたので、大勢の人があとについてきて、感嘆したり身震いした。悪魔たちはドイツでは馴染みだったが、イタリアでは稀だったので、好奇心をそそり、何日かでローマは、この話でもちきりとなった。この事件を機に、このドミニコ会士は悪魔退治について書かれたあらゆる『鉄槌Malleï』そのほかの手引き書を研究し始め、いつのまにか彼は悪魔に対処する方法についての権威と目されるようになったのであった。彼が著した『鉄槌Malleus』は、この出来事から、法王インノケンティウス八世によって大きな使命を付託されるまでの二十年間に書かれたと考えられる。

法王庁としては、ドイツにおけるこの任務を遂行させるために適切な人間を選定する必要があった。その人物には、導入されることになる陰惨なシステムに対するドイツ的実直さゆえの嫌悪を克服できるだけの知力と敏腕が重要であった。ローマは、すでに低地諸国では、異端審問によって人々を恐怖に陥れ、フランスでは閉め出されるという失敗を犯していた。（フランスでは、かつてのアルビジョワの国、トゥールーズだけが、なんとか異端審問を受け入れた。）一四六〇年ごろ、アラスの主任司祭となったローマの特別聴罪司祭が、元々は修辞学の集いであったのに宗教の問題に踏み込んだことを問題視して「修辞学者」の一人を火刑に処し、それを手始めに何人かの金持ちのブルジョワや貴族をも火炙りにした。このため、貴族階級が激高し、世論も沸騰した。こうして、異端審問所はフランスでは逆風に晒され、パリ高等法院も門戸を閉ざしたので、ローマ法王庁は、北ヨーロッパ全体で、異端審問システムを導入する機会を失ったのであった。

そうしたなかで、一四八四年ごろ、ローマにとって好機が訪れたように思われたのである。異端審問所はスペインで急激に恐怖の度を増して影響力を広げ、勝ち誇る制度となって、ヨーロッパじゅういたるところに侵入する勢いを見せた。ところが、ドイツでは、頑強な障碍にぶつかる。というのは、ドイツでは、聖職にありながら領邦君主でもある聖職君主たち（princes ecclésiastiques）が自ら異端審問を行っていたので、ローマのそれが侵入してくることに頑強に反対したのである。しかし、彼らの圧政に対して、民衆の間から反抗が起き、とくにライン地方全域とシュヴァーベン〔訳注・南ドイツ〕、ザルツブルクなど東部ドイツで農民暴動が頻発した。それは、あたかも地下の巨大な火山活動によってマグマが噴出し、炎を上げているようであった。そうしたなかで、外国から入ってきた異端審問所が活動を始めたのだったが、これは、ドイツ旧来のそれより苛酷であった。そこには、明日は反乱を起こすかも知れない人々を今日のうちに魔術師・異端者として焼き殺そうとした事情があった。まさに、これは、民衆を飼い慣らすための民衆的武器となったわけで、かつて一三四九年〔訳注・ペスト禍がヨーロッパを恐怖に陥れ、多くのユダヤ人が虐殺された〕やそのほかのときにユダヤ人に襲いかかった嵐を、こんどは魔術師や魔女たちを標的に活用しようとしたのである。

ただ、それには、一人の男が必要であった。異端審問に関して反感の根強いマインツやケルンの宮廷を前に、また人を小馬鹿にするフランクフルトやシュトラスブルクの民衆を相手に自分の法廷を取り仕切るのであるから、知恵と度胸を兼ね備えた男でなくてはならなかった。任務の醜悪さを人間的器用さによって相殺できることが必要であった。その点、昔から、課題解決の鍵は、問題の内容にかかわらず、派遣する代理人の適性如何にあると考えて対処してきたローマ法王庁は、しかるべき人材を選ぶことについて自信をもっていた。では、シュプレンガーは、それに当てはまっていたか？　まず彼はドイツ人でありドミニコ会士で、この修道会とその修道院、神学校によって前もって支持されていた。神学校の出身者でスコラ学を修め、聖トマスを信奉し、『神学大全

Somme』に精通していて、いつでも原典を引用できる人でなくてはならなかったが、まさに彼は、そうした条件を満たしていた。そのうえ、彼は愚か者であった。

（シュプレンガーによると）「悪魔diable」という語は「dia」（二を意味する）と「bolus」（丸薬）の合成で、これは、悪魔が、魂と身体を同時に呑み込みながら、一つの丸薬しか作れないからである。しかし（とシュプレンガーは、スガナレル〔訳注・モリエールの喜劇の登場人物〕流に重々しく言う）、ギリシア語の語源によると、「diabolus」は「clausus ergastulo」〔訳注・閉じられた牢獄〕とか「defluens（Teufel）」すなわち「落ちる」という意味で、これは、天上から落下したということである、と。

では、「呪い maléfice」は、どこから来たのか？　これは「maleficiendo」で、「malé de fide sentiendo」すなわち「信仰について間違った考えをもつ」ということである。奇妙な語源であるが、その射程範囲は非常に大きい。「maléfice」が「邪悪な意見」だとすると、あらゆる魔術師は異端であり、懐疑家はすべて魔術師で、間違った考え方をする人は全員、魔術師として焼き殺してよいことになる。これが、アラスでなされたことであり、それを手本に、いたるところで実行に移されようとしていた。

そこに、シュプレンガーにとっての確固たる利点があった。彼は愚者である。ほかの人だったらさまざまな反論にぶつかることを想定して回避し、なんとか衝撃を和らげようとするところを、大胆不敵に真っ向からテーゼを立てる。彼の『鉄槌』は、最初のページからして、悪魔の奇跡などと言っても人々が信じようとしない事象を一つ一つ、真っ向から採りあげ、そのように断ずべき明白な根拠を示す。それから冷ややかに、「異端には、必ず、それだけの過ちがある」として、聖トマス、聖書、聖人伝、教会法学者の著作、注解学の著など、異端をきびしく告発したテキストを並べる。こうして彼は、まず良識的判断を示し、ついで、権威によって粉砕するのである。

ここにきてはじめて彼は、満足し、勝ち誇ったように腰を下ろす。その顔は、こう言っているかのようである。「さあ、どうだ。まだ言うことがあるか？　これでも屁理屈を並べようというのか？──たとえば、ローマ教会と教会法学者たちが、毎日、この離婚の動機を認めているときに、悪魔が夫婦の間に割って入って楽しもうとしていないなどと言えるのかね？」

たしかに、これには反論のしようがない。シュプレンガーは、この手引き書の初めに「異端の疑いを僅かでも抱いたときは、裁判官はそこから逃れることはできない。もし、これは異端ではないのではとの疑いや、訴えられている人への人間的同情を覚えた場合は、自らを責め、自分で自分を火炙りにする覚悟をしなければならない」と言う。

とるべき手順は、どこでも同じである。まず良識に照らし、ついで、その良識を真っ向から、先入見なしに否定すること。たとえば、誰かが「愛は魂のなかにあるのだから、悪魔の神秘的働きを想定する必要はない」と主張したとする。これは、いかにも尤もらしく聞こえる。それに対し、シュプレンガーは「いや、そうではない。愛の力と悪魔の働きは、はっきり区別できる」と言う。薪を割る者と、それを燃やすことは別であって、割ることは燃やすことの間接的原因でしかない。

この「薪を割ること」が愛にあたることはディオニシオス・アレオパギテス〔訳注・西暦一世紀の人で聖パウロの弟子〕、オリゲネス〔訳注・二世紀から三世紀前半にかけてアレクサンドリアで活躍。キリスト教信仰とギリシア哲学の調和を図った〕、ヨアンネス・ダマスコス〔訳注・七世紀後半から八世紀前半にかけシリアで活躍〕が言っているとおりで、愛は愛の間接的原因でしかないのだ。

それが学ぶということである。このような人間を生み出せるのは、いい加減な学校ではありえなかった。当時、人間の頭脳をこのように鋳型にはめて作り上げることのできる機械を有していたのは、ケルン、ルーヴァン、パリぐらいであった。とりわけ強力だったのがパリの学校で、でたらめのラテン語に関して『ガルガンチュア』に登場するソルボンヌのジャノトゥスに肩を並べる者がいただろうか？　しかし、さらにその上を行ったのがケルンで、これこそ、暗愚にして蒙昧な輩、学問有害論者の典型をフッテン〔訳注・エラスムスとも交遊したドイツ人文主義者。1488-1523〕に提供した暗黒の女王である。

このスコラ学で凝り固まった男〔訳注・シュプレンガー〕は、自然に対しても理性に対しても敵対的で、法廷においても著書においても自らの汗で固めた埃に尊大な誇りを寄せ、多弁であったが、その内容は空疎であった。彼の法廷の机の上には一方に『神学大全Somme』、他方に『教導書Directorium』が置かれていて、彼の判断の土台になっていた。そこから外れたものは、彼にとって問題外で、占星術や錬金術に彼が惑わされることはなかった。尤も、占星術や錬金術も、科学的観察に通じるものも含んでいて、まったくのでたらめではなかったのだが。シュプレンガーは、それなりに優れた知性の持ち主で、疑いの眼を向けたのは、古い処方箋に対してであった。もし、アルベルトゥス・マグヌスが「泉のなかにサルビアを落とすと嵐が起きる」と断言したとしても、彼は、「他の人はいざ知らず、わたしは信じませんよ」と答えたであろう。自分の足跡を消して猟犬をも騙すのが《天の大公prince de l'air》〔訳注・魔王〕の策略であるが、人はわずかでも経験があれば、そんなものに騙されない。だが、魔王（Malin）以上に邪悪な神学博士（docteur）に掛かり合うときは、さらに容易ではないだろう。

わたしは、この称賛すべき裁判官と彼のところに連行されてくる人々を、できればこの眼でじかに見たかった。神が二つの別々の天体から持ってきた生命体といえども、これ以上に互いに対立し相異なる、意志疎通できないものはないだろう。痩せ細り、ぼろをまとい、地獄の火で三度焼かれた、悪意に燃える眼をしている老婆か、シュヴァルツヴァルトかアルプス高地で羊を飼っている孤独で陰気な男である。そのようなのが、このスコラ学者の法廷に連れてこられ、えせ学者の濁った眼にさらされる野蛮人である。

とはいえ、彼らは、法廷でシュプレンガーをそう長く苦労させはしない。拷問にかけるまでもなく、すべてを白状する。拷問が用いられるのは、裁判のあと、調書を補い、飾りをつけるためである。彼らは、自分のやったことを順序立てて話す。悪魔は羊飼いとは昵懇の中であり、魔女とはベッドを共にする仲である。魔女は、法廷に集まった人々が恐怖に囚われるのを楽しんで笑みを浮かべる。彼女にとって悪魔は主人であり愛人である。ただ、やり方が手荒で、彼女を連れ回すのも力ずくである。彼女は、彼から得るものがなくなると、この恐ろしい主人を逐い出すか、自分がどこかへ逃げ出したいのだが、彼は真田虫のように彼女のなかに巣くっているのだから、どうやっても無駄である。そのため、彼女は、ときとして狂ったように身体を震わせるが、悪魔のほうは、それをも楽しんでいるのだ。彼からすると、彼女は、おもちゃであり、独楽である。もし彼女が世間を罵っても、それは、彼女が激しく糾弾されるということである。

そこにいるのが気の狂った一人の老女であることは確かである。だが、だからといって、もう一方の裁判官も、狂っていることでは同じである。では、愚か者ということだろうか？　どちらも、そうではない。それどころか、両方とも、鋭敏かつ繊細で、薬草を生長させる術を知っており、壁の向こうを透視することもできる。彼らには、神学博士の縁なし帽をかぶっているロバの大きな耳（無知の象徴であった）がよく見えている。彼らに対して神学博士が抱いているのは、とりわけ恐怖である。博士は、外面は勇敢そうに振る舞ってみせても、身体が震えているので、無駄である。司祭は、悪魔払いしているときに、警戒心をゆるめると、自分が悪魔に乗っ取られることがある。悪魔にしてみると、聖職者つまり神に捧げられた肉体を住まいとするほうが、何かと仕事をするのに便利だからである。羊飼いや老婆に取り憑いた単純な悪魔たちが、次の住み処として異端審問官の身体を選ぶことなどありえないと誰が言えるだろうか？　シュプレンガーは、しばしば老婆に威圧的な声で「もし、お前の主人が、それほど強力なら、どうしてわたしに攻撃を加えないのか？」と言ったが、そう言いながらも、彼の内心は少しも確信に満ちてはいなかった。彼は、その著書のなかで、こう書いている。「わたしは、悪魔が攻撃をしかけてくるのを充分に感じていた。レーゲンスブルクにいたときも、彼は、何度窓ガラスを叩きにやってきたことか！　何度、彼はわたしの帽子にピンを刺し込んだことか！　犬だの猿だの、さまざまな姿を借りてわたしの前に現れたことか！」

偉大な論理学者（というより大仰な理屈屋）である悪魔にとって最大の喜びは、老婆の声を使って、神学者である審問官に議論をふっかけ困らせることである。そんなとき博士にできることは、墨を吐いて姿を隠す蛸に倣って危機をまぬかれることぐらいである。たとえば「悪魔も、神様がお許しになる範囲でしか動けないはずではないか？　それなのに、どうして悪魔の手先だといって罰する必要があるのか？」あるいは「わたしたちは自由ではありません。神さまは、ヨブにそうされたように、悪魔がわたしらを誘惑し、そそのかしたり、痛めつけることを許されたのだ。それなのに、自分の思うままに動けないわたしたちを、あんたはなぜ罰そうとするのかね？」と議論を仕掛けてくる。

それに対するシュプレンガーの返答は、こうである。「お前たちは、自由を認められている（その立証のためには聖書の原典をこじつける）。お前たちは、自分から悪魔と契約することによって、奴の奴隷となったのだ」。――この言い分は、簡単に破られる。「悪魔がわたしたちと契約するのを神が許しておられるとすれば、神は、この契約を有効とされているということであるから、神さまにも責任があるではないか。」

彼は言う。「こんな連中の言うことに耳を貸すなんて、なんとわたしはお人好しだろう。悪魔と議論するなど、馬鹿のすることだ。」——みんなが彼と同じことを言う。万人が判決に拍手喝采し、胸をふくらませ、首を長くして死刑の執行を待つ。首を吊される例は枚挙に暇がない。しかし、魔術師と魔女という二束の薪が炎をあげて燃えるのを見るのは、人目を惹くお祭りである。

裁判官には民衆が味方についていた。その点で障碍はなかった。容疑者を追い込むには『教導書 Directorium』があり、証人が三人もいれば充分であった。偽りを証言するのに三人の証人が見つからないなどということがあったろうか？　人を中傷するのが大好きなのが都市であり、人々の嫉妬が蓄積している村である。そんななかで、証言してくれる人間に事欠くことはなかった。加えて、『教導書』は百年も昔から頼りとされてきた本であり、光に満ちた十五世紀には、すべてが完備していた。もし証人がいなかったとしても、「民の声」——みんなの声があれば充分である。

魔法にかけられた哀れな犠牲者たちの恐怖の叫び、真摯にして悲痛な叫び……。シュプレンガーは、それらに心を動かされた。彼を無感覚で干涸らびた抽象に明け暮れる人間だなどと思ってはならない。彼には彼なりに心というものがある。だからこそ、魔女の一瞥によってお腹の子を殺されて悲しみ嘆いている女を憐れみ、魔女と目された者を死刑台へ送らねばならないのだ。彼は、魔女によって雹を降らされ畑を台無しにされた哀れな男を憐れむ。また、妻が魔女であることを知って、その首に縄をつけて焼き殺してもらうために引っ張ってきた夫を憐れみながら、女を火炙りにする。彼がたんに残忍な人間だったら、うまく切り抜けることができただろう。だが、これだけ人のよいシュプレンガーを相手では、そうはいかなかった。為す術もなく焼き殺されるか、さもなければ、一つの機転、それも大いなる抜け目なさを必要とした。――ある日、彼のもとにシュトラスブルクの三人の良家の奥方たちが、同じ日の同じ時刻、目に見えない誰かにぶたれたという訴えが持ち込まれた。どのようにしてか？　彼女たちにできたのは、自分たちに呪いをかけた犯人として一人の人相のよくない男を告発することだけであった。審問官（シュプレンガー）の前に呼び出された男は、抗弁し、あらゆる聖人たちの名にかけて、自分はこれらの奥方たちを知らないし、見たこともないと誓った。しかし、審問官は、彼の言い分を信じようとしなかった。涙を流し、いくら誓っても役に立たなかった。審問官は奥方たちに同情しており、男が否認すればするほど頑なになって激高した。そして立ち上がり、男を拷問にかけるよう命じる気配を見せた。おそらく、そうなれば、男は最も無実の人々もそうしたように罪を告白せざるをえなかったであろう。このとき、男は許可を得て、こう言った。「ああ、思い出しました。たしかに昨日、言われている時刻ごろに、わたしは叩いた覚えがあります。しかし、それは、神様の前で洗礼を受けた人間ではなく、三匹の猫です。奴らは、いきなりわたしに襲いかかって、わたしの脚を嚙もうとしたからです。」

このひとことで、洞察力に恵まれた裁判官はすべてを見抜いた。――この哀れな男は無実であり、間違いなく奥方たちのほうが悪魔によって姿を猫に変えられたのだ。悪魔は、彼女たちを猫に変えて、善良なキリスト教徒の脚に飛びかからせ、彼女たちを破滅させて、魔術師の手に引き渡そうとしたのだ――と。

この悪魔の企みは、未熟な審問官だったら見抜けなかったであろう。しかし、いつも慧眼の審問官がいるわけではなく、むしろ単純で経験の浅い裁判官が多かった。敵が用いる策略を見抜いてそれに対応できるためには、異端審問所の机の上には、シュプレンガーがライン地方での多くの戦いで用いた巧みな戦法を記した極意書が常備されている必要があった。まさに『鉄槌 Malleus』は必携の書であり、そのため、当時としては珍しかった小八折判（le petit in-18）で印刷・製本されていた。大判の二つ折判 in-folio〔四ページ一折りとなる折り方の印刷物〕で、裁判官が当事者や聴衆の見ている前で開いて考え込んでいるようでは、ふさわしくなかったであろう。机の陰でこっそり開いて調べられる小型版であることが必要であった。

シュプレンガーの『鉄槌』は、このジャンルのすべての本と同様、一つの奇妙な告白を含んでいる。それは、悪魔がじわじわと領分を広げ、神は敗退していることである。したがって、人類はイエスによって救われたにもかかわらず、知らぬ間に悪魔の餌食になっているというのである。悪魔は、時代を経るごとに勢力を広げており、明らかに記録を更新し続けているのだ。福音書の時代には、悪魔が住むことができたのは豚のなかがせいぜいだったのに、ダンテの時代には、彼は、神学者、法学者として三段論法を駆使して聖人たちと論争し弁護し、結論として競争の的となった魂を持ち去りながら、「わたしが論理学者であることをお前は知らなかったのか！」と呵々大笑するのである。

中世初期には、悪魔は人間の魂を手に入れて持ち去るには、その魂の持ち主が絶命するのを待たなければならなかった。聖女ヒルデガルト（一一〇〇年）は、「悪魔は生きている人の肉体のなかに入ることはできない。四肢がばらばらになってしまうからである。生きている人間の身体のなかに入れるのは悪魔の影と煙だけである」と信じていた。これが中世の常識だったが、その最後の微光は十二世紀に消えてしまい、十三世紀には、生きながらに悪魔に乗り移られるのを恐れたある修道院長は、武装した二百人の家来に昼夜を問わず守らせている。

こうして恐怖の増大する時代が始まり、人間は神の御加護をますます信じられなくなる。悪霊（Démon）は、人目を憚って闇のなかに身を隠す夜盗ではなくなり、神の照らす太陽のもとで、神の堂々たる敵対者として神の創造を真似る思い上がった猿である。そんなことを言っているのは誰か？　民間の伝説だろうか？　そうではない。神学博士のなかでも最も偉大な人たちである。たとえばアルベルトゥス・マグヌスは、「悪魔は、神が創造されたすべての物の姿を変えてしまう」と言い、聖トマスは、さらに進めて、「自然に由来し種から生じるすべての変化を悪魔は模倣することができる」と言っている。創造主たる神に、もう一人の創造主を立てる説が、かくも重々しい口で述べられたとは、驚くべき後退というべきではないか！　ただし彼は、「種なしに生じるもの、人間の獣への変身や死者の復活については、悪魔は成し遂げることができない」と断っている。

こうして神の領分は小さくなった。神が自らのものとして有しているのは、きわめて稀に起きる特異な奇蹟だけである。日常的奇蹟である《生命》は、もはや神だけのものではなくなり悪霊

（Démon）が神の模倣者として、この自然を神と分かち合うのである。

かくして、世界は神と悪魔に分割されているのだが、人間の眼は、神の創造した自然と悪魔が創った自然とを見分ける力はなく、漠たる恐怖が万人を覆うこととなる。自然の無邪気さは失われ、清冽な泉、白い花、愛らしい小鳥は、ほんとうに神のものなのか、それとも、それらは、背信的な模倣によって人間を引っかけようとする罠なのであろうか？　今や、すべてが疑わしくなった。二種の被造物のうち、善なるものも悪なるものと同じく疑惑の目で見られ、曖昧で怪しくなっているのだ。悪魔の影は昼間も飛び回り、あらゆる生ある者の上に影を落としている。この様子と人間の恐怖感からすると、悪魔は、世界を分かち合っているのではなく、今や全体を我が物としていると言わなければならない。

シュプレンガーの時代には、事態は、そこまで来ていた。彼の本を満たしているのは、神の無力さについての悲しい告白の数々である。彼は言う。「そのようであることを許しているのは神である」と。かくも完全なる錯覚を許していること、悪魔がすべてで神は無であると人々に信じさせていること、これは「許されているpermettre」ということを超えて、謬《あやま》ちに囚われた不運な魂を世界ごと罰することを神が決意されたということである。したがって、いかに祈ろうと、いかに贖罪しようと、いかに巡礼を重ねようと、充分ではない。祭壇で行われる秘蹟も無益である。（そのことは、彼も告白している。）奇妙な試練ではないか！　この尼僧たちは、しっかり懺悔し、聖餅（hostie）を口にいただいても、その同じ瞬間に、地獄に誘い込もうとする恋人（つまり悪魔）の手をふりほどくことができないと告白している。彼女たちはいろいろと問い詰められると、涙を流しながら、彼が肉体を持っていることを認め、「なぜなら、魂をもっているのだから」と付け加える。古代のマニ教徒（Manichéens）や近代〔ここで言うのは中世のこと〕のアルビジョワ派は、《善》とともに戦う《悪》の力を信じ、悪魔を神と等しいと主張した罪で告発された。しかし、ここでは、悪魔は神と同等以上の存在である。もし、神が聖餅のなかにいるだけで何もしないなら、悪魔のほうが優れて見える。

わたしは、当時の世界が呈した奇妙な光景にも驚きはしない。イスパニアは暗鬱な怒りに包まれ、ドイツは『鉄槌』が証言しているように怯え、衒学的な憤りに駆られて、不遜な勝者（悪魔）を、その住まいとして選んだ惨めな人々のなかに追及した。こうして、悪魔が住み着いた「生ける宿舎」は手当たり次第に焼かれ破壊された。人々は、悪魔が魂のなかに入り込んでいるのを見て、身体から逐い出そうとしたが、なんの役に立ったろうか？　この老婆を焼き殺しても、悪魔はそのすぐ隣の女のなかに移り住むのだ。そればかりか、シュプレンガーによれば、ときには、自分を逐い出そうとしている司祭を自分のものにし、さらには審問官自身のなかに入り込んで、彼が下す裁きを嘲り、霊に対し火を用いようというお粗末ぶりを嘲笑するのである。

ドミニコ会士たちは、急場しのぎとして、「アヴェ・マリア」を繰り返し唱え聖母に執り成しをお願いするよう教えた。しかし、このやり方は、一時的効果しかないことをシュプレンガーも認めている。一度唱えても、次に唱えるまでの間に、悪魔に捕まる可能性があった。そこで、数珠を手繰りながら唱える「ロザリオの祈り」が案出された。これなら、精神があらぬ方角を向いていても大丈夫というわけである。このやり方は、イグナティウス・ロヨラ（1491-1556）によって世界へ広められ、全キリスト教徒によって採り入れられ、彼の『霊操 Exercitia』は、そのための入門書となるだろう。

スコラ学が「思考の機械」となることによって終焉を迎えたように、宗教としてのキリスト教は、「祈りの機械」となることによって終焉したように見える。

十四、まとめ

ルネサンスの到来が三百年遅れたのは、なぜか？　中世が、死んでのち三世紀も生きのびたのは、なぜだったのか？

中世を生きのびさせるには、恐怖機構や取り締まり機構、火刑台では不充分であった。それらは、人間精神によってすべて打ち砕かれただろう。中世を生きのびさせたのは学校であり、そこから産み出された大量の人間、すなわち《理性 Raison》に逆らう屁理屈屋の群れが、中世をこのように存続させたのであった。

《無le néant》がかくも多くの人々を産み創造したのだ。

放逐された哲学から、このように多くの屁理屈屋の大軍が産み出され、彼らによって空疎な些事をめぐって熾烈な論争が延々と繰り広げられたのである。

窒息させられた宗教から、理性的神秘主義の至福の世界と賢明にも錯乱する技が産み出された。自然および諸学問が放逐されたことによって、星の運行が読めるだの黄金を作り出せるだのというペテン師と、そうした話に騙されやすい人々が大量に出てきた。

風から生まれ、言葉によってふくれあがるアイオロス〔訳注・ギリシア神話の風の神〕の息子たちの大軍が吐き出す息によって、濃い霧が空中に立ち昇り、巨大な塔を空中にそびえさせた。だが、それは、嘘と戯れ言から成るバベルの塔にほかならず、理性が歯ごたえを得るものではなく、人間性は黙して「真理Vérité」を諦め、暗く沈み込んで地面に坐りこんだ。

「真理Vrai」の欠如はともかくとして、せめて「正義Juste」に到達することはできただろうか？「正義」をめぐっては、王が法王に対抗し、この二つの「我らの神々」の間で大闘争が繰り広げられた。だが、これも何一つもたらさないまま、この二つの化身たちが仲直りし手を組んだため、人々の自由は絶望的となり、状況は、以前より悪化した。都市コミューンは衰退し、ブルジョワジーが生まれても、おずおずと慎重であった。

大衆が生気を失っているとき、偉大な魂の持ち主たちに何ができただろうか？　死者たちを甦らせる超人的な者が現れてやってきたとしても、何もできないだろう。彼らは、ジャンヌ・ダルクが目の前を通っていくのを見て、こう言うだろう。「あの娘は誰だい？」

ダンテは自分のカテドラルを建て、ブルネレスキはサンタ・マリア・デル・フィオーレを設計した。しかし、人々が高く評価するのは、ボッカッチョだけである。建築は金銀細工の繊細な技によって占拠され、古いゴシックの教会は渦巻き模様やレースと見まがうばかりの浮き彫り装飾によって異様なまでに身を飾り、臨終を迎える。

これらは、何世紀も続いた倦むことを知らない虚偽の文化がもたらした成果である。排斥された《自然》のあとを継いだ《反自然antinature》――そこから必然的に生まれるのは、偽科学と邪悪な無知という二つの顔をもつ怪物である。スコラ学者と羊飼い、審問官と魔女は、相対する二つの民を提供する。しかしながら、この両者、つまりエゾイタチ（アーミン）の毛皮をまとった愚者も襤褸をまとった狂人も、根底に抱いているのは、《悪le Mal》をこの世の主人であり君主であるとする同じ信仰である。愚者（les sots）は悪魔の勝利に怯えて神を守るために狂者たちを焼く。

そこに闇の根源がある。そして、印刷術が発明されても、僅かな光をもたらすこともないまま、半世紀が過ぎる。ユダヤの大百科事典〔訳注・聖書〕が、時代と学派と教義の対立するなかで刊行されるが、その結果は、人間精神を困惑させ複雑化させるばかりである。コンスタンティノープルの陥落（1453）とその結果起きた亡命ギリシア人たちの流入も、何の助けにもならない。東方から到来する写本は、まじめな読者を求めるのみで、主要な写本が印刷されるのは、次の世紀に入ってからである。

こうして、幾つかの偉大な発見があり、さまざまな機械が作り出され、物質的手段、偶発的支援が現れるが、すべては、まだ役に立たない。ルイ十一世が世を去ってまもないころは、新しい時代の接近を予知させるものは、まだなかった。

その点で栄誉を付されるのは、雄々しい魂、強い意志の持ち主であろう。起きているのは戦争などの出来事であり、雑然たる動きである。そのなかで、群衆のなかから漠然とした霊感が現れるが、彼ら自身には、ほとんど理解されなかった。しかし誰かが（コロンブスか、コペルニクスか、ルターか）、それを自分で摑み、起ち上がってこう答える。――「ここに、わたしがいる！」と。

第一章　フランス軍、イタリアへ侵入（一四八三〜一四九四年）

一四九四年十二月三十一日、午後三時、シャルル八世の軍隊がローマに入城。式典は夜まで続き、松明の明かりの下で延々と行われた。イタリア人たちは、この「蛮人の軍勢」に自分たちが予想もしなかった新しい戦争の技法と仕組みを垣間見て、このように自分たちの前に姿を現した大国を恐怖心をもって見つめた。

イタリア人たちは、同じフランスでもアンジュー家のプロヴァンス人部隊は、これまでにも時折り目にしていたが、このような感情を呼び覚まされることはなかった。また、ブルゴーニュ公シャルル突進公の軍隊も見る機会があったが、これにはイタリア人もかなり加わっていたから、恐怖を覚えることはなかった。それに対して、このシャルル八世の軍隊は、スイス人の前衛部隊以外は全員がフランス人で、武器と兵士の出身地の多様性は消え、統一性を示していた。先代王シャルル七世のもとで組織・育成された国家的軍隊であるこのフランス軍の主戦力は、当時は他に類を見なかった移動性をもつ砲隊で、そのおかげで、この軍隊は恐るべき破壊力と行動力を有していた。戦いにおけるこの革命がフランスで起きたのは半世紀ほど前のことで、イタリア人たちは、それについてまだ未知のままであった。あるいは、知っていたとしても真似をするつもりはなかった。

この軍隊は、アルプスを越えるときは兵力六万であったが、イタリアに入ってからも、途中の諸都市で幾つかの部隊を切り離して遺してきたので、ローマに着いたときは三万ほどになっていた。とはいえ、ローマにまでやってきたのは最も中心的な部隊で、兵士たちも俊敏で装備も最良であった。足手まといの連中がそぎ落とされていたぶん、むしろより強靭であったといえよう。

ローマ入城で太鼓の音に合わせて先頭を進んだのは、色とりどりの短ズボンや細身の長ズボンを穿いたスイス人とドイツ人の蛮族部隊で、もともと大柄であるうえに、大きな羽根飾りの付いた兜をかぶって、さらに大きく見せていた。腰に提げた剣のほかにトネリコ材で作った長い槍や「ハルベルト halleberde」〔訳注・矛槍と訳される〕を持っていた。ハルベルトは矛と槍を兼ねた形になっていて、相手を突くだけでなく矛の部分で敵の鎧に引っかけて馬から引きずりおろしたり倒したりできる殺人兵器であった。兵千人につき百人の銃兵もいて、彼らは、鎧などは着用しなかったが、最前列だけは鉄製の胴鎧を身につけていた。

これらの大柄なスイス兵たちの後ろには、五、六千人の黒っぽい肌をした小柄な兵士たちが続いた。南仏ガスコーニュ人たちで、ヨーロッパ随一の健脚を誇り、心身ともにエネルギッシュ、俊敏で銃なども敵が一発撃つ間に十発撃った。

その後ろから鉄の鎧に身を固め馬に跨がりそれぞれに小姓と従僕二人を従えた騎兵二千五百人、

太鼓の音に合わせて先頭を進んだのは、色とりどりの短ズボンや細身の長ズボンを穿いたスイス人とドイツ人の蛮族部隊で……

さらに軽騎兵六千が続く。彼らは、一見すると昔からの封建騎士のようであるが、指揮官は家来を引き連れた領主ではなく、国王の臣下であり、貴族としては自分より身分の高い若者たちを指揮していることもある。グイッチャルディーニ〔訳注・フィレンツェ人の歴史家。1483-1540〕は「フランスでは、誰でも指揮官になることができる」と述べている。

この騎兵隊の馬はよく肥っていて、尻尾も鬣も刈り込まれていたので、イタリア人たちは馬だとは信じられず、怪獣ではないかと恐れた。

軽騎兵たちは滑車で引き絞って矢を発射する強力な大弓を使っていたが、これは、ポワティエの戦い（1356）アザンクールの戦い（1415）でイギリス軍が使い、フランス側がさんざん苦しめられた武器で、フランス軍は、敵が用いたものでも優れているものは積極的に採り入れていたのである。

王のまわりはスコットランド人護衛兵が固めたが、全身を金色と紫色で装った三百人の弓兵と二百人の騎兵が鉄の大鎚を担いで従った。

大型の武器としては、大砲三十六門、砲身の長いカルヴァリン砲（couleuvrines）、小型軽砲（fauconneaux）が約百台、続いた。カルヴァリンと軽砲はそれほど重量はなく、動きも軽やかだが、大砲は約六トンの重量があった。しかし、イタリア式に牛に牽かせるのではなく、動きの機敏な馬六頭を一組にして牽かせていた。馬に牽かせて移動し、いざ戦闘になると、前車部分を切り離すとそのまま砲台になる可動砲架が使われた。

これらすべてが、松明の灯りによってローマの宮殿と長く延びた街路の奥に実物より巨大な影を映し出し、幻想的で無気味な光景を浮かび上がらせた。みんなが、そこに現れているのは、たんに戦争の仕方だけでなく、習俗と思想全体に及ぶ決定的な変化であること、要するにアルプスの山々がかつてなく低くなったのだということを理解したのだった。

この軍勢と不釣り合いに重々しさを欠いていたのが、王のシャルル八世の容貌であった。このとき、シャルルは、まだ若者であるにもかかわらず、小柄なうえ、いかにも虚弱そうで、頭ばかり大きく、何事も信じやすく、悪意のない人柄が表情にあらわれていた。まわりを枢機卿、将軍、大貴族たちに囲まれ、彼らの言うなりであったが、なかでも常に相談役を務め、実質上、王を動かしているのは、カルカソンヌとニームの代官、ド・ヴェスクとナルボンヌ大司教のブリソネであった。王が十三歳で即位して以来、その身近にいたのは姉のアンヌ・ド・フランス（Anne de Beaujeu）や先王ルイ十一世に仕えた顧問たちであったが、この十年来、王を動かしイタリア遠征の準備を調えたのは、ド・ヴェスクとブリソネであった。〔訳注・シャルル八世のイタリア遠征の口実になったのは、王が相続したアンジュー家がナポリ王の称号を含んでいたことで、フランスを留守にしてイタリアへ遠征するためには、イングランドや神聖ローマ帝国が侵略してこないよう和を講じておくことが不可欠であった。〕彼は、十四歳で、「portrait de Rome」を寄越すよう命じている。

この二人の寵臣が、言われているほど不器用であったという証拠はない。しかしながら、イタリア遠征とローマ教会の問題において、彼らの貪欲と志の低劣さが最悪の事態を招いたことは否定できない。

このイタリア遠征を支援するために、大船団が動員された。また、厳しい冬季の戦いに備えてントと幕舎三千基が調えられ、イタリアの親仏同盟都市の参画も予定され、調整が行われた。ミラノ公はオトラントを、ヴェネツィアはアドリア海の入り口にある幾つかの港湾を手に入れるはずであった。フランス国内で食糧やカネの徴発が行われなかったのは、戦いの行われる地がヨーロッパでも最も裕福な国であり、フランス軍を招いた国で五万の兵を養ってくれるのは当然と思われたからであった。

分裂に分裂を重ねているイタリアが、どこかの国によって攻め込まれるだろうことは、かなり前から予想され、みんなが怖れていたことであった。明白なことが一つあった。それは、フランスが、当時のヨーロッパ最強の大国だったことである。イスパニアはイスラム教徒の最後の拠点、グラナダを奪取し、結婚したアラゴン王フェルナンド二世とカスティリヤ女王イサベル一世のもとに統合されたばかりで、まだ体制も整備されていなかった。〔訳注・ふたりが結婚したのは一四六九年。イサベルの兄カスティリヤ王エンリケ四世が没したのは一四七四年、フェルナンドの父アラゴン王フアン二世が没したのが一四七九年で、グラナダ陥落は一四九二年である。〕

そうしたなかで、百年戦争で疲弊しきっていると思われ、事実、税収も減って近衛兵も減らしていたフランスが、突如、あらゆる種類の武器や戦争手段で溢れんばかりとなって姿を現したのだ。しかも、その武器のなかでは、銃砲、大砲といった他の強国がどこも持っていなかった特殊なものがかなりの比重を占めていた。

ルイ十一世が逝去したとき、人々は、彼が苦労して作り上げて遺した作品〔訳注・フランスの政体〕は、崩れて粉々になるだろうと思った。《統一フランス》というこの作品は、しかしながら、永続するだけの自然的正当性をもっていた。十三世紀の封建的政体が解体し、そこから生まれたのがヴァロワ朝のシャルル五世の統一体制であったが、その後の王たちの不手際によって崩壊し、第二の封建体制が再現した。この過ちを、額に汗し、忍耐と策略の奇跡により償ったのがルイ十一世であったが、この過ちはほんとうに消滅し、二度と現れることはなくなっていたろうか？

その気配はあった。彼が亡くなると、税収は途絶えて金庫は空となり、スイス人傭兵たちもいなくなった。王国は無防備となり、二十歳の姉〔訳注・前記アンヌ・ド・ボージューの妹、ジャンヌ・ド・フランス〕に牛耳られる十三歳の王と共に地面に横たわった。大公や貴族、聖職者たちが駆けつけ、先王に仕えた側近たちを絞首刑にするなど再生させようとし、力を集約して国の立て直しに歩み出すことはできなかった。結局、最も力を見せつけたのは「死神」であった。突然「Loys」〔訳注・「Louis」の古い綴り〕の署名が付いた一葉の羊皮紙を受け取って血の気を失い、歯をがちがち鳴らさない人はいなかった。

オルレアン公を筆頭とするこれらの哀れな大公や領主たちは、なんの力も持っていなかったので、力のよりどころとして求めた幽霊（ombre）が「三部会 états généraux」というセレモニーであった。〔訳注・一四八三年八月にルイ十一世が亡くなってシャルル八世が即位した翌年の一月五日、トゥールで全国三部会が開かれている。〕

わたしにとって残念なことは、このトゥールでの全国三部会が貴族階級による反動以外の何物でもなかったことをあらゆる歴史家が見誤っていることである。かつて一三五七年にパリで開かれた三部会は、以後、定期に開催すること、三部会の承認を経ない徴税と軍隊召集を禁止するよう王太子シャルル、すなわち後のシャルル五世に迫り、シャルルも譲歩を余儀なくされたフランス国民の真の代表による三部会であった。それに較べると、こんどの三部会は一幕の喜劇でしかなく、名称は同じ三部会であっても一三五七年のそれと共通するものは何一つとしてなかった。ギュイエンヌやプロヴァンスのような大きな州は辛うじて参加したものの、一三五七年と一四〇九年にマルセルとカボシャンのもとで主役を演じたパリは、ここでは自分のなすべきことはないと完璧に感知していた。

この一四八四年〔訳注・正確には一四八五年〕の三部会は、開幕からしてきわめて芝居がかっていた。先代王の治世をみんなが非難した。先王によって滅ぼされたアルマニャック伯の弟ヌムール伯の遺児たちが紹介され、彼らが相続するはずであった遺産を彼らに戻すべきことが議せられた。遺児たちの要求を支持する弁護士たちによって、さまざまな悲痛な話が捏造された。サン＝ポル伯、クロワ（クルイ）一族、ルネ王、アンジュー家にも資産を返却すべきことが定められた。ついで、外国人たちも訴えにやってきた。ある場合は憐れみの情から、ある場合は公平の原則から、こうした決議がなされたのだったが、これを押し詰めると終いにはフランスの国そのものが誰かに返還されなければならなくなったであろう。

すべてはフランス自身のためであり、フランスの利益のためであった。人民のため！　国家のため！　正義のため！

これが、みんなが挙ってあげた叫びであった。よき王シャルル七世の税制と軍制に戻すこと。とくに、将来買い戻すという条件で手放された資産は、売買されたときの額で買い戻すことが認められた。こうして貴族たちは、タダ同様で財産を買い戻し、手放すことを強要されたブルジョワたちはひどい損失を被った。

「鐘楼の王」〔訳注・封建領主〕たちが最も強力になった州が二つある。ノルマンディーとブルゴーニュである。しかも、最も多く「人民のために」語ったのも、この二州である。

この三部会をとりわけ驚かせた代議員が一人いる。シャルル突進公に仕え、その死後はルイ十一世の廷臣となったブルゴーニュ人フィリップ・ル・ポ（1428-1494）である。この『百物語 Cent Nouvelles』の語り手の一人〔訳注・『百物語』の作者については、アントワーヌ・ド・ラ・サルともフィリップ・ル・ポとも諸説あるが、今日では作者不詳とするのが普通〕は、「すべての権力は人民に由来し、人民のもとへ帰って行く。わたしは人民によって世界の声を聞く。わたしは、フランス王国のいかなる住民も除外しない」と述べて、人民の友たちみんなを黙らせた。いわく「王たちを作ったのは人民であり、王が統治するのは人民のためである。——王がいない場合は、権力は三部会に属する」。

この三部会は、大貴族たちを庶民に近づける大仰な宣言で閉じられた。すばらしい効果を呼んだこの演説は、おそらく王の姉と協議して作成された。というのは、わたしの見るところ、フィリップ・ル・ポはシャルル八世の教育に関わっていたからである。

そのうえ、貴族たちが人民の名で提議した嘆きには、ありえないような意味の取り違えがあった。それが要求したことの一つは、国境地域の要塞を人民の手に戻せということで、これが貴族たちの手にあるかぎり、外国人を呼び寄せフランスを荒廃させる恐れがあったからである。もう一つは、人民の狩猟権を尊重せよということで、貴族たちは狩猟権を口実に好き勝手に農地を蹂躙し、農民たちが耕作も思うようにできないまでに荒らしたからである。

すべてが頓挫した。北フランス人のオイル語も、南フランスのオック語も、相手方には理解不能で、オルレアン方の人々は、この三部会から、大貴族たちのために僅かなカネを得た以外は、何も引き出すことができず、なんとか高等法院から引き出したのは、ルイ十一世の理髪師の死だけであった。パリについては、祭りの大盤振る舞いと大公たちの愛顧を要求したが、慎重な口約束以外は何も得ることができなかった。

貴族階級の巻き返しは、うわべだけに留まり、ルイ十一世の再来というべき王政による限界と障碍にぶつかる。ルイ十一世の政治的魂を受け継いだ娘のアンヌ・ド・フランスとその夫であるブルボン家の第二子、ピエール・ド・ボージューの夫婦は肩書きも合法的資格もないまま、シャルル八世を盾に統治した。アンヌは、父が遺したものを守って実質的にフランスを我が物としたうえ、その後勝ち取った国境線を保持して新しい州としてこれに美しいベルトを贈呈したうえ、弟シャルル八世をアンヌ・ド・ブルターニュと結婚させ、彼女が相続したブルターニュによって、これをしっかり締めたのだった。〔訳注・ブルターニュ公領は、一四八八年にフランソワ二世が亡くなり、一人娘のアンヌが継承した。アンヌはシャルル八世が一四九八年に二十八歳で亡くなったあとも、王位を継承したルイ十二世と再婚したので、ブルターニュ公領は王室のものとして引き継がれた。〕

アンヌ・ド・ボージューは、自分が権力を振るった痕跡を注意深く隠したので、彼女の痕跡は僅かしか遺っておらず。彼女の自筆サインも少ししかないが、十五世紀の権力者たちの不器用で重々しい筆跡のなかでも際立って決然とした闊達で力強い文字で書かれている。

一八三〇年七月、アングレーム公妃がブルボネ地方を通過し、七月十五日、スーヴィニ大修道院を訪ねたとき、歴代ブルボン公の墓に詣で、柩を開けさせて中を見た。いずれも、遺骨はバラバラになっていたが、アンヌ・ド・ボージューの遺骸だけは保存状態も良好で、栗色の長い髪の毛までしっかり遺っていた。

二十歳になったばかりの女性が、亡くなった父ルイ十一世の大法官そのほかの補佐役たちに囲まれて、父親の仕事を引き継ぎ、父親同様、貴族による《公益同盟 ligue du bien publique》の裏を掻いて、いみじくも「道化戦争 guerre folle」と名づけられたこの動乱を制圧したのは、奇妙な見物である。最初の勝利は危機を増大させただけであった。同盟貴族たちは、フランドルからマクシミリアン、イングランドから「残忍王 horrible」と渾名して怖れられたリチャード三世を呼び寄せた。彼女は、このリチャード三世にチューダー家のヘンリー七世を対抗させる。〔訳注・リチャード三世はグロスター公だったが、兄エドワード四世が亡くなった後、エドワード五世として王位を継いだ甥をロンドン塔に幽閉して殺害し、みずから即位したのだった。しかし、ランカスター家のリッチモンド伯ヘンリー＝チューダー（ヘンリー七世）に敗れ、これにより薔薇戦争が終わり、チューダー朝となる。〕

アンヌ・ド・ボージューに後押しされたヘンリー七世は、マクシミリアンやスペイン（アラゴン王国）のフェルナンド二世と呼応してフランスに渡った。フランス王国がバラバラにされることを恐れたアンヌは、神聖ローマ帝国皇帝になったマクシミリアンの先手を打って、弟のシャルル八世をブルターニュ公領の跡継ぎ娘アンヌと結婚させブルターニュをフランス王国に結びつけることに成功すると、貴族同盟打倒に総力を挙げ、これを打ち破った。

〔訳注・マクシミリアンはブルゴーニュ公の跡継ぎ娘マリーと結婚し二人の子を儲けたが、マリーが一四八二年に落馬事故で亡くなったあと、一四九〇年、ブルターニュ公領の跡継ぎアンヌと結婚する手続きを調えていた。アンヌ・ド・ブルターニュはシャルル八世との間に四人の子を儲けたが、いずれも早世。一四九八年にシャルル八世が亡くなった後、アンヌはルイ十二世と再婚するが、生まれた子は二人とも女児。姉のクロードが結婚したアングレーム伯が王位を継いでフランソワ一世となり、ブルターニュのフランス王国への合併が確定する。〕

フランス王国が税収難に陥っていたなかで、このような大きな危機を乗り越えることができたのは、説明不能な奇跡のように見える。しかし、国家としてのフランスは大きく変化していた。耕作地も増え、税収は着実に増大していった。これは、政治がもたらした結果というよりも、これまで土地からあがる富を食い荒らしてきた封建領主たちが、先王ルイ十一世によって領地を奪われ、姿を消したことによる必然の結果であった。

ルネ王の血を引いて浪費に明け暮れたアンジューの宮廷は、もはや存在していなかった。野蛮で傲岸、人の命など平気で無視したブルゴーニュ家が北フランスを脅かすこともなくなっていた。ヌムール公やアルマニャック伯たちがスペイン軍を招き入れてガスコーニュを蹂躙させることもできなくなっていた。すべての州がフランス王制のもと、堅固な防壁で守られるようになっていた。こうして、イル＝ド＝フランスはピカルディーの背後で安心して生産活動に専念できるようになり、ピカルディーはまた、アルトワによって守られた。シャンパーニュとブルボネはブルゴーニュによって守られ、ラングドックは新しく獲得された地方によって平和を保証され、南フランスの偉大ですばらしい中心としての立場を取り戻した。

封建制を骨抜きにし王制のもとに組み込んだルイ十一世のこの巧妙な国造りの継承者であったアンヌ・ド・ボージューは、イタリア遠征には強硬に反対し、弟をいつまでも自分の手中にとどめておけると思っていたが、ある朝、弟は彼女のもとから逃げ出したのである。

シャルル八世は、これまで、次のような考えのもとで育てられた。——父のルイ十一世は、数え切れないほどの障碍に遭いながらも、一瞬たりともイタリアから眼を逸らすことはなかった。ドーフィネにいた若いころはピエモンテに狙いを定め、ジェノヴァに働きかけて、自分を領主として要求させようと画策した。年を取ってからも、彼は、アンジュー家のもっていた諸権利を念入りに獲得している。〔訳注・ルイ十一世の母マリーはアンジュー家の出で、アンジュー家は聖ルイの弟、シャルル・ダンジュー以来、「ナポリ王」の称号をはじめ、幾つかの領主権をイタリアに有していた。〕

フランスが遅かれ早かれイタリアに侵入するであろうことは容易に予想された。フランスは、ナポリ王国をめぐってここ二百年来アラゴン人と争いを続けているプロヴァンス人たちから援軍を求められながら聞こえない振りをしてきたのだったが、そのアラゴン王がスペイン王となって強大化し、他方、東方からはトルコ帝国がイタリアに迫ってきていることから、フランスも、ヨーロッパ防衛のためにこれまでのような「我関せず」を貫くわけにいかなくなっていたのである。

トルコの勢力拡大は、一つの帝国の登場である以上に、巨大なイスラム教徒民衆の動きであり、それが年々に一つの運命的進展によって重心を西方へ移し、イタリアへ迫ってきていたのである。〔訳注・一四五三年にコンスタンティノープルを陥落させたトルコ皇帝メフメット二世が、自分の夢はローマのサン＝ピエトロ寺院の祭壇の上で愛馬に秣を食べさせることだと公言していたことはよく知られているとおりである。〕イスラム勢力の拡大は、南欧では海上制覇として現実化しており、一四八〇年に南イタリアのオトラントが襲撃され破壊を蒙ったのをはじめ、地中海のあらゆる海岸地方がバルバリ人〔訳注・バルバリとはエジプト西部から大西洋岸にいたるアフリカ北部の住民の総称であるが、さらに広く地中海地方のイスラム教徒を指すようになっていた〕による定期的劫掠に苦しめられていた。北イタリアでは、イストリア、フリウリそのほかのヴェネツィア人都市でも現れた。とりわけ、タルタルス側〔訳注・アドリア海のバルカン半島側〕では、非正規の騎馬軍による大規模な私掠が毎年のように繰り返されたため、住むことも耕すこともできない荒れ地となり、その結果としてイスラム教徒たちによって決定的に征服されていったのであった。

オスマンのスルタンたちは、掠奪による富の魅惑とキリスト教徒の偶像崇拝に対する憎しみと宗教的理念を訴え、ローマを奪取せよとの説教によって蛮族たちを駆り立てた。この時代の彼らの戦法は、その徹底した破壊ぶりで恐れられた。このため、ヴェネツィアとナポリは、互いに相手を倒すためにイスラム教徒の手を借りたが、そのことは、恐るべき結果を招いた。とはいえ、敢えて言うなら、スペイン人たちによる侵略は、おそらくトルコ人によるそれを上回る恐るべきものがあった。〔訳注・アラゴン王国のフェルナンド二世がカスティリヤのイサベル一世と結婚し、両国が統合されて正式にスペイン王国が発足するのは一五一六年である。しかし、ポルトガルがスペインに統合された一五八〇年から一六四〇年の時期を除いて、本章では、イベリア半島全体を「スペイン」として扱っている。〕

このときスペインは、自身に関して一つの恐ろしい事業を達成していた。それは、破壊によらない剣による仕事で、その完遂後は、火による仕事を始めていた。それは、アルビジョワ戦争以来途絶えていた異教・異端に対する迫害で、六年間で百万人のユダヤ人、同数のムーア人が、薪ではなく破産と飢え、逃亡、難船によって死んでいった。新しい基盤の上に打ち立てられた異端審問は、王や法王に並ぶ絶対的力を獲得し、その力をスペイン全土に浸透した。そして、王国の収入がそのために侵食されても、また、歴代法王がカネと引き換えに無罪としていた人々を一転して有罪とすることになっても、構うことなく推し進められた。セヴィリヤの港々では石造りの処刑台が築かれ、その四隅には石膏製の預言者の像が立てられて、そこで人々が次々と焼かれた。群衆は犠牲者の断末魔の叫びを耳にし、焼かれる身体から流れ出る脂の臭いを嗅ぎ、肉の焼ける煙と煤を目にしたが、恐怖に囚われ痙攣する犠牲者の顔は見なかった。一つの町の一つの処刑台だけで、一四八一年という年だけで二千人が焼き殺されたことが確認されている。犠牲者には、男も女も、金持ちも貧しい人々も含まれていた。同じような裁判所がスペイン王国のなかには十四あった。とくに一四八三年から一四九八年までの間に、初代異端審問官トルケマダのもと、スペインは全体が一つの火刑台となったかのような観を呈した。〔訳注・トルケマダはドミニコ会に入り、セゴビアの修道院長、ついで一四八三年には全スペインの異端審問官となり、判決の厳しさと刑罰の残虐さで知られた。〕

なんというひどい光景であろう！　その多くは密告によって行われた！　ほとんどの場合、密告したのは債務者で、自分にカネを貸してくれている債権者を陥れるために告発したのだった。これが、高潔な騎士エル＝シドの国での借金返済法だったとは！　債権者を火刑台に送ることによって、告発した人間だけでなく審問官も税務官も、みんなが得をした。彼らが、カネへの欲から、国を挙げてこの信じられないような方法を実行しようと思いついたのは一四九二年のことである。この年、三月三十一日には八〇万人のユダヤ人に対し、七月三十一日までにスペインから退去するようにとの命令が出された。四か月で財産を売却してカネに換えるというのはまさに不可能なことであり、この不可能であることこそ、命じた側の狙いだったのだ。すでに足下を見られたうえでのことであるから、家一軒をロバ一頭で、ぶどう園一つを一反の布に換えるのがやっとであった。持ち出すことができた僅かなカネも、旅の路上で奪われた。奪い取られないために呑み込んで腹に隠す人も少なくなかった。しかも、呑み込んだことが分かると、喉を掻ききられた。多くの女性は腹を切り裂かれた。

なんとか逃れてめざした先は、アフリカ、ポルトガル、イタリアであったが、食糧もないため、多くの人が飢え死にし、遺された娘や幼い子供たちは、欲しいという人に与えられた。この追い詰められた群衆のなかで、おそらくさまざまな病気が発生し、それがヨーロッパじゅうに広がった。イタリアでは、ジェノヴァを眼前にして二万人のユダヤ人が死んだ。こうした難民の波にイタリアじゅうが怯えているところに、シャルル八世の軍勢が侵入してきたのであった。

この時期、スペインは、イタリア征服についてフランスと争う気はなかったが、異端審問に関しては、自分のやり方をイタリアで実行しようと考えていた。この不幸は起きないで済んだが、もし、そうなっていたら、イタリアも、スペイン同様、国を挙げて火刑台になっていたであろう。スペインのイタリア侵入は、遅れたおかげで統制が行き届き、全面的に政治的に実行された。スペインによる侵略に対し、イタリア各都市は全般的に抵抗したし、とくにミラノとナポリは戦って、それなりに成功を収めた。

異端審問はローマ法王庁も行ったが、法王庁そのものが腐敗していたおかげで犠牲者はあくまで個人であり、全般的に広がることはなかった。

その点で言っておかなければならないのは、イタリア自体が隷属的立場に置かれたことから、異端審問の警察が与えたかも知れない致命的打撃を受けなかったことである。

異端審問が加えたのは、とくに人間の魂に対する破壊的作用であった。万人が連続的恐怖による窒息状態に置かれた。あらゆる人が自分の背後にスパイがいることを感じ、自身がスパイにならないかぎり安心できなかった。

一つの恐ろしい乾燥状態が、あらゆる意味で国を支配した。スペインはユダヤ人とムーア人を排除することによって、農業も商業も大部分の技芸も抹殺してしまった。ユダヤ人とムーア人がいなくなるとスペインは、倫理的生命と精神活動を自死させる結果となり、自らの上に死をもたらす仕事を続けた。もしスペインが、異端審問所ひとりが君臨したこの悲劇的瞬間に競争相手もないままイタリアを我が物としていたら、イタリアは恐るべき不毛の世界になっていたであろう。

御しがたい天分をもつスペインは、イタリアのかわいい弟子では全くなかったし、イタリアの教えを世界に伝える通訳でもなかった。

それに対しフランスは、さまざまな条件から流動性と、あまり拘らない柔軟性をもち、この《秘儀伝授》すなわちルネサンス芸術をイタリア以外のヨーロッパに伝えることのできる立場にあった。「このコップで飲みたい」という激しい渇望のなかで、フランスはイタリアのすべてを吸収することを望み、イタリアの善も悪もともに摂取した。ときには、悪のほうを好みさえした。だが、そんなことは大したことではなかった。フランスは、このイタリアの豊かな精神をすべて吸収し、消化し、自己変革した。

だからといって自分が呑み込まれることはなかった。それどころか、フランスは、自分がルネサンスの生ける代弁者となった。

スペイン人もドイツ人も、イタリアのことは何も理解しなかった。フランスのイタリア侵入は避けられない運命であり、実際には遠い昔から始まっていた。イタリアもそれを望んだし、そうなるよう働きかけもした。

イスラム教徒とスペイン人という二つの狂信者のイタリア侵入は、もしフランス人の侵入という平衡錘がなかったら、恐ろしいものになっていたであろう。そこに、フランスの本当の役目、使命があった。シャルル八世の大臣たちがこの君主を対トルコ戦の頭目とし、そのヨーロッパ防衛の前哨をイタリアに求めたことをわたしたちは非難するつもりはない。ただ、わたしたちが、シャルル八世の側近たちについて残念に思うのは、それを堅持しなかったことである。

コミーヌ、マキアヴェリの同時代人たちにとって驚くべき方法が一つあった。それは、聖王ルイのなかに称賛し、シャルル八世のなかに非難したこと、すなわち、治世を旧に復することから始めたことである。シャルル八世は、隣人であるマクシミリアンとフェルナンドに、父親のルイ十一世が獲得したルーシヨン、フランシュ＝コンテ、アルトワを返却し、彼らには、自分が彼らをトルコ人から守るので、自分をキリスト教世界の防衛者として尊重してくれるようにということ以外は何一つ要求しなかった。

これは、危険なことになる可能性があった。しかし、これによってヨーロッパ全体の共感を得たこと、人々が彼と祈りを共にしたことは確かであった。この過ちは、もしそれだけだったら、フニャディ〔訳注・ハンガリーの軍人・政治家で、トルコ軍と戦い、ヨーロッパへの侵入を防いだ。1387-1456〕に迷惑をかけることはなかったであろう。彼がしなければならなかったのは、このすばらしい過ちを持続して自らの偉大さを示し、フランスの名声をアルプスの彼方にまで知らしめ、フランスを「神の使い」と呼ぶ予言的な声に応えつづけることであった。

第二章 「イタリアの発見」(一四九四〜一四九五年)

「おお、イタリアよ! ああ、ローマよ! わたしは、お前を諸民族の間に埋没させる国の手に委ね、彼らが、飢えた獅子の群のようお前を貪り尽くすのを見よう。戦争とともにペストが来襲し、多くの死者が出て、墓掘り人が『死体のある家はどこだ?』と叫びながら街なかを歩く。すると、ある者は自分の父親、ある者は息子の亡骸を出してくる。……おお、ローマよ! 繰り返し言うが、罪を贖え! ヴェネツィアも、ミラノも、贖罪せよ!」

「彼らは、わたしがイタリアの上に禍を呼び寄せたとローマに書き送った。だが、呼び寄せるのと予言するのと同じだろうか?」

「フィレンツェよ、お前は何をしたのか? それをお前は、わたしに言って欲しいのか? お前の退廃ぶりは度を超している。いずれ、大いなる災いがあるから、覚悟するがよい。主よ! ご承知のように、わたしは、この崩れゆく廃墟を兄弟たちとともに、言葉によって支えようと努力しております。しかし、これは、非力なわたしには手に余ります。ああ、主よ！　十字架の上で眠らないでください。わたしたちがこの世の恥辱を引き受けていることを、あなたはご覧になっているではありませんか？　わたしたちは、あなたに何度声をかけたでしょう！　どれほど涙を流して祈ったことでしょう！　あなたの摂理はいずこにあるのですか？　あなたの善意、あなたの誠意は、どこにあるのですか？　お手を伸ばして、あなたのお力をわたしたちのうえに及ぼしてください！　わたしに関して言えば、もうこれ以上はできません。このうえ、何を言ったらよいのでしょうか？　わたしに遺されていることは、この椅子のうえで涙に暮れることだけです。我が主よ、どうか、お情けを！」

（エドガー・キネ訳『イタリアの革命』）

悲嘆と嗚咽でぶつぶつ断ち切れ、苦しみのためにもはや表面に現れてこないゆえに沈黙の入り混じったこれらの言葉は、フィレンツェの教会のなかで、空中を飛び交っているところを信者たちによって捉えられ、それを後世に残すために文字に記されたものである。わたしたちは、その素朴な悲痛のあまりの一貫性のなさから、発生源はジローラモ・サヴォナローラであることを知っている。この一つの世界の終わりを告げる声は、火刑台の焰と幾つかの世紀を超えてわたしたちのもとに届いた。

このサヴォナローラの声は、ミケランジェロ、コミーヌ、マキアヴェリといった、さまざまな分野の才能をもつ人々が聴き、証言を遺している。

ミケランジェロは、芸術のさまざまな分野で自分の思想を表現した。とりわけ労作であるシスティーナ礼拝堂の絵のなかには、雷鳴のように轟く言葉、壮大な苦悩を描き込んでいる。マキアヴェリも同じ動機から、前者に劣らない衝撃力をもって、それとは反対の方向に己を投じた。すなわち、神がイタリアのために何もしてくれず、使徒や殉教者たちも何も支援してくれないので、祖国を救うために「神なき政治」を示唆したのだった。天国が当てにできないので地獄に声をかけたのだ。エドガー・キネは、いみじくもこう述べている。

「サヴォナローラの偉大さは、イタリアを救うためには、宗教自体のなかに革命をもたらさなければならないと感じていたことにある」。（『イタリアの革命』）

わたしたちは、これにこう付け加えよう。

「サヴォナローラと彼が代弁したイタリアの無力さは、この革命をキリスト教的理念の枠内で生じると信じ、キリストの尺度のなかに含めたことにある。だが、実際には、あらゆる部分でこの枠組と尺度を超えていたことは、ヨアキム・デ・フローリス（1130-1202）と十三世紀の預言者たちが感知していたとおりである。」

サヴォナローラの主著『十字架の勝利 Triomphe de la Croix』は、理性を重んじる国民に、キリスト教が合理的であり、あらゆる理性の要求に応える教えであることを、論理的・スコラ学的に示そうとした努力の成果である。

蛮族侵入がもたらした恐怖に触発された信仰への回帰と社会の風紀改善——これが彼の試みのめざしたものである。彼は、尋問のなかで、この教義を刷新し拡大しようと試みた『永遠の福音』の預言を味読したことを述べている。彼は説教のなかで、極度の心の優しさから、「病める教会」に触れることを避けた。老いたる母〔訳注・ローマ教会〕をあまりにも敬愛していたので、彼女を救うために何もしなかったのである。あのように穢れ、崩壊していた法王権についても、さらにはアレクサンデル六世にさえも、敬意を失わなかった。こうして彼は、自らについて僅かばかりの斬新さをも多くの敵たちに覚えさせることもないままに亡くなったのであった。〔訳注・アレクサンデル六世（在位1492-1503）は、ボルジア家の出で、権力欲が強く、サヴォナローラを処刑した当事者。〕

では、彼は何ものだったのか？　一つの理念だったのか？　否である。彼は、一つの苦悩の声、国の死を告げる声でしかなかった。

それは聖なる声だったのか？　然りである。だが、彼が政治的に無垢であったかというと、疑義を挟む余地がある。死を宣告する人は、彼を完成させる人である。彼は、このように死にゆく人〔イタリア〕に同情しながら、その最期を看取った。少なくとも、その断末魔の苦しみの秘密を明らかにした。

かくも無知蒙昧で野蛮であったヨーロッパも、イタリアがもはや存在していないことを知ってしかるべきであったが、イタリア自身が宣言するのを聴くまでは信じようとしなかった。

この死の予言者にしてよき死に方の博士は、生について秘密をもっていたか？ 復活の方法を知っていたか？ 国家についても教会についても、それは否である。国家に関しては、彼がもたらしたのは諦めでしかなく、それを受け入れることによって死を確定しただけである。教会に関して彼が提示したのは、若年期に戻れということであり、かつてあったようになること、元々の理念に合わせて自己を変革せよということであった。（これは、宗教にとっても個人にとっても無駄な助言である。）

彼は、死と絶望に関しては、ほんものの見者（voyant）であった。彼が犯した誤謬は、外国人による復権を夢見たことである。しかしながら、彼の純粋な心にあっては、イタリアの積年の罪は、異邦の正義を信頼し蛮族の《ポデスタpodesta》（行政長官）に頼ったことであった。この《ポデスタ》がダンテにとっては、皇帝（César）を僭称するドイツ人でありサヴォナローラにとっては「きわめてキリスト教的な」という偽の名前のもとに力を振るうフランス人であった。

彼の弟子、ピコ・デ・ラ・ミランドラ（1463-1494）は、こう述べている。「人々が全体は部分より大きいと分かっているのと同じように、彼は、未来をはっきりと見通していた」。わたしも、そう信じる。だが、彼は時代を見通していただろうか？ 認識していただろうか？ 彼は問題解決のためにシャルル八世を呼び寄せたが、イタリアの問題は、このシャルルにとっては解決不能だという考えをもっていただろうか？　自分が呼び寄せた裁判官であるこのフランス王が、野蛮であるだけで少しも素朴でないこと、問題解決のために成熟した年代の英知ももたらさなければ子供の本能の素直さももたらさず、盲目的に快楽を追求し、破壊への凶悪な激情をもたらすであろうことを知っていただろうか？

〔訳注・サヴォナローラは教会改革のためにシャルル八世の力を借りようとしたのだったが、フランス兵たちは暴虐な破壊を働いたうえ、フランス軍がイタリアから撤退したあとはメディチ家が権力を奪回し、サヴォナローラは教皇アレクサンデル六世によって説教を禁じられたうえ、破門され、最期は火刑に処された。〕

弄ぶか、それとも殺すか、それがフランスのやり方であった。フランスは、ドイツ人のように酩酊のゆえに残忍になることはなかったし、スペイン人のように貪欲や狂信のゆえに残虐になることもなかったものの、軽薄な快楽を追求するために人に対し侮辱的になるところがあり、ときとしては、血の気の多さから移り気に血腥くなることがあった。

フランス人たちのイタリア入りのために先導役を務めたのは、スイス人やドイツ人のようなきわめて悪質な案内人であった。こうしたスイス人やドイツ人は、しばしばイタリアを訪れていたが、イタリアのことを何も理解せず、地下の洞窟に足を踏み入れて病気になり、イタリア人が毒を盛ったのではと猜疑心に囚われ、イタリアを嫌っていた。野蛮さを武勇と勘違いして鼻に掛けている愚かな連中も少なくなかった。スイス人たちは、ジェノヴァの近くのラパッロで初めてフランス人に接したとき、フランス人の前で勇者ぶろうとして、武装した戦闘員だけでなく降伏して捕らえられていた人々や、病気で臥せている人々まで殺した。フランス人兵士たちも、これに負けまいと、最初に見つけた集落を襲撃した。彼らにすると、王が直々に臨んでいる軍隊を前にして一日でも持ちこたえようと望むこと自体、思い上がりの極みであった。

この軍勢にして、この王あり。王自身、享楽的で短気であった。すでにリヨンに滞在しているときから、彼は解放されたように遊びに明け暮れ、これではアルプスを越えることができないのではと危ぶまれるほどであった。アルプスを越えてミラノ公（ルドヴィコ・マリーア・スフォルツァ）が貴婦人たちを連れて会いにやってきたときも、ここに腰を据えてしまうのではと心配されたほど遊び呆けた。挙げ句は病に倒れてアスティへは行けなくなったのだが、その病気は、ある説によると天然痘であり、別の説では、この年にヨーロッパに入ってきた新しい病気で「フランス病mal français」と呼ばれていたという。

「イタリアの発見」は、フランス人たちを自身の発見へ向かわせた。彼らは、その魅惑に抵抗できるほど強くなかった。まさにぴったりなのが「発見découverte」という言葉であった。シャルル八世に随行した人々の驚きは、クリストファー・コロンブスと行を共にした人々のそれに劣らなかった。

商売や戦争でしばしばイタリアへ行った南仏プロヴァンス人たちを別にして、北フランス人たちにとって、この「美の国」イタリアの人々と国は、予想を超えていた。イタリアの恵まれた自然は何世紀にもわたって手が加えられ、あたかも「地上の楽園paradis de la terre」が現実となったかのようであった。

野蛮な北方とのコントラストは強烈であったから、征服者たちは、その目新しさにほとんど怖じ気づくほどに驚嘆した。イタリアの絵画、大理石造りの教会や彫像、すばらしい葡萄畑、しかも、生ける彫像ともいうべき美しい娘たちが花冠に身を飾り棕櫚の枝を手に町の鍵を持って歩み寄ってくるのを眼にしたときは、茫然として言葉を失い、次の瞬間、歓喜の声をあげたのであった。

かつてナポリへ遠征を行ったプロヴァンス人たちは、海路を辿るか、または、ロマーニャ〔訳注・ラヴェンナを中心とする地方〕とアブルッツィ〔訳注・中部イタリアのアドリア海側〕を経由するかした。それに対し、シャルル八世の軍勢はジェノヴァあるいはミラノからルッカ、フィレンツェ、シエナを経る「聖なる道」を辿ってローマをめざした。イタリアの至高の美の「クレシェンドcrescendo」〔訳注・次第に強度を増すこと〕は、アルプスからエトナ〔訳注・シチリア島の火山〕にいたるこの形のなかに収まっているのだ。万年雪に覆われたアルプスをくだると、そこには、荘厳さのなかに雄大さを湛え、穀物、果実、花々に満ちたロンバルディアの平野に最初の休息地が待ち受けている。ついでトスカーナに進むと、丘の起伏に囲まれた優美なフィレンツェの町があなたを迎えてくれよう。ローマの町は、神聖な恐怖を覚えさせるほどの荘厳さを湛えている。さらに南へ進むと、そこにはナポリの甘美な楽園が待ち受けている。そして、最後に到達するシチリア島では、アルプスに負けない高みに煙を噴き上げるエトナ山が巨大な像のように聳えて、魂を高揚させるであろう。

すべては女性のなかに要約される。女性こそ自然のすべてである。イタリア女性の黒い瞳は、優しさより強靭さを表しており、幼い年頃であっても悲劇的で子供っぽさがなく、北方の男たちに抗しがたい魅惑力を及ぼした。この二つの人種の出会いは、最初の一瞬で運命的に結合する二つの化学的元素が接触したときと同じくらい盲目的事態を生んだ。しかし、最初の荒々しさが過ぎると、南方の優位が顕著になった。いたるところで、フランスの男たちは必然的にイタリア女のくびきのもとに屈服し、彼女たちの欲するままになった。

シャルル八世も、そのために危うく命を落とすところであった。あるときは感覚的欲望(sensualité)により、あるときは感受性(sensibilité)によって、いたるところで譲歩し、そのために、調停者としての彼の立場は予想外の複雑な困難に陥った。

そうしたイタリア女性たちは、シャルルがアルプスを降りたところから姿を現した。王は、最初の一歩から政治などそっちのけで自然の本能に従った。

イタリアでは、国が陥っていた惨めな状況のなかで、家族的利害がすべてに優先した。三つの家門、三人の女性たちのいざこざが、フランスによる侵略につながる決定的動機になった。その三人の女性とはベアトリーチェ・デステ、イサベル・ダラゴン、そしてアルフォンシーナ・オルシーニである。

ベアトリーチェはエステ公の娘で、アリオスト〔訳注・エステ家の廷臣で、『狂乱のオルランド』を著した。1474-1533〕やタッソー〔訳注・エステ家の廷臣で、『エルサレム解放』を著した。1544-1595〕が描いているエステ公の宮廷を出て結婚しミラノの宮廷に入った。しかし、結婚した相手は、若いが病気勝ちで不能のミラノ公ジョヴァンニ＝ガレアッツォ・スフォルツァではなく、摂政を務めている叔父、ルドヴィコ・イル・モーロであった。その後、一四九四年に、彼は、甥から権力を奪ったが、一四九九年廃位されて、ミラノは一五一二年までフランスによって統治される。一時、ルドヴィコの白痴の息子マッシミリアーノが立てられたが、一五一五年から一五二一年まで、フランスによる統治に戻っている。

この若いミラノ公ジョヴァンニ＝ガレアッツォが、隠遁を余儀なくされながらも結婚した相手がナポリ王の娘、イサベル・ダラゴンであった。イサベルは気性が激しく高慢な娘で、とりわけベアトリーチェを嫉妬した。イサベルが病身で幽閉されている夫に付ききりだったのに対し、ベアトリーチェはヨーロッパで最も優美を誇った宮廷に君臨した。イサベルから泣きつかれた父親のナポリ王は、ルドヴィコを脅してミラノ公の座を若いマッシミリアーノに返上するよう迫った。

それまでは、ルドヴィコはフィレンツェのメディチとの同盟によって守られていた。彼は、イタリアにおける勢力均衡の調停者であるロレンツォ・イル・マニフィコが健在であるかぎりフィレンツェがナポリ王の北上を許すはずがないと高をくくっていた。ところが、そのイル・マニフィコが亡くなり（1492）、息子のピエーロ二世は、母親がローマ生まれのクラリーチェ・オルシーニで、しかも、彼は、ナポリの守備隊長の娘、アルフォンシーナ・オルシーニと結婚していた。こうして、ローマ人の血を受け、ローマ人の母に育てられながら、心はナポリ人で、妻によって君主制の傲慢さを保っていたピエーロ二世は、君主制的正統性に与《くみ》してミラノとの同盟を破棄し、ルドヴィコを脅してフランス軍を呼び寄せさせたのである。

このメディチのピエーロは、知能はスフォルツァのジョヴァンニ＝ガレアッツォと同じくらいだったが、身体は強健で球技（paume）を得意とし、騎馬試合にも出場、演劇も好きで劇場にも出演していた。冬になると雪像作りでミケランジェロ張りの腕を発揮した。

こうして、三つの宮廷と三人の女性たちの戦争が起きた。

フランス王シャルル八世は、イタリアに到着するや、巧みに取り込まれた。彼のような寛仁大度の君主が、病床に臥すミラノ公を見舞わないで素通りすることができただろうか？　すでにフランス兵たちは、敵側のナポリ王の娘であるイサベルにぞっこんであった。フランス王は譲歩し、瀕死のジョヴァンニ＝ガレアッツォを見舞って不幸なイサベルに会った。イサベルは王の膝にすがって涙を流した。騎士ロマンを読んで育った彼が、イタリア遠征の初頭から、嘆願する婦人を前に、庇護を与えることを断らなければならなかったのだ。彼は何も言わなかった。しかし、ルドヴィコはシャルルの胸中を理解し、敵であることを感じ取った。そのことは、ルドヴィコにすると、シャルル八世がトスカーナに入るや、自分が付けたイタリア人部隊を送り返したことで一層鮮明になった。彼にしてみれば、自分がイタリアに呼んだこのフランス軍がなるべく速やかに消滅してくれるよう

イサベルは王の膝にすがって涙を流した。

に画策するほかはなかった。ガレアッツォは、まもなく亡くなった。みんなが、ルドヴィコによって毒殺されたのだと信じた。

王は、トスカーナでも同じ過ちを幾つか犯し、本来味方である人々を敵に回す行動をとった。メディチのピエーロ二世は、最初の砦が陥落し全員が殺されたことで、判断力を失った。彼は、フランス軍に抵抗するつもりだったが、急遽、門を開いた。このピエーロ二世の混乱に乗じて、フランスを侵略者として警戒していた人々がフィレンツェ市の権力を把握し、ピエーロ二世を追放し、自由を取り戻した。彼らは、シャルル八世に挨拶するためにルッカに出向いたが、王は彼らに背を向けた。シャルルはすでにメディチの代理人たちの影響を受けていて、ピエーロ二世を臣下に裏切られて逐われた王のように見て同情していたのである。

彼が、ピエーロの妻、喪服に身を包んだアルフォンシーナ・オルシーニに会ったのは最悪のときで、新しい共和政府は、彼女が自分の家に住み続けられるよう配慮していた。サヴォナローラも、メディチ家に由来するものをすべて保護することによって、報復を禁じようとした。したがって、ここには、悲嘆に暮れる王女がおり、騎士道に生きる王に対し、高貴の婦人を保護する義務を果たせという呼びかけがあったわけである。この高貴の婦人、ナポリの司令官の娘アルフォンシーナは、シャルル八世に、「あなたがわたしの一族の滅亡と死を望んでおられるというのは、ほんとうでしょうか?」と問い詰めた。王は、ブリソネの助言にしたがって、君公たるものは共和政府よりも彼女に心を寄せていることを伝え、これまでのフランスの味方を見限って、メディチ家を復帰させる旨の使者を送った。

わがフランス軍は、海からアルノ下流域を経てトスカーナに入ったが、そこで眼に入ったのが、イタリアの死を示す数々の様相であった。

これらの地はかくも肥沃であったのに、用水網が手入れもしないで放置されていたため、一面が不健康な湿地になっていた。このように荒れ地と化していたのは自然のせいだったのだろうか？否である。原因は人間に、すなわち悪政にあった。イタリアは、すでに十三世紀から、内部で互いに貪り食い合っていた。全体の人口は、それほど減少していなかったが、都市が暴君のように田園を支配し、特定の作物の栽培を押しつけ、それ以外の作物を禁じたことによって、耕作放棄地が広がっていた。都市同士の間でも、君主のいる中心都市によって多くの周辺都市が圧迫され、貧しくなっていた。かつては君主の居城があったのに、いまでは隷属的な共和制都市になり、栄光に満ちた過去をもっているだけに、なおさら屈辱感が大きく、苦痛に苛まれている町もある。

シスモンディ〔訳注・スイスで生まれフランス革命でイギリスに逃れ、一八〇九年からはジュネーヴ大学で経済学を教えた。1773-1842〕は、信頼に足る推算値に基づいて、十三世紀イタリアの都市住民は一八〇万を下ることはほとんどなかったのが、次の世紀には十分の一の一八万になり、十五世紀にはさらに十分の一の一万八千人になった。そのなかで、ヴェネツィアは二千から三千、ジェノヴァは四千ないし五千、フィレンツェ、シエナ、ルッカは合わせて五千から六千で、それ以外の都市はこれらの都市や暴君たちの家来でしかなくなったと明らかにしている。

これら一万八千の人々がイタリアを守ろうという意識を持っていた。では、この一万八千人は自由な人々だっただろうか？　ヴェネツィアでは十人委員会（Conseil des Dix）の意志のもとに、フィレンツェではメディチ家の権威のもと、シエナではペトルッチ家のもとに置かれていた。

このように私的統治もそれなりの成果をもたらしていた。銀行の町、フィレンツェは世界から資本を吸収した裕福な都市であったが、破産したばかりであった。破綻した理由は、メディチ家が自己資産と共和政府のそれとを混同したからであった。彼らは、君主として豪華さを乱脈に追求したため、国家の金庫を破綻させることによってしか救えなかったのである。

ロマーニャ〔訳注・ボローニャの南東地方〕だけでなくいたるところで、虚栄心が強く派手好きで、家臣たちを食い物にする貪欲な小宮廷があり、そうした小宮廷の栄光を文人、芸術家、詩人たちが高らかに謳った。

とりわけナポリでは、年老いたアラゴン家のフェルナンド（フェルランテ）一世（1458-1494）のかける重税のため人々は飢餓状態に追い込まれていた。臣下たちが食事にも事欠き痩せ細っている一方で、君主は、それを覆い隠すように芸術と衒学的な学問の振興に血道を上げていたのである。

イタリア全体が溜め息をつき、喘ぎながら、最後の審判のような何かが起きるのを待っていた。最後の審判のような変異が迫っていると語っていたのはサヴォナローラだけではなかった。ローマでも一人の托鉢修道士が、また、ほかにも何人かが大天使のトランペットの役目を果たした。悪賢い人々、フェルランテ、その息子のアルフォンソ二世（1494-1495）、法王アレクサンデル六世（在位1492-1503）といった要人たちは、絶えず揺れ動き、漂い、決議を変更した。神の懲罰も良心の呵責の力も畏れないこれらの人々は、シェイクスピアのそれに匹敵するドラマを繰り広げた。フェルランテは、彼の犠牲になった人々の影の下で窒息させられるかのように最期を遂げた。政治家としても戦士としてもイタリア随一と謳われたアルフォンソは、白痴のようになり、亡命して修道士になった。

いたるところでヴェールが剝がれ、真実が現れた。虚構は崩壊し、神の手がすべての上にのしかかってきたかのように、巨大な災厄が襲いかかってきた。もはや強者も弱者もなかった。共通の弱さによって、互いに平等であると感じ、誰かを畏れる気持ちから解放された。

しかし、長い間対立しぶつかり合ってきたかくも多くの不調和で相異なる要素の同時的覚醒は、巨大な障碍にもなった。シャルル八世がほんとうに神から遣わされ神の光に導かれていたのだとしても、このようなプロセスを判断することは彼の手に余ることであった。このイタリアの大地で断続する分解のために次々と滅び、幾重にも横たわってきた多くの人々と都市のなかには、声も取り戻さず、本来の親和力（atomes）を要求しないまでに「よく死んだ」死者はなかった。そうした声や親和力は、他の人々や都市に移り、近年亡くなった死者によって守られているものもある。一方を生き返らせるためには、多分、他方を窒息させ、墓のなかに決定的に閉じ込めなければならないのだ。

第一幕はピサで起きた。それは、奇妙で予想外の荒々しい出来事であった。人々は、百年も前に亡くなった死者が言葉を発し、また、五十年前に死んだ人が説教のさなかに話し始めるのを目の辺りにしたのだ。この「死者」がピサとフィレンツェの二つの共和国で、ピサはフィレンツェによって窒息させられていたのだが、この両者が同じ日(一四九四年十一月九日)に目を覚ましたのだ。

ピサに入ったフランス王シャルル八世は、隊長たちを従えて斜塔や洗礼堂、カンポ・サントの間をドゥオーモへ向かって進んだ。この寺院の入口のところで、一人の男が、精神に錯乱をきたしたように彼の前に身を投げ出し、王の脚に抱きついてキスをすると、フランス語で話し始めた。王は、両脚を抱え込まれているので、いやでも話に耳を傾けざるをえなかった。話の内容は、イタリアでも最も悲劇的なピサの歴史に関するものであった。〔訳注・ピサはティレニア海の覇権をジェノヴァと争ったが、一二八四年、メローリア海戦で敗れ、その後も一三九九年にはミラノ公国に併合され、一四〇六年にはフィレンツェに併合されるなど悲運の歴史を強いられた。〕敗北したピサは、全住民がジェノヴァに連行され、ピサの町はメディチ家に売り渡され、ピサ人による商業は破壊され、海への出口は閉鎖された。陸地部分も、熱病によって住民を全滅させるために沼地に変えられたのだ、と。

ここで男の話は、溢れる涙のために中断したが、まわりの人々は聴き続けた。すると、男は荒々しく起ち上がると、人々に向かって、おそろしい罵言を投げつけ始めた。厳しい状況のなか、なんとか絹や毛織り産業で生きのびたピサを死に絶えさせようとしているのがウゴリーノ〔訳注・ギベリン党でピサに恐怖政治を布いた。一二八九年没）であった。だが、百年経って、神の御慈悲でピサが解放される日が今やってきた、と。

この《自由liberté》こそ、民衆を捉える唯一の言葉で、それは群衆のなかから歓声と涙の合唱として立ちのぼり、フランス人たちの心を捉えた。王も、おそらく溢れる涙を禁じ得ず、顔をそむけた。そして彼は、教会の中に入った。しかし、取り巻きの人々は、溢れる感動に大胆になって、（この時代のフランス人は、ルイ十四世の宮廷人のように洗練されていなかった）、件のピサ人に尚も話させようとした。ドーフィネの高等法院議員で、王から気に入られていたラボという人物は、力をこめて、こう言っている。

「神かけて、なんという哀れなことでありましょう！　陛下、なんとしても助けてやってくださ れ！　これほどまで酷い扱いを受けた人々はありませぬ！」

そこまで考えていなかった王は、漠然と、自分はそこまでは求めないと答えたが、ラボは、群衆のほうへ向くと、「皆のもの！　フランス王は、お前たちの町のもろもろの特権をお許しになったぞ！」と声をかけた。

「ばんざい！　フランスばんざい！　自由ばんざい！」

人々はアルノ川の橋へ詰めかけた。一本の円柱の上にフィレンツェの力を象徴するライオン像が載っていたが、この騒ぎで柱は倒され、ライオンは真っ逆さまに川のなかに落下し、川底に沈んだ。シャルル八世がイタリアの何世紀にもわたる大きな訴訟に決断をもたらしたのは、無知によって

王も、おそらく溢れる涙を禁じ得ず、顔をそむけた。そして教会の中に入った。

であった。この訴訟は、ピサとフィレンツェのそれにとどまらず、あらゆる従属的な町と主導的都市のそれに関連していた。

こうして彼は、「解放者 libérateur」「権利の復活者 restaurateur du droit」と宣言されたのだったが、実際に彼が再興しようとしたのは、どのような権利だったのだろうか？　また、いつの時代に遡っての復活だったのだろうか？　彼はどのようなイタリアに作り替えようとしたのだろうか？

十三世紀のイタリアはほんものの活力を湛えていたが、十五世紀の人々は十三世紀の都市住民と同じだったろうか？　ピサがこのようにして取り戻した自由を維持するために示した驚くべき英雄的粘り強さによって判断するなら、然りである。しかし、それがどこでも同じであるなら、それぞれの都市に法律と執政官（consuls）、行政長官（podestat）、特別の財源、鐘と剣が返されてしかるべきだったであろう。古いロンバルディア同盟の諸都市は、ミラノ公国によりも、それぞれの共和制に戻されるべきであろう。ヴェローナ、ヴィチェンツァ、パドヴァ、ブレシアは、ヴェネツィア国によりも、それぞれの共和国内各地の監督官（provéditeur）の手に戻されることになろう。

トスカーナでは、解体は完璧なまでに進んでいた。王がフィレンツェから守ってやらなければならないのは、ピサだけでなく、エトルスキ人の古い町であるヴォルテッラとコルトナ、戦士的なピストイア、ダンテが「ブルドッグのごとし」と呼ぶアレッツォも、そうであった。これらあらゆる都市が支援を要請し、すべての町が孤立していた。そこには、互いの対立と栄光と憎しみと報復によって織り成された巨大な過去が地中から姿を現していた。では、この壊れた暴君政治をフランスの調停によって、全員参加の連合体に生まれ変わらせることができただろうか？　それは疑わしかったし、結果が出るにしても先のことであった。いま現在のイタリアに関して確実だったのは、支離滅裂の分解状態にあるということであった。

フランス王シャルル八世がピサを去ったのは、人々がフィレンツェの獅子像を倒して歓喜しているさなかで、同じ時、サヴォナローラを先頭にフィレンツェの使節が到着した。

「ついに汝が到着した。正義の執行者にして神の司よ！　過去四年間、汝のことを予告して従僕が声をかけても無駄であった汝が、ついにやってきたのだ。われらは、満足の心と喜びの顔をもって汝を迎える。汝の到着により、正義を愛するすべての人が胸を高鳴らせている。彼らは、汝によって神が高慢の輩を押し下げ、惨めな人々を引き上げて、この世界を刷新されることを期待している。神が汝を遣わされたのであるから、喜んで来られよ！　しかして、世を鎮め、凱歌をあげよ。おお！　きわめてキリスト教的なる王よ！　わたしの話すことを聴かれよ！　そして、それを心に刻まれよ！　罪人を増やす機会にするのでなく、罪なき人、寡婦、キリストの花嫁たちを厚く保護せよ。汝の救い主を手本として寛大であれ。フィレンツェに罪びとがいないならば、そこにいるのは神の僕たちである。赦せ。キリストが赦されたのだから！」

この優れた見神家は、一方ではきわめて実際的で、政治的にも寛大で、人々が期待した以上に明快に、本質的と見える二点をフランス人たちに要請した。一つは、女性に乱暴を働いて憎まれないようにすること。もう一つは、フランスの敵、サヴォナローラの敵、メディチの一派を大目に見るように、ということである。

シャルル八世が、彼に好意的な民衆運動を利用しないでフランスに敵対的な党派を採用するほど狂っているなどということは誰も思いつかなかった。

王は漠然とした答えしかしなかった。どのようなルートでフィレンツェに向かうかも言うのを拒んだ。

彼の保護を求めて国旗に百合の花を入れた新しい共和国が、このような外国の友の接近にわが身の保護を託さざるを得なかったのは、まったく偶然であった。地主たちは、それぞれに農民たちを集めて武装させ、食糧と弾薬を支給し、攻囲戦に備えた。

しかし、庶民たちは、疑いもせず、歓呼の声をあげながら王の前を通り、聖職者たちは讃歌（hymnes）を歌った。王は、歓迎されて、戦いの準備に入った。旗を掲げ、槍を腿に構えた。こうして、メディチの宮殿に入ると、フィレンツェを膝下に置いたことへの行政官たちの祝辞に応えた。彼はフィレンツェを自身で治めるのか、それともメディチを通して治めるのか？——これが唯一の問題であった。フィレンツェ人たちは抗議し、両者の態度は緊迫した。

しかしながら、シャルル八世の顧問たちはフィレンツェをよく観察して、人口も多く、建物は高く、石造りでどっしりしており、街路が狭いこの都市で戦いになったら、石などを頭上から投げ落とされて負けてしまう可能性があると考えた。王の廷臣ド・ヴェスクと司教ブリソネは、このような問題に対応できる人間ではなかった。

しかも、王が望んだのは何だったか？　ナポリをめざして足を速めることであった。このとき、王の配下たちは、占領することを諦めたこの同盟友好都市を人質にとって、恥ずかしげもなく、カネを要求している。だが、彼らが要求したカネの額は膨大なものであった。勇気を取り戻したイタリア人たちははっきりと拒絶した。彼らの一人は、書類を破りながら、「あなたがたはラッパを鳴らされるがよい。わたしたちは鐘を鳴らしましょう」と言った。結局、フランス王は、ピサを放棄する代償として十二万フローリンを受け取って出発した。悲しくも、この金額で満足したのである。

王は、ピサだけでなくフィレンツェにも、都市としての死をもたらした。彼の通過がもたらした果実は、死であった。共和国とフランス派とはやがて死ななければならなかった。このとき人々は、サヴォナローラが人民の罪と運命を深く見抜いた真の予言者であることを知ることができた。サヴォナローラが常に言っていたことが、フランス王はピサにやってくるであろう、そして、その日にフィレンツェの国家も死ぬだろうということだったからである。

第三章　ローマにおけるシャルル八世（一四九五年）

シャルル八世がローマ入りしたのは一四九四年十二月三十一日。ロドリゴ・ボルジアはアレクサンデル六世として法王座に登ったばかりで、彼がどのような痕跡を歴史に遺すかは、まだ不明であった。彼は六十歳になっていたが、すでに四十年来ローマ教会の財政を扱い、枢機卿団（Sacré Collège）随一と言われるほど裕福で、法王の権限に余すところなく通じていた。彼が法王座を手に入れることができたのは、まさに、その財力によってであった。彼は、一票一票のためにカネを惜しまなかった。真っ昼間でも、ある一人にはラバ四頭分の銀貨を贈り、別の一人には金貨五千クローネ贈った。それは、彼にすると「貧しき者には財を与えよ」という福音書の教えを忠実に実践したのであった。

彼は、愛人のヴァノッツァ〔訳注・人妻であった〕によって四人の子〔訳注・ジョヴァンニ、チェーザレ、ルクレツィア、ジュフレード〕を儲け、公然と立派に育てあげた。こうした品行は、ほかの枢機卿たちと較べて、なんら悪いものではなかったうえ、彼の職務に対する精励ぶりは際立ったものがあった。ただ一つ非難されたのは、特定の女性の言うなりだったことであった。彼には、長い間、頭のあがらない二人のローマ女性がいた。ヴァノッツァとその母親であるが、ヴァノッツァがルクレツィアを産むと、当時の詩人たちに競って歌われた美人であっただけに、彼も溺愛した。

この法王宮廷で驚かせたのは、ムーア人の国であるイスパニアのヴァレンシアで生まれたボルジアが、多くのムーア人やユダヤ人商人をローマに呼び寄せたことである。法王自身、トルコと緊密に文通し、スルタンの兄であるジェムの身柄を引き留めておくために手当金（pension）を受け取っている。

この奇妙な友情はさらに進み、彼が任命した枢機卿のなかには、バヤジット〔訳注・これはおそらくバヤジット二世。在位1481-1512〕の保護を受けている人々もいたと言われている。

この忘れがたい法王座は、驚くべき邪悪な一連の法王たちを産むにいたる。唯一、ピウス二世を別にして、それ以外の法王は、いずれも、破廉恥で道楽者であると同時に、自分の家庭ではよき父親であろうとし、家族のために貪欲で野心的であった。自分の私生児たちを君侯にするためには、世界を廃墟にすることも厭わなかった。〔訳注・ピウス二世（在位1458-1464）は人文主義的教養を身につけ、トルコの脅威に立ち向かうために、成功はしなかったがヨーロッパの君主たちを一つに結束させようとした。〕

パウルス二世（1464-1471）は、ローマ・アカデミア〔訳注・一四六〇年ごろに創設〕にプラトン主義の疑いありとして禁令を発し、会員たちを自らの手で拷問にかけ、一人を死に至らしめている。

この法王は、ボヘミア人たちすなわちフス派にも強い嫌悪を抱き、彼らを根絶するために、当時、ヨーロッパをトルコから防衛するために戦っていたマチャーシュ一世コルヴィヌス〔訳注・ハンガリー王〕に圧力をかけて、ボヘミア人を殺させるためにトルコ人たちを見逃すよう計らっている。彼は、新しい風変わりな蓄財法も見つけ出した。それは、司教区に空席ができても司教を任命しないで放置し、そこから上がる収入を直接法王庁に吸い上げるのである。おそらく、彼がずっと生きていたら、キリスト教世界から司教はいなくなってしまったであろう。

さらに悪質なのがシクストゥス四世（在位1471-1484）であった。彼は、怒りっぽさと破廉恥でスエトニウスが書き残している歴代ローマ皇帝のすべてを凌いだ。ローマには、帝政時代にも常軌を逸した人物がしばしば現れたが、法王時代には無謬性のゆえに頭がおかしくなる人や、分別力のある人でも怒り狂う偏執者が出た。シクストゥスは、その意味では新しい例を歴史に遺すことになった。彼は、女性たちを追い払い、トルコ式に男児の小姓たちしか求めず、この稚児たちが成人すると、魂の牧者、司教あるいは枢機卿になることを期待したのだった。その一方で彼は、何人かの私生児を儲け、彼らのためには、ローマ教会の財を傾けることも厭わなかった。とりわけ、彼が妹たちによって得た二人のためには、鉄と火によって大公領を求め、イタリア全体に混乱を招いた。そして、戦争によって捕虜となった人々を拷問にかけて全財産を奪い、彼らを奴隷としてトルコ人たちに売り払おうとして、そのことに異を唱える司教たちに威しをかけさえしたという。

〔訳注・シクストゥス四世はフランシスコ会出身の法王で、ヴァティカン図書館を創設し、また、システィーナ礼拝堂を建設して最優秀の芸術家に腕を振るわせた。」

このひどい法王が亡くなると、人々は、神に感謝の祈りを捧げた。このあとの法王が彼よりも悪くなりうるなどと誰が信じただろうか？　ところが、それが事実となったのである。インノケンティウス八世（1484-1492）は、身内のために貪欲である点でも、数々の罪を犯し堕落している点でも、彼に引けを取らなかった。しかし、他人が犯す罪についてもすべて大目に見た。そのため、確かなものは何もなく、ローマでは盗みも強姦もやりたい放題であった。身分の高い婦人たちが、夕方に攫われ、朝になって帰されることがあっても、法王は笑っていた。殺人事件も日常茶飯事で、驚きさえしなかった。ある男が娘二人を殺した事件があり、このことを告発した人々に、法王の侍従は、平然と言った。「神は、罪びとの死を望まれず。されど、カネをもって償えば、生きるも可なり。」

インノケンティウス八世が死んだとき、ローマでは二週間で二百件のペースで殺人事件があった。したがって、その次のアレクサンデル六世は、少しでも治安を回復すれば、称賛されたであろう。

枢機卿たちが彼を後継法王に選出したのは、彼がヴァレンシアで弁護士をしていたので、その行政手腕に期待したからであった。彼が貪欲であることは分かっていたが、野心のない男と思われていた。カリストゥス三世（在位1455-1458）の甥であった彼は、君侯の身になることよりも、カネ儲けができる立場を求めていた。それとともに、ロヴェーレ家の一員でシクストゥス四世の甥でもあった彼は、大司教区を三つ持っていた。しかし、アレクサンデル六世の出身母胎であるボルジア家にとって、資産はこの三つの大司教区だけで、彼は、聖職のフィガロとして、その能弁を駆使して嘘八百を並べながら、何人もの法王の執事を務め、政治的術策をめぐらせるとともに、神の恩寵と正義の売り台で辣腕を振るい、聖職禄の配分、罪の判定、訴訟事件を司ることによってめざすところを達成していったのであった。

このボルジア家の法王は、この世の黄金とあの世の宝の交換を行う銀行事業において、並々ならぬ創造的精神の持ち主であることを証明した。

彼は、法王として初めて公的に、自分は死者たちの罪も一言で洗い流し、煉獄に苦しむ魂を解放することができると宣言した。そこには、彼の時代の背景というものがある。彼は、信仰は衰退しても、自然が力を獲得すること、人々があまりキリスト教的でなくなっても、より人間らしく、より優しく、より感受性豊かになれることを見抜いていた。自分の母親を燃えさかる焔のなかに置き去りにしようなどという心をもった息子がいるだろうか？　わが子を救うためにカネを惜しむ母親がいるだろうか？

だが、煉獄の霊的焔が莫大な収益を上げているとすれば、目に見えるこの世の焔は、それよりずっと確実に強い感銘を与え、ポケットからカネを引き出すことができるはずである。異端審問の恐怖が法王庁に報告してきていることを、どう言えばよいだろうか？　ドイツでは、法王インノケンティウス八世によってトリエルの司教区に派遣された二人の修道士が、その小さな地域だけで六千人を魔術師として焼き殺していた！　スペインについては、すでに述べた。自分が危うい状況にあることを察知した人は、だれでも、ローマに急行し、法王の足下に財産を投げ出した。訴えを受けた法王は、どうしたか？　強欲なシクストゥス四世は、イタリアでは非道の限りを尽くしたが、スペインでは温厚さを示し、異端審問所では「よき牧者bon pasteur」との名を後代に遺した。アレクサンデル六世は、さらに知能犯的に、焼き殺される人が多いほど、より多くの人が法王に頼ってくることを見抜いていた。彼は、スペインでは審問官を督励して残忍さを示したが、イタリアでは寛大さを示した。彼は、ユダヤ人とムーア人に対して火と焔を用いたが、当のユダヤ人とムーア人たちは、彼を心優しい人と信じ彼の庇護を求めて資産をもたらしたのだった。

ユダヤ人たちと仲が良く、トルコのスルタン、バヤジットとも親しかった法王〔訳注・アレクサンデル六世〕は、十字軍については恐れなければならない理由をもっていた。彼は、サン＝ピエトロの枢機卿でロヴェーレ家の出でありシクストゥス四世の甥である、のちのユリウス二世（1503-1513）を不倶戴天の敵と見た。このデッラ・ロヴェーレ〔ユリウス二世〕は、アレクサンデルを「マラーネMarane」〔訳注・ムーア人、異教徒の意〕としか呼ばなかった。彼は、王の耳に、この男をローマ教会から排除すべきであると五月蝿く吹き込んだ。

恐怖に囚われたアレクサンデル六世は、驚くべき動揺ぶりを示した。何をしたいのか十五分ごとにころころ変わり、じっとしていられなかった。バヤジットを呼ぼうとしたが、遠く離れているので間に合って来てくれるはずがなかった。ローマの市壁を修復し、ナポリから軍隊を受け入れた。ついで敵と交渉しようと考え、シャルル八世に使者を送った。次には、ローマから離れようと考え、枢機卿たちにも随行を約束させた。枢機卿たちは、約束はしたが、こっそりと申し合わせていた。法王（アレクサンデル）のためにカネを出そうという者は、都市にも田園にもいなかった。みんなが敵方に回ったかのようであった。この事件は、その動きの激しさで彼を驚かせた。結局、ローマを離れることも交渉することも戦うこともできず、サン＝タンジェロ城のなかに震えながら縮こまっていた。

巷間に流布した話によると、法王は、ローマはペストと飢饉で苦しめられており、しかも、トルコがイタリアを侵略しようとしているので、ローマに来られるようお勧めすることはできないとフランス王に言い送ったという。それに対して王は「わたしはペストなど恐れてはいない。死者が出れば、巡礼者が減るからよいではないか」、また「わたしは飢饉も恐れていない。自分は食糧を持って行くから、かえってローマは食糧で溢れるほどになろう」。さらに、トルコ軍についても、「わたしはトルコと戦うことしか望んでいないので、トルコは喜んで来るはずがないし、もし、来ようとしていても、引き返していくであろう」と答えたという。

フランス人たちは、法王が恐怖に陥っていることに気づいた。彼がハドリアヌスの墓廟〔訳注・サン＝タンジェロ城は、もともと、ローマ皇帝ハドリアヌスの墓廟として建てられたもの〕に隠れているのは、あたかも、自分の罪を自覚し、法廷へ引き出されるのを恐れている罪びとのようであった。フランス人たちが必要としたのは、大砲を古巣のほうへ向かって撃ち、この鳥を追い払うためであった。しかし、王は耳を二つ持っていた。その一つには、ロヴェーレ枢機卿が現法王を告発する甲高い声が、もう一つの耳には、それより少し低いが、王に気に入られて司教になり、さらに枢機卿をめざしていた商人ブリソネの声しか届いていなかった。〔訳注・ギヨーム・ド・ブリソネは一四九三年にブルターニュのサン＝マロの司教、一四九五年には枢機卿になっている。〕すでにフィレンツェについて見た精神的劣化が、ここでは、そのあらんかぎりの輝きをもって現れていた。この男は、一つの帽子〔訳注・枢機卿職〕を手に入れるためにフランスとローマ教会の栄誉職を売ったのである。

こうして救われた法王は、勇気と法王らしい言葉を取り戻した。彼は王に向かって厳めしい面持ちで、王から臣従誓約を受ける用意があると語った。王は、へりくだってそうしようかと思ったが、悪い冗談を忘れずに、こう答えた。「まずわたしはサン＝ピエトロ寺院でミサを聴きたいと存じます。それから夕食を摂って、そのあと、臣従誓約を受けるとしましょう。」

パリ高等法院の議長は、そのための条件を次のように規定していた。

一、国王、王妃、王太子が有している秘密の特権（破門されてもミサを聴聞できる特権）は継続される。

二、ナポリ王国の授与。

三、トルコのスルタンの兄の引き渡し。

法王は、第一項については承認したが、二と三については返事を留保し、その代わりに、歴代法王が、諸王に「ローマ教会の守護者」としての印である《黄金の薔薇 rose d'or》〔訳注・四旬節の第四日曜日に法王から贈られた。ウルバヌス二世によって一〇九六年から始まり、十八世紀まで続いた〕を贈った。

スルタンの兄ジェムに関しては、王の前で直接、ローマに残りたいかフランス王についていくことを望むか訊ねた。知性優れ、自分の立場が危ういことを感じていたこの囚人は、「自分はスルタンではなく、一介の捕虜であって、言われるままに行動する」と答えた。それに対し法王は、「ジェムは捕虜ではない。わたしたちは、ともに王である。わたしは、彼の言葉を取り次ぐだけである」と言った。シャルル八世はジェムのことにはこだわらず、三日後、解放させた。

ボルジア〔訳注・アレクサンデル六世〕は、ブリソネが身柄の安全を保証してくれたにもかかわらず安心はしなかった。王の招待で夕食会に行くことになったとき、祝意を表すためフランス軍によって大砲が発射されたが、彼は、自分を取り押さえよという合図だと思い、大急ぎで逃げたので夕食会が流れるという一幕もあった。

フランス人たちの示す親密ぶりも、彼には安心できなかった。彼らは、好き勝手に法王宮殿に入ってきて、枢機卿たちとおしゃべりした。また、ローマの鍵を法王から託されると、フローラの野（champ de Flore）に絞首台を立て、フランス王の名で裁判を行った。

法王に対する彼らの敬意の表し方自体、驚かせた。足にキスをするのだが、地面に押し倒されるのではという勢いであり、二日前には大砲で攻撃をしようとしていた男たちがすることなので、そのたびに不安を覚えさせた。

法王をほとんど信用していなかったフランス王は、ジェムのほか、法王の息子でヴァレンシアの枢機卿、チェーザレを、名目は法王使節だが、実質的には人質として押さえるためにローマから連れ出した。セルヴィア女性を母にもつジェムは、容姿端麗で、顔は青白く鷲鼻で、眼は詩人や神秘家を思わせ、キリスト教徒の騎士のような王侯的雰囲気を湛えていたが、同時に、そこには、オリエント人独特の阿るような優美さが入り混じっていた。この不幸な人は長くは生きなかった。十三年に及ぶ虜囚生活の心労、イタリアの空気、気候、生活が、軍人としての生活とともに影響して命を縮めた可能性がある。

一般的には、アレクサンデル六世は復讐心からかまたはバヤジットからカネを搾り取るためか、ジェムをフランス王に渡し、毒殺させたと信じられている。確かなことは、ジェムが倒れた日、法王の息子（チェーザレ）が変装してローマに戻っていることである。ジェムは、カプア〔訳注・ナポリの少し北〕まで連れて行かれたときには、身体はすっかり衰弱し、エジプトから届いた母親の手紙も読むこともできないほどだったが、なんとかナポリまで連れて行かれた。そこで彼は、信仰の敵どもによってイスラム教と戦うのに利用されないで済んだことを神に感謝しながら息を引き取ったのであった。シャルル八世は、彼の死を深く悼み、香を焚いて防腐処置を施し、彼が遺した全てとともに母親のもとに送った。

法王は仮面を脱ぎ捨て、スペインも仮面をかなぐり捨てた。シャルル八世の後を追ったフェルナンド・カトリック王〔1474-1516〕の使節は、ローマでは何も言わなかったが、ナポリまで進む間に、ナポリのスペイン派の士気を高める見せ場を作ろうと考えた。しかし、この試みは役に立たず、アラゴン方は軍勢も拠点も人民も失った。老いた王〔訳注・フェルナンド〔フェルランテ〕一世〕は死に、息子のアルフォンソ二世〔ナポリ王在位1494-1495〕は逃れた。そのさらに息子のフェルナンド二世〔訳注・フェルランディーノ二世。1495-1496〕は領地を失ってイスキア島に移って抵抗したが、全員が殺された。その後、残党はアドリア海をアルバニア側に渡った。この地を占領していたトルコ人たちは、その後を追ってくるフランスの旗を眼にして恐怖に陥って放棄。トルコに支配されていたギリシア人たちは、フランス人たちの上陸と呼応してトルコ人たちを全員殺そうと武器を手に入れて待ち構えたという。

カラブリアへは、この地域を受け取るために、一人の隊長が兵士も付けないで送られた。守備兵たちは、足にスリッパをつっかけているだけの軽装で、武具も身につけず、兵士たちの宿舎を案内した。

シャルル八世は、民衆を味方にするようなやり方でナポリの統治を開始した。税も、かつてのアンジュー家時代並に軽減した。その減税額は、二〇万ドゥカットをくだらなかった。

この地方は封建制が健在で、領主たちは、臣下たちの負担軽減に力を入れ、収入を如何に増やすかは考慮していなかった。臣下それぞれが、個人的優遇措置を当てにした。アンジュー方の人々は、自分が古くからアンジュー家に忠誠を尽くしてきたことを理由に優遇措置を求めた。他方、アラゴン方の人々は、最近の反逆を背景に、より多く支払ってもらうことを期待した。土地の所有権は錯綜し、地主を名乗る何人もの人が争い合っていない封地はなかった。シャルル八世は、なんぴとにも耳を貸さず、現状維持を承認した。彼らは、表面では受け入れたが、心の中では背いていた。

フランス人たちの行動は矛盾していた。というのは、彼らは、すべての封地や役職を望む一方で、だからといって、ずっとイタリアにいたいとは思わず、フランスへ帰りたがった。ナポリの乾いた空の下にいながら、北方の雨とぬかるみを懐かしんだのである。イタリアが神聖ローマ皇帝やスペインと同盟を結んだこと〔訳注・一四九五年三月三十一日、法王アレクサンデル六世はスペイン、ヴェネツィア、ミラノと同盟。この同盟のために、七月六日、フランスはフォルノヴォで敗北。十一月、シャルル八世はナポリの支配維持を断念してイタリアから撤退〕を知ると、この恐るべきニュースにフランス軍士たちは、これで母国へ帰ることができると狂喜した。このとき、彼らは、劇を二つ作って演じた。一つは、法王が毒殺者で、ドイツ皇帝マクシミリアン、スペイン王などが道化役で登場するもので、王もこれを観て大笑いしている。

五月十二日、もう一つの劇が演じられた。これは、王も皇帝のマントを翻し、オリエント風の王冠を頭にのせての荘厳なナポリ入城式である。十字軍には遠征しなかったが、少なくとも凱旋式は行ったのである。

しかしながら、この勝者（シャルル八世）が自国に帰還できるかどうかが問題であった。自信過剰で傲慢な彼の若さは、けっして小さくない不安の種であった。この間にヴェネツィアとルドヴィコ〔ミラノ公〕は軍隊を増強しており、その兵力は一時は四万に達した。フランス王軍のほうは、帰国の途につくや脱落する兵が相次いだため弱体化し、アペニン山中、ターロ川のほとり、フォルノヴォ〔訳注・パルマの南方〕で敵軍と遭遇したときは、従僕たちも含めて九千ほどになっていた。談判が行われた。イタリア人方は、規律の緩みのため戦意は冷めきっていて、敵がこれほど弱体なのに、なんとか戦わないよう交渉する道を求めたのである。他方のフランス軍は、足場も悪いし糧食も不足し、夜は嵐があり川が急流で水かさが増すなど、悪条件だらけだったが、驚くほど自信に満ちていた。

コミーヌは言う。「一四九五年七月六日、朝七時ごろ、王はわたしを呼びに人を寄越した。〔急いで行くと〕王は、甲冑に身を固め、『サヴォワSavoie』と呼ばれる黒毛で片眼のブレス〔訳注・ジュラ山地とソーヌ川に挟まれた地方〕産の馬に跨がっていた。この馬は、中型であったが乗り手からすると、ちょうどよい大きさであった。若者は、身長も気性も、生まれにふさわしくなかった。というのは、王でありながら、おずおずと話したからである。そうした彼も、この馬に跨がると、賢明で顔立ちも血色もよく、立派に見えた。修道士ヒエロニムス〔訳注・サヴォナローラ〕がわたしに言っていたように、彼は、神に導かれて正しい道を進み、栄光に輝いているように見えた。」

この戦いは、人智を愚弄するものとなった。

フランス人たちは、およそ人間が犯しうるあらゆる失敗を犯し、それでいて、勝利した。まず、フランス軍は、優秀で恐るべき砲隊を有しながら、脇に置いて、少しも活用しなかった。彼らに言わせると、フランス軍部隊は、それぞれの道しか進みたがらなかったからで、進行の速さもまちまちなうえ、前衛部隊、本隊、後衛と、かなりの距離を隔てて進軍した。

マントヴァ侯ゴンサーガは、きわめて優秀なイタリア軍の将軍で、フランス軍部隊がほとんど干上がった川を挟んで向こう岸を無秩序に進軍しているのを見て、彼らの間に割って入り、戦列を断ち切って打ち砕く好機を摑んだ。

ヴェネツィアに雇われていたギリシア人騎兵隊《ストラディオットStradiotes》もきわめて優秀な兵士たちで、フランス軍重装騎士軍の列に攻め込んで馬たちを短刀で刺し殺した。

この戦法は、恐怖を与えた。幸いにも、このことを予見していたミラノ人、トリヴュルチェは、対処法を見つけた。彼は、国王のキャンプを、大箱も行李も、荷物を載せたラバたちも、護衛隊を付けないで放置したのである。すると、ギリシア人傭兵たちは、彼が予想したとおり、盗賊に一変し、戦いなど放り出してこの餌に飛びついていった。

戦いが始まると、両軍とも、まず槍を敵に向かって投げ合った。しかし、そこにも結果の違いが現れた。イタリア軍の槍は、柄が中空で軽く、破壊力において劣ったのである。この第一撃のあとは、剣しか武器はなくなった。

王は最前列にいた。彼より前にいたのは司令官のブルボンの私生児だけで、彼は、敵に捕らえら

王は最前列にいた。

れてしまった。戦況はフランス側にとって不利で、王シャルルは三度、敵の騎兵隊に囲まれて孤立した。辛うじて助かったのは、乗っていた黒毛の馬の並外れた脚力のおかげであった。

イタリア方の蒙った損失も大きく、死者は、一時間の間に三千五百に上った。フランス側は従卒たちも、斧を振るって勇敢に戦い、捕虜になるものはいなかった。

この戦場では、多くのイタリア人も、勇士として死ぬまで戦った。なかでも、ゴンサーガの一族は、五人ないし六人が参戦していたが、全員が戦死した。

ヴェネツィアの元老（Sénat）は、この戦いは、自分たちの勝利である。なぜなら、フランス王の陣地を奪取したからだとして、喚呼の声をあげさせた。この戦いでは短時間でたくさんの兵士たちが命を失ったが、飛び道具によるのでなく、刀などによるもので、その凄惨さはイタリアじゅうに強い恐怖を植え付けた。サクス元帥（1696-1750）は「戦いは、敗れたと思っているほうが敗者である」と述べている。想像力豊かなイタリア人たちは、敗北したのは自分たちだと判断し、『フランス軍の猛攻furie des Français』〔訳注・このフォルノヴォの戦いについて言われた言葉〕を持ちこたえることは不可能であったと宣言することにより敗北を認めたのである。

〔訳注・フォルノヴォの戦いの勝者をいずれとするかについては諸説あり、フランス軍を敗者とするものもある。ただし、シャルル八世にしてみれば、留守にしているフランス本国を諸外国による蹂躙から守るためには、血路を開いて帰国することが先決で、この戦い自体の勝敗は二の次だったと考えられる。〕

第四章　二つの世界の邂逅

一つの大きな出来事が結末を迎え、世界は変わった。変化は、ヨーロッパの一つの国家にとどまらず、最も不動の国々でさえも、まったく新しい一つの大きな動きのなかに巻き込まれていった。わたしたちの眼前に起きたことは何だったのか？　若い軍勢、若い王が、己についても敵についてもまったく無知ななかで、イタリアを速歩で駆け抜け、隘路で柵木に触れ、ついで、フォルノヴォの戦いは別にして、それ以外は、速度を落とすこともなく速やかに帰ってくるや、彼の地で見聞きしたことを婦人たちに語って聞かせた。

それだけのことであったのは、ほんとうである。しかし、この出来事は、だからといって小さくはないし、いい加減に済ませられることでもなかった。この「イタリアの発見 la découverte de l'Italie」は、「アメリカの発見 la découverte de l'Amérique」に劣らない大きな結果を、この十六世紀という時代にもたらした。フランスにつづいて、あらゆる国の民たちがやってきて、自分なりにイタリアから《秘儀》を受け、この新しい太陽をはっきりと見た。

「でも、人々は、これまでも何百回もアルプスを越えてきたではないか?」と反論する人もいよう。事実、さまざまな旅人や商人、軍団によるアルプス越えは、何百回どころか何千回にものぼった。しかし、今度のそれのような盲を啓かれたという印象をもたらした例はなかった。今度のアルプス越えに参加したのは、フランスのあらゆる州、あらゆる階層にわたる若者たちから成る《小フランス》であり、そうした人々が「フランス軍」として、これまでいかなる個人も経験したことのない特別な磁力によってイタリアにやってきて、イタリアの空気を吸い、イタリアを感じ、みずからをイタリアに同化したのだ。この印象づけはきわめて迅速だったので、この軍勢は、のちに見るように、この国で古くから続いていた内戦に巻き込まれて「イタリア風」になり、自分たちの王の意向にさえ逆らって自分勝手に行動し、地元民のなかに同化していった。

これは、他に類のない奇妙な現象であった。このときのフランスは、戦争道具という一点を別にして、平和時のもろもろの技術については、すべて、十四世紀からほとんど進んでおらず、時代遅れであった。その反対に、イタリアは、さまざまな裏切り、謀反、革命を経験し、さまざまな苦しみを味わうなかで根底から成熟し、すでに十六世紀には、ダ・ヴィンチやミケランジェロといった預言者たちによって満ちていた。いうなれば、野蛮人が、ある朝、思いがけず、高度な文明人と鉢合わせしたのである。まさに、二つの世界の衝突が起きたのだ。というより、互いにうんと離れた二つの時代がぶつかり合ったのである。その衝撃と火花。そして、この火花から生じた火柱——それが《ルネサンス Renaissance》と呼ばれるものである。

二つの《世界》がぶつかり合うということは、互いを見合い、理解し合うことである。だが、二つの《時代》、時間的に離れた異なる二つの世紀が突然、相手を見出すことは、年代学が否定され、時間が消去されることであり、これは、あらゆる論理に反しており、不条理な事としか映らない。だが、この不条理、自然に反しており本当とは思えない荒々しい奇蹟が、人間精神をスコラ学の古い畑、平板で不毛な理屈屋の道の外の世界へ連れ出し、その新しい翼に乗せて理性の高い球面に飛ばしてくれたのだ。

このように神が幾世紀かを一跨ぎし、気まぐれに処置してくれることは、きわめて稀なケースである。わたしたちフランス人が、それを再び眼にするのは一七八九年だけである。

わたしたちは、本巻の序章で明確になったことを忘れないようにしよう。ルネサンスを十三世紀から十六世紀まで遅らせ、ほとんど実現不可能にまでしたものは、だからといって、姿を現した強力な噴出を鉄と火によって壊したわけではなかった。同じ基層からもっと別のものが噴出していたであろう。この生産的基層のうえには、凡庸で生彩に欠けた鉛の人工的な世界が創造され、生命と思考の崇高さ、天賦の才の偉大さといったものは埋もれたままになっていたであろう。この古い原理は、不幸にもその老衰のなかで子を産んだので、その子自身、すっかり老い、くる病を病んでいて、血の気もなかった。それは、どのような息子か？　すでに述べたように、不毛なスコラ学であり、真なる学問が追放されたあとの偽学問である。さらにいえば、小心翼々たるブルジョワ的凡庸である。

この遅れの原因になったものを要約するなら、この二世紀間、何もなかったとか、人々も何もしなかったということではない。何かを成したし、創造し、樹立もしたが、平板で馬鹿げていて、要するに、弱々しかった。

シャルル五世のフランス（在位1364-1380）は、悲しくも英知と散文のなかに平板化し、ルイ十一世のフランスは「代言人パトラン」に代表されるブルジョワ的精神によって、あらゆる偉大なものを嘲り軽蔑する。それは、決定的に凡庸であるがゆえに、凡庸であるということさえ知らない。

フランスが、若さと本能の生き生きした動きのなかでアルプスの壁を飛び越えて、凡庸なものが何一つとしてない美の世界、少なくとも光の世界に飛び込んでいなかったら、旧いフランスがいつ終わっていたかを見分けることは容易ではない。このイタリアとの接触によって、フランスはその独自の本性の何かを再発見し、偉大なもののエッセンスを把握したのであった。

イタリアでは、平板なもの、散文的なもの、ブルジョワ的なものは、何一つなかった。「醜いもの」「怪物的なもの」（十五世紀にはたくさんあった）さえも、芸術の高みに宣揚された。マキアヴェリもそうだが、レオナルド・ダ・ヴィンチは、鰐だの蛇だのを好んでデッサンしている。

ミラノは、アルプスの山々に縁取られた盆地のなかにあり、そのアルプス自身、彫像群で光り輝く雪のカテドラルで縁取られていた。ミラノの町は、ロンバルディアの湖沼の玉座の上にあって、諸々の技芸、河川、耕地が集まった中心に位置していた。とりわけダ・ヴィンチがおり、スフォルツァ家が治めていた時代、ミラノは際立っていた。

ボルジア家が君臨したローマも、およそ凡庸ではなかった。法王の甥たちがコロセウムから剥がした石で造ったうんざりするような近代ローマではなく、いかにも礼儀正しげで偽善的な仮面をつけたローマもそこにはなかった。当時のローマは、キリスト教的なものを探しても見つからない異教の都の廃墟であり、さらにいえば、戦乱と暗殺に満ち、ポンティーノの沼地〔訳注・ローマ南東部〕、牛泥棒が出没し、ソドムの祭典が混じり合った野蛮で野性的な世界であった。そのなかに、ムーア人やユダヤ人に囲まれて一人の銀行家がいた。それが法王であり、ローマ教会の印璽は娘のルクレツィアが握っていた。

これは、凡庸なことではなかった。わがフランス軍が、このローマから持ち帰ったのが、フランスとは共通性がなく『百物語 Cent-Nouvelles』や古い小咄といった、ガリア的フランスの子供っぽさなど忘れさせるような刺激性の強い物語であった。

彼らはナポリで、この物語を芝居小屋に掛けようようとした。しかし、そこには、悪の壮大さゆえに演じられないものがあり、フランス人の純粋無垢さは、それについていけるように作られていなかった。

このような世界のほんとうの名を見出すには、三十年の歳月が必要であった。ルターもカルヴァンも、これには到達していなかった。これに到達していたのは、壮大な道化役者（bouffon）であるラブレーぐらいであった。これにぴったりの言葉が「アンティフュシス Antiphysis」〔訳注・「反自然」「自然の摂理に反した」の意〕で、ラブレーひとりがこれを見抜いたのである。世界は、美と醜によって照らされている。その高度な真実と偉大な着想を、彼は、詩的センス、真実のセンスのなかに取り込んだのである。

法王がトルコ人と一緒に君臨しているこの黙示録的ローマの光景、千年このかたで最も衝撃的なこのシーンは、世界を妄想と思考の大洋に放り出した。

理屈屋たちは、この嘘の積み重ね、悪徳の堆積に「反自然Antiphysis」すなわち「自然の反面」「理想の裏返し」を見た。それを教えるためには、理性はコントラストによって照らし出すほかはなかった。それ以外の探求によっては、良識と自然への回帰しか指し示せないのだ。

他方、この双頭の怪物を眼にして驚きのあまり判断力が狂った神秘家たちは、自分たちが見ているのは、終末の時に現れる怪獣のしるしであり「アンチ・クリスト」の顔であると思い込み、何世紀も逆走して初期キリスト教時代に逃れようとした。

こうして、二つの大きな電流が世界に流れはじめた。それが、「ルネサンス」と「宗教改革」である。

この一方は、ラブレー、ヴォルテールによる法律革命、政治革命の道で、キリスト教的思想から遠ざかっていく。

他方は、ルターとカルヴァン、ピューリタン（清教徒）、メソジスト（実践的福音主義者）によって、キリスト教思想に近づこうと努力するものである。

これらの動きは、多くの場合、相反しているが、錯綜していて複雑である。それらの動き、結びつき、繰り広げられた論争は、歴史の秘められた神秘であり、外面と前列を占めるのは、《中世》に対する共通の戦いである。

このようなのが、全般的結果である。しかし、個別的結果についても注目する必要がある。重要性において全般的結果に劣らないものがあるからである。

一つは、《ルネサンス》の主要な機構（organe principal）となる「国民（une nation）」が初めてその特徴を露わにしたことである。ここにおいて、世界は、善につけ悪につけ「フランスとはなんぞや」を知ったのだ。

「国民nation」は、十六世紀の人類的ドラマにおいて支配的な主役を演じた機構で、この時代の人間を際立たせているのが「国民」であり、そこから、個別的事象は全般的事象に再転換するのである。シャルル八世とルイ十二世の時代のフランス人は、いかなる時代にもまして、ヨーロッパ以外においてもよく知られているヨーロッパ人である。

まず、長い間の偽善と強制された禁欲ののちに爆発したのが十六世紀の普遍的悪徳であるが、その典型こそフランス的悪徳にほかならない。それは、さまざまな享楽の激しい発露であり、何ものをも尊敬せず、愛欲の対象を凌辱しようとする肉体的愛の盲目的熱狂である。女性も、それに対し巻き返す手段をもっている。彼女は男の荒々しい力を、自然の反応により、優しさと巧妙さによって奪い取って、これを巧みに操る。この十六世紀は、とりわけフランスでは「女性の世紀」である。

女性たちは、この時代、何人ものアンヌ、何人ものマルグリット、何人かのディアーヌ、何人ものカトリーヌ、マリー（メアリー）によって、男の力を混乱させ、挫き、文明化する。

女性たちによって芸術、文学、ファッションなど形に関わるすべてが変化するばかりか、生命活動の基本となる生理学的構造まで、打撃を受ける。中世の病気であるライ病は孤独者の病であり身体上の不注意から生じた修道士の病であった。それに対し、十六世紀の病気は、両性の関わりと人間相互の乱暴で不純な混然とした交雑にその淵源をもっている。そのため、ユダヤ人やムーア人の強制的移住、シャルル八世、ルイ十二世、マクシミリアン、ゴンサロ・デ・コルドヴァといった王侯による軍勢の通過にともなって爆発的に広がった。

このとき、女性が支配権を手にする。女性は男の虜でありおもちゃだと思われていたのが、逆に、男の運命を握るのである。

シャルル八世がイタリア女性たちによって、いかに支配され、本来の彼の政策と利益に反する行動に駆り立てられたかについては、周知のとおりである。この王の歴史は、イタリアでの軍事行動の歴史であり、逗留した地の歴史である。わがフランス軍は、最初の日は横柄で荒っぽかったが、翌日になると、一変して、なんとかイタリア女性を喜ばせようとし、前日に自分が壊したものを修理する手伝いに逐われた。彼らは、イタリアの言葉も分からないのにおしゃべりし、子供たちの言うままになり、しまいには、女の命じるままに水運びや薪割りをしていた。

ドイツ男となると、そうはいかなかった。ドイツ人たちは、イタリア滞在十年に及んでも、イタリア語を一言も覚えず、何かというと酔っ払って家のあるじに殴りかかった。さらに手に負えないのがスペイン人であった。スペイン人たちは、無口で傲慢、貪欲で、主のイタリア人がカネを隠しているのではと少しでも疑うと、いままで一緒に食事していた相手をも縛り上げ、喉元に剣を突きつけ、拷問にかけて殺した。

フランス人の愛すべく寛大な性格が際立って表れたのがピサ事件においてで、フランス王が出した命令にも独特のやり方で抵抗した。

キリスト教の偶像崇拝と聖遺物に対する絶対的敬意も、ここイタリアでは薄らいでいる。フランスに関わることでは決して抵抗しなかったフランス人たちも、全面的にイタリアに関わるある問題では、名誉と思いやりと愛によって抵抗した。

少し前に述べたことを、再度取り上げてみよう。

フランス王がフィレンツェからローマへ向かったとき、シャルル八世の財務担当で枢機卿でもあるブリソネは、フィレンツェ人からカネを引き出すために、ピサに返済すべきカネがあるだろうと迫った。しかし、彼は、できるだけのことをしたのだが、ピサの人々は返してもらうことを望まず、思うとおりにはならなかった。もし、強引に押し通そうとすれば戦争が必要だったが、自分は教会の人間として血を流すことはできなかったのだと自らに言い聞かせながらフィレンツェに戻るほかなかった。

実際、彼は、戦争を始めることはできなかった。フランス人駐留部隊は、滞在二か月にしてすっかりイタリア化し、ピサの町と心情的に結びついてしまって、ピサの町を痛めつけるようなことは何もできなくなっていたからである。

ピサを巡っては、王の側近にも両派ができていた。王がピサをフィレンツェ軍から守るためにナポリから六百の兵力しか送ることができなかったのは、このためであった。

フランスへの帰途にあたっては、さらに大きな困難にぶつかった。フランス軍がピサを通過したとき、同じフランス軍がピサを攻囲する側と守る側とに分かれ、守る側は、自分たちがいかにピサに共感を覚えているかを切々と訴えた。それに対し、ナポリからやってきた軍隊は、ピサを知らなかったから、ピサを自分たちの面倒の元と考え、驚くほどの無関心ぶりを示した。

この王軍は高邁な精神をもっていたから、軍隊としては珍しいことながら、祖国を失って死んでいく市民たちに対する弔慰の心を理解することができた。

王のまわりには、暴動のように人々が押し寄せ、懇願し涙を流した。他方、ブリソネのまわりでは、怒号と威し声が渦巻いた。護衛の貴族たちは、群れをなして王の住居に雪崩れ入った。王は賭博を楽しんでいるところだったが、貴族の一人、サルサールが激しい勢いで言った。「陛下、もしおカネが必要でしたら、心配しないでください。ここにあります。」そして、貴族たちは、首に巻きつけた金の鎖や銀の装飾を外して言った。「わたしたちは、これに加えて、未払いの給料も返上しますから。」

王は何も答えようとしなかった。おそらくブリソネに叱られるのを警戒したのだ。ただ、ピサの町と要塞の指揮権は、ピサに最も心情を寄せている隊長たちに与えた。

王は、フォルノヴォで国へ持ち帰るための何もかもを失ったので、ともあれフィレンツェの勘定持ちで飲食できれば幸いであった。そのための抵当として、自分の宝石類を手放したうえ、ピサをフィレンツェに任せる命令を出した。

しかし、この命令には、指揮官のダントゥラーグが不服従を唱えた。彼は、自分は秘密の命令を受けており、それ以外の命令には従わないと言い張った。実際、彼が従ったのは、愛人であるピサのある姫君（demoiselle）の命令であった。彼がこの愛のためにやったことは、それだけではなかった。

彼は、フィレンツェ軍の合流を妨げるためにピサ軍が築いた要塞線によって封鎖されるままになった。しかも、フィレンツェ軍が町のなかに侵入してくると、ダントゥラーグは、自分の君主（フランス王）の同盟軍に大砲をぶっ放し、ヴェネツィアとミラノ公ルドヴィコの保護下にあるピサ軍の姿を見ると、彼らの武力を強化させるためにフランス軍の大砲を託しその場を去った。

この行動の奥にあったのは、もっぱら彼の姫君に対する個人的な愛であったと言われている。だが、わたしたちは、のちに、ルイ十二世がフィレンツェにカネで売り、そのフィレンツェのためにピサへやってくる全く別の軍勢にも、同様のことが見られることを知っている。このフランス人兵士たちは、突撃命令が下されても戦うのを拒絶し、ピサ市民のほうも、市門を閉じようとしなかった。

フランス軍兵士たちは、ピサ防衛の増援軍が市内に入るのを黙って通過させただけでなく、自軍の輸送部隊を襲って食糧を奪うことまでしている。このため、攻囲軍のほうが食糧不足に陥ったほどであった。

ピサ市民に降伏を促すために送りこまれたフランス軍の将軍によって、二人の貴族は、市内のいたるところに聖人像と並んでシャルル八世の絵像が掲げられているのを眼にし、しかも人々から、「わたしたちをフランス人として認めるか、フランスに連れて行ってください」と懇願された。この二人の貴族は五百人ほどの娘に囲まれ、「わたしたちを守ってくださる騎士になってください。もし、あなた方が剣でわたしたちを助けることができないのなら、お祈りで助けてください」と涙ながらに迫られ、二人は聖母マリアの像の前へ連れて行かれ、そこで彼女たちの悲壮な歌声に包まれて、自らも涙を流したのであった。

フランス王がピサを売りフィレンツェに代金を支払わせようとしても、同じ障碍が立ち塞がりつづけた。ピサをフィレンツェに引き渡そうというフランス人は見つからなかった。

野心的な大きな都市によって隷従させられているピサのような多くの町から寄せられた感謝と感動から判断すると、彼らは、わがフランス人兵士たちに縋れば守られると感じていたようである。フランス兵たちは、疑いもなく、政治上のあらゆる汚点をもってしても帳消しになることのない「フランスへの親愛感」という宝物を遺してくれたのである。

フィレンツェが最も満足できる条件をピサに与えることによって権利の平等と賠償金支払いを実現するのは、それから十年後のことである。

しかし、協定は幾らか有利であっても、ピサ市民たちは報われなかった。ほとんど全てのピサ市民は移住し、フランス軍野営地を祖国とするようになっていたからである。ピサ人たちは、フランス軍がイタリアにいる間は、フランス軍と行動を共にし、わが家にいるように安心していられた。最終的にフランス軍がアルプスを越えて本国に帰らなければならなくなったとき、ピサの人々はイタリア人でありたいという望みを捨てて、南フランスに移住した。こうして彼らは、その「第二の故郷」を守るために、こんどはフランス人と対抗しなければならなくなり、自分たちを平定に来たブルボンの司令官を押し返している。

フランスは、多くの優れた市民たちを彼ら亡命ピサ人たちに負っている。なかでも、わたしたちが古代ローマ人の資質をもった人物として誇りとすべきは、有名なシスモンディ（1773-1842）である。彼は、イタリアの共和政体に関する歴史家であり、フランス史についても、丹念な分析・研究を遺したわたしの師である。〔訳注・シスモンディは“Histoire des Républiques Italiennes au Moyen Age”（16 vols, 1803-1818）“Histoire des Français”（31 vols 1821-1844）などの大著を遺した。〕

第五章　サヴォナローラ

われわれは、このイタリアでフランスへの愛という貴重な宝を芽生えさせておきながら、その財宝をたった一つの愚かで軽薄な政策によって台無しにしてしまったことを見るとき、羞恥心と心の痛みを覚えずにはいられない。鷹揚なフランス軍に対してピサが見せた熱烈な献身ぶり、《百合同盟alliance des lis》〔訳注・百合の花はフランス王室の紋章であった〕に対するフィレンツェの信頼――これらは、当時のフランスにとって、なんとしても守らなければならない宝であった。シャルル八世の軍勢を目にしてボルジア（アレクサンデル六世）がローマに籠もって震え上がっているとき、イタリア諸都市を調停することは容易であった。シャルルは、法王領についてのフィレンツェの権利を保証することによってピサの自由を確保することができたはずで、それには、フィレンツェ共和国を拡大・強化して、イタリア全体の中心都市にすべきであった。そのわれわれのために神は、一つの奇蹟を起こされていた。商業と金融、古い文明が息づき、すべてを知り、すべてに懐疑的なこの大都市フィレンツェにおいて、神は、フランスにとって有利な思いがけないこと、その語った言葉がそのとおり事実となる予言者、聖人を出現させ、宗教的熱狂からくる民衆運動を引き起こされたのである。しかしながら、この聖人は、何か新しいものによって人々の精神を混乱させるわけではなく、純粋無垢で彼自身言っているようにジャン・ジェルソンの枠内に自らを抑制する謙虚な人物であった。シャルル八世が、自分を神聖視して献身してくれたこの神秘主義的フィレンツェを見捨てた奇妙なやり方をどう説明したらよいだろうか？　宗教的熱狂の無限の重みをかけつつも人間的事象にバランスをとらせる願ってもない奇蹟を前にして後ずさりし拒絶するとは、なんという奇妙な心の下劣さであろう！

このときのフィレンツェのフランスに対する忠誠心には、前代未聞のものがあった。彼女〔フィレンツェ〕は、支配していたピサを取り上げられても態度を変えず、フランス王を讃歌をもって迎えた。フィレンツェは、フランスのおかげでトスカーナ全域に対する影響力を失い、ルッカもシエナ、アレッツォも、さらには小さな村までフィレンツェを鼻先で笑うようになっても、フランスの味方をした。反フランス王の同盟がイタリア全体で生まれたが、この同盟もフィレンツェを仲間に引き入れることはできなかっただけでなく、同じときに、フィレンツェでは親フランス派が民衆に支持されて市政を掌握しているのである。

このころ、フィレンツェには三つの党派があった。「一つは、全面的にフランスへの愛とサヴォナローラの予言に随順して改革と自由をめざす、厳格かつ民衆的で神秘主義の党派。第二は、貴族たちから成る懐疑的な自由主義者の党派で、《コンパニャッチ compagnacci》〔訳注・悪臣、悪ガキ〕

と自称していた。第三は、《ビージbigi》〔訳注・灰色の意〕と呼ばれ、前二者の間にあって漁夫の利を狙う連中で、メディチ派と繋がっていた。」〔訳注・第一の党派は、坊主派という意味の《フラテスキ》、また、何かというと涙を流したので、《ピアニョーニ》（泣き虫派）と呼ばれた。〕

サヴォナローラとその党派が滅びたのは彼ら自身の寛大さによってであり、これは、彼らにとって永遠に誇りとしてよいことである。そもそも貴族たちは、メディチ家を追放することではサヴォナローラに合意したが、メディチの一族と友人たちまで追放し、その財産を奪って自分たちのものにすることについては、この聖人は反対し、むしろ特赦を求めた。それが、サヴォナローラ自身の死の宣告書への署名となったのだ。というのは、これまで《コンパニャッチ》と《ビージ》の二派が行動を抑制していたのは、サヴォナローラがどのような決断をするか判らないという不安があったからだが、これが安心感を与えてしまったのである。両派は安心してサヴォナローラに対抗するために結びつき、君主たちと僧侶、懐疑派、無神論者たちまで大同団結して、この予言者を火刑台へ連れて行くのである。

民衆主体と寛大さ——。自らを治めるとともに、暴君たちに対しても寛大であることが、サヴォナローラのフィレンツェ政府の簡潔な原則であった。ここでは、神の精神が民衆を見守り、照らしている。霊感は、もはや昔のように特定個人の専売特許ではなく、みんなが自らを治める権利をもっている。だが、それでは、万人が生まれながら善であることになり、《原罪》はどうなるのか？　キリスト教の教えは、どうなるのか？　という疑問が生まれる。サヴォナローラがキリスト教と民主主義とのこの厳しい対立を感知していた痕跡はない。

霊感と聖性によって寛仁（clémence）の上に築かれたこの共和国は、もともと武装していないいため、外からの支えなくしてはたちまち滅びてしまう恐れがあった。このフィレンツェ共和国の不可避の苦難の運命が現れているのが、ピサ共和国との問題においてである。フランスは、この二つの共和国を双方とも納得できる形で調停し、メディチ家の圧力を除去してフィレンツェとピサから苦難を取り除き守ってやるべきであった。ところが、フランスが実際にやったことは、これら無垢で若い共和国を苦境に追いやることであった。エドガー・キネがいみじくも言っている（『マルニクスMarnix』『オランダ北部七州Provinces-Unies』1854）ように、共和国それぞれには、己の原則を通すために命を投げ出すよう迫られる瞬間というものがある。

たとえばオランダ共和国も、あるいは一七九三年のフランスも、自由の名誉のために自由を殺すよう迫られても、そうした陰険なパリサイ主義〔訳注・偽善的形式主義〕には与しなかった。

フィレンツェ共和国が、自らの生死の問題を解決するよう求められたのは一四九七年〔訳注・法王アレクサンデル六世がサヴォナローラを破門した〕のことである。そのうえ、フィレンツェは、メディチ家に侵略され、自分の友人たちを裁かなければならなくなった。

しかも、この間、サヴォナローラの共和政府は、神の恩赦と寛大さを旗印としていたから、状況はフランスに較べてずっと悪かった。過去については「恩赦」を説いても、未来については、どうなのか？　神の忍耐は無限であるはずではないか？　とパリサイ主義者は言う。あなた方は神の統治を実現しているのだから、自分を殺すであろう者を予め赦しており、正義の剣は砕かれてしまっているのだ。

民衆は、弱気になり、ためらった。大部分が商人である旧時代の市民たちは、臆病で、自分たちはイタリアにおいても孤立状態にあり味方してくれる者はないと感じていたし、死刑宣告を受ける人々の巻き添えになるのをなんとか逃れようとした。彼らは、メディチ家がイタリア同盟諸都市や法王、ミラノ、ヴェネツィア、そのほか反フランス派だけでなく当のフランスからも支持されているのを看取していた。メディチ家にしてみれば、時間を稼げばよかったのである。民衆派への宣告が下りるのは時間のずれがあるだけで、仲介するフランス王の使者、脅したりすかしたり、さまざまな手法を使いながらも、親フランス派を遠ざける結果を招こうとしているのは確かであった。

それは重大な審判であった。裏切り者として判決を受けたのは、個人だけでなく、共和政府の基盤とその合法性であり、共和国の運命そのものであった。

サヴォナローラの友人たちは、自分たちの運命を甘受した。彼らは、自由を救うために、敵を勢いづかせるだけであった自由の法を自ら選んで犯すことになった。この法では、被告は最終審を民衆に委ねることが可能であった。しかし、民衆は動揺しやすく、法的事件においても、感情や利害、恐怖といった無数の動機によって簡単に変動した。そこで彼らは、万人が正当と認める判決を得るために《シニョーリア Seigneurie》(市政委員会)に裁判を任せることにした。

すると、いつの時代にも起きることが起きた。無罪放免だったら、共和政府は、失笑を買い、すっかり馬鹿にされて権威を失っただけであろうが、有罪判決が出たため、関係者は泣き叫んで溜め息と涙の喜劇を繰り広げた。大いなる苦痛は宮廷から宮廷へと伝えられ、ある者は法王のもとに、ある人々はフランス王のもとに、ある者はミラノ公に泣きついた。これは、フィレンツェ共和国ともあろうものが自らの運命を自ら決せられないでいることを露呈したのだ。

このとき、正義と道義に敵対する人々全員が、自ずと一つになった。それは、感動的調和ともいうべき姿を呈した。偽善者たちは言った。「あなた方がいう聖性とは、どこにあるのだ」。政治家たちは言った。「フランスの支援、あれほど約束された繁栄は、どこへ行ったのかね」。リベルタンたちは言った。「自由はどこに行ったのか」。《清貧》の誓願にもかかわらず資産に目のない僧や修道士たちは、《清貧の使徒》〔訳注・サヴォナローラ〕が攻撃されるのを見て大喜びした。とりわけアウグスティヌス会士たちはドミニコ会士のサヴォナローラを憎んでいた。しかし、そのドミニカンたちも、みんながサヴォナローラの味方ではなく、とくに自ら心を改めていない連中は、改心を勧める人に憎悪を抱き、排除したがっていた。サヴォナローラは、この銀行の町に身を置きながら、高利貸しについて好意的な言い方をしなかったから、銀行家たちは、自分たちの商業の不振の原因をサヴォナローラに押しつけようとした。もっと穏やかな資産家たちにしても、平等を説いて歩く彼に大勢の下層民たちが共鳴してついていくのを見ると、心穏やかならざるものがあったのではないだろうか？

そうしたさまざまなものが暗礁となってサヴォナローラの行く手に立ちはだかり、彼は、まさに

……平等を説いて歩く彼に大勢の下層民たちが共鳴してついていくのを見ると、心穏やかならざるものがあった……

そのために座礁して、水底に沈むこととなったのだ。とりわけ彼が贅沢を罵ったことは、商業をなりわいとする町においては、一つの罪であった。金持ちたちの買い控えが起こり、商品を作る労働者たちは生計の道を絶たれることとなるからである。

観想から出発した彼の改革は、結局、果実を結ぶことはなかった。彼は、高利（usure）を非難したが、高利貸し業者（usuriers）に対しては寛大で、自発的改心を求めるだけの彼に対し、当の金持ちたちは嘲笑っていた。他方、民衆に対しては、《天上のエルサレム Jérusalem céléste》を想い、今の惨めさを忘れて耐えるよう説くばかりであった。このサヴォナローラが治めている時期、金持ちたちは結束して商売を休み、じわじわと窒息状態を作り出した。このため庶民たちの飢餓状態は深刻化していった。絶望感に陥った民衆は、ある朝、突然、この非力で運のよくない庇護者に背を向けて敵側に寝返るかも知れなかった。そこに、さらに多くの災いが加わった。疫病が大流行〔訳注・一四九七年八月、ペストがフィレンツェで流行〕し、たくさんの市民が犠牲になり、金持ちたちは逃げ出した。サヴォナローラは、貧しい人々とともに荒廃した町に残ったが、相変わらず厳しい彼の言葉は、民衆の頭上に虚しく降り注ぐのみで、聴衆は苦難のなかで頑なになり、彼に対し敵意を強めていった。

彼は、毎晩、もはや何もできない悲しみを抱えながら、サン＝マルコ修道院に帰ってきたが、そこでは、悪魔が、さまざまな誘惑を用意して待ち構えていた。この聖人が次第に気弱になっていくのを窺っていた悪魔は年老いた隠者の姿で現れ、いかにも分別に富んだ優しげな声でこう語りかけた。

「わが友よ。お前が受けた啓示はほんものだったのかね？　われわれの間だけの話だが、そんなものは想像力が産んだ夢想に過ぎないことを認めよ。」

ほんとうに自分は霊感を受けていたのだろうか？　自分は罪深い狂人に過ぎないのではないだろうか？　こうした疑念が、次第に人々から見捨てられ孤立していることを感じて落ち込んでいる人間を残酷に苛んだ。それでも彼は、これまで自分が予言したことが現実となって実証されてきていることを思い起こし、なんとか支えることができた。

そして、これこそが、人々を恐怖させ、彼の死を祈らせたのである。これまで彼は、四人の人物に警告を発していた。ロレンツォ・デ・メディチ、シャルル八世、法王〔アレクサンデル六世〕、そしてスフォルツァ〔ルドヴィコ・イル・モーロ〕である。ロレンツォはすでに死に、法王とフランス王は子供たちのことで打撃を蒙っていた。〔訳注・シャルル八世は妃アンヌ・ド・ブルターニュとの間に三人の息子を儲けたがいずれも幼くして亡くなっている。アレクサンデル六世については、後述のとおり。〕彼は、スフォルツァ（つまり、それまで栄光に包まれていたイル・モーロと傲慢な妃ベアトリーチェ・デステ）に没落が近づいていること、おそらく独房で死ぬことになろうと予言していた。いたく傷ついたヘロデ〔訳注・洗礼者聖ヨハネの首を刎ねさせたユダヤ王〕とヘロディア〔訳注・ヘロデの孫でサロメの母〕は、なんとしてもサヴォナローラを亡き者にしようと法王に訴えた。

サヴォナローラに恐れを抱いている点では法王も同じであった。彼は、サヴォナローラが告発されても「わたしは、むしろ彼を聖人にするだろう」と言い、枢機卿の帽子を授けようとさえした。それに対してサヴォナローラが「わたしが望むのは殉教者の冠です」と固辞したので、法王はますます恐れて「この人物は神の偉大な僕であるに違いない。――彼のことは、今後、わたしの前で触れないように」と命じている。

法王自身は素行を改めるつもりはなかった。忠告に耳を貸す気もなかった。サン＝ピエトロ大寺院では娘のルクレツィアと公認の愛人ジュリア・ベッラが我が物顔に振る舞い、祭事では、法王は、この女たちとエラガバルス帝を真似て卑猥な所作を繰り広げた。〔訳注・エラガバルスはシリア出身のローマ皇帝（在位204-222）で、性的乱脈を極めたことで悪名を遺した。〕すべてが公然と行われていた。あとは、法王自身が公に罪を認めることであった。その機会になったのが、二番目の息子、ヴァレンシアの枢機卿であるチェーザレ・ボルジアによって刺殺された事件（一四九七年七月十五日）であったが、法王は枢機卿会議を開き、嗚咽しながら、風紀の乱れを嘆き、自身の乱行を告白して教会改革のため委員会を設置すると述べたものの、その翌日には、女たちと稚児につかまって汚泥の生活に戻っていき、輪を掛けて邪悪になっていた。このときから、彼は、サヴォナローラの血に渇きを覚えたようであった。あたかも、この聖人の声を押し潰せば、神を黙らせたことになると信じたかのようであった。

サヴォナローラも、自分が生きられる時間が少なくなっていることを充分に感知していた。それだけになおのこと、自身の内なる精神の発露を、より多く、この世界に注ごうと急いだ。このときの彼は、最高の高みに達していた。そこで彼が語ったことは、そのまま紹介すべきところであるが、ここでは、『新しい信仰 Foi nouvelle』を著したアルフレッド・デュメニル〔訳注・ミシュレの娘婿。この著の題名は『レンブラントからベートーヴェンまでの芸術において探求された新しい信仰』1850〕に引用されている訳文を紹介する。

「あなた方は、物事の進み方が、なぜかくもゆっくりしているのかと訊ねる。——ああ、主は賢明であられる。主は、そーっと静かに行かれるのだ。——天の報いは急がずして、確実にやってくるのだ。

百年前、予言者たちは、教会に鞭が振り下ろされるだろうと告げた。われわれは、五年前から、そのことをあなた方にお知らせしている。——よろしい、もう一度言おう。神は憤っておられると。(ここで、ミケランジェロの『最後の審判』でさえ、弱々しいデッサンに過ぎなくなるような恐るべき迫力を湛えた一枚の絵について言及があり、あらゆる聖人、あらゆる予言者がやってきて、神に苦しみと救いをもたらすよう祈る。)

天使たちは跪いて神に『打ちたまえ! 打ちたまえ!』という。善人たちはすすり泣きながら、『わたしたちは、これ以上は耐えられません!』と叫ぶ。寡婦や孤児たちは、『わたしたちは、しゃぶり尽くされて、これ以上生きていけません！』と言う。教会ひとり勝ち誇ったように、キリストに向かって『あなたは無駄死にしたのだ』と言う。

この堕落したイタリアを正そうとされるのが神である。イタリアの聖人たち、天使たちも、北方の蛮族たちと一緒になってイタリアを攻めるのだ。彼らが蛮族たちを動かして、馬に鞍を置かせたのだ。主イエスは、戦闘態勢を整えた聖人や福者のところへ来られる。『お前は、どこをめざすか？』との問いに、聖ペテロは言う『ローマへ参ります』。聖パウロ、聖グレゴリウス〔訳注・大教皇。六世紀〕も、『ローマへ！』と叫ぶ。彼らの後ろからは剣とペスト、飢餓もついていく。『フィレンツェへ！』と叫んだのは、聖ヨハネ、聖アントニヌス〔訳注・アントニーノ。十五世紀、フィレンツェ大司教〕で、その後ろにはペストがついていく。聖アントニウス〔訳注・十三世紀のフランシスコ会士〕は『わたしはロンバルディアへ参ります』、聖マルコは『わたしたちは、水上に建っているこの町をめざそう』と言った。こうして、イタリア各都市の守護聖人たちが、それぞれの町に罰を与えて目覚めさせるために向かった。聖ベネディクトゥスは、いたるところにある自分の修道院へ、聖ドミニクスも各地にあるドミニコ会修道院へ、聖フランチェスコは「清貧兄弟会」へと向かった。天使たちも全員が剣を手に執り、天上の宮殿全体がこの戦いに同意しているのだ。

耐え難いまでに残酷な時代である！　この時代に生きるものたちを容赦するな！——闇を劈《つんざ》いて嵐と火、焔が降り注ぐだろう！——言いようのない怒号が飛び交い、天も神も、すべてが混乱するだろう！——」

これらの予言は、同時に、自らの運命についての驚くべき無関心を示している。

「あなた方は『わたしたちの戦争の結末はどうなるか』と訊く。もし、全般的結末の意味ならば、『勝利である!』と答えよう。だが、個別の結末ということなら、『死か、もしくは、ばらばらにされるだろう』と答えよう。ばらばらになるのは、われらの信仰であり、取り分であり、償いである。われわれが求めるのは、ほかのことではない。だが、わたしが死ぬのを見ても、心を乱してはならない。予言者は、だれでも苦しみ、死んでいくのだ。わたしの言葉が世界にとって真実となるためには、多くの人々の血が必要である。叫び声が発せられるのは、最初に流される血に対してであろう。そして、神は、一人の死に対して十七人を産み出されるであろう。この迫害は、殉教とは別の意味で偉大である。――これこそ、わたしが民衆とともに勝ち取る宝であり、神がわたしに下さるものである。」（A・デュメニル訳。コレージュ・ド・フランス。1850）

これは、自然（nature）すなわち人間の本性が聖性（sainteté）のなかで姿を消してしまうということだろうか? 彼は、弟子たちの熱情は倍増しても民衆が自分から離れていくのを見て、心を引き裂かれていった。彼の最後の説教には、民衆の愛を失うことによる苦痛と絶望が感じられる。彼は、それを隠そうともしていないし、そこには虚栄心も取り繕った威厳もない。根っからのイタリア的素朴さがあるのみである。

「おお、神よ。あなたはわたしを騙してあなたの道へ入らせられたのだ。わたしがあなたのために破門されているのに、あなたはわたしを敵が放つ矢の標的にされた。わたしは、人々を支配することだけはしないでくださいとお願いしたのに、あなたは、正反対のことをされた。――わたしは、平和を楽しんでいただけなのに、あなたは、わたしが気づかないうちに、ここまで連れてきて、大海に放り出された。わたしは、岸に辿り着くために、どうすればよいのでしょうか？

ああ、恩知らずのフィレンツェよ！　わたしは、血を分けた兄弟のためにさえしたくないことをお前のためにした。わたしは、君主たちから懇願されたこと（その証拠の手紙をわたしは持っている）であっても、いかなる君主にも話しはしなかった。それをわたしは、お前のためにフランス王のところまで行った。――わたしの民衆よ、わたしがお前のために何をしたというのか？――よろしい。わたしを磔にし、石を投げるがよい。――わたしは、お前への愛のゆえに、あらゆる苦しみに耐えよう。」

（サヴォナローラ『詩篇に関する説教 Prediche soprà li salmi』1539）

サヴォナローラは、ロンバルディアで生まれながら、フィレンツェ人になった。彼がフィレンツェの民衆を選んだのには、理由があった。彼は、正当にも、この民はその悪徳とともに、世界の頭脳というべき高い知性を持っていることを看取したのだ。そのフィレンツェ人の愛を失うことは、彼にとって死ぬことと同じであった。彼は、涙を誘うほどの弱みをもって、フィレンツェに対する愛情と苦悩を告白している。

「ああ、フィレンツェよ！　お前のことを想うと、わたしは気が狂いそうだ。――ああ、主よ！　わたしは、この民のことで夢中です。どうか、わたしをお赦しください。」

彼は、これを人間的弱さの表れであるとして、法王に決定的判定を下すことによって、自らの死へ昂然と立ち向かっていった。その脳裏にくっきりと浮かんでいたのは、やがてローマに立てられるであろう黒い十字架の像であった。この彼の変貌ぶりは、次のような大胆な言葉に表れている。

「わたしからすると、ローマ教会は、もはや教会ではない。ローマには、別の継承者がやってくるだろう。」

「天使たちは去ってしまい、民衆の宮殿は悪魔でいっぱいである。よく聴きなさい。あなた方は『平和、平和』と言うが、わたしの答えはこうである。『平和など存在しない。死ぬことを学びなさい。救われる道もない。これは最後の戦いである。戦い、祈ることによって殺す時が到来したのだ』と。」

一四九七年五月、法王（アレクサンデル六世）は彼を異端と宣告し、彼に近づく者も同罪であると宣言した。これは、大した効き目はなかった。サヴォナローラは、初めは従ったが、弟子たちに担ぎ上げられて説教壇に登った。ジャン・ジェルソンとコンスタンツ公会議の決議をよりどころに、不当な破門には服従する必要はないとの考えを採ったのである。〔訳注・すでに述べたように、コンスタンツ公会議では、法王の判断よりも公会議の決議のほうが決定権をもつことが宣言された。〕

しかし、法王は、その上をゆく狡智をめぐらせ、一つの規範を動員して反撃した。フィレンツェ人たちに対し、もし破門命令を軽んじるなら、すべての外国にあるフィレンツェ人の商品〔銀行にとって商品とは資本である〕の没収を許可すると通達した。フィレンツェは震え上がった。かくして、フィレンツェを巻き添えにしようとする一人の男を死に追い遣るのに、言い訳は一つで充分であった。その言い訳とは、こうである。

――サヴォナローラは旧約の預言者イザヤさながらの雄弁をふるって、悪魔（ベリアル）の司祭たちに祭壇の上に火を落としてみよと挑発しているが、彼のなすべきは予言を的中させることよりも奇蹟を起こすことである、と。そうして、各地の縁日で大道芸人や講釈師と張り合って口舌の才で打ち負かしてきた厚顔無恥のコルドリエ会士〔訳注・cordeは縄で、荒縄を腰に巻いたフランシスコ会士〕の一人をプーリア〔訳注・イタリア東南部〕で見つけてきた。この男は法王支持派で、説教の巧みさでは、フランシスコ会士の間だけでなくアウグスティヌス会の連中からも一目置かれた人物であった。この男が「もしサヴォナローラが聖人であるなら、わたしと一緒に燃えさかる薪の山にも入れるはずである。わたしは、そこで焼け死ぬかも知れないが、彼も死ぬであろう。それだけの代価を払ってでも、ローマ教会を異端から守れというのが愛徳あふれる神のわたしに対するお教えである」と言い出したのである。

サヴォナローラのほうにも、限りない信仰心と勇気をもち、彼を熱烈に愛している弟子が一人いた。ドメニコ・ボンヴィチーニといい、あたかも、プラハのヤン・フスに対するヒエロニムスのごとくで、それは神における友情の感動的で記念すべき手本である！

ドメニコは言っていた。「この世でわたしにとってかけがえのないものが三つあります。祭壇の秘蹟、旧約と新約の聖典、もう一つがジローラモ・サヴォナローラであります」。

彼は、サヴォナローラが焰のなかに入る必要はない。この奇蹟は、彼の最下位の弟子でも行うことが可能で、神の救いは、彼にも同等に現れると断じ、「わたしが行いましょう」と申し出た。

法王は、この対決を承認する文書を急いで書いた。なんとも恐ろしいことではないか！　理屈好きのイタリア人のなかにあって、この懐疑的なローマ法王庁が、古代的狂気により自然に対抗して神を試すために行われていた野蛮な試練を承認しようとは！　なんと残酷な喜劇ではないか！　無神論者が奇蹟に期待するふりをして聖者を焼き殺そうとするとは！

せめて政治家たちは、このようなことを許すべきではなかった。親フランス派も、自分たちのリーダーを殺したり、あるいは嘲笑を浴びせることによって挫こうとするマキアヴェリ的なやり方を放置しておくことができただろうか？

この党派が、数も減り意気も消沈し希望も失って、もはや消滅しかかっていたことは、言っておく必要がある。一時は、彼らは、シャルル八世がイタリアに戻ってくると信じた。フランス全体も、そう信じた。事実、リヨンでは、再度の遠征の準備が巨費を投じて行われていた。軍隊が集められ、待機していた。そして、実際に王はリヨンをめざして王妃に別れを告げ、ロワールの城（アンボワーズ城）を後にした。いよいよ出発と思われたとき、王は聖マルタンに祈りを捧げるのを忘れていたということで、人々を待たせてトゥール〔訳注・リヨンとは反対の西にあった〕へ向かおうとし、アンボワーズ城の門の低い梁に額をぶつけ、それが原因で亡くなったのだった。このとき、隊長たちは、トゥール行きを思い留まらせようとしたのだが、王は、ひそかに思っている恋人に会わずに出発することはできなかったのだ。こうして、全てが終わり、イタリアは見捨てられ、フランスに対するイタリアの信頼も失われたのだ。運命の完遂されんことを！

人々は、この決定的瞬間にも、いかに多くの魂が、すでに見捨てられたかに見えたサヴォナローラの命を頼りにしていたかを判断することができた。自分もサヴォナローラといっしょに炎のなかに入ることを許してほしいと修道士や司祭、俗人の男や女、子供までも、フィレンツェの市政庁につめかけ、嘆願した。これは、彼にとって大いなる慰めであった。市政庁が許可したのは、ドメニコともう一人〔原注・ロンディネッリ Rondinelli〕の合わせて二人だけであった。

一四九八年四月七日朝、市政庁前広場に舞台が設けられた。イタリアじゅうからやってきた人々で広場だけでなく、まわりの建物の屋根の上まで溢れた。高さ五ピエ（一・六メートル）、幅一〇ピエ（三・二メートル）、長さ八〇ピエ（二五メートル）の舞台が設けられ、その前に芝とヒースを混ぜた高さ四ピエ（一・二メートル）の薪の山が二つ築かれた。この二つの山の間に二ピエの狭い通路が設けられ、薪に火がつけられると、この通路は燃えさかる業火の道となり、競争者たちは、この恐ろしい道を歩ききらなければならなかった。

出発点となる小屋は二つに仕切られ、そこに陰鬱な面持ちの行列が入ると、修道士たちが詩篇を朗誦した。その後ろには松明を点した人たちが立ったが、それが照明のためでないことは、日没まで六時間以上あることから明らかであった。

予想されたことであったが、とくにフランシスコ会士たちのほうから抗議の声が上がった。自分たちはサヴォナローラ以外の人間が試練を受けることを望まないと言うのである。しかし、ドメニコは、試練は自分が受けると言い張って薪の山を用意するよう要求した。それに対しフランシスコ会士たちは、このドメニコは魔術師で、おそらく妖術を使うのだろうと言い、一度衣服を脱いで全裸になったうえで、自分たちの選んだ別の服を着るよう求めた。これはドメニコにとって誠に屈辱的な難癖で、長々と議論が続いたが、ついにドメニコが従うことになった。そこでサヴォナローラが聖餅の入った箱をドメニコに持たせたところ、フランシスコ派の連中は、「なんだって？　あなたは聖体を炎にさらそうというのか？　弱者にとって躓きの石で言語道断の話だ！」と騒いだ。これに対してサヴォナローラは、自分のこの友は、神からの救いしか当てにしていないのだと言って頑として譲らなかった。

これらの応酬のために長い時間がかかり、朝から飲まず食わずで待っていた群衆は、疲れ果てて身体が震え出し、なぜ、こんなに時間がかかっているのか理解しようと努力したが、無駄であった。彼らは、だからといって、難癖をつけているフランシスコ会士たちを非難することはしなかった。群衆が苛立ったのは、むしろ、奇蹟を信じていずれ救われるとの信念から、揚げ足取りばかりしているそれ以外の人々に対してであった。広場を見つめる群衆の目は、待ちくたびれて険しくなっていった。この恐ろしい薪の山を見ていると、彼らは陶酔と目眩を覚え、殺人と死に対する獣じみた渇望を抑えられなくなっていった。彼らには、なんとしても死が必要であった。もし、この期待が裏切られたら、激しい怒りが爆発したであろう。

このように興奮が高まるなかで、天候は一転して嵐となり、滝のような雨が観衆の上に降り注いだ。――そのうえ、陽も沈み、夜になったので、市政庁は群衆を解散させた。

サヴォナローラは敗北した。彼は、屈辱感に打ちひしがれて自分の修道院に帰った。それでも、勇気を失ったわけではなく、説教壇に登って、この日起きたことを語った。自分の運命から逃れたいという気持ちはなかった。明くる「枝の日曜日dimanche des Rameaux」〔訳注・復活祭直前の日曜日〕、彼は、信徒たちに別れを告げ、自分は死ぬ準備ができていると語った。彼を敵視する側は大聖堂に陣取り、群衆を呼び集めていた。コンパニャッチ党、リベルタン、富裕市民、独裁者〔メディチ〕の提灯持ちたちがそれで、自由を叫び、サヴォナローラを「喜びに満ちていたフィレン

サヴォナローラは敗北した。彼は、屈辱感に打ちひしがれて自分の修道院に帰った。

ツェを陰気な修道院に変えた偽善者」「清貧を説いて商業を死滅させ、職人の仕事を殺し、工業を涸渇させた説教師」と罵り、この悪の元凶を排除すべき時が来たと叫んだ。

「おやおや、彼は金持ちを攻撃しているが、カネを持った人々がいなかったら、誰が貧しい人々のために仕事をもってくるというのか？」

——何度も繰り返されたこの理屈に踊らされた貧しい人々は、鉄棒や斧、槌を手に執り、松明に火をつけて集まり、サヴォナローラの信奉者たちが《晩禱 vêpres》を行っている最中のサン＝マルコ修道院へ押し寄せた。サヴォナローラ派の人々は大急ぎで門を閉めたが、建物に火をつけられた。サヴォナローラ、ドメニコ、そしてもう一人の人物が引き渡され、攻め寄せた側の群衆は、「共和国は救われたぞ！」と歓声をあげながら、この三人を牢獄へ連行した。

この経緯のなかで、市政委員たちはまったく姿を現していない。メンバー九人のうち六人がサヴォナローラを敵視している側で、この事態をなるがままに放置していた。夜には静かになったが、翌日には、《コンパニャッチ》たちが動き、サヴォナローラの支持者で厳格な共和派でありメディチ一族に対して強硬な主張をしていたフランチェスコ・ヴァローリの身柄を拘束した。その彼が街中でメディチの親族の一人によって殺され、その後、ヴァローリの妻も、その友人の妻とともに襲われて殺された。このためサヴォナローラ支持派は姿を現すことができなくなったが、これ自体、狙いどおりで、民衆が招集され、新しい判事が任命され、戦争のために新しい「十人委員会décemvirs」が指名された。新しい行政官たちは、愛すべき陽気な人々で、娯楽やゲームを楽しむことを奨励したので、フィレンツェの空気は活気と明るさを取り戻した。広場は流血の痕がきれいに拭われ、ダンスが行われ、しばらく姿を消していた賭博や売春婦も昔のように見られるようになった。

その間に、ローマでは、法王アレクサンデル六世がサヴォナローラ訴訟の予審を行わせていた。彼は、ローマ法に基づく判決を法王庁控訴院（ローテ法廷 tribunal de Rote）によって下させたかったのである。しかし、イタリア司法機関の名誉になることであるが、ローテ法廷は、彼の期待を裏切って、この被告に対して言うべきことはないとの立場をとった。法王は、この訴訟を引き受けてくれる人物としてドミニコ会総長しか見つけることができなかった。こうして、サヴォナローラは、自らが属している修道会によって死へと突き放されることとなる。彼は、自分の党派によって裁かれ刑を宣告されたのであり、わたしたちは、修道士たち自身が有罪宣告をして差し出したこの修道士を受け取ろう。彼は、自由のために殉教した人として名を連ねることとなるのだ。

サヴォナローラの罪を証明するのは容易であった。彼の言葉は、みんなが聴いていたし、その予言的啓示は、実際に起きたことによって証明されていた。それなのに、人々は、何かふさわしくない言葉を引き出せるのではとの期待から、何度も彼を残酷な拷問にかけ、ひどい痛みを与えたのであった。それによって彼が答えた内容は、どのようなものだったろうか？　拷問部屋の闇のなか、自分を憎む敵たちに囲まれて、後世の人々に真実を伝えてくれるどのような証人がいただろうか？教会裁判のやり方は、いつものことで、周知のとおりである。被告は白状したあと、すべてを撤回し、死の直前になって、ふたたび、それを否定した、というのである。拷問台（chevalet）や吊り落とし台（esrapade）が姿を消してからも、聴罪司祭が受刑者の最期の様子を追跡し、最も頑固に否認しつづけた者に関しても、「彼は、さいわいにも最後には自分を取り戻し、狂気から覚めることができた。かわいそうな男だったが、神の思し召しにより、よき最期を全うした」と言うのが常であった。

サヴォナローラについても、例外ではなかった。彼に敵対した人々も、彼について「きわめて神経が細く体質も虚弱だったので、拷問の痛みに耐えることができず、罪を白状し、そのあと、ひとたび撤回したが、さらなる試練によって、罪を悔い改めて亡くなった」と述べた。

そもそも、彼が告解のなかでどんなことを言ったことになっているか、それを当人に見せるようになどと要求する者はいなかった。法律では、処刑に際して当人に読み聞かせることになっていたが、実際には、そんなことは行われなかった。彼は、自分が何を告白したことになっているか、覚書を遺したとしても偽作者によってどのように好き勝手に書き加えられたり削られたりしているかを知らないまま死んでいった。

民衆派が勢力を回復するのを警戒して、裁判にも時間をかけられることはなかった。サヴォナローラは独房のなかで人生最後の仕事として取っておいた『ミゼレレ Miserere』〔訳注・「憐れみたまえ」の意で、聖書の詩篇五〇番の冒頭の文句に由来する〕注解を書いた。彼は、自分が予言した幾つかのことが現実になっていることを確認し、安らぎを得ることができた。シャルル八世がナポリから北イタリアに戻ってきたとき、彼はシャルルに、あなたは、家族が不幸に襲われるだろうと予言したが、そのとおり、シャルルは子供たちを失った。その後、王の死についても予言したが、これも、四月七日、あの火の試練があり予言した当人が精神的に敗北を喫した日に事実となって、その言葉が正しかったことが証明された。シャルル八世も卒中（apoplexie）で亡くなった。〔訳注・正しくは頭をぶつけて、それが原因で亡くなったのだが、衝撃で脳の血管が破れて死んだと考えられる。〕このとき王は二十八歳で、その数か月前から、先のイタリア遠征で犯した過ちを悔い、民の苦しみをいかに軽減するかに心を砕いていたと言われる。彼は、裁判も自ら進んで担当し、二時間ぶっ続けで貧しい人々の訴えに真剣に耳を傾けたりもした。だが、すべては手遅れであった。彼に下された天の裁きは、イタリアを放置して、自分を神が遣わされた人として敬意を表し頼りにしてくれた人々への忘恩に対する罰であった。

（一四九八年）五月二十三日、広場に薪の山が築かれ、一本の杭と丁字形の柱が立てられた。薪には迅速に燃えるよう油と火薬が念入りに振りかけられた。サヴォナローラと忠実なドメニコ、そして信仰のために死ぬことを望んだシルヴェストル・マルッフィが連れてこられた。三人は、最初の責め苦として杭に繋がれて、嘲笑と呪詛を浴びせられた。とはいえ、そこには形式的手続きなどまったくなかった。判決文を読み上げることさえ行われなかった。どのように尋問が行われ、どのような告白があったかも不明であるのと同様、判決内容も闇のなかのままだったわけだ。執行役人は、彼らの僧服を剝ぎ取ることによって、聖職者としての尊厳を無にした。神と近しい関係にあるしるしとして長年身にまとい、その誇りある歳月をささえてきた衣を剝ぎ取られる瞬間、サヴォナローラの目から涙が流れ落ちたという。彼は、聖体のパンを要求した。それが叶えられるとはそもそも期待していなかったが、法王は前もって相談を受けたとき、一人の聖人を死なせることになることを弁えていたので、本人の求めるようにせよと指示していた。

サヴォナローラは、フィレンツェ司教が自分たちを教会から追い出すと言ったのに対し、こうやり返した。

「戦う教会（l'Eglise militante）から追い出すということなら可能でしょう。しかし、勝利の教会（de la triomphante）から追い出すというのは不可です。それは、あなたの権限ではない。」

彼にまず与えられた苦痛は、彼のせいで死ぬ人たちの処刑の様を見せつけることであった。こうして彼は、長時間、ひとりで残された。死刑執行人が彼の首に縄をかけて絞首台に吊り下げたとき、彼を憎む敵たちの一人が、彼に炎の苦しみを味あわせないまま死なせるわけにはいかないとばかり、大急ぎで薪の山に火をつけた。油と火薬がかけられていたおかげで、炎は激しく燃え上がり、あたりを照らした。その間、町のごろつきや見習い職人の群が、ぶら下がっている彼の身体に石を投げつけ、顔や胸に当たると歓声をあげた。その顔は、かつては、何度もフィレンツェが身震いしながら、聖霊の光がよぎるのを見つめた聖なる顔であった。

しかし、こうした気違いじみた連中は少数で、大多数の人の眼には、悲しみとこんなことをしてよいのだろうかという疑心が宿っていた。悔恨の気持ちが芽生えたのは一人にとどまらなかった。女性たちにいたっては、帰り道、幻覚に囚われた人も多かった。彼の死後、市民たちが最も痛切に感じたのは、サヴォナローラが言っていた「フィレンツェは死ぬ」ということであった。事実、この都市では、いずれの党派も力を回復することはなかったし、サヴォナローラの味方も敵も、同じように打撃を蒙った。そのなかには、恐怖と嫌悪感を覚えさせる行動をとった者もあったし、憐れみを覚えさせる姿を現じた者もあった。熱に浮かされた修道者が、あちこちの広場で「イエスさま、ばんざい」と叫び、奇妙な歌を歌いながら踊り狂うのが見られた。かつては力強い自由の叫び声を発した人々の努力が、いまや、このような行動に退縮していったのである。

フィレンツェは死に、サヴォナローラひとりが救われたのだ。栄光の三重冠〔訳注・法王の冠〕をかぶった彼の幻を多くの人が目にした。事実、彼は、ミケランジェロの思考のなかでは、この冠を付与されている。ミケランジェロだけでなく、教会改革の思想を引き継いだ偉大な革新者たちみんなの思考のなかで、彼は存在しつづけた。

サヴォナローラ自身は、そうした改革主義者のような精神的大胆さをもっていなかったので、それを特別で排他的な形に公式化することはなかったが、それだけになお、広汎な影響を及ぼした。彼が与えたのは一つの魂であり一つの息吹にすぎなかったが、それだけに、あらゆる人々のなかに浸透していったのである。
サヴォナローラのうちに宿っていた旧約の預言者たちのエッセンスは、いったんは薪の山の炎とともに飛び去り、システィーナ礼拝堂の天井に「旧約の勝利」として留まった。彼が淵源となって、ヘブライ学、ピコ・デラ・ミランドラ、ロイヒリンといったルターの先駆者たちが出現した。まさに、ひとりの愚直な男の心とそこから発せられた熱気をはらんだ言葉が時代に火を点けたのだった。

〔訳注・システィーナ礼拝堂は、シクストゥス四世によってヴァティカン宮殿内に建てられた法王のための墓廟で一四八一年完成。天井は半円筒形の長方形になっており、左右の壁は、一四八一年から一四八三年にボッティチェリらの画家によって『旧約聖書』の物語とイエスの生涯が描かれ、その後、一五三四年から一五四一年までかけて、いずれもミケランジェロにより、天井には一五〇八年から一五一二年にかけて「創世記物語」が、正面奥の壁には「最後の審判」が描かれた。〕

人々は、サヴォナローラの痕跡をいっさい残らないよう、万全を期した。彼の遺灰はアルノ川に捨てられた。しかし、火刑台を守った兵士たちは、こっそりと遺灰を盗んで聖遺物とした。そんな彼らであるから、他の人々が近づくのを妨げることはできなかった。かくして、神と祖国への想いに満ちたこの清純な心（心臓）は、ひとりの子供の手のなかに、全き姿で見出されたのであった。

第六章　チェーザレ・ボルジア

「（一四九七年）七月十四日、ヴァレンシア枢機卿殿〔訳注・チェーザレ・ボルジア〕とその兄、ガンディア公ジョヴァンニ・ボルジア殿は、母であるマダム・ヴァノッツァのぶどう園（Saint-Pierre-aux-Liens教会の近くにあった）で夕食を共にし、その後、二人は、それぞれラバに跨がった。しかし、大法官代理（vice-chancelier）邸の近くまで来ると、ガンディア公は、少し気晴らしをしてから邸に帰りたいと言って、ここ一か月毎日訪ねて来ていて今日も一緒だった仮面の人物と共に、警護兵一人を連れて、枢機卿と別れた。そして、ユダヤ人広場に着くと、警護兵には、この広場で一時間ほど待つよう、もし、自分が、それより遅れた場合は、先に帰っているよう告げ、先述の男と一緒に去っていった。したがって、彼がどこへ行ったのかは分かっていないが、あとで述べるように、遺体がSaint-Jérôme病院に近いテベレ川に放り込まれているのが見つかった。ユダヤ人広場に面して住んでいた警護兵も致命傷を負って一軒の家に引き取られていた。そのようなわけであるから、自分の主人に何が起きたかを知らせることはできなかった。

ガンディア公の邸では、朝になっても帰ってこないので、召使いたちは、そのことを法王に知らせた。法王は、ひどく困惑したが、きっとどこかの娘のところにしけ込んでいるだけだから、夕方には帰ってくるだろうと納得しようとした。しかし、夕方になっても帰ってこないので、法王も本気で心配し、本腰を入れて探すよう命じた。その捜索のなかで、テベレ川に沿った森を所有しているジョルジョ某という人物に変わったことがなかったかを尋ねたところ、水曜夜の第五時〔訳注・今で言う十一時〕ごろに二人の男の不審な動きを目にしたと言う。

場所はSaint-Jérôme病院の脇で、この二人は頻りに人目を気にしている様子でなにやら合図すると、一頭の白い馬を牽いた騎士風の男が姿を現した。その馬の背には死体が載せられていて、川岸に近づくと、三人でそれを降ろし水の中に投げ込んで、棒で川の流れに向かって押し出し、それが川下へ流れていくのを見届けたうえで三人とも去っていった、と言う。そのような光景を目にしながら、なぜ町の長官に届け出なかったのかと問われると、このジョルジョ某は、そんなことはこれまで何百回も見ていることで、何も気にしなかったとの返事であった。

そこで、三百人ほどの漁師が集められ、一斉に川筋を探索させたところ、晩禱の時間になって、ガンディア公ジョヴァンニの遺体が見つかったのだった。遺体は外套も、衣服上下も、長靴まで穿いたままで、喉を切られ、頭部、胴、両脚と合計九か所に深い傷があった。検分が済むと、遺体は小舟に乗せられ、サン゠タンジェロ城に運ばれ、そこで衣服を脱がせて洗ったうえで、軍服が着せられた。すべては、儀典係のベルナルディーノ・グットリィの指図で行われた。

日が暮れるころ、遺体は一族の貴族たちによってサンタ＝マリア＝デル＝ポポロ教会へ運ばれた。二百人が松明を掲げて照らすなか、法王宮殿の高位聖職者全員が先導し、そのあとを法王の侍従と侍臣が涙を流しながら続いた。身廊のなかに入ると、柩台が設置されており、その上に横たえられた遺体は、死者というより眠っている人のようであった。

法王は、自分の息子が無残に殺され、ごみのように川に捨てられていたことから、苦悶のあまり自分の部屋に閉じこもって激しく泣いた。扉を開けてもらい、枢機卿たちが室内に入ることができたのは、時間をかけた説得の末であった。こうして法王は、水曜の夕方から翌週の土曜日まで食事も睡眠も充分には摂れないまま過ごし、このままでは、もっと重大な災厄が起きる恐れがあるという枢機卿たちの説得で、ようやく気を取り直すことができたのであった。」

以上は、シュトラスブルク出身のドイツ人式部卿、ブルヒャルト〔訳注・ヨハンネス。一四八三年に法王庁式部官になり一五〇六年までにいたる記録『Diatrium』（日誌）を遺した〕の冷静かつ簡潔な報告である。法王宮殿に勤めた彼は、この宮殿で起きたあらゆる事件——暴行事件、殺害事件、毒殺、裸女を侍らせての饗宴、結婚式を賑わせようと法王の息子が行った殺害事件も——を、何一つ見逃すことなく、冷静に記録している。わたしの思い違いでなければ、彼が熱くなるのは、わたしたちフランス人が法王庁の礼法と秩序を無視して法王庁に入り込み、枢機卿などと同等に口を利いたり不作法を働いた場合である。

わたしは、かつてこの勇敢な人物に不当な評価を下したことがあるが、それについては修正しておく必要がある。それは、ボルジア（アレクサンデル六世）に敵対していたブルヒャルトが司教区を一つ手に入れたのはユリウス二世（在位一五〇三――一五一三年）の時代になってからで、アレクサンデルについての彼の記録には誇張があると考えていたことである。しかし、彼の書き方と親ボルジア的歴史家のそれとがほぼ同様であることを見て、わたしは、評価を改めた。そのうえ、ブルヒャルトが記している話は客観的で真実味があり確実であった。そこには、わたしが目にしてきたいんちきな事例に共通するものは見つからなかった。

話をガンディア公の事件に戻すと、ローマの行政官たちは、ぶしつけに調べ上げるには、あまりにもよく躾けられていた。普通の人間にとって殺し合いは日常茶飯事であって、神々の事件は別世界にある。この事件は裁判になじむ問題ではなく、支配者の交代につながるお偉方たちの政治的問題であった。

事実、このガンディア公ジョヴァンニの死を機に歴史の舞台に登場するのが、弟のヴァレンシア司教チェーザレ・ボルジアである。〔訳注・一四九八年、チェーザレは二十一歳で、法王特使としてナポリへ派遣され、枢機卿となり表舞台に登場する。〕彼は、刃渡り四プス〔約十一センチ〕の匕首を使ってさまざまなことをした。

まず、兄の死を契機に、父親のアレクサンデル六世は、チェーザレに家門を継がせるために還俗させ、王家の娘（ナヴァール王の娘、シャルロット・ダルブレ）と結婚させている。

次に、法王および法王庁の財政を思うままに動かせるローマの支配者になったのも、この匕首のおかげである。彼は、イタリアじゅうの《ブラーヴィ bravi》〔訳注・刺客〕を雇い、カネが必要になると枢機卿たちをつぎつぎと殺しただけでなく、その恐怖による支配は父親の上にも及んだ。父親から寵愛されたペローゾが法王のマントの下に隠れているのを探し出し、腕のなかに逃れたのを引きずりだしてさえ刺し殺した。その噴き出した血は法王の顔をも赤く染めた。

最後に、彼は、兄を殺すことによって、家族みんなで争ったこの宝石（妹ルクレッツィア）を支配しつづけた。アンダルシアとイタリアの血を受け継いで、その美貌を謳われたルクレツィアを最も熱愛したのが父のアレクサンデル六世で、それについで二人の兄たちであったが、彼女のほうから慕ったのは、優男のガンディア公ジョヴァンニで、それが、不慮の死を遂げなければならなかった主たる原因になったとさえ言われたほどである。チェーザレは、ルクレツィアのいわば三番目の夫でもあった。

ルクレツィアは、若くして、三人の男と次々結婚させせられた。最初に結婚させせられたのは十三歳のときで、相手はナポリの貴族の息子であった〔訳注・これは結婚の実態はなかったようである〕。法王になって離婚問題を自由にできるようになった父親は、二人を離婚させると、スフォルツァの庶子〔訳注・イル・モーロの甥でジョヴァンニ・スフォルツァ〕と結婚させた。ついで、さらに野心をふくらませた彼は、彼女を離婚させ、ナポリ王の庶子〔訳注・ビシェリ公ドン・アルフォンソ〕と結婚させた。ところが、この夫は、ボルジア家の恐ろしさを感じるや、シャルル八世に従って去り、ローマに帰ってこようとしなかった。ルクレツィアは、自分があらゆる敵から守るからと誓って、なんとか帰ってこさせたが、法王宮殿の階段のところで真っ昼間、チェーザレの放った刺客に襲われる。死は免れたが重傷を負ったのを、チェーザレの手が及ぶのを恐れて、ルクレツィアと本人の姉が看病した。法王も、この娘婿を実の息子の魔手から守るために番兵を配備した。これを見たチェーザレは「なーに、陽が沈めば、なんとでもできる」と嘲笑ったという。ようやく傷が癒えたころ、彼は、みずから手下を連れて部屋に押し入ると、二人の女性を逐い出し、目の前で扼殺させた。

チェーザレは、自分の妹にも目を付け、利用しようとした。彼女に夫が必要だとしても君侯しか考えられず、最終的にはフェラーラの玉座に彼女を就けている。そこで彼女は、多くの文人、詩人、とりわけ枢機卿ベンボ〔訳注・ピエトロ・ベンボ（1470-1547）。ラテン語だけでなくギリシア語にも通じたフマニストで、レオ十世の秘書も務めた〕のインスピレーションの源泉となった。

チェーザレは、自身のためには王女を希望し、スペイン人であったこともあり、法王を通じてアラゴン家ナポリ王フェデリーコ（1496-1501）の娘を要求した。しかし、フェデリーコは、この男が婿になるのを恐れたうえ、法王の息子の運命は一代限りで、どんなに高みに登ったとしても「ワラにつけた火」のようなものだとして断った。

チェーザレが必要としたのは、自分にとって扱いやすく、しかも、本人が法王庁に野心をもっている人間であった。それに当てはまったのがルイ十二世の側近で教会人でもあったジョルジュ・ダンボワーズであった。チェーザレは彼を枢機卿にし、自分が「聖ペテロの遺産」すなわち教会領を奪ってその王位に即くのを手助けしてくれることを条件で、父のアレクサンデル六世が亡くなった後は法王にすることを約束した。両者にとって、これは容易なことで、チェーザレは法王庁を牛耳っており、法王選定に必要な枢機卿に任命することも意のままであった。他方で、彼は教皇軍の司令であり旗手でもあったから大軍は必要でなく、フランスを味方にしていることを見せつけるだけで足りた。あとは、恐怖と剣と毒薬が、働きを見せてくれるはずであった。

アンボワーズは正直で公平な人間として知られていた。彼は、この計画をすばらしいと思ったが、結果を予測しようとも思わなかったし、そこから生じることをあまり突きつめようともしなかった。教会では枢機卿でありながら世俗の立場では大臣を務めた前例はブリソネがおり、アンボワーズは第二例であるが、いずれも巧くいったので、その後、百五十年ほど踏襲された。〔訳注・最も有名なのがリシュリュー（1585-1642）である。〕このように聖職者に政治的要職を委ねるのは、彼には家庭も妻子もないので、野心も貪欲もなく、「この世の僅かな生で満足して」王のため神のために全面的に奉仕してくれる可能性があったからである。

アンボワーズ枢機卿というこの新しい王は、きわめて無欲で、ルーアン大司教職という一つの聖職禄しか求めなかった。この貧しい人が死んだとき遺したのは二五〇〇万（？）であった。彼は、生涯通して内緒にフィレンツェの大型年金を所有し、死ぬ直前に王に告白している。

チェーザレの経歴についていえば、風変わりではあるが、まったく秘密はない。この元枢機卿が実行の人であり、敵にまわすと怖い人間であることはよく知られていた。しかも、そうした評判が、フランス王や「正直な大臣」に近づくのに大きな障害になったようには見えない。彼は衆目監視のなかフランス王宮に頻繁に出入りし、彼の気品ある容姿と悲劇的な美しさは、真珠を配した深紅のビロードの衣装で、さらに輝きを増した。従者、騎士、小姓たちも、その衣装は華麗であった。みんなが彼とは折り合いをつけることが必要だと思うような噂話が流れた。それは、チェーザレが隠したがっていた何かを王のところで不躾に話したある司教が、突然死んだというものである。

これが間違って受け取られることは、ありえなかった。ローマ教会の親切な使節は、ルイ十二世がルイ十一世の娘ジャンヌと別れてシャルル八世の寡婦アンヌ・ド・ブルターニュと再婚するために必要な法王の離婚承認状をもたらした。〔訳注・シャルル八世の死後、フランス王となったルイ十二世は、シャルル六世の弟、ルイ・ドルレアンの孫。十四歳でルイ十一世の不具の娘ジャンヌと結婚していたが、一四九九年、シャルル八世の寡婦、アンヌ・ド・ブルターニュと再婚した。〕アンヌとの結婚はルイ十二世にとって満足できる結果であった。彼は、スペインのヴァレンシア（Valence）の枢機卿だったので、呼び名つながりでドーフィネのヴァランス（Valence）を与えられた。そこから「ヴァランティノワ公」と呼ばれ、それとともに、金貨で三万ドゥカット、年金で二万リーヴル（二〇万ドゥカット）が支給された。加えて、これは些末なことだが、百騎から成るフランス槍兵隊が与えられた。これは、フランスの王軍旗が託されたということであり、イタリア解放のために、法王軍の鍵の旗にフランスの百合の威光が付け加えられたことを意味する。

このようなときに、このような男〔訳注・チェーザレ〕の言葉を信じることができた「騙されやすい人」〔訳注・アンボワーズ枢機卿〕の顔を真正面から見つめ、よく観察してみよう。彼は、かくも憎まれた一つの権力が老いた法王の命に縋ることばかりで、世界の呪詛とフランスの軽蔑のほか何一つ打ち立てるだけの時間をもっていなかったことを見抜けなかったのだ。

わたしは、ルーアンにある墓地で、この枢機卿とその甥の立像を何度も見た。それは、情け容赦ないほど忠実に造られた、すばらしい彫像で、首はノルマンディーの農民らしく力強く、広い顔と下がり気味の濃い眉から、粗野で勤勉さによって這い上がった人間であることを読み取られるであろう。だが、あなた方は勘違いされている。彼らは、農民から成り上がったのではなく、れっきとしたロワール地方の貴族である。奇妙な現象だが、ブルジョワが貴族になろうと努力したのに対し、これらの人々は貴族に生まれながら、財産を作るためにブルジョワのような容貌になったのだ。王たちも貴族を警戒し、彼らを安心させ喜ばせるために、単純な人間のふりをし、生き方も外形も「貧しく善良な人々」のように振る舞った。さらに、成功するための第二の条件が教会人になることで、子も作らず、家屋敷も建てず、自分がこの世で望むのは貧しくささやかな生活だけであることをみせつけたのである。

この人々は、吝嗇で欲張りの本能によって、ルイ十一世以後、時代の流れに乗ってめざましい社会的上昇を示していたブルジョワジーと見事に結びついた。いわゆるブルジョワジーにも二つの種類がある。一つは裁判官や財政官など国家に奉仕するブルジョワと商人、工場主、小売店主といった個人営業者のそれである。その目に見える現れが店舗などの建築ブームである。アンボワーズの優れた点は、いま起きていることを鋭敏に看取することができたことである。人々の根っからのエゴイスムと外の世界で起きていること（つまりフランスの評判など）への並外れた無関心。これらの人々は何を望んでいるのか？　それは、ただ一つ、新しい利害関係の無限の交錯から生じるさまざまな訴訟のなかで、正しく裁いてもらえること、である。アンボワーズは、ルイ十一世のもと高等法院を改革した老いた大法官ロシュフォールに慣習法（Coutumes）を整備させ、彼を通して王室会計状況を判断する一方で、王室当局と納税義務者という二つのブルジョワジーの係争を裁かせるための財務官職を設置した。それ以外のすべてについて、枢機卿は、商人たちの仕事はなんら高尚な理念などは含んでいないこと、必要とあれば何でも、恥や罪さえも容認するものであることを知っていた。ヨーロッパでは、彼によってブルジョワ的政治、商人的政府が始まったのである。

そこには、期待すべきものはなかった。君主のオルレアン公〔訳注・ルイ。シャルル八世亡き後、国王ルイ十二世となる〕は、その父で貧しい詩人であったシャルル・ドルレアンがルイ十一世のもとでそうであったように、マダム・ド・ボージュー〔訳注・ルイ十一世の長女アンヌ〕のもと、アンボワーズ枢機卿によって牛耳られており、貴族たちの単なる旗印でありマネキン人形であった。

彼の父がシャルル・ドルレアンかどうかは疑問視されている。一四六二年に彼が生まれたとき、父シャルルは身体不自由な七十一歳の男で、一四四〇年に結婚したマリー〔訳注・アドルフ・ド・

クレーヴの娘〕がルイを産んだのはシャルルの長いイギリスでの虜囚生活のため、結婚から二十二年後だったからである。

シャルル・ドルレアンの人生は、アザンクールの戦場で積み重なった死体の下から救いだされた一四一五年から四十六年、この息子が生まれるまで、すばらしい人生ではなかった。彼が決定的に死んだのが一四六五年のことで、寡婦のアンヌ・ド・クレーヴ〔訳注・全集版もアンヌとなっているが、正しくはマリーのはず〕は司厨長（maître d'hôtel）のラボダンジュと結婚しており、彼が産まれた男児の父親とされている。事実、ルイ十二世は、肖像画を見て分かるようにヴァロワ家の優雅さはほとんどなく、容貌は凡俗である。母親に似て、ドイツ風に気弱そうで善良であるが、時として怒りっぽく、その虚弱さと老け顔は母方の祖父の老大公を思わせる。アンボワーズ枢機卿のほうが肥満家で威圧的であるだけに、主君のルイ十二世が押しが弱くみえる。

サン＝ジュレ〔訳注・父オクタヴィアン（1468-1502）と息子メラン（1491-1558）といるが、ここはオクタヴィアンのほう〕、セーセル（1460-1520）、また時代がくだるとレデラー（1734-1835）などがルイ十二世の治世に起きたことをなんでもこの好人物の王のせいにして賛美するのを見ると、不思議である。彼らは、樫の木の下で裁きを下した聖ルイ王の詩的な伝説を伝えたジョワンヴィルを間違って模倣したのである。さすがに彼らも、ルイ十二世が自ら裁きを行ったとは言っていないが、ルイ十二世をしてしばしば高等法院を訪問させ、裁判（社会正義）に強い関心を寄せていたように話を作ったのである。別の教養を身につけていた書記のデュ・ティィエは、当時の資料を調べて、ルイ十二世が高等法院を訪れたのは二度で、宮廷がらみの政治的事件に関して、多分、王の臨席によって判決が左右されることを大臣たちが望んだからであると推測している。

マキアヴェリ（1469-1527）は、この君主は人間であると同時に獣であると言っている。まさに、その通りである。彼の治世は当初、不協和の怪物である。内側では正義と秩序、節制など、よき改革の継続が見られるが、外側は、不正義と裏切り、恥辱に満ち、フランスとボルジアの破廉恥な交尾にほかならない。

《内部における正義》——ブロワの大勅令〔訳注・ルイ十二世のもと、一五〇六年にブロワで全国三部会が開催された。そのとき発表された勅令〕。司法に関わる職責の売買が禁じられ、高等法院の名誉と純白性が確認された。裁判官への賄賂や裁判官の親族が裁かれる場合のなれ合いが厳しく監視されるようになった。裁判は公正でなくてはならないこと、間違った判決が下された場合は処罰がくだされること、誤認逮捕についても、責任者は拘禁されるようになった。代官（sénéchaux）〔訳注・王の名において裁判を行った〕は、法律知識を修得して博士になるか、さもなければ、法学博士を雇うこと。領主たちは認められている権利による以外は、自分の臣下たちに義務を押しつけてはならない。聖職禄の少なくとも三分の一は、大学で学位を取得した者が得るべきである。これには、人道的条件が加えられ、一種の奇跡をもたらす。これまで、法律がかかわるのは、死刑を宣告され絞首台に送られる上流階級の人々だけであったが、浮浪人や乞食といった階層の人々についても人道的扱いが考慮されるようになるのである。そのため、代官や奉行といった人々も、資格を有する司法官や少なくとも土地の法律家を立ち会わせずして裁くことができなくなるのである。

この改革に対応して、王家も改革を余儀なくされる。旧時代の無秩序を抱えていたシャルル八世の宮廷と違い、ルイ十二世とアンヌ・ド・ブルターニュの家庭はきちんとしている。アンヌは、重々しい貴婦人や厳しく躾けられるために集められた未婚女性たちに囲まれ、日がな一日、機織りや裁縫に打ち込み、知恵の習得に励んだ。彼女は、自分の公国をフランスに結びつけていた不幸な結婚と政治的理由のために、自尊心が高く、支配者的であった。最初の婚約者であったマクシミリアン〔訳注・すでに本書第六巻で述べられているように、マリー・ド・ブルゴーニュと結婚したが、マリーは一四八二年に亡くなり、アンヌ・ド・ブルターニュと再婚することになっていた〕とは、直接会ってはいなかったが、彼を愛していたし、ほかに彼女が心を寄せた男性はいなかった。彼女が実際に結婚した最初の相手はシャルル八世で、小説家たちは、ルイ十二世はシャルルの存命中から彼女に愛されていたとしているが、ほんとうは、ルイは、シャルルとの間に生まれた王太子の死に喜びを示したことから、彼女から疎んじられていた。

ブルターニュをフランス王国に結合する条約によれば、アンヌはフランス王位を継承する誰かと結婚しなければならなくなったとき、ルイ十二世は王妃の心を和らげて仲直りするのに大変な苦労をしている。頑固で気位が高かった彼女は、自分の公国がこれからも、自分だけを統治者として頼ること、使用人も自分が指図することを要求した。ブルターニュの国は自分のものだという姿勢を貫いたわけである。しかし、彼女のほうはフランス王国の問題に関わらなかったわけではない。そ

アンヌは、重々しい貴婦人や厳しく躾けられるために集められた未婚女性たちに囲まれ、日がな一日、機織りや裁縫に打ち込み……

のことは、みんな知っていたし、外国使節たちは、この女性の国王と枢機卿が真の王であることを弁えていて、この二人にまず信頼してもらおうとした。王妃とジョルジュ・ダンボワーズの二人の心さえしっかり確保しておけば、ルイ十二世が反対しても恐れるには及ばなかった。

家族による統治が、ここに始まる。そして、君主の品行方正、ただ一人の妻への服従が万般に影響していく。それまでは王たちにとって無縁であった固有資産と相続財産という観念が重大となる。

王妃は王妃で、親から引き継いだブルターニュの自分の公国、自分の財宝、自分の宮廷を持つようになる。国王もイタリアのアスティの町〔訳注・トリノの東〕、祖母の遺産であるミラノ公国〔訳注・ルイ十二世の祖母、ヴァランティーナはミラノ公家の出身〕を持っている。アンボワーズ枢機卿は、そこに力を発揮した。彼もまた、イタリアをめざして、その影響力を伸ばした。王がミラノとナポリを、ボルジアがロマーニャ〔訳注・いわゆる教皇領〕を自分のものにしたのに対し、ジョルジュ・ダンボワーズは、法王アレクサンデル六世が遺したものを手に入れ、ローマを確保しようとした。

ミラノ事件〔訳注・一四九九年、ルイ十二世によるミラノ占領〕にとって大きな障害はなかった。マクシミリアンはスイス問題に忙殺され〔訳注・シュヴァーベン戦争〕、その息子のフェリペ美男王は、父親抜きで父親の意志に反して交渉しネーデルラントを統治した。アラゴンのフェルナンド二世カトリック王は、イタリアに重大な関心を持っていたが、しばらくはフランスのなすままにした。イタリアは降伏したが、ヴェネツィア人たちはスフォルツァに身を委ねることを望み、アンボワーズに従った。アンボワーズはミラノ公国の一部をヴェネツィア人たちに提供した。この部分は、フランス、ヴェネツィア、そして教皇の間を結びつけた。

「イル・モーロ」ことルドヴィコ・スフォルツァは、自分の領国を削り取られたが、結局、イタリアで最も有能かつ最良の君主であった。彼は、かつては「アルプスの門番」として、アルプスを越えてくる軍勢を助けもしたし、そうした侵入者からイタリアを守りもした。ルドヴィコがシャルル八世をイタリアに呼んだのは、イタリア全体がルドヴィコに対して同盟し、彼を重大な危機に陥れたからであった。〔訳注・イタリアは、ミラノ、フィレンツェ、ヴェネツィア、ナポリ、そしてローマの教皇庁の五都市がバランスを採ることで平和を保っていたが、スフォルツァはヴィスコンティから実権を奪った成り上がりであり、そのスフォルツァ家のなかでも、ルドヴィコは、次男でありながら、長兄の息子であるジョヴァンニ＝ガレアッツォから権力を簒奪していたので、彼らを敵にまわすことになった。〕

ルドヴィコは、最高度に知的かつ活動的で、言葉遣いは優しくて親しみやすく、怒ったこともなかった。人民の幸せのために尽くし、最悪の気候が数年間続いたときも優れた政策によって飢饉を回避し、また盗賊どもを一掃した。ミラノ地方は、幾本もの河川が大規模な運河網で結ばれるとともに、すばらしい潅漑施設が整備され、豊かな農業地域になっているが、これも彼の功績である。街路が複雑に曲がりくねった暗い町であったミラノを整備し、こんにち見られるような明るい都市にしたのも彼である。イタリアにおいて《進歩》という観念を支配的にした万能にして全智の天才、レオナルド・ダ・ヴィンチは、ルドヴィコ・スフォルツァを君主として選び、フィレンツェを去ってミラノに移り住んだ。〔訳注・ダ・ヴィンチはフィレンツェで修業時代を過ごした後、三十歳でミラノに移り、『岩窟の聖母』や『最後の晩餐』を描き、一四九九年、フランス軍による占領を機にミラノを離れ、ヴェネツィア、ローマを経てフィレンツェに戻り、『アンギアーリの戦い』『モナ・リザ』などを制作。一時期はチェーザレ・ボルジアのもとで技師として働いている。ミラノを再訪し『聖アンナ』、『洗礼者ヨハネ』などを描いたあと、一五一三年、フランソワ一世の招きでフランスへ行き、アンボワーズで亡くなった。〕

兄ガレアッツォの息子ジョヴァンニ＝ガレアッツォの死〔訳注・ルドヴィコは、この甥の死後、ミラノ公になっている〕とサヴォナローラへの追及は別にして、ルドヴィコはとくに残忍だったと非難される事例はない。ボルジアが血腥い政治を行ったこの時代にあって、ルドヴィコは決して血を流さなかったし、苦痛を伴う刑を命じることもなかった。

全イタリアが敵にまわるなかで、ルドヴィコ・スフォルツァは、すでに力を失ったナポリにも恐怖に動じなかった義兄のフェラーラ公にも救いを見出すことはできなかった。そんなルドヴィコのため、トルコのスルタン、バヤジトはヴェネツィアに牽制を加えようとしたが、タイミングがずれ、しかも、地理的にも遠隔地だったので、効果はなかった。こうして彼は、みんなから見放され、裏切られ、売り渡されたのだったが、そのとき、フランス軍がイタリアに侵入してきた。あらゆる都市が恐怖に陥るなかで、ただ一つの町が抵抗し、市民は虐殺された。しかし、重税に苦しめられてきた民衆は、戦争が終結するのを見て大喜びした。とりわけルドヴィコは、ルイ十二世を歓喜をもって迎えた。このように偉大で裕福な王のもとでは、民衆は、もはやカネを支払う必要はなかった。群衆は、ミラノから一里離れたところまで出迎えに駆けつけ、四十人のかわいい子供たちが金色の旗を手に解放者を讃える歌をうたった。

とくに貴族は、ルイ十二世に満足してよかっただろう。彼は、貴族階級に狩猟権を返してくれたが、民衆のためには、少ししか負担を軽減しなかった。ルイ十二世に将軍として従っているトリヴュルチェは、追放されたミラノ人で、みんなから憎まれており、冷酷かつ侮辱的で、ミラノの広場で何人もの人を処刑した。

戦争は次の戦争を産む。フェラーラが厳しく搾り取られると、次はボローニャ、さらにフィレンツェが被害に遭った。フィレンツェは、自分が奪われた分をピサからの搾取で埋めようとした。恥ずべきことである！　しかも、もっと恥ずべきことが起きた。王〔ルイ十二世〕とボルジア家の結託が恐怖政治のなかで姿を現した。〔一四九九年〕十二月、ルイ十二世がミラノに入城して二か月後、チェーザレ・ボルジア・ド・フランス〔彼は、こう名乗っていた〕が、今度はイモラ、フォルリに凱旋入城したのである。〔訳注・双方ともボローニャの南東の町で、このチェーザレの軍事行動は教皇領奪回のためであった。〕このロマーニャの戸口を開けるのには、勇敢で正直なイヴ・ダレーグルの指揮下にあった三百人のフランス槍兵が活躍した。チェーザレは、ヴァティカンの資金で四千のスイス兵を擁していたが、指揮していたのは、このフランス人将官であった。イヴ・ダレーグルがこのフォルリ攻囲戦でかの有名な勇猛な女伯カテリーナ・スフォルツァを倒さなければならなかったのも、彼が暴君ネロのいわば惨めな道具でしかなかったからであった。〔訳注・かつて彼女は、謀反を起こした臣下が彼女の三人の息子を人質にとって降伏を迫ったのに対し、城壁の上から謀反人どもを睥睨し、自分の腹を示して「お黙り。子供なんかいくらでもここから生まれてくるんだからね」と一喝したという。〕こんどの戦いでは、カテリーナは息子を安全な所に避難させてあったので、牝獅子さながら、町のなかでも砦でも、恐れるものもなく塔から塔へ移動しながら戦った。しかし、衆寡敵せず敗北を喫し、イヴに捕らえられてチェーザレのところへ連行された。チェーザレは、抵抗した彼女への報復のために父親のハーレムへ送ろうとしたが、イヴは頑として反対し、脅して彼女を取り戻したのであった。〔訳注・彼女は、ローマの修道院へ送られたとされる。〕

イタリアは恐怖に陥ったが、ルドヴィコがふたたびアルプスの入口に姿を現し、失ったときに劣らない迅速さでミラノ公国を奪還したのを見て、希望の光を見出した。スイス人たちはルドヴィコをミラノの正当の君主として、彼に八千の兵士を供与した。しかし、スイス人部隊は、根っからの傭兵で、ルドヴィコに雇われたスイス兵たちは、フランス軍に雇われたスイス兵たちが出身地の州旗を掲げているのを目にし、またフランス王のほうがミラノ公よりカネ払いがよいのを知ると、不満の声をあげ始めた。ルドヴィコは、カネはミラノから向かっているところだと言い、手持ちの宝石や銀製品などで、離反を食い止めようとし、さらには、自分を助けて欲しいと泣き落とそうとしたが、無駄であった。ミラノは、この一四九九年から一五一二年までフランスの統治下に置かれ、その君主は、辛うじて、フランシスコ会士のいでたちで、その弟たちもスイス兵に紛れて行動することを認められた。

フランスに入ると、彼らは、行く先々で、とくにリヨンでは獣のように見世物にされたうえ、トゥレーヌまで来ると、ルドヴィコはロシュの暗くじめじめした牢獄に、弟たちはブールジュの塔に閉じ込められた。明るい南国育ちの彼らにとって、約十年に及ぶ北国での牢獄生活は、どんなにかきびしかったことであろう。この間もルドヴィコは、イタリア人の魂を失わなかったことが、牢獄の壁に遺された文字に窺われる。そこに彼は、「Service n'est héritage」（奉仕は相続財産にあらず）という諺を裏返して「Les services qu'on m'aura rendus compteront comme héritage」（我々になされる奉仕は相続財産と同様に重し）と書いている。これが証明されるのは、偉大なスフォルツァの息子たちを最後の君主として思い出を守る祖国イタリアが捧げる感謝によってである。

フランスは、ボルジア親子とフェルナンド・カトリック王の間にあって、よい勉強をすることができた。とくにフェルナンドは、ヨーロッパの王たちのなかでも最年長で、たくさんの条約を結んでは破った。この分野で、誰にも乗り越えられない最高傑作がフランスとの間で結んだ「グラナダ条約」である。〔訳注・一五〇〇年にルイ十二世とフェルナンドの間で、ナポリ王国に関して結ばれた密約。〕ナポリのアラゴン王フェデリーコとフェルナンド・カトリック王は従兄弟の関係で、フェデリーコはフランスとの戦いにおいてフェルナンドが支援してくれると信じ、そのために門戸を開いたところ、裏切られてフランス軍に征服され、分割されたのであった（1501）。

この条約の前文には、平和の維持、冒瀆的言動の排除、乙女たちの貞節を守ること。とりわけローマ教会をトルコ人たちと、その仲間であるナポリのフェデリーコから守るのが王たる者の務めであることが慎ましやかに表明されている。これは、宗教的信仰の問題であり、一種の十字軍であった。だからこそ、フランス王妃アンヌ・ド・ブルターニュは、この《善行 oeuvre pie》のために貢献したいとの思いから、ナポリ攻めの艦隊の装備のために特別の献金までしたのだった。

チェーザレも、この《十字軍》には、フランス軍の隊長として加わった。その際、彼は、ロマーニャの諸問題については白紙委任状をフランス王から引き出していた。アンボワーズ枢機卿も、イヴ・ダレーグルを送り、法王特使の肩書きにおいて、イタリア諸邦に宛てて、ヴァレンティノワ公（つまりチェーザレ）に逆らうものはフランス王の敵である旨を通達させたのであった。ヴェネツィアもフェラーラもフィレンツェも、それまではロマーニャの領主たちをチェーザレから守る態勢でいたのが、このことで恐れ戦いてしまった。ただ一人ファエンツァ〔訳注・イモラ、フォルリにすぐ近い町〕の領主だけが、これに抵抗を試みた。

このファエンツァの領主はアストーレ・マンフレディと言い、非常に若く、ほとんど子供といってよかった。彼は、自分を愛してくれるロマーニャの人々の勇敢さと祖父でボローニャの有力な領主ベンティヴォリオの支援に支えられて戦った。しかし、ベンティヴォリオは、四万ドゥカットでなんとかフランスと折り合いをつけたが、娘の子である若者には「自分はお前のために何もしてやれない」と伝えていた。

ファエンツァの人々は、少人数ながら、フランス軍、教皇軍、チェーザレ軍に立ち向かい、なんとか切り抜けた。しかし、この三つの戦いでは終わらなかった。第一撃は押し戻したが、そのあとも、新しい攻め手が押し寄せ、激しい砲撃によって城壁を破壊し、その割れ目から敵が突入してきた。いかんともできなくなり、条約が結ばれた。

ボルジアは、この若者の勇敢さを褒め、若い君主の自由を尊重すること、彼の収入は自分が保管することを約束した。チェーザレは若者を、これからは父とし兄として傍に置いて面倒を見る、彼の成長を喜びとすると述べた。

しかし、ある朝、この養子と、そのさらに幼い弟は、ともに姿を消していた。彼らはどうなったのだろうか? 「ローマの下水渠」というべき法王庁のハーレムに送られたというのが、当時のすべての歴史家たちの一致した見解である。二人の子供は、ボルジア家の人々のおもちゃとして穢されたうえに絞殺されテベレ川に捨てられたのだ、と。

第七章　チェーザレ・ボルジアの凋落（一五〇一〜一五〇三年）

瀕死の国民にとって、なんらかの力が発生しつづけ、何があろうと最後の思い出にしようという熱情が保持されていることは貴重である。南仏プロヴァンスやアンジューにとってルネ王はいまも「よき王bon Roi」であり、ブルターニュ公国にとってアンヌは、永久に「偉大な女領主la grande duchesse」である。フランドルの各州は、生前のシャルル・ル・テメレールに敵対し彼の失墜に少なからず関与したが、それでも彼にまつわる伝説をなおざりにしていないし、彼の娘（マリー）、孫娘（マルグリット）といった、スペインの旗のもとでも彼の生命の影を保持している女性たちを心底から愛しつづけた。一つの国民の最後の代表者に対する思い入れは、いまもいたるところに見られる。

なぜマキアヴェリがチェーザレ・ボルジアに熱情を注いだか。この謎を解いてくれる鍵も、そこにある。

しかし、並外れた洞察力にめぐまれたこの偉大な観察者が、日々書き留めた『Légations』（使節報告書）と、かなりあとでメディチ家の人々のために体系的視点から記述した「絶望の政治学」と呼んでよい『君主論Prince』との間には、一つの世界全体といえるほどの隔たりがある。〔訳注・「légation」はイタリア語「legazione」（公使）をそのまま使ったもので、マキアヴェリはフィレンツェ市庁の書記官として、三十歳のとき（一四九九年）にはカテリーナ・スフォルツァのもとに、三十一歳から三十四歳のころはチェーザレのもとに派遣されて、その言動を間近に見ている。〕『君主論』〔訳注・一五一三年、四十四歳の執筆〕の政治学は、強力で巧み、運に恵まれてすべての罪が正当化されてしまう極悪人のそれである。そんな極悪がどうして許されるのか？　それは、祖国人民の救済と統一、蛮族どもに犯されたイタリアの報復と懲罰という目的にかなっているかどうかである。

この理論は、どのような手本によって支持されるのか？　それがチェーザレ・ボルジアに他ならない。

残念ながら、マキアヴェリは、ここで自己矛盾を犯している。さまざまな出来事が起きた同時期に書かれた『使節報告書Légations』で示している主人公は、輝かしく天才的で、幸運の女神に微笑みかけられているが、その次は一転して茫然自失し、自分で判断できず他人の言葉を優先するようになり、最後は、空威張りや馬鹿な威しによって、自分を滅亡から最後のところで救おうとしてくれている寛容な敵をも追い払ってしまう。

そう。チェーザレ・ボルジアはマキアヴェリの体系の正統の理想像などではまったくないのだ。

チェーザレがロマーニャの人々から惜しまれたことは、わたしも知っている。チェーザレは、ロマーニャを支配した君主たちを取り除くことで本質的にロマーニャの人々に貢献した。また、この地方の主要な二つの階層で影響力を増し始めていた人々に仕事を与えた。盗賊たちに給与を、学者たちに特典を、である。彼の妹のルクレツィア〔訳注・五歳下であった〕は、フェラーラで、兄と同様のことをした。彼女は、詩人と学者たち（といっても、正確には「学者ぶった連中les pédants」であるが）を優遇したが、これはのちにカール五世がアレティーノ〔訳注・イタリアのアレッツォ地方〕に設ける自分の宮廷で文人をかわいがるのと同じである。

これは、多分、巧みなやり方であった。チェーザレは、さまざまなことでセンスのよさ、器用ぶり、何よりも活発さを示した。しかし、彼をカストラカーニ〔訳注・十四世紀の傭兵隊長〕やスフォルツァといったマキアヴェリの真のヒーローたちに比することは間違いである。これらの人々は、ゼロから自分の力でのし上がり独自の立場を築き上げていった。それに対してチェーザレは、父親が法王という坊ちゃん育ちで、「聖ペテロの大箱（金庫）」から好き放題に汲み出し、そのうえにアンボワーズ枢機卿を誑かし、ルイ十二世の愚かさにつけこんで浪費を重ねた。

これは、マキアヴェリ自身が「チェーザレはフランス王の旗に自分の旗を並べ、フランスの威を借り、その武力を利用した」と指摘しているところである。こうした虎の威を借りての手軽な恐怖政治は、手先の器用さだけが際立っていて、そこには、真に偉大な人物と呼べるものはない。偉大な人物とは、少しの元手で大きな仕事をする人で、多くを費やしながら、大したことのできないのは小者に過ぎない。

この点で指摘しておきたいのは、マキアヴェリ以上にマキアヴェリ的であったある存在である。それは、ヴェネツィア共和国という都市国家である。ヴェネツィアは、おそらくボルジア（その背後にあるローマのカネとフランスの武力）を恐れた。個人としてのチェーザレについては、ヴェネツィアは、しばらく待てばよいと考えていた。この男は、奇抜な手段で驚かせはしても、結局は「藁の火 feu de paille」のように、すぐ消えてしまうだろうと。

一五〇一年春、この征服者は、フランス王旗と法王の旗のもと、勝者としてローマ入りした。彼は、自分がロマーニャ公でありローマ教会の旗持ちであることを宣言するため、大急ぎで十二人の枢機卿を任命する必要があった。この《カエサル César》は、このうえ誰に襲いかかろうというのか？　どんな新しい征服を企んでいるのか？　ヴェネツィアは、その獲物としては大きすぎた。ボローニャかトスカーナの町々かのいずれかしか選択の余地はなかった。しかし、両方ともフランスの同盟都市としてフランス王に貢ぎ物をしており、あるいはアンボワーズ枢機卿に年金を支払っている。そこに手を付けたとなれば、彼はなんと言うだろう？　ボルジアに属し悪魔に身売りした人間を相手では、既成事実として、何も言わず唸るだけで諦めてくれるだろう。

このチェーザレのやり方は、フランス王のナポリ遠征を自分の利益のために利用し、フランス王の軍事力を使ってフランス王の同盟者を屈服させようという、きわめて図々しいものであった。自らはフランス王の雇われ隊長として、メディチ一族を引き連れてトスカーナを侵略しながら、自分たちの党派には、メディチを餌として示すのである。このやり方は、ピサとシエナ、ピオンビーノでは成功した。警戒して防御を固めたフィレンツェに対しては、自分こそフィレンツェ人の味方であると宣言することによって、手当を要求し、カネを引き出しただけでなく、周縁部の農地を掠奪した。それに対しても、フランス王は何も言わないで黙っていた。

ナポリ攻撃は「カトリック王フェルナンド」と「いともキリスト教的なるフランス王」が手を結んで行われた「トルコ人の友」〔訳注・ナポリのフェデリーコ二世〕に対する《十字軍》であったから、成功しないわけがなかった。しかも、フェデリーコにしてみれば、アラゴン王フェルナンド〔訳注・フェルナンドはカスティリヤ女王イサベラと結婚し、アラゴンとカスティリヤ両王国は一つのスペイン王国となる〕は従兄であり、助けてもらうために呼んだ援軍であった。この軍勢はすでに対トルコ戦の名目でアドリア海に展開していた。「大将軍」ゴンサロ・デ・コルドヴァ（1443-1515）は、その小さな役を見事に演じた。フェデリーコ二世が幾つかの疑問を抱いていたので、彼は誓約し、明言し、彼を信頼させることに成功し、すべての要塞を手に入れた。しかし、フランス軍が到着し、包囲すると、ゴンサロは、誓約したのはスペイン王の臣下でゴンサロではないという些末な違いを言い立てて、この状況を切り抜けた。これでスペイン王は、自分の同意なしで行われた宣誓にはもはや関わりがなくなるのである。このときフェデリーコの息子はまだ一つの要塞を守っていた。ゴンサロは、君主の自由をホスティア〔聖餅〕に誓うことによって彼を説得し、ただちに捕らえさせた。

このように、ナポリの征服は簡単であったが、フランス軍はカプア島の住民虐殺によって、これを穢した。女性は全員が凌辱された。チェーザレは、そのうち約四十人を自分のために留保しておいたが、ボルジア家が受けた思いがけない栄誉のために準備が進められていた豪勢な祭用にローマへ送られた。ルクレツィアについては、彼は、彼女が選んだ愛人〔訳注・二番目の夫であるナポリのドン・アルフォンソ〕を殺していたので、その償いの意味もあってフェラーラの息子（エステ家のアルフォンソ）と結婚させた。矜恃の高いエステ家は、あくまで王家との縁組に拘ったが、ヴァレンシアの元検事で教皇アレクサンデル六世の息子と結びつくことにも野心をそそられた。それだけでなく、チェーザレがエステ家に目をつけて近寄ってくるのを見、かつ、ファエンツァの若い領主、アストーレ・マンフレディそのほかの人々の悲劇を思い起こしたとき、自分たちを何が待ち受けているかを考えずにはいられなかったのである。

一五〇一年九月四日、夫を暗殺されて三か月独り身を守っていたルクレツィアは、喪が明けて、フェラーラのアルフォンソと一緒に町に出て、ラテラノ・サン＝ジョヴァンニ寺院まで騎行した。これには、それぞれに正装した騎士たちに左側をエスコートされたローマの貴婦人二百人が、バルコンから父親や兄弟たちに見送られるなか、馬に乗ってお供した。ほかにも、この外国の貴公子を驚かせる奇妙な祭事が続いた。ある日、チェーザレ・ボルジアは、自分の力と如才なさを見せるために、夕食のあと貧しい男の子六人を連れてこさせた。それは、「悪魔退治」を見せるためだということであったが、それが、どのように行われるのかは誰にも分からなかった。法王宮殿のバルコ

チェーザレは優雅な衣装をまとって、この六人の男の子たちに矢を射かけ……

ンの下、キリスト教世界の父たる法王と美しいルクレツィア、そして外国君主たちが見ているなかで、チェーザレは優雅な衣装をまとって、この六人の男の子たちに矢を射かけ、その恐怖の表情、悲鳴によって楽しませたのだった。

全般的に、法王は、艶事（combats d'amour）のほうを好み、豊饒と情欲の古代の神プリアポス（ディオニュソス神の子）が登場する官能的な田園劇や、裸の女たちに給仕させ、最後は乱痴気騒ぎで終わる婚礼の宴を催させた。

話を元へ戻せば、チェーザレは妹のルクレツィアをフェラーラ〔ヴェネツィアの南〕の貴公子と結婚させることによって、この方面の安全を確保し、より自由に行動できるようになり、ウルビノ〔訳注・トスカーナの東〕を確保し、手紙一本で言うことを聞かせられるようになった。友人としてウルビノ公に手紙で頼んで砲隊を借りると、ボルジアは戦わずしてウルビノ公領を征服して、侵略している。この間に彼に仕える隊長たちは、フィレンツェの郊外地（約五〇キロ東南）であったアレッツォを奪取。アレッツォはアスティ〔訳注・北イタリアのトリノの近く〕にいるルイ十二世のもとへ抗議の使者を送った。これを知るや直ちに、仮面をし変装してアスティへ急行したチェーザレは、アンボワーズ枢機卿に会って、自分には何の罪科もないことを言い訳し、それを枢機卿は信じる振りをし、ルイ十二世にも信じ込ませたのである。

しかし、その間、チェーザレに対しては、独立を求める隊長たちのなかから「反ボルジア同盟」の動きが起き、ヴェネツィアもフランス王にチェーザレを告発するなどの波乱が生じる。とくに、このヴェネツィアの告発には、チェーザレの道義感、人間性を問う新しい箇条が含まれていた。だが、これに対するルイ十二世の答えは、「もしヴェネツィアが行動を起こした場合は、フランスに対する敵対行為として対処する」という厳しいものであった。そこには、《共和制》に対する恐れが見られた。この点では、ボルジアはフランス王からお墨付きをもらったわけで、チェーザレが勢いづいて、ヴェネツィアに攻撃を仕掛ける可能性があった。ヴェネツィアは警戒感を強め、しばらくは、毎夜、役人たちがゴンドラでラグーナの要所要所を巡邏した。

フィレンツェも、それに劣らない恐れを抱いた。しかし、あえて警戒態勢は採らず、チェーザレの周辺に人を派遣して情勢を観察することにした。この人物は、大きな責任を担うような立場でもなく、フィレンツェ政府から支給された給与も月に一〇エキュぐらいで、チェーザレを楽しませるような話をしながら、その本心を探った。チェーザレも、この人物が何をしようとしているかを見抜きつつも、彼を信用しているふりをして気さくに話し、自分の考えと計画を打ち明けて彼の判断を求めさえした。そもそも、創意工夫に富んだ術策を好む「芸術家 artiste」であり混み入った筋書き（アンブロリオ imbroglio）の効果を高く評価するのがイタリア人であり、そうしたイタリア人たちの間では、どのような結果をもたらしたかは、成功の技術自体ほど高く評価されなかった。結局、チェーザレを観察し、その内心の考えを読み取るためにやってきた彼だったが、逆に自身が、すべてを見抜かれ虜にされて、彼のために肩入れさせられていたのである。この人物というのがマキアヴェリであった。マキアヴェリのような偉大な精神の人であったからこそであるが、彼に起きたことは、完全に満足させるにはいたらなくとも、その腹黒さによって彼を楽しませ、自らの偉大さ、詩趣、巧妙さを付与したのである。彼はヴェールの一隅を外して見せただけだったが、マキアヴェリは、これらの思い出をもとに、さらにあとで、強力な想像力によって補完し、堂々たる《詩篇》ともいうべき偉大な悪の政治学を仕上げたのだった。

チェーザレにしてみれば、このように不死の命を思うままに分け与えてくれるこの貧しい下っ端役を手に入れることができたのは、稀な幸運であった。精神の人が才能の人に対してもっている優位性は、相手に幻覚を仕掛けることができることであり、その大部分は驚きの効果であって、その成功は、観客に「うまいぞ Bien joué」と叫ばせる見せ場のおかげである。

しかし、さいころに細工が施されていたらどうだろうか？　事実、細工が加えられていたのだ。チェーザレは、ローマ教会とフランス王室の金庫を後ろ盾に、民衆を味方にしていたから、嫌われ者の何人かを生け贄に供することによって確実な部分を賭けた。

「この宮廷で最も広く顔を知られていたラミロ・ドルコが、ペサロ〔訳注・アドリア海に面したマルケ州の町〕から昨日着きましたが、公（チェーザレ）の命令で、ただちに捕らえられて塔に閉じ込められました。公は、自分の破滅を熱望しているこの地方の人々に対する生け贄にしようと考えたのでしょう。——お願いですから、わたしに生きるためのご支援を送ってください。もし公が出発していたら、一文無しのわたしは、どこへも行きようがありません。——今朝、真っ二つに斬られたラミロの死体が広場に放置されているのが見つかりました。それは、いまも、そのまま放置されており、町じゅうの人がそれを見ることができます。彼が死ななければならなかった原因は分かっていません。あなた方の従僕がわたしを訪ねてきて、金貨二十五ドゥカットと黒いダマスコ布十六オーヌ〔訳注・一オーヌは一・二メートル〕を渡してくれました。」

このラミロは、これまでチェーザレ・ボルジアの手先として人々に残虐さの限りを尽くし、嫌われてきた人物であったから、彼のこの死はロマーニャじゅうの人々を喜ばせた。チェーザレに反乱を企んだ隊長たちは、このラミロを信頼して、そのもとに結束していた。なかには、不安を抱いた者もいたが、蛇に魅入られた小鳥のようにやってきたのだった。ボルジアは彼らを絞殺させることによって、国じゅうから尽きることのない感謝が彼に寄せられた。マキアヴェリは、このことについても、抑えた調子ではあるが、真摯で実感をこめた称賛をもって語っている。

このとき絞殺された犠牲者一人、オルシーニは、枢機卿を兄弟に持っていた。法王も、彼とは婚姻関係にあったが、宣誓一つほどの苦痛しか感じなかった。この枢機卿とその親族は、脅されて自分たちの要塞を明け渡す署名をした。しかし、この枢機卿は金持ちだったので、老いた法王は、これを獲物にしようと考えた。彼は、その家を差し押さえ、家具を運び出させた。この枢機卿の会計簿を調べたところ、二千ドゥカットの無記名債権を持っていたことが判明。また、大きな真珠を買ったのを見ていたが、それらが見つからなかった。そこで、彼は、邸を封鎖して母親が食べ物を運んで来られないようにし、白状しなければ飢え死にさせると脅すよう命じた。

母親は、すぐ二千ドゥカットを支払い、枢機卿の愛人は、男の衣服を調べて、件の真珠を持ってきた。そこで法王は食べ物を運ばせたのだが、枢機卿本人は、その前に溺死させられていた。同じ日、彼は、枢機卿たちにこう言っている。「彼のことは医者たちに任せてある」。われらの儀典長ブルヒャルトは、この枢機卿の埋葬には関わらないようにしたが、こう言っている。「わたしは、自分が知らなければならない以上のことは知りたいと思わなかった」。

このオルシーニ家がフランスの庇護を受けていたのに対し、ボルジア家はフランスに気を使わなくなり始めていた。ナポリ王国でのフランスの介入は、うまくいかなくなり、フランス軍はセリニョーラ〔訳注・南イタリア、フォッジアの近く〕で敗北した。チェーザレは、間を置かずスペインと交渉した。しかし、フランスはチェーザレを味方にしておきたかったから、トスカーナを犠牲にすることによって、チェーザレとの繋がりを維持した。ルイ十二世も最後はこの友人について目を覚ますが、それはもっとあとであった。彼は、ほんとうなら真っ先にしなければならないこと、諸都市の連合を試みたが、シエナとフィレンツェの間の確執、ピサに対するフィレンツェの執念が障碍になった。もしアレクサンデル六世の突然の死（一五〇三年八月十八日）がなかったら、トスカーナ地方は間違いなくボルジアによって滅ぼされていたであろう。

この父子〔訳注・アレクサンデル六世とチェーザレ〕は、カネが必要になると、誰か枢機卿を生け贄にするのが習いであった。今度の場合は、毒薬を注ぐ係に手違いがあり、薬は三つに分けられ、法王が飲んで即死した。息子〔チェーザレ〕と標的になった枢機卿〔訳注・コルネート枢機卿〕も倒れたが、これは具合が悪くなっただけであった。

アレクサンデル六世は、真っ黒で恐ろしい形相になり、サン＝ピエトロ寺院に運ばれた。民衆は、言葉に言い表せない喜びを胸に、この遺体を見に駆けつけた。チェーザレも、意識を失ってヴァティカンへ運ばれた。若くて元気な彼にとっては、父親と一緒にぶっ倒れようとは予想もしなかった事態であった。たちまち彼に敵対していた人々が大挙ローマに帰ってきてボルジアの手下の軍勢を撃ち破り駆逐した。ファビオ・オルシーニは、ボルジアの人間を一人でも見つけて殺し、その血で我が手を洗い、口を漱ぐことに幸せを味わった。〔訳注・オルシーニ家はケレスティヌス三世（1191-1198）やニコラウス三世（1277-1280）といった法王や多くの枢機卿を出した名門貴族であるが、シクストゥス四世を支えてナポリのアラゴン人やフランス王と戦ったジェンティーレ・ヴィルジニオはチェーザレ・ボルジアの命令で毒殺されるなど、ボルジア家に対する憎しみは激しいものがあった。〕

チェーザレ・ボルジアは、意識を回復すると、味方であるスペイン人枢機卿たちのことについて訊ねた。彼らは、このように憎まれている一人の男と運命を共にするには、豊かすぎる精神に恵まれていた。彼らは、どのように投票したか？　スペイン軍は遠くにいたが、フランス軍は近く〔訳注・ミラノ〕にいた。このことから、次の法王になるのは、アンボワーズ枢機卿で間違いないように見えた。アンボワーズ枢機卿は、あれほど熱望し、あれほど犠牲を払ったこの目標に、すぐ手が届くところにいた。

ルイ十二世は、娘（クロード）をフェルナンドの孫と結婚させることによってナポリを娘に与える協定に夢中になった。ゴンサロは、そんな協定は気にもしなかった。

フランス軍は、到着が秋の雨の時期になるリスクを冒して、夏の盛りに出発した。しかも、それにローマの城壁の下で待たされるという手違いが生じた。こうして、フランス軍の到着は遅れに遅れた。枢機卿たちはアンボワーズに、「あなたが指名されることは確かなのだから、フランス軍の出発は自由になさるがよい」と説得した。

この軍勢は、雨でずぶぬれになり、ガリリアーノ川〔訳注・ラティウムとカンパーニャの境界になっていた〕でゴンサロに敗れた。フランスはすべてを失った。君主ルイ十二世と同じくアンボワーズ枢機卿も挫折した。枢機卿全員がフランス派の友人であるジュリアーノ・デラ・ロヴェーレを指名したので、アンボワーズもこれに同意せざるを得なかった。チェーザレも、自分に忠誠を守っている人々のために、自分が法王軍の総司令を続けることを約束した。こうして、ジュリアーノ・デラ・ロヴェーレが枢機卿全員一致の投票で、新法王ユリウス二世（1503-1513）となった。彼は、フランス派、スペイン派の枢機卿たちに担がれて当選したのだったが、生粋のイタリア人法王として、フランス人もスペイン人も放逐しようと決意していた。〔訳注・この間の経緯を若干、補って述べると、アレクサンデル六世亡き後、九月二十七日、チェーザレが抱き込んだスペイン系枢機卿団がキャスティング・ボートを握りフランチェスコ・ピッコローミニ枢機卿が新法王ピウス三世となったが、約一か月で病死し、十一月一日、デラ・ロヴェーレが新しく指名されてユリウス二世となったのである。」

この新法王は、性格がきつく横暴であったが、誠実で感謝の心といった高尚なところがないでもなかった。フランス人たちは、不幸な敗北のあとで逃げ腰になっていただけに、この法王のもと、救いを見出した。家門でいえば長年の敵であるボルジアのチェーザレについても、選挙で助けてくれたことから優遇された。法王はヴァティカンに安心できる場所を与えて彼を報復から守ってやったが、彼を法王軍総司令にするほど軽率ではなかった。

法王は、チェーザレがロマーニャの一部を抑えていたことを知っていたが、だからといって、ヴェネツィア人たちが別の勢力に呼ばれてロマーニャに侵入するのを許し、チェーザレの気分を害させることは避けた。

チェーザレ・ボルジアが身の破滅を招いたのは、無思慮にも、「もし、わたしに圧力をかけてくるなら、わたしの要塞をヴェネツィア人たちに開放することもできるんだぞ」と言ったことによる。法王は彼に、ロマーニャに移って統治に専念するよう勧めていたが、この一言で彼を信頼することはできないと考え直した。そこで、すでにオスティアの港〔訳注・テベレ川の河口の町で、ローマの外港〕で乗船しようとしているチェーザレに対し、要塞を法王軍に開放せよというチェーザレ麾下の指揮官たち宛ての命令書に署名するよう伝えさせた。

彼がこの法王の命令に従うのを拒絶するや、ただちに逮捕されてヴァティカンに連行された。そこで、彼は、一応は法王の命に服従するふりをして指揮官たちへの命令書に署名したものの、ひそかに、この命令には従う必要はないと言い添えたことが判明し、法王の激怒を買って独房に放り込まれた。そこで、改めてまじめに命令を出し、それが実行された。

この間、チェーザレはゴンサロの通行免状を手に入れ、釈放されるとナポリへ向かった。《スペイン軍の偉大な司令官》ゴンサロは、彼を尊敬を込め礼儀を尽くして迎えたが、その後、ゴンサロは君主のフェルナンド二世との肝胆相照らす会談によって君主の意向を確かめた結果、この偉大な友をスペインへ送った。そこでチェーザレが住まいとして見出したのは、一つの要塞の地下牢（in-pace）であった。〔訳注・このとき、フェルナンド二世には、ボルジアの身柄を拘束するよう、法王から強い要請が届いていた。そして、このスペインでの拘禁生活は三年に及び、ようやく脱獄に成功したのは一五〇六年十一月と言われる。〕自由になったチェーザレは、妻の兄であるナヴァール王ジャン・ダルブレ〔訳注・ナバラ王フアン三世〕のもとに身を寄せ、この王のために戦うが、一五〇七年に森のなかで命を失った。享年三一。

第八章　ルイ十二世

読者は、これほどの重要な諸事実をチェーザレ・ボルジア一人の歴史に凝縮して語ったのは、なぜなのかと問われるであろう。それは、不幸にも、このチェーザレの歴史がイタリアにおけるフランスについての評価とフランス人についての考え方の歴史の基盤を形成しているからである。

イタリア人たちは、スペイン人、スイス人、ドイツ人に痛めつけられながら、彼らの横暴と自分たちの悲劇の歴史を、それが運命であるかのように、文句も言えないでひたすら頭を低くして耐えた。しかし、フランスについては、露骨に嫌った。一五〇九年、ヴェネツィアの多くの農民たちが、「フランス王ばんざい！」と叫ぶよりはましだと言って絞首台に登っている。〔訳注・一五〇八年、法王ユリウス二世の提唱で、神聖ローマ皇帝、フランス王、スペイン王、法王により「カンブレー同盟」が成立し、一五〇九年にはカンブレー同盟がヴェネツィアに対し宣戦布告。五月にはアニャデロの戦いでヴェネツィアは敗北、北イタリアはフランスによって制圧された。〕

イタリア人たちがフランスを嫌った正当かつ合法的な理由が三つある。

まず第一。フランス人たちは、一人の聖人〔訳注・サヴォナローラ〕の声、人民の声によって「イタリアの解放者にして、善人には友であり慰め主とし、悪人に対しては懲罰を下し神の正義を実行するであろう」との予告のもとにイタリアに入ってきた。ところが、シャルル八がトスカーナを通過したとき、どうであったか？　フランス軍を讃える歌をもって熱烈に歓迎してくれた人々に剣をもって威し、強奪したのだ。フランス人たちは、三〇デナリウスという端金で愛と宗教を手に入れようとしたのだ。〔訳注・「三〇デナリウスで……」というのは、ユダがイエスを売った値段が三〇デナリウスであったことに絡めている。〕

しかしながら、イタリアの古くからの不幸の象徴ともいうべきピサ問題へのフランスの介入、オービニィ、イヴ・ダレーグル、バヤール、ラ・パリスといった善意に満ちた正直な人々の存在が、フランス人に対するイタリア人たちの好感を根付かせてくれたことも事実である。したがって、フランス最良の指揮官たちがロマーニャでチェーザレ・ボルジアと行動を共にしているのを目にしたとき、何が起きたか？　彼らにとって救世主の標識であったフランス王の旗がアルプスから引き返してきてボルジア軍によって掲げられ、この猛獣を食い止めようとした最後の抵抗を打ち砕き、彼のために死体置き場を用意しているのを見たとき、何が起きたであろうか？

ボルジアは生き永らえることができず若くして亡くなったが、なおも人々は期待した。だが、フランスは、そこまでで止めておけばよかったものを、そうはせず、グラナダ条約によってスペインをナポリに誘い込み、スイス人をサン＝ゴタール峠の麓に定住させ、ドイツをヴェネツィア国家に介入させ、アルプスの大門トレント〔訳注・ドイツ語ではトリエント〕とヴェローナ＝アディージェ線をオーストリア家に任せるなどして、さまざまな外国勢力をイタリアに誘い込み、のちにオーストリアが冒すカンポ・フォルミオ和約の誤りを自らに対して冒した。〔訳注・カンポ・フォルミオの和約とは一七九七年にナポレオンとオーストリアの間で結ばれた条約で、オーストリアはネーデルランドとイオニア諸島を失い、ヴェネツィア共和国以外のイタリアに干渉しないことを確約させられた。〕

イタリアを制覇しようとしたのはフランスだけではなかった。しかし、北イタリア諸都市に攻撃を仕掛ける口火を切ったのはフランスである。その前に立ちはだかった強力な相手がヴェネツィアであった。フランスは、このヴェネツィアの障壁を突破するためにヨーロッパを巻き込んだのだったが、これはひどい先見の明の欠如であった。当時の政治家たちは、ヴェネツィアに脅威を覚え、ヴェネツィアが二つ三つの要塞を手に入れていただけで不安を募らせていた。彼らは、スイス人たちがかつてヘルヴェティ人と呼ばれていたころの蛮族移動を再現しているのだと怯えたが、もっと大きな危機には目もくれなかった。その大きな危機とは、オーストリアが、なんら秘密裏にではなく幾つかの条約に読み取れる法律行為によって着々と準備が進めていた巨大帝国としての興隆であり、すでにカール五世の揺りかごにはヨーロッパの半分が集められていたのである。

世界は、気づかないうちに、一連の平和条約と婚姻政策によって、「地上の帝国」ともいうべき強大国をめざすモンスターを孕み、育てていた。それは、絶え間ない戦争の怪物であり、生成の百年と破壊の百年を交互に繰り返し、十六世紀の六十年、十七世紀の三十年をフランスとスコットランド、ドイツの胎内で宗教的憎悪と災厄を拡げ、火刑台の炎で内側から揺り動かした内戦の怪物でもあった。

この運命的に不吉な、世界に災厄をもたらす子供が生まれたのは西暦一五〇〇年である。彼〔訳注・神聖ローマ帝国皇帝カール五世。スペイン王としてはカルロス一世〕は、フィリップ（フェリペ）美公（le Beau）の息子とし、ブルゴーニュのシャルル・ル・テメレールの曾孫として生まれ、ライン＝ブルゴーニュ＝フランドルにわたる帝国をさらに巨大化する夢を引き継いでいた。マクシミリアンの孫としてオーストリアの国土と幾つもの王家の血を受けた彼は、その体内に、ハンガリー、ボヘミア、ドイツ帝国と中世の偽カエサルたちの伝説的相続財産に対する権利を主張し引き込もうとする運命的吸引力を受け継いでいた。

他方、彼は、母方〔訳注・カスティリヤ女王ファナ。その両親はフェルナンド王とイサベル女王〕から は、イベリア半島の諸国とナポリ、シチリア、アフリカおよび大西洋の彼方に広がる新世界の諸港だけでなく、それらに含まれる革命的熱狂を託されており、これは、彼の息子〔訳注・スペイン王フェリペ二世〕をして「異端審問の申し子 le vrai fils de l'Inquisition」たらしめることとなる。

善良なフランドル女マルグリットがマクシミリアン帝のシャツを縫いながら歌って聞かせた独特の子守歌――それを揺りかごのなかで聞きながら育ったのが、世界に戦争と不幸を拡散する皇帝となっていったのだ。シャツを縫うマルグリット、糸を紡いだアンヌ・ド・ブルターニュ、王妃ベルト〔訳注・王妃ベルトは実在の王妃というより、レース編みにその名が伝わっている伝説の王妃〕……彼女たちの面影は、勤勉と貞淑の手本として人々の胸を打ってきた。あとで見るように、フランソワ一世の母、ルイーズ・ド・サヴォワは、重厚な書物を好んで読んだインテリ女性である。アングレーム家の彼女の部屋にはいまも「Libris et liberis」（わが書物とわが子ら）との銘が読まれる。縫い物をし、糸を紡ぎ、書を読む——これら三人のパルカ Parques〔訳注・ローマ神話で運命に関与する女神で、生誕を司るクロト、寿命や運命を決定するラケシス、死の神アトロポス。ギリシア神話のモイラと同一視される〕が、ヨーロッパのさまざまな不幸を織り上げたのだ。

ロマネスクでマキアヴェリ的なカール五世の外交上の大きな罪を際立たせているのが、彼らの家族への偏愛と国民に対する蔑視である。これらのよき母親たちの物語が意図したのは、多くの民族を一つのくびきに繋いで一人の首長のもとに従わせ、二人の子供たちの結婚によって平和な国を実現することであった。無理矢理結合される諸民族の恐怖など、どうということはない！　戦争の二百年と言っても、どうということはなかった！　二人の子供たちが君臨すればよいのであって、世界は滅ばば滅べ！

アンヌ・ド・ブルターニュが、夫のルイ十二世が病に臥せった一五〇四年に行った試みとは、そのようなもので、もしもルイが死んでいたら、彼女は、フランスをカール五世に呉れてやるという罪を犯していたであろう。そしてカールのほうは、お襁褓をした征服者として、未来の義母〔訳注・カールが結婚する相手イサベルは、ポルトガル王マヌエル一世とアラゴン王国のマリアの娘〕から、ヨーロッパじゅうで起きる抵抗の剣を受け取ったであろう。その剣とは、ルイ十二世の枕の下から盗まれ、フランソワ一世がマリニャーノとパヴィアで振るい、多くの不幸にもかかわらずスレイマンの支援でヨーロッパを救うことになる剣である。

孤独で性格が強く、尊大なアンヌは、誰をも愛することがなかった。彼女の心にあったのは、ブルターニュのことと最初の婚約者であったマクシミリアンの思い出〔訳注・マクシミリアンは妃のマリー・ド・ブルゴーニュが事故死したあと、再婚相手としてアンヌ・ド・ブルターニュを選んでいたが、この結婚は成立しなかった〕と、そして唯一成人にまで至った娘〔訳注・クロード。シャルル八世もルイ十二世も王位を継ぐ男児が育たなかったので、彼女が嫁いだアングレーム家のフランソワ一世が王位を継いだ〕のための野望だけであった。彼女は、この娘をマクシミリアンの孫と結婚させ、世界に君臨する皇妃にすることを夢見たのである。スペイン、オーストリア、そして低地諸国の三つの王冠を吸収するこの恐るべき子は、その未来の偉大さによってヨーロッパを震撼させる。だが、彼女の望みは、もっと大きかった。

これ自体は、それだけのことか、あるいは、嫉妬が渦巻くブルターニュの小さな宮廷のなかの問題で、国王とは関係がなかった。王妃を守っているブルターニュ人衛兵たちは、ブロワのテラスの寂しい一隅に、あたかも黒い雲か海鳥の群のように集まっているだけであった。ルイ十二世はこれを見て「貞節な女性とつきあうには、我慢しなければならぬことがたくさんある」と笑っていた。このとき彼は、この信心深いブルターニュ女が、王にとって敵である法王や皇帝マクシミリアンのためにどれほど貢献しているかは知らなかったのである。

ルイ十二世という王は、そのイタリア政治の模倣などによってフランスにとり有害な存在であったが、それ以上に、本来なら美徳であったことによっても害を撒き散らしかねなかった。たしかに彼は、家庭にあっては誠実な夫であり、むずかしい王妃をもできるだけ王権に結びつけた。外国の使節が来ると、王妃のところへも行かせた。すると王妃は、急いで覚えた相手国の言葉をまじえて準備した返事を返した。それはよかったが、よくなかったのは、フランス王妃という立場にありながら、彼女はブルターニュ公国という「外国」の君主のままであり、直接に法王と文書を交わし、夫が法王と戦っているさなかであっても、法王への忠誠を守ったことである。

夫であるフランス王ルイ十二世はつねに病気勝ちで、頻繁に病床に就いた。そんなときは彼女はひとりで看病し、抱擁し、「娘の結婚のための力」を引き出し、その力をもってヴェネツィアを地図から抹殺し、フランス王政を解体することによって、イタリアとフランスにとり致命的なものとなる協定に署名した。それによると、ヴェネツィア人の国家は神聖ローマ皇帝とフランス王、教皇の間で分割され、皇帝には真っ先にイタリアに入る大きな入口が与えられるはずであった。

まさにシャルル・ル・テメレールが息を吹き返したのだ。しかもこの「新しいシャルル突進公」は、アンヌのおかげで、もともと彼が所有していた諸州〔訳注・ブルゴーニュからフランドル一帯〕だけでなく、ブルターニュまで付け加えてもらったから、ブロワとアラス、オーセールだけでなく、どこからでもパリの市門に直行することができたであろう。

それだけではない。一五〇五年には、王のあたらしい病気で、彼女は娘をブルターニュへ移し、王国の跡継ぎである若いフランソワ〔訳注・シャルル五世の息子ルイ・ドルレアンの血を引くシャルル・ダングレームとルイーズ・ド・サヴォワの子。このとき十一歳〕を手元に引き取ろうとした。彼女は外国人がフランス王位に即くのを阻んだサリカ法を削除した。今度は、どの州を指定するかは不要で、フランス王政そのものを掻っ攫おうとしたのである。

このとき、さいわいにも一人のブリトン人が立ちはだかった。幼い王子の養育係であったジエ将軍で、彼は、ロワール川の渡し場を抑え、もしも王妃がフランスへの裏切りを試みるなら、彼女自身を捕らえることも辞さない態度を示したのである。王も、我に返ると危機的状況にあったかを理解するや、三部会を開いて、フランスをオーストリア家に委ねることになる致命的条約を破棄することを決めた。

良識は、なんと言ったであろうか？　地平線の彼方で巨大化しゆく怪物的強国からフランスを守ろうと思うなら、イタリアを保護することが必要であった。連合的国家であるイタリアでは連合を組むことが大きな希望であり、自由を守ろうとするヨーロッパにとっても、イタリアという隣人を強化し、これと連合して怪物的強国と釣り合いをとっていくことがわが身を守る有効な手段となったであろう。

フランスは、イタリアを流動的で害悪を生じる場合が多い法王政治の影響に任せることはできなかった。そこでフランスは、自らが首席を占める恒久的隣保同盟「アンフィクテュオニア

amphictyone」〔訳注・古代ギリシアでデルフォイを核に結ばれた同盟〕を自身で作り出さなければならなかった。わたしたちも、やがてはイタリアが、《連合主義 fédéralisme》に頼らないで自力で歩むようになることを期待する。そのときは、イタリアは、今よりもずっと大きな影響力をもっているであろう。トスカーナ諸都市はボルジアの野望に対抗するために、どれほど苦労したことか！　だが、それは、大したことではない。今後、イタリアを一つに結束させるには、相互の友愛の力の重要性を、その何倍も重みをかけて強調する必要があろう。〔訳注・イタリアが独立国家となるのは一八六一年のことである。ミシュレが『ルネサンス』を執筆刊行したのは一八五三年から一八六七年にかけてである。〕

イタリアが犯した罪、悲しむべきピサ事件については、フランスも無関係ではない。イタリアの心臓であり重い頭部であるフィレンツェの罪は、弁解の余地もない。きわめて劣弱なフィレンツェ政府は、このピサの破滅をなんとかフランス王に引き受けさせようとした。それは、ピサを支援していたヴェネツィア、さらにはジェノヴァについても、同じであった。ジェノヴァは、貴族階層の反対を押し切って市民たちがピサを助けようとし、そのためにフランス軍によって攻められたのだった。

注目されるのは、ピサとその味方をするヴェネツィアやジェノヴァとの交渉のためフィレンツェから派遣された（つまりイタリアに破滅をもたらすために派遣された）代理人がマキアヴェリであったことである。フィレンツェの終身司法官（gonfalonier à vie）のソデリーニの無能と枢機卿アンボワーズの愚劣の仲介役として両者の言葉を伝え、翻訳するために使われたのが、貧しい天才のマキアヴェリであった。彼は、手紙のなかで、枢機卿の邸の門前でさんざん待たされてぞんざいに扱われたあげく、フランス軍の小姓に威嚇された。彼が遺した文書の多くは、飢え死にしそうなほど貧しい日々であることが述べられ、あるときは、ズボンを手に入れるにも苦労したこと、その腹癒せのために、ソデリーニを非難する短詩まで作っている。

死に臨んで地獄に堕ちる恐怖に囚われた。ソデリーニにプルートー Pluton〔訳注・地獄の主神〕は言う。「お前は地獄ゆきだ！　幼い子供ならリンボ limbes〔訳注・「古聖所」と訳され、旧約の聖人たちがキリスト降臨まで待機させられているところ〕行きだが、お前の場合は、そうはいかぬ。」

マキアヴェリは、自分がしなければならないことは、フィレンツェを偉大にし、法王を無力化することだと見極めていた。彼は、信心深いルイ十二世が、ローマで大砲を撃つのに、一発ごとに跪いて恩寵を乞うのを見て肩をすくめている〔訳注・肩をすくめるのは軽蔑を表す仕草〕。

「一人の法王に良識ある行動をとらせるためには、皇帝を呼ぶ必要もないし、形式など不要である。フランス王は、フィリップ美男王のようにサン＝タンジェロ城に部下を配置し、法王に拳骨を喰らわせればよいのだ。しかし、そうした配下も、いまや亡くなって、目覚めさせることはできな

い。」（『Légi.』一五一〇年八月九日）

法王から剝ぎ取られたものは、トスカーナに、フィレンツェ人たちに付加されなければならなかった。フィレンツェがイタリアの心臓であった。ジェノヴァとヴェネツィアとは両腕であり、これらは強化されなくてはならなかった。

ジェノヴァは古代ギリシア時代の活力を再現し、その手漕ぎの船団で戦って地中海を制しただけでなく、一時は黒海に一つの帝国を築いたが、ついには力尽きたとしても当然のことで、驚くことはない。しかしながら、そこには、豊かな富の蓄積とリグリア人種（race ligurienne）の驚くべき活力があった。すでにかつての海軍はなかったが、その感嘆すべき人的資源は海上交易にたずさわる人々として、沿岸地域に満ちており、何ものによっても壊されない勢力を維持していた。まさにジェノヴァ人たちは、過去も現在も、そしておそらく未来も、世界で最も勇敢な船乗りである。イギリス人もアメリカ人も、ジェノヴァ人が三、四人乗りの小さな船で大西洋に平気で乗り出すのを見ると震え上がった。彼らこそ本物の「海の子ら」であり、クリストファー・コロンブスを凌ぐ英雄的行為をその経済活動において日常茶飯のようにやっているのだ。

そんなジェノヴァ人たちは、互いの間では締まり屋であるが、ときには驚くような気前よさを見せた。昔からのライバルであるピサの窮状に助けを出し、ジェノヴァのガレー船隊が食糧をピサに届けた光景は世界を感嘆させた。しかし、フランスだけでなくフランス王に仕えるジェノヴァ人貴

彼らこそ本物の「海の子ら」であり、クリストファー・コロンブスを凌ぐ……

族の意向にも反して行われたこの行動が一因となって内戦が始まった。民衆派は形勢不利ななか、一介の染め物師パウロ・デ・ノヴィを総督（doge）に担いで対抗した。すでに町の周辺農地も山地も貴族軍に抑えられ、市民たちは餓死の危機に陥った。この事態を収拾するためにフランス王が仲介役を買って出たが、双方から拒絶されたので、ナポリ王国奪還のために用意していた軍勢をジェノヴァ鎮圧に振り向けた。これは、蠅を叩くのに巨大な棍棒を用いるようなもので、貧しい水夫たちは、陸上では足許もおぼつかなく、バヤールのような老兵を相手に、ほとんど戦うこともなく降伏した。王は、金色の蜜蜂の装束で「蜜蜂の王は針をもたない Le roi des abeilles n'a pas d'aiguillon.」との銘を掲げてイタリアに入った。たしかにこの敗北で縛り首になったのは僅かであったが、受けた屈辱は、イタリアの心に深く刻まれた。フランス王政は貴族たちに力を回復させることにより、カール五世を牽制したであろう海の英雄であるジェノヴァ民衆派の立場を低落させたのだった。

フランス王は、このジェノヴァの凋落にもまして、さらに大きく華麗で壮大な愚行を冒す可能性があった。ヴェネツィアを打ち砕こうとしたことである。しかも、これは、そのとおりになった。ある顧問は王に「ヴェネツィアはミラノ人の守護神であり、ドイツに対抗するうえでのイタリアの門番です」と言い、ナポリ王国には外国人を利用したほうがよいのではないかと意見した。

答えは前もって出されていた。アンヌ・ド・ブルターニュ、アンボワーズ枢機卿、ルイ十二世本人の三人から成るこのブルジョワ的王室が「法王庁 Saint-Siège」「聖なる帝国 Saint-Empire」に対して抱いていた崇敬心は中世の時代そのままで、彼らは「自由国家 États libres」に対して強い敵対心を抱いていた。王妃アンヌと同様、王自身も、その魂は、先祖から受け継いだ領主のそれであり、アンヌが愛着したのがブルターニュであったように、ルイ十二世は、神聖ローマ帝国の封地であるミラノに執着した。その意味で、彼の核心的自我はマクシミリアン帝の臣下たることであり、したがって、この皇帝の旗のもと、神聖帝国の権利を蚕食しローマ教会の財産を食い荒らしているヴェネツィアに対する十字軍において戦うことが彼にとって至高の使命であった。

王は、多弁で軽率であったから、自分がどんなにヴェネツィアに対し強い敵意をもっているかを会う人ごとに語っていた。そのことは、ヴェネツィアも知っていて、やがてフランスの強大な武力が嵐となって襲ってくることを覚悟していた。しかし、一方では、フランスがヴェネツィアを必要としていることも感じていたから、フランス王がヴェネツィアを破壊しようと本気で考えているとは思えなかった。これは、フランス王が反ヴェネツィアのヨーロッパ同盟を形成するにいたっても変わらず、キリスト教世界の東端を占め、トルコ人たちと海上で唯一戦っている自分たちを壊滅させようとして襲ってくるなどとは考えられなかった。ヴェネツィアがマクシミリアンの誘いを頑固に断って、反ヴェネツィア感情の強いフランスの陣営に残ったのは、このためであった。

ルイ十二世が何年にもわたって反ヴェネツィア感情を掻き立て、さまざまな相手と条約を結んだ執拗さをどう説明したらよいだろうか？「反ヴェネツィア」ということは「親オーストリア」ということでもあった。オーストリアのイタリア侵入を阻んでいるのがヴェネツィアだったからである。ルイ十二世はいつまでも憎しみ続けていられる性格ではなかった。このことで彼と対照的なのが、王妃アンヌのブルターニュ人らしい執拗さであった。彼女は、オーストリア王との最初の結婚話に固執し、この未来の婿殿に情念を燃やした。一般的に王家の人々は互いに一つになろうとする傾向が強かったが、とくにオーストリア家の場合、「家族的精神」が強かった。アンヌ・ド・ブルターニュの場合は、マクシミリアンへのロマンチックな思い入れがあっただけに、なおさら強く心を捉えていた。

マクシミリアンの娘〔自称「シャツ作り名人のマルゴ」〕について一言すると、彼女は、オーストリア家でも我の強さでぬきんでており、しかも、一門の興隆に貢献した狡猾なフランドル女であった。〔訳注・マクシミリアンとマリー・ド・ブルゴーニュの間にブリュッセルで生まれたマルグリット（1480-1530）は、フランス王シャルル八世の妃になることが決まっていて、三歳でフランス王宮に引き取られた（そのときシャルルは十三歳）が、この許嫁の関係は一四九一年に解消された。一四九七年、十七歳でアラゴンとカスティリヤの王フアンと結婚したものの、フアンが同じ年のうちに死去。一五〇一年にサヴォワ公フィリベール二世と結婚したが、一五〇四年にフィリベールが死去したので、フランドルに戻り、兄のオーストリア大公フィリップが一五〇六年に亡くなったあと摂政になるとともに、甥のカール五世の養育に当たった。なお、彼女のフィリベールへの愛慕は消えず、彼の墓所に建てたブルゥの教会は、フランボワイアン建築の代表とされる。彼女は、ベルギーのメヘレンMeehelen（Malines）で亡くなった。〕

アルブレヒト・デューラーは、マクシミリアンの肖像を遺しており〔訳注・ウィーン美術館所蔵〕、歴史もこの君主の肖像に余計なことは付け加えていない。その骨張った顔はひどく軍人的で、鼻は大きく、無邪気さを欠いたドン・キホーテのようである。額は貧弱で、チロルの背後に見られる岩山を思わせる。その断崖の岩棚では、シャモワ山羊が彷徨っていて、マクシミリアンは、後世与えられる栄光の全てをそこに置いているかのようである。彼は、まず第一義的に狩人であり、皇帝は第二義的であった。彼の脚と脳みそは鹿のそれであり、彼の人生は絶え間ないハラーリ hallali〔訳注・獲物を追う角笛〕であった。ヨーロッパの一方の端から他方の端へと動き回った人生は、彼自身も知らない秘密を蔵しているだけになおさら人々には神秘に包まれていた。そのうえ、肘には穴があいており、浪費家であるだけにいつも困窮しており、彼のもとに来る人には少し与えるが、つぎには帝国の名において恥ずかしげもなく要求した。しまいには、傭兵隊長さながらに、イギリス軍のキャンプで一日百エキュで皇帝の身を安売りしているのが見られる。

だれが、このように彼をあらゆる側から押しやったのだろうか？　このチロルの狩人を押しやったのは、目眩を起こさせる悪魔だろうか？　百万エキュを要求しながら何リヤール〔訳注・少額貨幣〕しか貰えなかったどこかの皇帝の執拗な怨念であろうか？　さらにいえば、彼の悪魔的出自が彼を篩い落として血の海に沈めようとしているのだろうか？　彼は、オーストリアとイギリスとポルトガルというあらゆるヨーロッパ人種の血を受け継いでいたが、王であるゆえの不調和な結婚がこのような狂った人間を産み出したのだろうか？

それはともあれ、彼が自分の性分に合わないこのフランドルを去って、娘のマルグリットに託したことは、彼がフランドルに関して行った唯一の良識ある仕事であったと言える。マルグリットは、わたしに言わせれば、女性ながら力強さと悪賢さ、忍耐強さなどこのオーストリア家の人並み外れた幾つかの資質を調和的に兼ね備えた大器の人で、彼女のこの資質がハプスブルク家隆盛の基盤を築いた。本来なら融合不可能なものを和解させたのが彼女の特質である中庸性で、それが、十六世紀からフランス大革命にまでいたる幕間劇を活用して、この一家をヨーロッパの頂点に押し上げたのである。こうした中庸がその天分であったればこそ、ハプスブルクに劣らない中庸性をもったブルボン家とともに、ルネサンスと大革命という二つの閃光の間に広がる薄暮の長日というべき外交的時代において首位の座を占めることができたのであった。

我らが父祖たちは、当時の閨房と家門による政治、邪悪な秘儀のために、きわめて意味深い名前をもっていた。それが「intérêts des princes」（君主の取り分）と「l'intrigue des cabinets」（小部屋の駆引き）である。

マルグリットは、二十五歳で愛する夫、サヴォワ公フィリベールに先立たれるや、若い年齢でロマンチックな情念を捨てて「フランドル女のマルゴ Margot la Flamande」となった。幼児期をシャルル八世の許嫁としてフランスで育てられながら、結婚に至らないままフランドルに送り返されたことは、彼女の心に傷を遺し、以後、彼女はフランスの不倶戴天の敵となった。スペインの王子（ドン・ファアン don Juan）と結婚したが、この王子はすぐ亡くなったので、サヴォワのフィリベールと結婚。彼女は、フィリベールを熱愛したが、彼も亡くなり（1504）、彼女は、彼の墓所〔訳注・リヨンの北、ブール＝アン＝ブレス Bourg-en-Bresse にある〕に三千万（エキュ？）をかけて壮麗な教会堂〔訳注・ブルゥの教会〕を建設した。

この日から彼女は、いうなれば一人の男となって、その後の生涯を貫いた。この教会堂のためにヨーロッパじゅうの偉大な彫刻師を集め、何年もかけて、これを「フランボワイアン・ゴシックの粋」と言われる彫刻の玉手箱たらしめた。心に秘めたロマンと芸術のためになされたこの仕事を別にすると、彼女は、家門の隆盛のためと父親のため、ジャム作りとカンブレー同盟を実現するのに全力を尽くした。〔訳注・カンブレー同盟は、ヴェネツィア打倒のために、法王ユリウス二世、皇帝マクシミリアン一世、フランス王ルイ十二世、アラゴン王フェルナンド、フェラーラ公、マントヴァ公により、一五〇八年十二月十日に結ばれた。一五〇九年、フランス軍がヴェネツィアを破り北イタリアを制すると、今度は、フランスに対抗するための神聖同盟がヴェネツィア、法王、スペイン、イギリス、マクシミリアン帝、スイスによって結成される。〕

この善良な女性が歴史に遺した仕事は、三つに要約される。

第一は、コミューン戦争から宗教戦争までの間、「ベルギーの獅子」を宥め、眠らせ、無気力にした。

第二は、カール五世のために神聖ローマ帝国を買い取り、魂と声を行き交わせるとともに、この料理のなかに躊躇うことなくその白い手をつっこんだ。

第三は、二つの「カンブレー条約 Traité de Cambrai」（1508-1530）によって、フランスの価値を下げ、恥をかかせ、破滅を招かせて、イタリアをオーストリアに引き渡させた。このすべてが、親族会議のように、和やかに友好的に行われた。彼女がこの糸を紡いだ目的は二つ。王たちの連携の絆にすることと、民衆を縛る紐にすることとであった。イタリアは、この紐によって首を絞められ、フランスとドイツは、双方とも片腕を繋がれて、残る一本の腕で殴り合うしかなくなる。

繰り返すが、彼女こそオーストリア家の見事な外交政策の創始者である。カール五世は、叔母である彼女のスカートの下で育てられ、あらゆる教養と言語、沈着さと熱情、政治的献身精神を躾けられて、旧い宗教を活用してルネサンスに抗する君主に成長したのであった。

カンブレー条約を極秘に扱ったのが、カール五世の繊細な手とアンボワーズ枢機卿のごつい手であった。この条約にはすべての王が加わることが確かであったし、ヴェネツィアを獲物とするこの狩りは、ひとたび始まると、激しい奪い合いになることも明らかであった。イギリス、ハンガリー、スペインといった大国も、サヴォワ、マントヴァ、フェラーラといった小国も、また遠近を問わず、みんなが駆けつけた。

この戦いは、ヴェネツィア人という教会財産の盗人に対する戦いであり、不信仰者たちに対する《聖戦》であったから、参加すれば、それぞれの罪の赦しが得られるはずであった。マルグリットのほっそりした手によってこのように設定されていたので、オーストリア＝スペインは、彼女が両手を一杯にした翌日には、そこから切り抜けて、いちはやく対フランス戦に転じることができた。この「法王のための戦争」においては、ヴェネツィア人たちが幾つかの領地や城塞を返還すれば法王はすぐ満足するだろうことが容易に予見できた。こうして、法王もオーストリアもスペインも、みんながルイ十二世に飛びかかっていった。「カンブレー同盟la Ligue de Cambrai」は、はじめから、フランスを目標にした「神聖同盟La Sainte Ligue」を内包していたのだ。このフランドル産タペストリーは、表の面よりも裏面のほうが、より丹念に織り上げられていたのである。

ほんとうのところ、このヴェネツィアとは何だったのか？　イタリア最後の強国だったのか？　一つの町であるとともに、大きくもあれば小さくもある一つの帝国であって、そのオリエント的政府は、二十もの多様な人種をまとめて進ませるためには、無限に生じる難問を解決しなければならなかった。この驚異の町を作動させるには、賢明で強力な指導力とトルコ的手法も排除しない、慎重でありながら俊敏な行動を必要とした。しかしながら、その語られている恐怖の謎に分け入ってみると、この政治を包んでいる闇が力を形成させているというのは曲解であることが判明する。人々を怯えさせているのは影であって、実際に流された血も多くはなかった。おどろおどろしく語られてきたヴェネツィア国の牢獄は実際には大したものではなく、囚人の数も僅かであった。バスティーユやシュピルベルク、クロンシュタットなどヨーロッパ各国の名だたる牢獄と較べても、ヴェネツィア大公の宮殿の牢獄など、どうということはない。〔訳注・バスティーユはいうまでもなく、元々はパリの要塞だったが、フランス王室が重罪犯を閉じ込めた牢獄。シュピルベルクはハプスブルク王家がモラヴィアに設けた牢獄。クロンシュタットはロシアのロマノフ王室がサンクト・ペテルブルクから約三十キロ離れたフィンランド湾に設けた牢獄。〕

加えて、このヴェネツィア政府がほかのどんな政府に較べてもましであったことを示している事実がある。それは、ヴェネツィアの聖マルコの旗が、そのために命を惜しまないという人々によって、いたるところで掲げられてきたことである。しかも、古代ローマの共和制時代に憧れたコミーヌだのマキアヴェリ、モンテーニュらの思想家、若き日のラ・ボエシーといった人々が口を揃えて断言していることは、十六世紀において最良の政府はヴェネツィアのそれであったということである。

ヴェネツィア政府は、三つのことで他に類のない偉大さを示した。まず第一は、宮廷も鷹狩りも寵臣もない、勤勉でつましい政府であったこと。第二は、民衆の商業活動、自由な工業生産活動のために販路を広げ、食糧を確保するために懸命に努力したこと。最後に、ローマ聖庁に対して揺るぎない姿勢を貫き、オランダがそうであるように、自由思想家を保護し思想面での自由を保証した政府であったことである。この時代のヨーロッパで、自由で嘘のない人間の声を発信するための印刷と出版活動が許された都市を、どこに見つけることができたろうか？　それが、ヴェネツィアとバーゼルという二つの町である。この時代のヴォルテールというべきエラスムスは、自分の著作をこの二つの町から出した。ヴェネツィアのアルド書店とバーゼルのフローベン書店は、世界に光明をもたらした聖なる出版業者の草分けである。グーテンベルクにより嵩張る二折版（in-folio）から始まったこの革命を完成させたのが、ヴェネツィアのアルド書店で、一五〇〇年ごろ、学者用の大型判をやめて、小型版の八折判（in-8）やパンフレット判を出したことが一挙に文字に親しむ人々の世界を広げた。かくして、暴君たちの眼下にあっても、見えざる精霊の無数の軍団が列を成して進撃しながら、精神の自由を創造していったのである。

ヴェネツィアの複雑に交錯する暗い街路、狭い運河を行き来する黒いゴンドラ……そこには、自由思想の卵を養い育てているアルキヨン〔訳注・ギリシア神話で冬至のころの海の風波を鎮めるとされる吉兆の鳥〕の聖なる巣がある。また、サン・マルコ広場では、散歩する人々と混じり合いながら、無数の鳩たちがイタリア的優しさを示しているのを目にして、誰が感動を覚えずにいられようか？

この広場こそ、世界のあらゆる民族がおしゃべりを楽しんだ地上最初のサロンであり、遙かなる極東までもがマルコ・ポーロを通してヨーロッパに向かって話しかけた人類のサロンであり、印刷が登場する以前の困難な時代にあって、地球がその頭脳と感覚中枢（sensorium）、最初の自我意識をもち、人類が静かに己と会話することのできたサロンである。

フランス王にしてミラノ公〔訳注・ルイ十二世〕の最も神聖な義務は、ヴェネツィアを守り保持するだけでなく、恒久的友情をもっていい意味で影響を与え、オリエントにおいて支援し、当時その政治が迷い込んでいた間違った方向から転じさせることであった。このころのヴェネツィアは、トルコ人たちによってレパント、レフカス〔訳注・いずれもイオニア海に面したギリシアの島でヴェネツィアにとっては、イオニア海の守りの要地〕を奪われ、活動の目標をイタリア内部に転じて、そこで征服者然と、刃向かう者たちに対して小さな異端審問を行っていた。ヴェネツィア自身、ポルトガル人たちがアフリカ南端を回る航路を発見・開拓したことで起きた東西貿易のメイン・ルートの大革命によって脅かされていた。インドなど東洋の物産が、ヴェネツィア商人たちの手の届かない

この広場こそ、世界のあらゆる民族がおしゃべりを楽しんだ地上最初のサロンであった。

航路を経てヨーロッパに運ばれるようになったのである。スペインは、その強大になった権利を行使して、アフリカ各地をも含むあらゆる港をヴェネツィアに対し閉じさせようとしていた。

前者の病に対しては、治療法が一つあった。とりあえずはエジプトの支配者たちと緊密な同盟を結び、やがてはフランスが使節をコンスタンティノープルに派遣してトルコと手を組むことにより、スエズ地峡を通る近道を開通することである。これによって、ヴェネツィアは、寿命を長らえ、ドイツに対する防御力を維持することとなろう。〔訳注・ちなみに、ミシュレが本章を含む「ルネサンス編」を公刊したのが一八五三年から一八六九年にかけてで、スエズ運河開削の事業が始まったのは一八五九年、開通は一八六九年である。〕

当時、ヴェネツィアは背教者と通じ合っていると目されており、ユリウス二世は、ヴェネツィアに手をさしのべることに良心の呵責を覚えてためらったが、ヴェネツィアの使節にカンブレー同盟によるヴェネツィア追討の計画が進んでいることを話した。それでも、ヴェネツィアの使者たちは、危機が迫っていることを信じようとしなかった。

だが、すでにルイ十二世はアルプスを越えており、嵐は、あらゆる方角からヴェネツィアに迫っていた。これに対しヴェネツィアは、ギリシア人とイタリア人から成る「ロマーニャの花 fleur des Romagnols」と呼ばれるすばらしい軍隊を編成し、優れた二人の将軍を選んだ。が、ほんとうは一人でなくてはならないのに、これが間違いであった。二人ともオルシーニ家の出で、法王庁に仕えた傭兵隊長であった。一人は老練のピティリアーノ、もう一人はドイツ人たちを食い止め神聖帝国の旗を後退させた勇猛なアルヴィアーノである。

とくにアルヴィアーノのドイツ人たちに対する勝利は、かつては世界を征服した古代ローマ人の美徳が今も息子たちに受け継がれていることを示し、イタリア人たちの心に希望の火を点した。この点では、たとえばナポリ王国で行われたイタリア人とフランス人、イタリア人とスペイン人、十二対十二の決闘において、いずれもイタリア人たちが勝利したといったくだらない武勇伝が繰り返し喧伝されてきた。しかし、今度の場合は、ロマーニャの人々がヴェネツィア方のためにイタリアの旗を掲げて戦ったわけで、ロマーニャのブリシゲラの人々は、赤と白の外套をまとって、イタリアの名誉のために戦うことを誓った。彼らは、ヴェネツィア元老院の老人たちによって排斥されていなかったら、獅子のように戦っていたであろうが、元老院は、若く勇敢なアルヴィアーノに恐れを抱いて、その熱血あふれる軍勢を七十歳を超えるピティリアーノの指揮下に従属させ、しかもいよいよ敵軍を前にしたとき、共和国唯一の軍隊を温存するため、この軍勢を前線から後退させたのだった。

若いアルヴィアーノは、自分が、アッダ川に沿って絶好の位置にいることを自覚しており、ヴェネツィア本国の意向に反してでも戦えると期待し、フランス軍が橋を建設するのを、そのままにしていた。ところが、年老いた同僚のピティリアーノは、元老院の指示のままに、アルヴィアーノを背後に残して退却したため、アルヴィアーノは、川を渡ってきたフランス軍に撃破され、部下たちは殺され、自身も顔面に傷を負い、捕虜となってしまった。

一般的に、勝利した者は心穏やかになるものだが、ルイは病弱であったこともあって、とげとげしくなっていた。彼は、ヴェネツィア人に何を望んだのだろうか？　共和主義者であることだろうか？　法王に対し不従順であることだろうか？　彼は、ヴェネツィア人についてよく知らなかった。それだけに、ヴェネツィア人たちを憎んだ。妻と大臣という彼の「師」たちの考えは、はっきりしていた。妻は、法王への敬愛により、大臣のほうはローマで経験した失敗により。いずれにしても、王は、行く先々で、人々に苦痛を与えていった。ある砦の守備隊は、高貴な王の進撃を一時間阻んだとして、兵士たちは剣により、指揮官たちはロープで吊されて、全員が殺された。

バヤールは、彼らがどのように喉を掻ききられ、また城塞の鋸壁に吊されたかを記述し、ルイ十二世が強がって笑って見せたことなどを述べているが、そうした記録を読むと悲しい思いに囚われる。それから二年後、ルイは、フランス軍の将軍ショーモンが一つの町の住民を虐殺したことを聞いて、マキアヴェリの前で笑いながら、こう言っている。「わたしも悪い男と言われたが、今度はショーモンが悪口される番だな。」

戦争は、醜悪で野蛮になり、わけもなく凶暴になっていった。ヴィチェンツァ〔訳注・ヴェネツィア西方〕では、恐怖に駆られた住民たちが、町の近くにあった洞窟に逃げ込んだ。その数は約六千人、老若男女にわたった。いかにひどい目に遇うか、噂が流れていたので、そのような思いをするよりも、と逃げ込んだのである。それを知った傭兵の一団が、木や藁を運んできて入口のところに積み、火を点けた。閉じ込められた人々の間で恐ろしい事態が生じた。金持ちたちのなかには、身代金を払えば命は助かるのではないかと考えて外へ出ようとしたところ、周りの人々から剣をつきつけられて、「あなた方も、わたしたちと一緒に死ぬんだ！」と脅された。そのうちに、洞窟のなかは煙が充満して呼吸もできなくなり、人々は、次々と痙攣を起こし、身体をよじってもだえ苦しんだ。すべてが終わって人々が入ってみると、犠牲者たちは焼け死んだのではなく窒息死したので、身体は無傷であった。ただ、妊娠している女性たちは別で、彼女たちは臓物を垂らし、そこには胎児がくっついていた。隊長たちは憤激し、バヤールたちも、この残忍な所業の犯人を捜索した。ようやく二人が捕らえられた。彼らは、これまでにも、そうした悪行で裁判にかけられ、処罰され、一人は片耳、もう一人は両耳をそぎ落とされた人間であった。バヤールは、自分の配下に命じて、彼らを絞首刑にした。この刑が行われている間に、奇跡的に災厄を生きのびた一人の少年が洞窟の奥から見つかった。顔は煤で真っ黒であったが、洞窟の奥に割れ目を見つけ、そこから入ってくる空気のおかげで死を免れたのだった。人々が逃げ込んだ経緯などを知ることができたのは、この十五歳の少年の話によってであった。

奇妙なことに、これらの罪に関わったのがフランス人とドイツ人たちであった。フランス人については、すでに跡づけたとおりである。しかし、ドイツ人たちは、これを命じたのは皇帝に仕えた将軍、アンハルト大公であったとしている。罪が誰に帰するにせよ、このようなイタリアへの軍事介入が呼び起こした恐怖、それがヴェネツィアに同情する民衆の動きを誘発したことは、容易に理解できる。ヴェネツィアはすべてを失い、その領土は元の狭さに戻った。その帝国は、ラグーナに限られ、フランス軍の砲弾の射程に収まった。フランスは、この機を捉えて、大胆かつ寛大な「ローマ決議」を宣言。すなわち、諸都市を封建的誓約から解放して自治に委ね、戦争の災禍に遭わないようにする、というものである。この自治権を行使するやり方としては、聖マルコの旗を掲げることとされた。トレヴィーゾ〔訳注・ヴェネツィアの北方の町〕では、カリガロンという靴屋が自分の家からこの旗を出し、ヴェネツィア人たちをパドヴァ〔訳注・ヴェネツィアの西方〕に帰らせている。そのパドヴァでは、町のなかに避難していた農民たちと市民とが結束したので、占領している皇帝の側に即いたのは貴族たちだけになった。彼らが藁を運び込んだ荷車の長い列に便乗して、ヴェネツィア部隊は町のなかに入ることができた。同様の手法は、少し後、ブレシア〔訳注・パドヴァよりさらに西で、ミラノに近い〕でも採られている。

パドヴァの攻囲戦では、皇帝軍は、ここ何百年では最強を誇った。兵力は一〇万で、ドイツ人、フランス人、イタリア人から成っていた。この皇帝軍にフランス王軍、法王軍、スペイン軍が加わったのである。しかし、パドヴァの町が崇高なまでの団結を見せたのに対し、攻囲軍のほうは寄せ集めの軍勢であったため、終いにはバラバラになった。スペインのフェルナンドも法王ユリウス二世も元々の自分の町を取り戻すと、本来の役回り、すなわちフランスの敵に戻った。

では、フランスはどうしたか？　フランスは、結果的に、イタリアにおける首位の座をヴェネツィアから法王へ、つまり友人から敵陣営に移しただけであった。

ヴェネツィア人たちは、破滅のなかでこの戦争を抜け出したが、称賛すべき偉大さを証明した。イタリア人住民たちは、あらゆる面で英雄的勇敢さを示した。とくにブリシゲラ、ブレシア、パドヴァの人々の勇敢さは際立っていた。ヴェネツィア人たちは、一八四九年と同様、英雄的忍耐強さを実証した。〔訳注・一八四九年は、イタリアが統一国家としての独立をめざしてオーストリアなどの干渉に耐えて戦ったころ。〕彼らは、外国軍に攻囲されるなか、最後の金貨も最後のパンも文句も言わず擲って戦った。マニン〔訳注・ダニエレ・マニン。ヴェネツィア生まれで弁護士。一八四八年、オーストリア勢力を駆逐して共和政府を樹立し大統領となったが、翌年、敗北を喫し、パリに亡命、愛国者団を組織した〕は、こう言っている。「もし、ハンガリーの勝利を知っていたら、これらの人々は、サン＝マルコ広場の石と岸壁の煉瓦を囓ってでも、最後まで文句も言わないで戦っていただろう。」〔訳注・一八四八年、ヴェネツィアはオーストリアに敗れたが、翌一八四九年四月には、オーストリア軍はハンガリーで大敗を喫している。なお、マニンという同じ名前で、一七八九年から一八〇二年までヴェネツィア最後のドージェを務めたルドヴィコ・マニンがいるが、本書で言っているのは、イタリア独立のために戦ったダニエレ・マニンであろう。〕

第九章　反フランス神聖同盟（一五一〇～一五一二年）

勝者たちはイタリア人たちに「裏切り行為la perfidie」という非難を浴びせたが、スペイン人たちのナポリ王国奇襲も、この非難に充分値するし、オーストリア、そして皇帝マクシミリアン一世と彼の影の女王マルグリットも、それに勝るとも劣らない卑劣さを示している。わたしに言わせれば、ナポリ王国に対するフェルナンドのムーア人的背信行為に較べると、イタリア人たちの「裏切り行為」などささやかなものである。

その反対に、底抜けのお人好しが「ゲミュートgemüth」と表現されるドイツ的無邪気さである。ヨーロッパは、一つの州を手に入れることよりも、角笛を吹き鳴らしながら、山野を駆け巡り、仕留めた新しい鹿の角や熊の皮で邸の広間を飾ることに喜びを覚える「お人好しのマクスMax」のなかに英雄的な子供を見た。彼にとっては、齢を重ねても、競技大会で輝きを放ち、子供じみた遊びでヨーロッパじゅうを夢中にさせることが最も大事なのである。女性たちは女性たちで、華やかな鎧で身を固めた騎士たちが、全速力で馬を走らせてぶつかり合い、その瞬間、中空になっている槍が大きな音を立てて砕け散る見せかけの戦いに胸を高鳴らせた。

とはいえ、そのマクス（マクシミリアン）も、本物の戦いにおいては、撃ちつ撃たれつしながら、しかし、一歩も退かない勇者であったことを言っておくべきだろう。こうした全てから言って、彼は、のちのフランソワ一世がそうであるように、ヨーロッパきっての騎士王であった。彼は、間違いなく、長年にわたってブルターニュ公国の跡取り娘、アンヌの心を惹きつけたし、彼女からすると、彼は、哀れなルイ十二世とは対照的に光り輝く英雄であった。

そのルイ十二世に対し、それほど怪しげではない騎士的な手によって、背後から短剣による不意打ちが加えられたことも確かである。ここで言うのは、ルイ十二世がヴェネツィアとアルプスの門をドイツ人に与えようという狂った企図のために努力しているさなか、イタリアでドイツ人たちが彼を裏切ったことである。

無頓着なヨーロッパは、こうした卑劣な企みの大元といえば「ローマ」であり、ドイツ人たちに対フランス十字軍の前衛たれと画策して煽動しているのは法王ユリウス二世だと考えてきた。しかし、こんにち明らかになっている文書記録を丹念に調べると、この時代の世界を動かしていた中枢は、ブリュッセルにあったことが明白である。

ジェノヴァ生まれのユリウス二世〔訳注・本名はジュリアーノ・デラ・ロヴェーレ〕は、ジェノヴァに吹く強風のように移り気で、その突然の激怒ぶりと武勲の追求で衆目を集めてきた。彼は、「全キリスト教信徒たちの父」という立場にもかかわらず、口を開けば死と流血、破壊へと駆り立てる説教をぶち、人々に与える祝福といえば砲弾の雨だと笑われた。齢八十を越え皺だらけで腰の曲がった老人でありながら、戦争となると意欲満々となった。とりわけ酒を飲むと（ただし、酔っ払うことはなかった）怒りっぽくなった。家族のこともおろそかにはしなかったが、彼が本当に愛したのは法王座を世俗的に偉大にすること、聖ペテロの遺産（法王領）をより大きくすることで、そのためには骨身を惜しまなかった。ミランドラ〔訳注・ボローニャの北西〕では、自ら攻撃戦を指揮したが、敵から発射された砲弾が彼のテントを直撃し、二人が死んでいる。それでも彼は、震える枢機卿たちを従えて敵陣にさらに接近し、砲弾が飛んでくるなかで宿営したばかりか、城壁の割れ目から侵入しようとさえした。

このような騒々しい役者が衆目を集めた劇場にあって、慎み深いマルグリットは異彩を放っていた。幼いカール五世の叔母でありマクシミリアンとフェルナンドという二人の祖父を仲介した彼女は、イングランド王に反仏感情を吹き込みながら、ルイ十二世にお世辞を言ってご機嫌を取り、彼の古くさい猥談に耳を貸して骨抜きにした。〔訳注・ルイ十二世は一四六二年生まれで、一五一〇年には四十八歳。マルグリットは十八歳下の三十歳である。〕

彼女がフランスを憎んだのは、なぜか？　そこには、フランスに対するベルギー人全般の憎悪と嫉妬があるとともに、彼女個人についていえば、すでに触れたように、失敗に終わった二つの結婚に由来する憎しみがある。マルグリットは、幼い日、将来シャルル八世の妃になるため、フランス王室で育てられたが、成人を待たないでベルギーへ送り返された。〔訳注・その後、マルグリットは、サヴォワのフィリベール二世と結婚し、幸せを味わうが、このフィリベールも早く亡くなり、彼女は寡婦としてベルギーに戻った。〕

もっと彼女を苛立たせたのが、ブロワ条約によるサプライズが失敗に終わったことであった。アンヌ・ド・ブルターニュの非常識な傲慢がフランスに驚きを与えているときに、フランスを騙し損なったことは諦めきれないことであった。〔訳注・ブロワ条約(1504)は、ルイ十二世とフェルナンドの間でスペインのナポリ支配を認めたもの。〕

しかし、この結構な企みは生き長らえ、アンヌとマルグリットの親密な関係は続いた。ルイ十二世が反法王のためにフランスの聖職者を召集したときも、二人の貴婦人は法王に肩入れしつづけた。ブルターニュの司教たちは、その旨をトゥールの公会議で宣言し、フランス領フランドルの聖職者たちは、リヨンの公会議をボイコットした。

アンボワーズ枢機卿が亡くなり、それとともに、王を支えていたものもなくなると、王の立場は弱体化した。この枢機卿は自分がやがて法王座を継ぐと思っていたから、法王に逆らい退位を促す戦いを推し進めなかった。信心深い妃の夫として、家庭の慣習によって支配され、ベッドのなかまで法王に味方する女に占拠されたこの病弱な男に、何ができたであろうか？　彼自身、自分が何をしたいかさえ定かでなかった。彼が幾ら熱気をこめて法王ユリウス二世の過ちを繰り返し非難しても、法王たる者が過ちを犯しうることを信じるのに充分なだけ怒りに身を任せるには至らなかった。彼は、世界中に呼びかけてピサに公会議を召集したが、誰一人来なかった。これは、驚くまでもなかった。王は自分で、この公会議は茶番劇であり、もしも法王が一本の指で弾けば一里ぐらい飛ばされるだろうと公言していた。

幾つか成功を収めたが、なんの役にも立たなかった。ルイ十二世はある戦いで法王軍を打ち負かした（一五一一年五月）が、勝ちに乗じてローマへ向かうのをやめ、ミラノへ方向を転じた。王がローマを避けたのは、法王が怒りを鎮めることを期待したのであった。

マルグリットが何年もかけて忍耐強く織り出した布の模様を辿ろうと思うなら、一五〇九年十月十八日と一五一一年四月十四日に書かれた二通の手紙を読まれるがよい。そこには、フランスを身動きできなくするための細い鉄の糸を紡ぐ悪意を秘めた妖精が見て取れるであろう。マクシミリアンとフェルナンドの和解、彼らとイングランド王との結合がそれで、それらの目的は、打倒フランスの一点に絞られる。〔訳注・一五〇九年、ヘンリー七世が没し、新しいイングランド王となったヘンリー八世はアラゴンのカテリーナ（キャサリン）と結婚し、一五一一年十月には法王とマクシミリアン、フェルナンドの間で対仏神聖同盟が結ばれ、同年十一月にはヘンリー八世も参加している。〕

一通目の手紙は、マクシミリアンの使節ガッティナラへの手紙で、マルグリットは、彼がオーストリアとスペインの仲介役から手を引こうとしているのではないかと疑い、激しい怒りを示しているだけにきわめて内容が鮮明である。この手紙には、この貴婦人の本心、これらの問題に対する彼女の執念が現れている。

二通目の手紙は、マルグリットからイギリス王ヘンリー八世に宛てたもので、一五一一年四月、オーストリア、スペイン、イギリスの大連合〔法王に協力しフランスと戦うという〕実現への彼女の思いが表れている。この実現の障碍になったのはフェルナンドで、彼は、「小さなフランドル人」〔訳注・カール五世のこと。まだ十一歳であった〕にすべてを受け継がせることにあまり乗り気でなく、ナポリはよく分からないスペインの私生児に与えておけばよいと考えていた。彼女はヘンリー八世にフェルナンドを説得するよう懇願している。

このように、すべては、ずっと以前からお膳立てされていたのだ。しかし、皇帝〔マクシミリアン〕もイギリス王〔ヘンリー八世〕も、事を表にあらわしたのは、ルイ十二世が力を消耗し、孤立し、災厄に痛めつけられてからで、そのとき、いっせいに野獣たちは襲いかかったのだった。

襲うための口実も用意されていて、すでにヴェネツィア攻撃の協定のなかに巧みに織り込まれていた。いわゆる「法王に刃を向けることの不遜impiété d'une guerre au pape」である。加えて、フランス王の友人であるゲルドル公は数々の私掠行為を働いていた。そもそもマクシミリアンは、フランス王と仲が悪かったわけではなく、彼は、毎日のようにフランス王からカネを借りていた。

この複雑な罠が効果を発揮したのは一五一二年冬、法王がスイス人たちを雇ってイタリアに投入したことによってである。これは、法王が、一五一一年十月五日、ヴェネツィアおよびフェルナンドとの間で結んでいた《神聖同盟Sainte Ligue》と同様、それまで隠されていたことが公然化したのである。しかし、まだ隠されているものがあった。「イギリスの剣épée de l'Angleterre」が明らかになるのが二月、オーストリアがフランスと断交し、いわゆる「オーストリアの短剣poignard d'Autriche」が姿を表すのが四月になってからである。このオーストリアが断交してきた同じ日、フランスはスペインの前に身をさらすこととなる。〔訳注・ヘンリー八世が神聖同盟加入を決めたのが一五一一年十一月十三日。一五一二年八月、ブレスト沖で海戦が行われるが勝敗は決しなかった。しかし、フランスは一五一三年六月、ノヴァラの戦いでスイス軍に、同八月、ギヌガットの戦いで英・皇帝連合軍に敗れ、この連合軍によってソンム流域まで侵略され、同九月には、ディジョンがスイス軍に包囲されている。ルイ十二世がマクシミリアン＝フェルナンドと和解するのは一五一四年四月、ヘンリー八世と和解するのは同七月である。〕

これらの諸状況でフランスは電撃的に覚醒し、世界を驚かせるような変革を遂げる。それが、歩兵を主とするフランス国軍の出現である。勇敢で忍耐強いが不運続きの将軍ラ・パリス〔訳注・La Palice。La Palisseとも。本名はジャック二世ド・シャバンヌ〕は、槍兵千六百、騎兵六千からなる新しい軍隊を組織した。これは、貴族がイタリア戦争にあまり乗り気でないために、新しく編成したもので、彼はドイツ人志願兵五千人も擁していたが、これは、ドイツ人たちの本国の帝国政府が命令を出すと、いつでも、そちらに行ってしまう連中で、頼りにはできなかった。それだけに、彼は、それまでは脇役しか演じなかった歩兵を軽視するわけにいかなかった。南フランスの歩兵隊は、すでに実力を示していた。というのは、ゲルドル公や《アルデンヌの猪》〔訳注・ブイヨンの代官、ラ・マルクGuillaume de La Marck〕はドイツやフランドルを「黒部隊Bandes noires」〔訳注・「bande noire」は、現代では、株の買い占め同盟などを指すが、中世には神出鬼没の動きをするゲリラ部隊などを指した〕をもって苦しめていたが、その主力を占めたのが南仏ガスコーニュ人たちで、彼らは、背が低いこと以外は、兵士として文句のつけようがなかった。この小柄な戦士たちがドイツ人の上着を身につけて大柄なドイツ人たちのなかに混じると、彼らに活力を与え、彼らの先頭に立って「そら行くぞ！ ça ira」のかけ声とともに全軍をリードした。

〔訳注・時代背景はルイ十三世の治世で、少しずれるがアレクサンドル・デュマの『三銃士』の主人公、ダルタニャンも、彼を採用した銃士隊長もガスコンである。〕

ラ・パリスはガスコン人六千人を採用し、さらに先例のないことだったが、北フランスからも八千人を採用した。彼らは訓練もまだ受けたことがなく、「aventuriers」〔訳注・冒険家〕と呼ばれた人々であった。この八千人のなかにはイタリア人も含まれていたが、大部分は「南仏人の熱気を帯びた北フランス人」といわれるピカルディー人であった。彼がこの歩兵隊をどのようにして集めたかは不明である。ただ、分かっているのは、イタリア戦争の噂が広まるにつれて、想像力を掻き立てられる人々が増えていたことである。ましてイタリアから帰ってきた人々が、イタリアの豊かさを語り、持ち帰った物が多くの人の目に触れたことによって、富への期待から戦争に強く惹かれていった。

この部隊の総指揮官として、最も勇敢で正直にして謙虚な軍人として有名であったデュモラール卿が選ばれた。彼は、騎士の手本と歌われたバヤールの友人で、騎士についての歴史書のなかでもしばしば登場する。彼は、ある偶然から、この新しい軍勢にふさわしい新しい将軍がいたことに気づく。武勇で己の運命を切り開き王国を打ち立てようとやってきた冒険好きの二十三歳のガスコン人、ガストン・ド・フォワである。彼は、ルイ十二世の姉マリーとフォワ伯ジャンの間に生まれた貴公子で、祖母エレオノールがナヴァール女王であったことから、ナヴァールの王位を取り戻すべく高等法院に提訴していた。〔訳注・ナヴァールの王位は、一四八四年、アルブレ家のファンによって奪われていた。ちなみに、このファンの妹シャルロットはチェーザレ・ボルジアの妻である。〕

ガストンが戦士としてイタリア戦線に身を投じた陰には、この戦いで武勲を揚げれば、この裁判でも勝てるのではという期待があったことも事実である。アルブレ家はアルマニャック家と並んで、南仏でも異常なまでに策謀と争いが好きな家門で、彼らの栄華は、数々の罪と暴力沙汰の賜物といってよいほどであった。あるときは戦争によって、あるときは同盟を組むことによって、激しい浮沈を繰り返した。フォワ伯最後の一人は自分の息子を殺しており、もう一人は、ヴェルヌイユの戦い〔訳注・一四二四年、シャルル七世が英軍に敗れた戦い〕でフランスの敗北を招いた。こうしてフォワ伯家は落ちぶれ、勢いを取り戻したのは、かなり遠い縁戚の分家によってであった。今度出てきたガストン・ド・フォワも、フォワ伯家の血を引いているものの、カステルボンという小さな家門の出身である。

これら山岳地域の君主たちは、一生を熊やシャモワ山羊を追うことで過ごした。彼らは滑りやすい岩山を「アバルカ abarca」と呼ばれる靴を履いて、ときには裸足で歩き回り、ベアルネ地方の猟

これら山岳地域の君主たちは、一生を熊やシャモワ山羊を追うことで過ごした。

師やバスク人飛脚と豪胆さと敏捷さを競い合った。ガストンにしてみれば、歩兵であっても、それまで騎兵が求められていたぐらいの速さを求めるのは自然のことであった。彼は、二か月にわたる遠征行のなかでフランス歩兵部隊の信じられないような移動の速さによって、それまで知られていなかった一つのことを明らかにした。それは、フランス人たちはヨーロッパ随一の健脚家であり、したがって、最も戦いに向いている民族であるという事実である。サクス元帥は、いみじくも言っている。

「人は手によって戦いに勝つにあらず。脚によって勝利するなりOn ne gagne pas les batailles avec les mains, mais avec les pieds.」

ボローニャがスペイン軍に包囲されたとき、恐るべき暴風雨のために誰も建物の中に閉じこもって外を見ようとしなかったのに乗じて、彼は、進軍を敢行し、スペイン軍のすぐ眼の前を彼らに知られることなく通過して、ボローニャに入城し、兵員と食糧・弾薬を補強したのだった。

そこで、ブレシアがヴェネツィア方に寝返ったことを知るや、その脚で歩兵隊を率いて、騎兵に負けない速さで四十里を進軍し、この間、休憩もとることなく、ブレシアに襲いかかったのだった。

では、誰が城壁を登ったのだろうか？

パドヴァでフランス軍の騎士たちが城壁を登るのを妨げたのは、自尊心（amour-propre）の問題であった。彼らは、ドイツ人軍士や、帝国の大公、伯たちを含めて貴族全員、同じようにするのだったら、拒絶しなかったであろう。だが、騎士たちは、戦うなら馬に跨がっての戦いを望んだ。第一、重い甲冑を身につけて切り立った城壁をよじ登ったり城壁の割れ目から侵入するなどということは不可能であった。ブレシアでは、城壁を登るのは、軽武装のうえ、衣服も靴下さえ履いていない者がほとんどである志願兵（aventuriers）の役目と決まっていた。この場合、最初に敵の砲弾や矢を浴びるのは彼ら志願兵で、騎士軍の被害は軽微で済んだし、当時の観念でいえば、志願兵が犠牲になることは、それほど惜しくなかったからである。

こうしたランクづけは、当時の常識で、勇猛なデュモラールが志願兵たちを率いる覚悟をしたとき、バヤールが異議を唱えて、兵たちを裸同然で敵の砲弾や矢に晒させるのは正当ではないとして、彼らをしっかり武装した百人ほどの軍勢によって支援させるべきだと主張した。ガストンが「なるほど。だが、誰が彼らを率いるのか？」と訊いたのに対し、バヤールは「閣下。それはわたしがやります」と答えている。

それだけでは終わらなかった。足場は滑りやすく、多くの兵士が登りかけては滑落した。ガストンが「ほかにやりようがないのか？」というと、彼は、靴を脱いで裸足になって登り始めた。

ガストンは、この町を嚇し、皆殺しにすると言っていたが、そのとおりに、一万五千人が喉を切られて死んだ。バヤールも負傷し、運び込まれた家で一人の貴婦人と二人の娘の命を保護している。

二十年前、サヴォナローラがブレシアで説教したときに述べた「あなた方は、この町が血の海に沈むのを見るであろう」という予言が現実化したのだった。

この恐ろしい出来事は、勝者のガストン自身にとっても不幸となった。彼の部下の兵士たちは、分捕り品を手にすると、すぐにも国へ帰りたくなり、アルプスを越えて帰って行く者が増えたのである。

しかしながら、全般的情勢は、いかなる猶予も許さなかった。ルイ十二世は、イギリス王に定期に払うと約束していた援助金を支払ってこれで背後から攻められる恐れはなくなったと思ったが、その直後、ヘンリー八世が議会で大規模なフランス遠征を行うと言明したとの電撃的ニュースを受け取った。

この若い王〔訳注・ヘンリー八世〕は父親ヘンリー七世がたっぷり貯めこんだ金庫を受け継いでいた。彼自身、多血質で暴力的で妄想癖があった。彼の頭のなかは、百年戦争の初めのころ、クレシーやポワティエの戦いでフランスを侵略した栄光の思い出でいっぱいであった。

その夢を再現するため、手始めとして、彼は、アラゴンのフェルナンド二世〔訳注・彼にとっては義兄であった〕に南フランスで作戦を展開してもらうため、一軍を送った。そして、彼自身は北フランスに上陸した。前回のように、アザンクールで勝利を収め、そこから堂々と南下していくだろうというのが、大方の見方であった。

ルイ十二世はガストンに「イタリアのことは、どうでもよい。いまや、王国の存亡を賭けた大戦争のときである」と書いている。彼は、マルグリットがどんな布石を打っていたかを調べることから始め、彼女の父マクシミリアンについて知り、唯一の同盟者を失ったことで身震いした。マクシミリアンの部下の一人が、ブロワからマルグリットにこう書いていた。

「フランスはフランスです。彼らは、それほど驚かないでしょう。彼らは、自分たちが敗れるかも知れない、皇帝によって見捨てるかもしれないと心配して、その衝撃でズボンのなかで小便を漏らしているのです。」

それは、カーニヴァルのことであった。ガストンは、忘れているように見えたが、実際には、身動きできなかったのである。彼は幾つかの増援隊を持っていたから、スペイン人たちのほうへまっすぐ向かっていった。彼には戦う理由がいろいろとあった。食糧が不足していたこと、馬に食べさせるのに柳の若芽のほか何もないことなどである。

難関は戦いに持ち込むことであった。ナポリ副王のカルドーネ、ピエトロ・ナヴァロ、プロスペロ・コロンナの二人のスペイン人といった同盟将軍たちは、敵を飢え死にさせるのがよいと言って、戦いを避けたがった。ところが、その敵たちは、豊かなロマーニャでヴェネツィア人からも法王の配下たちからも食糧を供給されて快適に生活していた。彼らは、ユリウス二世のためにせよマクシミリアンのためにせよ、勝利を急いでなどいなかった。

マクシミリアンは、方向を転じたばかりであった。聖金曜日の前夜、ドイツ人歩兵隊長のヤーコブに皇帝マクシミリアンから一通の手紙が届いた。そのなかで、皇帝は、フランスの陣営にいるドイツ人は直ちに離脱せよと命じていた。ヤーコブは困惑した。決定的事態を目前にして戦場を去れとは！　五千人の古参兵、五千人の槍兵は、当時の用兵術では、戦いに不可欠な要員で、それがいなくなると、その軍隊は戦うことができなくなる。フランス軍は潰走し、殺され、全滅するであろう。というのは、北イタリアの平野からアルプス山地まで到達するには、少なくとも三本ないし四本の川を渡らなければならず、しかも、この北イタリア全体がフランスに敵対していたからである。

第十章　ラヴェンナの戦い

戦友同士の友愛は神聖なものである。長期間にわたって危険と慣習を共有する共同体は、男同士の間に最も強い絆の一つを創り出す。それは、古代の北欧にあっては、一種の「聖婚」というべき戦士同士の間の養子縁組となった。ここでは、それが軍隊を救った。

本書が扱っている当時、最も人気のあった男は、騎士のバヤールであった。〔訳注・グルノーブルの出身で、シャルル八世、ルイ十一世、フランソワ一世のもと、イタリア戦争で活躍。〕彼が称賛に値する人物であることは、まもなくブレシア攻撃で観察された。デュモラールは、彼抜きで攻撃を開始するわけにいかないとしたほどであった。彼には、もう一人、非常に献身的で大事な友人がいた。ドイツ人歩兵隊長のヤーコブは、いつも彼をお手本として見習ったが、フランス語は「ボンジュール・ムッシュー」という二つの言葉しか知らなかったので、話をすることはなかった。ヤコブは勇敢な男だったが、心は二つの義務の間で揺れていた。一方でドイツ人であることから、神聖帝国に仕える臣下であり、他方では、フランス王のもとで戦い、給料を支給され、そのパンを食べている兵士であった。彼は、通訳をつれてバヤールに相談に行った。騎士は彼に、ヤーコブが事実上、フランス王の臣下であること、フランス王は金持ちで報酬を支払ってくれていることを指摘し、帝国政府からこれからも多分、もっと手紙が来るだろうが、手紙はポケットに仕舞っておいて誰にも見せる必要はない、と言った。

ところで、フランス軍総指揮ガストンにしてみれば、ラヴェンナを落とすのに猶予は一日しかなかった。ドイツ人たちが離脱していくだろうからである。〔訳注・ラヴェンナの会戦は、一五一二年四月、法王とスペインの連合軍に対しフランスが仕掛け勝利した戦い。神聖ローマ皇帝マクシミリアンは、反フランス《神聖同盟》に加わり、九月にはフランスは押されてイタリアから撤退を余儀なくされる。〕

ガストンは、ラヴェンナを前にしたとき、敵が見ている眼前でこの町を奪い、悔しがらせてやろうと考えた。ドイツ人、フランス人、イタリア人という三つの国民が攻撃に動員されたが、ばらばらで、城壁に狭い切れ目を開けただけで、突破口を作ることはできなかった。城内では、コロンナ家の老獪な連中が頑強に防御に当たっていて、攻撃側は、五回、六回と攻撃を繰り返した末に退却した。

城外では、防衛側のスペイン軍が、騎兵隊のための小さな通路以外は深い塹壕をめぐらし、厚い板と杭、槍運搬車（chariots à lances）で囲んだきわめて強固な野営地を築き、そのなかに、黒雲のように集まっているのが見られた。彼らは全員が歩兵隊で、騎兵隊はイタリア人であった。フランス軍は、このスペイン軍陣営に攻撃を仕掛けるには、彼らとラヴェンナという二つの敵の間を進む必要があった。しかも、それには両岸が堤防で固められたロンコ川の急流を渡らなければならなかったが、この川は、とくに春四月には流れが速かった。ガストンは、まずドイツ人のランツクネヒト〔訳注・傭兵たち〕を橋で渡らせた。つぎにフランス歩兵隊が渡ることになったが、隊長のデュモラールが兵士たちに言った。「どうだ、お前たち。おれたちより先にドイツのランスクネ〔訳注・ドイツ語の「ランツクネヒト」をフランス語風に言ったもの〕連中が渡るというではないか。奴らの後塵を拝するくらいなら、目玉の一つを失ったほうがましというものだ」。そして、衣服も靴も身につけたままで川に飛び込んだ。みんなも、そのあとに続いた。ベルトのあたりから下をずぶ濡れになりながらドイツ歩兵たちより先に向こう岸に上がった。

他方、ガストンはといえば、明け方に近くを歩き回るうちにスペイン人たちと遭遇したので、彼らにこう言葉をかけた。「やあ諸君。わたしは、これから川を渡るところだ。そこの陣地が君たちのものになるか、わたしのものになるか、決着をつけるまでは戻らないことを神に誓うよ。」

太陽が昇った。真っ赤で、あたかも大量の血が流れることを予示しているかのようであった。多くの人が、ガストンとカルドーネのどちらが生き残るかを占った。ガストンの武具には、すばらしいナヴァールの刺繡が施されていた。腕は肘まで剝き出しにしていたが、これは、個人的にも家門としても敵であるスペイン人たちの血のなかに浸してやるとの意気込みを表していた。彼は、味方の人々に「わたしは、わが崇拝する女性に捧げる愛のためにこの誓いを立てた。奴らが我が麗しの姫の名誉をどのように高めてくれるか、見たいものだ」と言って笑った。

彼は、スペイン人たちと自分を隔てる土手の草木を取り除かせ、四百歩のところまで前進した。そこに立つと、勝利は自らを抑制できた側のものであることが見て取れた。大事なのは待つこと、敵が至近距離に迫るまで待つことであった。ペドロ・ナヴァロは部下のスペイン兵たちに、騎士としての誇りなど捨てて、腹ばいになって待つよう命じた。その反対に、フランス軍のほうは、フランス人もドイツ人傭兵たちも、格好をつけて、腹ばいになるなどできないと反発した。そこにフランス歩兵部隊が、威風堂々と戦場に入っていった。そのためにこの歩兵隊から、どれだけの死者が出たかはわかっていないが、手本を示そうと最前列に立った隊長たち四十人が死んだ。例外的に生き残ったのは二人だけであった。

勇猛なデュモラールは、この日の真の英雄として、ドイツに忠誠を尽くしながら皇帝の裏切りの犠牲になったヤコブを讃えることを考えつき、ワインを持ってこさせて、二人で坐って飲んだ。そして、二人は、グラスを手にしたまま同じ砲弾によって天に召されたのだった。フランス歩兵部隊は、フランスとドイツが一緒に聖体を拝領したこの同じ洗礼の日にこの世に誕生したのであり、このことは、未来に語り継がれることを！

ともあれ、この兄弟愛は同じ瞬間に現れたのであり、フランスの歩兵たちは、その装備の劣悪さにもかかわらず、敢然とスペイン軍の砲台に飛びかかっていった。それに対し、ペドロらスペイン兵たちは荷車を並べた移動式防護壁によって食い止め、至近距離から矢を射かけた。もしドイツ人たちとピカルディー人部隊が前進してきて彼らの戦列のなかにフランス歩兵隊を受け入れていなかったら、フランス歩兵隊はひどい目にあっていたであろう。

フランス軍の大砲による砲撃は同盟側に対し、歩兵だけでなく、騎兵隊すなわちイタリア人たちにも恐るべき犠牲を出した。一発の砲弾で三十三人が死ぬという事例も生じた。イタリア人たちは、ペドロがスペイン人の犠牲を最少にするよう、犠牲はイタリア人により多く出るよう配備したのだと言い合った。コロンナは、柵を開けさせると、騎兵隊を率いてフランス軍砲隊に襲いかかった。迎え撃ったフランス軍は、より装備のしっかりした重騎兵隊で、その先頭に立ったのは、歴戦の古参兵イヴ・ダレーグルであった。彼は、息子二人を失ったばかりで、自分もこの戦闘で死ぬ覚悟をしていた。コロンナは激しい交戦の末に捕虜となり、イタリア隊は壊滅した。副王のカルドネは、自分は安全なところにいて全く支援しなかった。

戦いは歩兵同士の間で続いた。動く森のようなドイツ槍兵軍を相手に、スペイン軍は密集隊形を作り、鎧と盾で身を守りながら、鋭い剣と短剣で戦った。この戦闘では、徒歩で槍を使うやり方がいかに頼りないかが判明した。スペインの身軽で肌の黒い小男たちは、敵がもてあましている長い槍の間を敏捷に飛び回った。ドイツ歩兵の大きな刀も、この密集部隊のなかでは抜くことさえできなかった。ドイツ兵たちは、鉄の胴着のために短剣の切っ先からは守られたが、スペイン軍の刀の腹で撃ってくる攻撃には、被害が続出した。他方、フランスの竜騎兵隊（gendarmerie）は、スペイン人たちを背後や横腹から激しい衝撃を加えた。

スペイン兵のほとんど全員が亡くなり、ペドロ・ナヴァロも捕虜になった。のちに法王レオ十世となるメディチのジョヴァンニ〔訳注・ロレンツォの息子で、このラヴェンナ会戦の翌一五一三年に三十七歳で法王となる。ローマ大学の設立、ヘブライ語聖書のラテン語訳、ギリシア研究のためにアカデミー設立など、文芸の振興に寄与した〕とその廷臣たちも囚われの身となったが、このとき、ジョヴァンニは、法王使節という立場で、賢明にも僧服をまとっていた。幸いにも戦場から抜け出すことに成功したスペイン人たちは、狭い土手道を辿ってラヴェンナのほうへ向かった。何人かの竜騎兵とともに敵軍の追跡から帰ってきたバヤールは、彼らを見かけて、こう声をかけた。

「セニョール、貴殿たちが充分な兵力もないことは、よく弁えておられよう。……貴殿がたは戦闘には勝利された。それで充分ではないか。われわれは、ここで離れるが、われらが勝利を逃したとしても、それは神の思し召しにほかならぬ。」

バヤールは、自分の馬が疲れて、これ以上進めないことを感じていただけに、これは、彼の本心でもあった。

ガストンも、敵兵の血と脳漿にまみれて帰ってきたが、スペイン兵部隊を見て、一人のガスコン兵に言った。「この兵隊たちは何者か?」——「われわれを打ち負かしたスペイン兵です。」——この言葉に彼は、我慢できなくなって、何人かの騎兵を連れて彼らのほうへ突進したが、至近距離から撃たれて水の中に落ちた。敵は、水中でもがいている彼に槍で攻撃を加え、馬の後脚の腱を切ったうえ、馬の顔面をも執拗に槍で突いた。

彼は、これまでの二か月で十都市を奪取し、三度の会戦で勝利していた。二十歳のこの男が、真のフランスを生み出し戦争の歴史を彩ることになる歩兵隊誕生という大きな変革に名を遺す栄誉を得たのである。その一方で、戦場にあっては、「裸一貫のガスコン va-nu-pieds gascon」として靴も脱ぎ捨てて敵軍に突撃していったのだ。

彼の死は一つの大きな謎に包まれている。この血気盛んな将軍は、ほんとうに偉大な男だったのだろうか？　一七九六年のボナパルト〔訳注・この年、ナポレオンはイタリア遠征を行った〕のように、彼は成功を収めたのだろうか？

時代も取り巻く状況も、両者は同じではない。ボナパルトは北イタリアにしか視線を向けることができなかった。彼の場合は、すべてがアディージェ川の畔で展開した。それに対し、一五一二年のガストンは、勝利によってドイツ人たちを食い止め、恐れる必要はなかったので、（もし、スペイン部隊との戦いで死んでいなかったら）、ローマへ向かって前進し、そこで公会議を開き、自分に有利な人物を法王に据えることができたはずであった。〔訳注・ユリウス二世は翌一五一三年に亡くなって、そのあとラテラノ公会議でメディチ家出身のジョヴァンニがレオ十世として即位したのである。〕

この法王の交代は、多分、フランス王の仕事だったであろう。ガストンは王に仕える将軍であった。では、ルイ十二世は何を望んだだろうか？　法王をたじろがせ、彼の赦しを得ること以外はなかった。もし、ガストンがローマに軍を進めていたら、王妃がナヴァールを巡る訴訟で自ら高等法院に出頭して彼に不利になる訴えをし、たとえば、彼にはローマ教会の土地を一歩も踏ませないようにしたであろう。また、ガストンを死に追い遣るよう工作したかも知れないし、彼の創設した軍隊を解散させていた可能性もある。一言でいうと、ボナパルトの仕えるべき主人が共和国であったように、ガストンが仕えるべき主人は、アンヌ・ド・ブルターニュであった。

法王は、この王妃が自分の《同盟者l'allié》であることをほとんど知らなかった。もし知っていたら、彼は、それほど恐れないで済んだであろう。彼はブレシアのニュースによって愕然とし、ラヴェンナのニュースで立ち上がれなくなり、サン＝タンジェロ城に逃れた。ローマじゅうの店は閉じ、人々は城壁の上に登って、かつてない軍勢が迫ってくるのではと眼を凝らした。

言うと驚くことだが、まぎれもない真実は、ミラノにいるフランス王の財務官が軍隊を解散し、イタリア人歩兵全員を解雇し、フランス歩兵部隊の大部分を送り返していたのである。

このようなことを彼は独断でやったのか？　そんなことを誰が信じようか？　一介の財務官が、そんな権力をどうして持っていたのか？　ロマーニャの人々は、自分たちの住んでいる土地が法王領であることを望まなくなったのか？　よろしい。それは認めよう。しかし、フランス軍は、ヴェネツィア人の土地を通って帰ることができたのか？　彼の判断は経済的事情によってなされたとされるが、もし王妃が王に執り成さなかったとすれば、この財務官の首は無事では済まなかったのではないだろうか？　法王の気持ちを和らげるためにイタリアは引き渡され、フランスは危機にさらされ、イギリス王は自信をもってフランスを侵略し、フェルナンド（アラゴン王）はナヴァール、すなわちフランス王国の入口を征服した。

イタリアは、どうなったか？　イタリア全体が破滅した。マクシミリアンは、スイス人たちにイタリアへの通路を開き、そのスイス人たちは、ミラノにスフォルツァという彼らにとって臣下であり朝貢者・客人である人物を立てた。スイス人たちはこのスフォルツァに迎えられ、ミラノは彼らの定宿（hôtellerie）、大きな酒場（cabaret）となった。

フェルナンド二世は、スペイン人たちがカネを欲しがると、その代わりにイタリアを与えた。こうしてスペイン人たちは、自分の都合に合わせてイタリアを食い物にして、肉を食い荒らし、血を吸い尽くした。かくして、仕える君主もなければ規律もなく、法律も神もなく勝手気ままに振る舞い、将軍たちをも振り回す軍隊が姿を現した。その悪事はムーア人やベルベル人も二の足を踏むほどで、いざ戦いを目前にして、せめて地獄に堕ちないためミサを挙げてもらって罪の赦しを得ておくためには、法王特使をも絞め殺しかねない兵士たちであった。

メディチ家が利用したのは、そのような連中であった。メディチ家は、この忌まわしい旗のあとをついてスペイン兵たちに支払われた小銭を掻き集めて、フィレンツェへの復帰を果たしたのだった。ユリウス二世は、このとき、自分がイタリアをどのような主人に託したかを眼にしていたはずである。彼は、自分は暴君たちを復活させるために一緒に戦ったわけではないと言い訳したが無駄であった。メディチ家の人々は、そんな彼を嘲笑った。それだけには留まらなかった。法王を入れ替えたのだ。怒りっぽい老人が亡くなると、ジョヴァンニ・デ・メディチ（1475-1521）が、そのために集められた若い枢機卿たちによりレオナ十世として法王座に祭り上げられた。一般的に、枢機卿は、法王庁に関与するかまたは君侯の大貴族の家門から出ていた。

この新しい枢機卿たちは、ユリウス二世とは最も異なると思われる人物を選んだ。

これまでの枢機卿たちは、前任の戦争好きの老人によって惨めな目に遇わされていた。彼のおかげで、イタリアの一方の端から別の端へ連れ回され、攻囲中の城塞の下で野営までさせられた。その点、メディチのジョヴァンニは、彼らにとっては家来同然に言うことを聞かせられる男であり、しかも道楽と冗談、平和な生活を好んだ。彼は、枢機卿たちがもっている悪徳、慣習、病までもすべて備えていた。ある潰瘍で体力は衰え、ライ病に似た当時流行の病気に罹っていた。

したがって、若いくせに、この先何年も生きられないような様子があり、それが枢機卿たちによって歓迎された理由でもあった。彼は、駕籠でゆっくり時間をかけて行ける所ぐらいしか出かけることができなかったが、内心では彼らの期待を裏切ってやろうと決意しており、彼らに長生き競争を提供した。〔訳注・彼は、法王在位八年、四十六歳で亡くなっている。〕

フィレンツェは、どうなったか？　死というもののほんとうの味と匂いと知りたい人は、マキアヴェリの馴染みの文章を読まれるがよい。なんと残酷なことであろう。その文章は陽気である。彼は、飢え死にしそうになりながら笑っている。拷問に耐えながら笑っているのだ。「これほど楽しいことはない」と。棒でぶたれる犬のように、彼はぐるぐる回る。彼には一つの立場が必要で、それを与えてくれる人こそ、大きな希望の君主であると信じようと努める。結局、彼は、なんらかの芸術を身につけているわけでもなく、絹だの羊毛の服を身につけるほど豊かでもなく、何をしようというのだろうか？　彼が得意とするのは行政に関してである。彼の不幸は一つである。彼の脳みそが音を立てていること、みんなが彼のまわりを回っていることである。彼の友はみな気が狂っていることである。

「あなたも知っているように、わたしたちの社会は狂っている。哀れな鳥たちは、すっかり怯え、同じ鳩小屋でも以前と同じではない。ジローラモは妻を亡くし、水から飛び出した魚のようである。ドナートは鳩たちに抱卵させる店を開こうと駆けずり回っている。オルランド伯は、一人の少年に恋い焦がれ、人の言葉に耳も傾けなくなった。トマソは、もともと変わり者で気まぐれだが、恐ろしく欲張りになった。ある日、彼は肉を買って一緒に食べようという仲間を探し、それぞれに十五ソルド支払わせた。そのとき、わたしは十ソルドしか持っていなかった。それ以来、わたしは、彼につけ回されている。」

マキアヴェリは、その五ソルドを返すのだがそのためには、友人のヴェットーリに働き口を見つけてもらわなければならなかった。ヴェットーリなら、メディチ家から信頼されているので、やってくれると考えたのだ。

彼ほどの人でさえ陥った道義的貧しさ、この滑稽さ、低劣さは、いかに生彩を欠く、希望もない時代が始まったかを示している。すべてが低劣化し、鉛の単調さを示している。人々は愚痴を並べ、英知は口ごもり、天才はうわごとを繰り返す。マキアヴェリは、言うべきことも知らない。政治と時運について相談された彼は、神託を下すことも厭わず、予言者が着るようなローブを羽織り、天体望遠鏡を手に執った。ただ、彼は眼を失っていたのだ。

未来は、どうなるのか？　誰が未来を見ているか？　現在見えているのは、ある意味の「死の舞踏」である。そこでは、王たちは、ほとんどが、その治世を終え、去っていこうとしている。少なくとも、フェルナンド、ルイ十二世、マクシミリアンの三人がそうである。作品としては冴えないが、役者はすばらしい。自分が滅亡させたグラナダとアメリカの黄金にかけて、もはや軍隊を養うために使うのではなく、婿のヘンリー八世を利用し手玉にとることにしようと誓う老いたフェルナンドに、どのアルパゴン〔訳注・モリエールの『守銭奴』の主人公〕が肩を並べられるだろうか？フェルナンドは、自分のカネと兵を使って自身でナヴァールを征服し、このイギリス王を送り返す。

イギリス王は軍勢を率いてアザンクールを陥落させるが、威張り散らすばかりで何もしなかったので、みんなから、とりわけ神聖ローマ皇帝によって身ぐるみ剝がされる。皇帝マクシミリアンはカネの狩人であり、工業に力を入れた騎士で、ルイ十二世には平和を売りつけながら、戦争を仕掛け、ヘンリー八世には未来の結婚、とくに自分自身を売りつけることによって、イギリスのカネを奪って自らの戦争費用に充てた。

ほんもののカッサンドル〔訳注・愚かでだまされやすい人物の典型〕はルイ十二世であった。彼は、ボルジアを切り捨てたため、イタリアでもフランスでも痛めつけられた。ミラノに居続けたが、そのため、一方では「ベルンの熊」〔訳注・スイス人たち〕によって荒っぽい爪の攻撃を受け、他方で、イングランドのブルドッグに後ろから咬まれる羽目になった。

彼は、同時に二つの敗北を喫した。一つは、一五一三年六月、ノヴァラ〔訳注・ミラノの西方〕でラ・トレムイユ〔訳注・フランス軍の将軍。Louis II de La Trémoille（1460-1525）〕がスイス軍に喫した敗北、もう一つは同年八月ギヌガット〔訳注・北フランス、パ＝ド＝カレー〕で、フランス軍が独英連合軍を前にパニックを起こして敗走した事件である。後者は、『エペロンの一日 journée des Epérons』という悲しくも変わった名で呼ばれているが、ラ・トレムイユのそれが、ディジョンをフランスから奪おうとしたスイス軍を、恥も外聞もなく騙したものであるので、ギヌガットのそれは、まだ、ましというものである。要するに、「フランス随一の騎士」として尊敬されていたラ・トレムイユがスイス人たちに、フランス王はイタリアを放棄するという嘘を伝え、金貨四十万エキュという信じがたい大金を彼らに支払うと約束してディジョンから逸らさせたのである。王は不快感を示し、ラ・トレムイユは笑った。騎士道は、円卓の騎士たちの時代とは遠く隔たったものとなっていた。

第五幕を特徴づけるのが、悪童同士の罪のなすりあいである。みんなから騙されたのがヘンリー八世で、彼は、自分だけでなく娘まで軽んじられたことを知って、手紙を公開すると言ってマクシミリアンとマルグリットを脅した。しかし、マクシミリアンとマルグリットも、ヘンリー八世の手紙を公にして、その愚かさを笑いものにしようとした。

激怒した彼は、娘（メアリー）を哀れなルイ十二世に与えた。〔訳注・ルイの妃、アンヌ・ド・ブルターニュは前年の一五一四年に亡くなっている。〕

この十六歳にして男好き、傲慢で、しかも、愛人付きのイギリス女は、病弱で衰えた夫に遺言を書かせた！　恐ろしいプレゼントである！　義父は、娘を贈りものとして与える代わりに、それ以上に膨大なお返しを求めたのだ。ルイは、若い花嫁を喜ばせようと徹夜で舞踏会を開催。昼と夜の逆転、生活習慣の激変が、彼の破滅の仕上げをした。しかし、このイギリス女をどうすれば繋ぎ留められたろうか？

彼は若い花嫁のお目付役としてクロードとルイーズ・ド・サヴォワという二人の娘を付けたが、それでも足りず、先王シャルル八世の姉で口うるさい老嬢のアンヌ・ド・ボージューをブルボネの奥地から呼んだ。

少なくとも、囚われのイギリス女の苦労は、長くは続かなかった。ルイ十二世は翌一五一五年に死去。直後、夫の喪も明けないうちに、彼女は、イギリスに帰るまでもなく、再婚している。〔訳注・メアリーがルイ十二世と結婚したのは一五一四年十月九日、ルイ十二世が亡くなったのは十二月三十一日で、彼女はサフォーク公チャールズ・ブランドンと再婚している。〕

第十一章　新生フランス

わたしたちは、この歴史をかなり厳しい視点から書いてきた。それは、フランス的視点というよりイタリア的・ヨーロッパ的視点で、そのことで非難する人もいよう。

だが、それは間違いである。フランスは嘆かわしいまでに見捨てられているフランスとしての誇りをわたしたちに吹き込んでくれているからである。それは、この治世のよい点をわたしたちが見誤っていたということだろうか？　なかんづく、ジョルジュ・ダンボワーズの経済政策、大法官ロシュフォールの司法改革である。わたしたちは、ルイ十二世の治世が、シャルル八世の浪費とフランソワ一世の異常な出費の間の幸せな小休止であったことを忘れてよいだろうか？

そんなことはない。ルイ十二世は能力に欠けるところはあったが、経済復興と社会秩序の確立においては、「わたしは、これだけのことをやった」と主張する権利を有しているとさえ信じている。彼が人民を愛していなかったこと、民衆を大事にしようと思っていなかったことは確かである。すでに述べたように、彼自身、多分、王としての魂など少しも持ち合わせていなかった。

彼は、正直な好人物で、ときとして不躾でおしゃべり、滑稽で怒りっぽかったが、心は持っていた。彼の自尊心を満足させる唯一のやり方は、臣下たちの幸せのためと説得することであった。繊細な廷臣であったアンボワーズは、何ドニエ単位で支出を縮減するよう仕向ける一方で、法王庁との関わりのなかでは何百万エキュという巨額を蓄え、使えるようにすることで王の心を捉えた。お世辞屋のセーセルが、あれほどの戦争を行いながら、国民からの徴税を三分の一に減らすことができたと言っているのは信じるわけに行かない。そもそも、正確な数字など、誰が知っていただろう？　信用できる数字を提供してくれるどんな出版物があったろう？　ただ、ルイ十二世が、イタリア戦争の費用は可能なかぎりイタリアに引き受けさせ、さらには、フランスのためのカネもイタリアから引き出そうと決意していたことは確かである。軍隊は自分の手で食糧を調達し、負担は敵に、場合によっては同盟国に振り向けた。その手法は、一八〇六年から一八一二年までの（ナポレオンによる）「軍事経済 trésor de l'armée」の時代にも踏襲された。このシステムは、フランス国民に対する戦時の負担を軽減し、敗北に終わったときに予想される国民からの憎悪と報復に備えるものである。

事実、フランスは、ルイ十二世の戦争によって、それほど痛みを覚えなかった。むしろ、彼に対する感謝において、きわめて真摯であった。トゥールの三部会で、病み上がりの蒼白の顔で、よろめきながら出てきた彼が、フランスを外国（とりわけマクシミリアン）に差し出すような条約をその手で破棄する姿を眼にしたとき、人々は感極まって涙に暮れながら、彼を「国民の父 Père de

人々は感極まって涙に暮れながら、彼を「国民の父」と讃えたのだった。

peuple」と讃えたのだった。

ルイ十二世が人民から感謝された理由は三つある。一つは税を軽減したこと、第二は、兵士たちの盗賊的行為を厳しく取り締まったこと、第三は、裁判制度を改革したことである。

彼の治世を栄光あるものにしているのが、会計院（Chambre des Comptes）と公租院（Chambre des Aides）の独立、司法と財政の強固な組織化である。

不思議な王である。彼は、支払うばかりで、負債は少しも作らなかった。唯一、治世の終わりごろに、フランスが全ヨーロッパを相手に戦った戦争〔訳注・一五一三年のノヴァラの戦いとギヌガットの戦い〕の二年後、ごく僅かな負債を遺して亡くなった。

これは、彼が青い麦を食べることはしなかった、すなわち子供たちの労働から見込まれる収益を父親たちが前もって消費してしまう愚行を避けたということである。次の世代の肩に重荷を移すやり方は、未来の人たちの呪いの帳簿に毎朝数字を付け加えるだけだからである。このことでは、人民たちも思い違いしなかった。彼の治世は、人々の思い出のなかに伝えられていった。

フランスが、農業においても、工業や商業とあらゆることにおいて、自らの豊饒さに気づき、感謝しながら、大規模な生産活動を開始するのが、この時代である。人間にとって宝は、自らを知ること、自分が何であり、何ができるかを知っていることである。フランスが根底的には気づいておらず、活かそうと思ってさえいなかった宝こそ、驚くべき《ソシアビリテ sociabilité》〔訳注・社交性、社会性、人付き合いのよさ〕であり、人類全体への迅速な同化である。これは、最古の時代からストラボンによって注目されたガリア人の特質であり、十四世紀にはイギリス人たちにより、さらに十六世紀にはピサの防衛のなかで明確に認識されたフランス人の善意と寛大さである。フランスにとって、外国から愛されるためには、そう望むだけで充分であった。

みずから知らないままに、運命を誤ってきたフランスが、そのことに初めて気づいたのは、戦争を機縁にしてである。ラヴェンナ戦争における歩兵（piéton）、歩兵隊（infanterie）の活躍を通して、フランスは、人民としての屈強さを証明した。二か月にわたった野戦場の閃光のなかで、歩兵隊は、その鋼の脛肉による敏捷さと疲れを知らない活動力によって、後世から奇跡ではないかと疑われるほどの勝利をものにした。

フランスが己を垣間見たのは、戦争のなかにおいてであるとともに法律（droit）のなかにおいてである。幾つもの門が開かれて諸法廷で広い視野から調査が開始され、そこから『慣習法Coutumes』の編纂が行われた。これは、すばらしいスペクタクルであった。

自分のそれ以外の暴君政治を望まなかったルイ十一世は、州や郡の「王様たち」がその背後から権力を恣にできる《無知ignorance》の古きヴェールが除去されることを期待した。明文化されず、不確かで壊れやすい人間の記憶や実務家に委ねられた慣習法のもとでは、地方の聖俗権力者の意志が法に等しい力をもつ。気まぐれと興味、欲望によって、日々に変化する法になってしまう。それに対して誰が抗議できるだろうか？　「悪魔のロベール Robert le Diable」〔訳注・ノルマンディー公征服王ギヨーム（ウィリアム）の父〕の息子たちを前にして、貧しい老人が「いや、それは昔からの法と違っています」と言えただろうか？

ルイ十一世が優れた法律家として知られていたロシュフォールをブルゴーニュから呼び寄せたのは、わたしの信じるところでは、この慣習法を成文化する作業のためであった。以後、ロシュフォールは、そのあとのシャルル八世、ルイ十二世のもとで大法官（Chancelier）として、司法改革を含む膨大な王令を百十一の条項にまとめ、一四九七年、王の名で『慣習法 Coutume』として発令させたのであった。この公布のためには、彼が自らペンを執り、形式を調え、校訂したに違いない。この中央における事業に倣って、各地の中心都市でも進められた。このことを示しているのが、「わが委員会は、土地の行政官と三身分の代表者、法律家、バイイ裁判所の関係者そのほかを集め、……ここに公布するものである」との文である。この「そのほか autres」は、国民全般にわたったことを示している。〔訳注・バイイ裁判所とは、王と各地の領主に代わって代官が担当した下級裁判所。〕

わたしが指摘したいのは、聖俗の領主たちが王の委員会に委ねることのできたこの封建法編纂の論議において、実務家たちに意見を聴取していることである。この実務家たちは、有力者たちと関わりが深かったから、この議論にはさまざまな人の証言が反映されていた。論議になったあるケースでは、一種の「enquête par tourbe」〔訳注・当該地域の有識者・実務家の証言に基づく調査〕すなわち、この地方のほんとうの法律を証言するために民衆が呼ばれている。

これは、最初は些末なことのようであったが、未来に重要な結果をもたらす大きな革命となった。

もし、慣習法に定められていたことが害になるものであったとしても、少なくとも、気まぐれや悪意といった偶然的要因によってそれ以上悪くなることはなくなるであろう。文字に記されることによって、人々の周知する判断基準になるからである。あなた方は、人間の心にある正義感、人間の理性に委ねればよいのだ。悪にとって最も都合の悪い敵は光である。病は、その正体を見破られたとき、半分は治っているのである。

パリの慣習法が成文化されたのは一五一〇年である。この北フランスの中心的慣習法は、中庸の精神を根本としており、大胆な中央集権論者であるデュムーラン〔訳注・パリ高等法院の弁護士。1500-1566〕は、このパリの慣習法を他の法典（とくにローマ法）と対比して、フランスをいまも細分化している異種混合性（hétérogénéité）のなかで渇望される市民法の統一性（unité de la loi civile）を遠くから用意したものであるとしている。

法律の世界を変貌させた光の衝撃が三つある。一つは印刷術の発明と普及で、フランスの各地方の慣習法が素朴な不調和のまま文字化されることによって、互いに異なる二つの統一のモニュメントが向かい合って樹立された。一つは、偽の教皇令の土台の上に立てられた教会法、もう一つはローマ法の堅固で調和あるモニュメントである。前者は、基盤も脆弱なら細部に一貫性を欠き、矛盾を抱えているので、昨日の神託も今日は取り消さざるをえず、たえず過ちを取り繕う必要がある。そもそも手書き写本の時代には、好き勝手に書き換えが行われ、何が正しいのか不明な闇の世界であったが、印刷されることにより情け容赦のない光が当てられ、固定化されることとなる。古いがらくたの山に対してポン＝デュ＝ガールの水道橋やニームの円形闘技場が示しているような堂々たる威風をもって『ローマ法大全Corpus juris』が姿を現したのである。ローマ法を教えることを禁じてきた歴代法王たちの「知恵」がいかなるものであるかが、これによって分かったのだ。ライプニッツにより数学の体系に喩えられる凝集力をもったこの頑丈なシステムは、「永遠のローマ」を前にした「偽のローマ」のぐらつく構造物を崩壊させてしまった。

しかし、教会にとって危険な存在になっていたのは、法律だけではなかった。焼却されるべきは、パピニアヌスやウルピアヌス〔訳注・どちらも三世紀にユスティニアヌス法典を編纂した古代ローマの法学者〕だけではなかった。そのことを鋭敏に感知したのがパウルス二世（在位1464-1471）であった。彼は、グレゴリウス法王の伝統を忠実に守って古代の写本を破壊していたが、プラトンが翻訳されたとき、翻訳されたものと原書を追放するだけでは充分ではない、それが息を吹き返す熱狂的な心を古代から引き離すことが必要だとして、ローマのプラトン学者たちを閉じ込めて拷問した（そのために死者もたくさん出た）。プラトンを根こそぎにしたからには、アリストテレスも本質的に異端である以上、根絶すべきではないか。ローマ教会は、その点で妥協するわけにいかなかった。アリストテレスは、ローマ教会にとって、当初《躓きの石》であり、検閲し、教父たちによって棄却させた。教会は、中世の五、六百年間はアリストテレスを黙認した。教会がそのアリストテレスを有罪と宣告したのは一二〇九年のことであるが、その三十年後には、聖トマスに追随して容認し、十四世紀（1366）、十五世紀（1452）には推奨までしている。十五世紀には、アリストテレスが反キリスト的であることはみんな分かっていたし、ルターにいたってはキリスト教の敵であるとして追及したが、そのときも、ローマ教会はアリストテレスを支持している。「不変不易の権威」であるはずなのに、なんという変わり身の速さであろうか！　そこから、どんな結論が出て来るか？明らかにローマ教会はアリストテレスの著述を誤読していたか、または、少しも理解していなかったということである。

この論戦は、つい最近もカトリック教徒たちの間で繰り返されている。学校教育のなかに入れてよいのではないかという提議に対して、最も罪を負う必要のない世俗の著述者たちの圧倒的多数が「ノン」と答え、人間的精神を重んじることを拒絶したのだ。彼らは、根っからの正統派（orthodoxes）である。その原理における首尾一貫性を守ろうという勇気は称賛に値する。しかし、あなた方は、純粋性を大事にすることが永続性を守ることだと思っておられるのだろうか？　ポリュクテス〔訳注・三世紀のアルメニアの殉教者〕がユピテルの祭壇を破壊したことなどは、ホメロスとウェルギリウスの著作を焼却するよう命じた法王〔訳注・グレゴリウス大法王〕に較べれば、大したことではない。「契約書などすべて破いてしまえ！　遠慮することはない。」

この件についての法王庁の沈黙は、半ばはキリスト教徒たちに対する弱腰の表れであり、驚きと憤りを呼んだ。ホメロスは決定的に魔術師であり、天空の霊気（éther）のなかで悪魔たちをオリンポスの神々に変えたのだ。ウェルギリウスも、巫女のシビュラを呼び出す魔術師であり、キリスト以前のキリスト教の《黄金の小枝》〔訳注・アエネイアスは地獄に下りていくのに黄金の小枝をお守りにもっていった」を発見する。そのような連中は、神殿からも前庭からも学校からも遠ざけるべきである。彼らに較べれば、哲学者たちのほうが、どれほど危険性が少ないことか！ 哲学者たちの煩瑣な抽象的論議は学者たちを論争に駆り立てたに過ぎなかったのに対し、こちらの詩人たちは、世界の魂を奪い、幾多の世紀を経て、人間性の心そのものを運び去るのだ。

人類にとっての新時代であるこれらの重要な出来事の年代を確認しておこう。

ウェルギリウスの作品が印刷されたのは一四七〇年、ホメロスは一四八八年、アリストテレスは一四九八年、プラトンは一五一二年である。

ペトラルカ（1304-1374）は、手写本ホメロスを見て、読むことはできないままに、感動の涙を流し、手で触れて口づけしたのだったが、それが今や、ヴェネツィアとフィレンツェで気品ある活字によって印刷されたのだ。こうして、澄み渡ったギリシアの空と清らかな水の清涼さが、『イリアス L'Iliade』の源泉から流れ出る若々しい迸りとともに、ヨーロッパじゅうを潤していくのが見られることとなったのだ。もし彼が、この新しい時代の到来を眼にしていたら、どれほど興奮しただろう！

かつては統一性もなく難解であった古代の古典を初めて刊行する労作業のために、印刷業者たちが流した汗と尽くした心労とは、こんにちのわたし達には想像も及ばない。それは、神の創世にも通じる聖なる業であり、宗教的ともいえる感動と大きな不安が彼らを捉えたに違いない。これらの思考の神々は、彼らが送り出したままに守られていくだろう。校訂に当たった人々、印刷の担当者、出版業者は、睡眠時間も削って働いた。実際、彼らのなかには、一日の睡眠時間が三時間という人もいた。彼らにとって、その仕事は祈りと一体で、くすんだ鉛の活字は世界を若返らせる不死の宝を宿しているように感じられた。

印刷術というこの新しい宗教のローマやエルサレムにあたる聖地は、一般的にいわれるマインツとシュトラスブルクよりは、ヴェネツィアとバーゼル、そしてパリであった。〔訳注・ヨーロッパでの印刷術の発明者、グーテンベルクは、一三九八年にマインツで生まれ、三十六歳でシュトラスブルクに移り、ここで印刷術を発明。その後、マインツに戻り、有名な四十二行聖書はマインツで印刷している。〕マインツとシュトラスブルクは、ただ印刷が行われただけだったのに対し、古典作品の本格的な印刷・刊行に欠かせないテキストの考証、批判、純化を伴う作業が行われたのがフランスのパリであり、スイスのバーゼル、イタリアのヴェネツィアであった。

とりわけ《哲学の気むずかしいバイブル》（わたしが言いたいのは、プラトンの膨大な著作である）は、繊細な論理と優美な表現の賜物で、アクセント記号や句読点の付け方によって、まったく別物になり、ぶち壊されて理解不能となってしまった。さらに、その上をゆく途方もない著述が《古代の百科事典》ともいうべきアリストテレスの著作である。これまで、アリストテレスとプラトンに言及したものは際限がないくらいあったが、訳されたものは僅かしかなく、しかも、あまり正確な訳ではなかった。ギリシアに端を発するあらゆる学派の源流であり、人間知性の尽きることのない論戦をその腹の中に収めたトロイの木馬を、その脚で起ち上がらせたのが、ヴェネツィアの出版業者、アルド〔訳注・ラテン語風に「アルドゥス」とも呼ばれる〕である。

ここで最初に息を吹き返したのがアリストテレスで、サヴォナローラとシャルル八世が相次いで亡くなり、ボルジア家が我が世の春を謳歌していた一四九八年のことである。

その後の戦争とカンブレー同盟による抗争のなかでヴェネツィアはラグーナの奥に押し込められ、流石のアルド家の印刷機も停止を余儀なくされた時期があった。かつては、アッティラでさえ一目置いたこの海中の避難所に、野蛮な砲弾は遠慮もなく海を越えて飛んできた。しかし、そのような事態のなかでもヴェネツィアはプラトンが産声を上げる聖なる揺りかごの役目を果たした。それは、ブレシアとラヴェンナでたくさんの人々の血が流された一五一二年のことであった。こうした痛ましい不幸のなかで、世界は悲嘆に暮れるヴェネツィアから、比類なきギリシアの叡智の華であり崇高な慰めの書である『饗宴Banquet』と『パイドンPhédon』を受け取ったのだった。

ホメロス、プラトン、アリストテレスは古典古代の三つのバイブルである。それに劣らないモニュメントとして付け加えたいのが『ローマ法大全Corpus juris』〔訳注・ビザンティン皇帝、ユスティニアヌス二世の命により五二八年から五二九年に編纂され、のちにヨーロッパ諸国の立法の基礎となった〕である。

永遠の論理に裏づけられたこれらの巨人たちの頭は、天空の高みに達している。それに較べ、中世民衆の信仰心を支えた『聖人伝Légende』は遙か下方にある。彼らが憐れみをこめて見下ろしているのを見て、激越なキリスト教擁護者であるルターが憤りを表明したとしても驚くまでもない。繊細でありながら強固で創意に富んだ新しい弁論術が生まれていた。この弁論術は、理性的で洗練された証明法によってロンバルドゥスとドゥンス・スコトゥスを撃破し、聖トマスについてはその「ディスティンゴ distinguo」〔訳注・肯定・否定の区別〕を狂わせた。

しかも、これは、空疎な遊びや言葉だけの論争ではなかった。古典研究を基盤としたこの新しい精神は、はじめから、キリスト教に対する敵愾心などまったくなかったのだが、そうと気づかないまま、驚くほどの無邪気さのなかで、キリスト教を崩壊させたのであった。この巨大な変化のなかに人々が見たものは、行方不明になっていた家族の誰かとの感動的再会であり、近代ヨーロッパは、古典古代という母と再会し、その腕のなかに身を投じたのであった。

オリエントも近づいてきているし、まもなく、アメリカも、そうなるだろう。人類家族が一つになり、時間と空間を超えて互いを見つめ合い、これまでの誤解を解消して涙に暮れるのだ。なんとすばらしい、神の御照覧にも恥じない光景ではないか！

その母である古典古代が、尊く魅力的な顔を見せたとき、それまで知られていた何ものにも勝る地位を取り戻した。世界は涙を流しながら言った。

「ああ、母よ。なんとあなたは若々しいことよ！　いま、こうして再会してみると、なんと圧倒的な魅力を湛えておられることよ！　あなたは、愛の母の若返りの帯を墓場に持って行ってしまわれた。……それに対して、わたしはというと、一千年の間に、腰はすっかり曲がり、顔も皺だらけになってしまった。」

事実、そこには、人類にとって皮肉な一つの神秘があった。まだ新しい中世のほうが皺だらけの老人に見え、逆に、古典古代のほうが、その特異な魅力と生まれつつあった学術との調和によって若々しく見えたことである。ホメロス、アイスキュロス、ソフォクレスの芳醇なワインとともに、わたしたちの古い血管のなかに熱い血と愛の炎が戻ってきた。ギリシアの天性は、魔術師に劣らぬ力をもってコペルニクスとコロンブスを導き、ピュタゴラスとフィロラウス〔訳注・宇宙の中心には火があり、地球は、その周りを周回していると説いた前五世紀の哲学者〕は彼らに世界のシステムを教えた。アリストテレスは、この大地が球形であることを保証し、プラトンは《オクシデント》〔訳注・東方オリエントに対する西方世界〕を示し、その西の果てにへスペリデス島があることを教えた。

それですべてだろうか？　否、わたしたちの心は、アメリカとは別のもの、学術や文学の魅力とは違うもの、とりわけ魂の解放を古典古代に求めた。わたしたちが古典古代に求めたのは、ニカイア〔訳注・現在のトルコ西部の町で、キリスト教初期の公会議が開催され、三位一体などの重要教義が定められた〕の薄暗いビザンティン的形式に結びついたそれではない、もっと甘美で、もっと自由に呼吸できる人間的道徳性である。わたしたちが古典古代に求めたのは、祭壇を破壊することではなく広げることであり、聖人たちを排除することではなく増やすことである。これまで教会がふさわしくないやり方で拒んでいた聖ソクラテス、聖アントニヌス〔訳注・アントニヌスとはトラヤヌスやアントニヌス・ピウスなどの皇帝を輩出した古代ローマの家系〕、さらには聖ウェルギリウス！　あなたに対しても扉を開いて迎え入れるよう求めたのである。

「聖ウェルギリウスよ、わたしのために祈ってください！」——この言葉をわたしは、十六世紀の誰かが言ったのを知るよりずっと前から、心のなかで叫んでいた。あなたの膝の上で育ち、長い間、あなたによって穏やかにされた古典古代のみを摂取してきたわたしほどに、この言葉を口にする権利を持っている人があろうか？　ホメロスからワインと血と生命を飲むよりも前に、あなたの乳で育まれたこのわたし以上に！　わたしは、若き日のメランコリーの時をあなたの傍で過ごした。歳を取り、様々な悲しい思いが去来するときも、わたしの耳に歌いかけてくるのは、昔愛したあなたのリズムである。シビュラの甘い声は、このわたしから悪夢の黒雲を追い払ってくれる。

スコラ学の障碍だらけの険しい道を過ぎて、光に満ちた古典古代の世界に辿り着いたときの感懐は、スイスのごつごつした敷石や急流の岩場を歩いた後でフィレンツェやミラノのような美しく滑らかなイタリアの舗道を歩いているときに感じる軽やかな気分と同じであった。

そのような中世に対しては、荒々しく厳しい仕返しがあった。キリスト教は、誕生に際して古代の粗野な象徴主義を厳しく非難した。そのキリスト教的中世は、甦った古典古代によって、粗野な狡猾さとビザンティン的揚げ足取り、スコラ学の不毛性、聖人伝の物質偏重主義を責められている。

印刷時代の到来によって、聖人伝や教皇令集に包含されている虚偽の数々が今やはっきり陽光の下にさらけ出された。
　これまで古代の古典作品の写本を焼き捨てたり破壊してきた人々に対して、広汎な憎しみが湧き起こった。イスパニアでは、イスラム教徒の最後の拠点であったグラナダがキリスト教徒によって奪還され（1492）、大々的な焚書が行われた。そうしたことも、理性と神に対する罪として非難されるようになり、枢機卿ヒメネス〔訳注・トレド大司教、異端審問官を務めるとともに、国王カルロス一世（神聖ローマ皇帝としてはカール五世）に仕え、イスパニアの首都をグワダルペからマドリードに移した。1437-1517〕は、五か国語で聖書を刊行することにより、自分の手で燃やした八万冊の写本の償いをしたのではないだろうか？
　人々は、使い古された何でもない常套句が、今では失われた偉大な著述家の言葉であったことが分かるたびに、人類の貴重な遺産が泥棒行為によっていかに多く失われたかを知り、呪った。ときには、ほんの一行が実は深い思考の断片であり、逃げ去る妖精を捕まえることができるのではと思われ、その消えた足跡を見つけようと目を凝らすのだが、見えたと思われた手がかりは闇のなかに消えてしまうのであった。それは、エウリュディケのように、冥府に再び落ちて行き、永遠に失われてしまうのであった。〔訳注・エウリュディケはオルフェウスの妻で、オルフェウスは彼女を冥界から救い出そうとしたのだが、もう少しというところで、彼が約束に背いて後ろについてくる彼女を見ようとして振り返ったため、救うことができなかった、という。〕
　彫刻についても、こんにちにまで遺されている大理石の作品は二流品（あるいは模写）だと言われているが、ありえないことではない。古代アテナイの名工、フェイディアスやプラクシテレスの作品は金銀や象牙で造られていたが、それらは失われてしまった。同じことが写本についても言える。多分、わたしたちが手にしている古典古代の著作は、貴重さにおいて最も劣るものでしかないのかも知れない。古典古代に有名であった政治的著述は、どこにあるのだろう？　スラやティベリウスの回想録は、どこにあるのか？　アウグストゥスが自分のためにローマ帝政について記述させた本はどこにあるのだろう？　そして、ユダヤ世界の直接の親戚であるカルタゴやシリアでユダヤについて記されたものは、どうして遺されていないのか？　そこには、聖書の民の真実を明らかにしてくれるものがあったはずであるが、それらは、広大なセム族の廃墟のなかで孤絶しているため、ちょうど大河の真ん中に取り残された橋の一つのアーチのように、どこからも近づくことができないのだ。このような廃墟は、もはや近づくことができないだけに、なお一層、大きな謎に包まれている。スペインのキリスト教徒たちが焼いてしまったオリエントの万巻の書のなかにも、シリア、アラビア、そして、イスラエルの兄弟であるイスマイルについて太古の昔に書かれた資料が遺されていないと誰が言えるだろうか？〔訳注・ふつうイスラエルとは、ヤコブに与えられた名とされ、イスマイルはヤコブの父であるイサクの腹違いの兄。したがって、イスラエルとイスマイルは、兄弟ではなく伯父・甥の関係である。イサクとイスマイルは、母は違うが父はアブラハムである。〕

ルネサンスは、古典古代の遺産を破壊した人々への憤りのなかで、古典古代を調和と統一性の典型であると見たがった。実際には古典古代はさまざまな時代の多様な文化が混じり合った多様な世界であるにもかかわらず、これを永遠のヴィーナスであるかのように見たのである。中世についても、ルネサンスは、実際には玉石混淆であるのを画一的に捉え、このようなゴシックのバベルの塔の前に長い間跪かせられたのだという憤懣やるかたない思いに駆られたのだった。調和と尊厳の世界であった古代都市に較べ、矛盾と偽善、血腥い野蛮な中世に農奴として屈従させられ修道士として担がされたことを思うと、全身が震えるほどの怨念に囚われた。

「市民として一人前に育った人間が、農奴たちの宗教によって縛られつづけるなどということがあってよいであろうか？」

時代の変革は洪水に似ている。ひとたび満杯になった水は、たった一滴の水が加わっただけで堤防を乗り越え、決壊させてしまう。エラスムス（v.1469-1536）は、この十六世紀の革命の一滴の水であった。

ある偶然の愛によってオランダに生まれ（訳注・都市ロッテルダムで生まれた。オランダが国家として独立したのは一五八一年。列強の承認を受けたのは一六四八年である。「偶然の愛によって」というのは、正規の結婚によらないでということで、アウグスティヌス会修道院に引き取られて育った）、優れたラテン語学者となったエラスムスは、その精神はイタリア的で（ちっともオランダ的ではなかった）、各地で教師をしたり印刷所で校正や編集の仕事をして生活の糧を得ていた。一五〇〇年、パリで格言

出版元のサン＝ジャック通りの店は、古典古代の民衆の英知を集めたこの小型本を求める顧客で溢れた。

と古い諺の小さな選集『アダギアAdagia』〔格言集〕を出版した。これが好評を博し、出版元のサン゠ジャック通りの店は、古典古代の民衆の英知を集めたこの小型本を求める顧客で溢れた。版を重ねるごとに中身の量を増やしたこの本は、ヴェネツィアでもバーゼルでも、美しい活字の大型二折版（in-folio）となった。完全版は一五〇八年にヴェネツィアのアルド社から出版され、バーゼルのフローベン社からも六度版を重ねて出版された。

エラスムスがイタリアに滞在しているときは、法王や枢機卿でさえ、この有名な『格言集』の編纂者に、近くを通りかかったからと言って挨拶に訪れた。これほどの熱狂の的になった傑作は、これまでなかった。事実、この本には古典古代のあらゆる書に見られる優れた思考法と言い回しが集められており、万人に提供された偉大な救いの書であり一般庶民にとってさえ、『会話辞典Dictionnaire de la Conversation』であった。

有名なパリの商人頭（prévôt）〔訳注・実質的市長〕であり、エラスムスやラブレーとも親しく、自らも貨幣についての考察と『学説類集Pandectes』〔訳注・ユスティニアヌスの命で編纂されたローマ法大全の主要部分を成すもの〕の注釈によって、古典古代の解明に貢献したギヨーム・ビュデ（1467-1540）はエラスムスのこの書について、こう言っている。「これは、ミネルヴァの宝の山である。シビュラの書と同じく、あらゆる人を益するであろう。」〔訳注・ビュデは、正式にパリの商人頭にはなっていないが、フランスにおけるギリシア学の基礎を築き、コレージュ・ド・フランスの基盤となった王立教授団を組織するなど活躍し、「フランスのエラスムス」と呼ばれた。〕

バーゼルの偉大な画家、ホルバイン（1497-1543）は、月桂樹の冠を頭上に、エラスムスが勝者として人々を「聖なる道」に導きながらローマの凱旋門を通る姿を描いている。それは、あたかも世界を先導しているようである。〔訳注・ホルバインは執筆中のエラスムスを描いた絵も遺している。〕

この『格言集』がもたらした効果は、二つの意味で当然であり大きいものがあった。第一は、これらの格言の大部分は古代のものでありながら新鮮味を少しも失っていないこと、第二は、この『格言集』のおかげで、古代が一般人には解読不可能で学者ぶった人だけの魔術書ではなく、そこに述べられているのはわたしたち自身のことであって、人間というものはいつの時代も同じであるということである。古典古代は、ラブレーの作品に出て来る似而非学者、ジャノトゥス・ドゥ・ブラグマルドに代表されるような、堅苦しく衒学的で、しかも愚かな人々の世界ではなく、洗練された優雅な人々の世界であったことが明らかとなった。プラトンやクセノフォンが愛想よい機知に富んだ紳士であったことが、宮廷人によっても、町人たちによっても認められるようになったのだ。早い話、フランスの平均的英知において人々に広く行き渡った理想像である《紳士honnête homme》が、キケロの『義務について Offices』のような古代の幾つかの著述において見事に表現されていたことが分かったのである。そして、このような本が、いまやいたるところで印刷され、みんなにとって身近になったのである。

さらに、それがもたらした結果として重要なのが、古典古代の著作についてもっと知ろうとする意志と努力が人々の間に高まったことである。この人間世界において、真剣に知ろうとする意志以上に偉大なものがあるだろうか？　絶え間ない移動と重労働を伴う生活のなかで、地面の下や埃だらけの蔵の中から、メダルや古銭、何かを飾っていたレリーフ、あらゆる種類の手書き文書、地図、詩、風俗、家事など、古代の人々の生活すべてに関わる遺物が掘り出された。そうした物やテーマに関心を抱く人たちは「よきユマニストbons humanistes」と呼ばれるようになった。民族の違いや時代の隔たり、崇める神や話す言葉の違いを超えて、あらゆる人間の事績を分け隔てのない愛情をもって視野に収めようとした彼らを「ユマニストhumaniste」と呼ぶことに誰が異議を唱えるだろうか？

まだ夜が明ける前の冬のサン＝ジャック通りに来て、歩いてごらんなさい。そこには、老人とともに子供たちが、二折判の本を片手に、もう一方の手に鉄製のカンテラを持って歩いているのが見られるだろう。彼らは、右に曲がるのだろうか？　いや、右手にあるソルボンヌの建物は、その両の腕の間で身体を温めながら、まだ眠っている。人々が向かう先は、ギリシア語の学校である。アテネは、いまやパリにあるのだ。ここでギリシア語を教えているのは、ビザンティン皇帝の血を引くと言われるヤノス・ラスカリスで、彼は立派な顎髭を生やし、白テンの毛皮の外套を羽織った人物である。

〔訳注・ただし、ビザンティンからやってきたのは、ヤノスにギリシア語を教えた師匠のコンスタンティノス・ラスカリス（1434-1501）で、この人はミラノ、ローマ、ナポリ、メッシナでギリシア語を教えた。ヤノス（v.1445-1535）はフィレンツェの人で、ロレンツォ・デ・メディチに依頼されて近東へギリシア語の古文書を買い入れに出かけたり、法王レオ十世により、ローマでギリシア語の本の印刷所を任されたりしていたが、その後、フランソワ一世の招きでフランスに移り、図書館を建設した。晩年はパウルス三世（1534-1549）に要請されてローマに戻っている。〕

ここでは、もう一人の博士、アレアンドロ〔訳注・教皇使節としてフランスにやってきたイタリア人。148-1542〕がヘブライ語を教えていた。さらにもう一人、早朝から起きて執筆したり印刷の仕事をしているのがヴァターブル〔訳注・フランスにおけるヘブライ語研究の草分けとなった。1493-1547〕である。

それにしても、この街は、なんと変わってしまったことか！　というのは、一三〇〇年ごろにはユダヤ人たちから写本を奪い取って片っ端から焼却したこの街が、今や、それらを印刷して、世の中に送り出しているのだから。最初のヘブライ語活字が鋳造されたのが一五〇八年で、新約聖書によってあれほどきびしく否定された旧約の律法が、キリスト教徒たちによって不朽の法として何千部と印刷・刊行されているのだ。ユダヤ教の書を擁護したロイヒリン（1455-1522）は、みずからの無知を棚に上げて「読めない本なぞ焼いて捨てよ」と主張して迫害を加えてくる者たちを相手に英雄的な戦いを全ドイツで繰り広げた。

精神の勝利を信じよう！　スペインで書物が何千冊単位で破壊されているとき、ドイツ、フランス、イタリアでは、何万冊単位で印刷されていたのだ！

わたしにとっては、およそ印刷所くらい、一歩足を踏み入れただけで宗教的感動を呼び起こす場所は、神殿であれ学校であれ、国民議会であれ、ほかにない。マンチェスターの職人でもある一人の詩人は「印刷機こそ聖櫃なり」と言っているが、まさに至言である。パリの諸革命も、印刷機が震源となって起きた。一七九三年、わたしの父は、ある教会の内陣に印刷機を据え、わたしは、そこで生まれた。一八四三年、狂信的な連中の策動によってコレージュ・ド・フランスでの講義を禁じられたとき、わたしの心には、この幼き日の宗教が生き生きと甦った。その夕方、わたしは印刷機のもとへ走った。作業所は、夜も灯りを消すことなく活動し、印刷機は紙を吸い込んでは喘ぎ続け、生きた思考を吐き出した。――わたしは、この祭壇に神の現在を感じた。翌日、わたしは勝者であった。

サン＝ジャン＝ド＝ボーヴェ〔訳注・リュクサンブール公園の東。モンパルナス大通りとセーヴル街に挟まれた一画〕は、さして美しい街ではないし、ここに「教会法droit canonique」と呼ばれる空疎で煩瑣な学問の府があるのは問題であったが、それでも、この街の一角、クロ＝ブリュノーClos Bruneauに世界最初の出版社エティエンヌが看板を出したことは、大いなる栄誉である。この記されるべき出版業者は、アンリ一世、大ロベール、シャルル、アンリ二世といった代々の社主によって、一世紀の間、世界に光を送ったからである。この出版社から、古典古代のすべてが、不純物を取り除かれ、校訂され、適切に注を施されて、万人の前に提供された。大著『ラテン語宝典

Trésor de la Langue latine』が大ロベール（1503-1559）の名を不滅にしたように、アンリ二世（1531-1598）はギリシア語における業績によって不朽の名声を獲得した。彼らは、単に知識をひけらかす浅薄な人々ではなく、力強い良識と熱気によって、永く輝きを失わない出版物を世に出した。彼らの一人〔訳注・シャルル〕は、医者として名声を博するとともに、独創的自然学者として農業の実用的概論書『田園の家 La Maison rustique』〔訳注・ラテン語では『Praedium rusticum』〕を著している。

エティエンヌ家は、宗教改革の先駆となる、ルフェーヴル・デタープル（v.1450-1536）の新約聖書を、ルターより数年前の一五一二年に出版している。〔訳注・ルターの『新約聖書』が刊行されたのは一五二二年である。なお、ルフェーヴル＝デタープルの新旧約聖書フランス語訳が世に出されたのは、一五三〇年、アントワープからである。〕

しかし、フランスの宗教改革は、まだ先のことである。エティエンヌ家にとって「宗教」は印刷業そのものであった。彼らが自分たちの出版物のなかに誤植を見つけた人に賞金を出したというエピソードはよく知られている。校閲は、扱う国の文字に通じた著名人で構成される《十人委員会 décemvirat》によって行われた。そのメンバーのなかには、ギリシア人ラスカリス、ドイツ人歴史家レーナヌス、アクィテーヌ出身で高等法院議長となるランソネ、さらにレオ十世によって枢機卿に任命されるムスルス〔訳注・ラスカリスの弟子。v.1470-1517〕などがいた。

このように印刷業者として輝かしい仕事をし、校訂についても非の打ち所のない仕事をしたエティエンヌ家の人々が、出版人とし、ときには辛辣な著述家としても功績を遺しただけでなく、さらにはフランス語の師でもあり得たのは、どうしてか？ そのことについて説明してくれているのが、彼らのなかの一人が友人に送ったトゥキュディデスへの序文の一節である。

「友よ。厳しい冬の間も、北風の吹く暗い夜も、額に汗して仕上げた成果を、どうか受け取ってください。」

それほどの彼らの苦労を支えたものが二つある。

一つは、後世の人々から捧げられるであろう感謝の念である。アンリは言う。「後世の人々よ！あなた方はゆっくり休まれるがよい。あなた方に代わって、わたしたちが働いているのだから。わたしたちが夜も眠らないで粒々辛苦したおかげで、あなた方は幸せに眠ることができよう。」

もう一つは、（神よ、わたしたちみんなが、この点で、これらの偉大な職人を見習うことができますように！）家族が完全に一つになって取り組んだことである。エティエンヌ家は、女性たちも、朝早くから、このようにさまざまな言葉を使う男たちと一緒に働いた。彼女たちも、口にしたのは、唯一、全員が理解できたラテン語であった。アンリ・エティエンヌは、アウルス・ゲリウス〔訳注・古代ローマの著述家。v.123-v.165　哲学・歴史・法律など広汎な知識を集め二十巻から成る『アッティカの夜』を著した〕の序文でこう書いている。

「お前の先祖はラテン語を完全に理解していた。お前の叔母のカトリーヌもラテン語を話したが、奉公人たちも、それに慣れて、みんな理解できた。子供たちよ、わたしたちは、およそ言葉を理解できるようになって以来、家のなかでは、ラテン語以外で話そうとしたことはなかった。」

この言葉からも、エティエンヌの一家は、子供たちも女性も奉公人たちも、みんなが父親や、共に働いている著名な校訂者たちと同じように知識に貪欲で、本物の古代の家族のような一体感を醸していたことが分かる。したがって、アンリやロベール、また『田園の家』を著したシャルルの家に入ると、あたかも古代ローマの大政治家にして著述家のカトー（BC.234-149）の家に迎え入れられたような錯覚を覚えたであろう。

第十二章　預言者ミケランジェロ

このようにして光が生じ、世界は明るさを取り戻したのだが、それは感じ取れないくらい徐々にであった。障碍となったのは、その激しさ自体であった。情熱のあまり陶酔することによって躓き、動けなくなる。この初期ルネサンスは、古代全体を崇拝したが、崇拝の対象を内実の原理によりも表面的形式に求めた。ここでいう原理とは、民衆的政府と民衆が自分の神々を作り上げる国民的宗教であるが、それは、中世人において聖職者が施し、引き続き《レジスト légiste》たちが王権を強化するために利用したメシア的教育とはあまりにも隔たっていた。

新しいメシアは王である。人々の精神のなかで《受肉 incarnation》のドグマが弱まるにつれて、君主制的偶像崇拝が強まった。しかし、中央集権は、まだ始まったばかりで、混然かつ漠然としており、群衆は、それを一個人の無限の力としてしか理解しなかった。それは子供じみた民衆的視点からの王であり、やがてラブレーが滑稽な仮面のもとに、パンタグリュエルやグラングージエ、ガルガンチュアといった巨人王たちとして再生していく。

そこにあるのは力の崇拝であり、法と正義の鈍化である。人間生活と宗教や国家の道義性を形成する理念、法理念の進展は緩慢で、万事が我先に曖昧化していった。

人文主義的法律家たち、たとえばアルキアーティ〔訳注・イタリアの法律家。1492-1550〕のような人は、パピニアヌスに有利なようにオウィディウスやカトゥルスを援用し、弁論術や詩学のテキストを積み重ね、山のように注釈を付けることによって、法の優位に貢献しようとしながら、却ってこれを妨げた。

ルイ十二世の治下で巨大な集団を形成した代訴人procureurたち〔訳注・検察官でもある〕は、自分たちの盗賊行為〔訳注・善良な人を告発し罪に陥れて、その財産を横領した〕をごまかすために中世の神学上のスコラ学に倣った屁理屈の茨の森で法律を覆い、窒息させた。

やがて神学者たちが「法の失墜」と「恩寵」の絶対的君臨を宣言するのと同時に、王権を信奉する人々も、法体系において、王の恩寵の賜物しか認めなかった。つまり、すべては、王の特別のはからいによって、どうにでもなるという、絶対王権の思想である。

しかし、《恩寵grâce》というのは、変わりやすいものである。ルイ十二世は、自分が行った改革が、自分の生きている間だけしか有効でなく、自分が死ねば、改革も終わってしまうことを恐れていた。どうすれば、それを恒久化できるか？　しかし、「正義に反する王の命令に服するな」と王自身が禁じても誰が本気で受け止めてくれるだろうか？

ルイ十二世の時代には、公のために奉仕するという幻想を描かせていた司法機構も、後継のフランソワ一世の治世になると、王の前に屈服してゆき、事態は「唯一の力は王にあり、その上に立つものはない」というのが苛酷な真実であることを露呈していった。こうして、政府は王個人に奉仕する機構となり、集団として行動を起こすことはなくなる。領主が臣下たちを集めた封建時代の宮廷ももはやなければ、自治都市（communes）の討議機関もない。政治がただ一人の手に委ねられたことによって、議題は多様性と複雑性を失い、それでいて、従うことがますます困難になる。この手は唯一であり、しかも閉じられているからである。すべてが王個人とその家族、寵臣、そして寵愛される貴婦人の采配に委ねられる。以後、国民の運命は国王陛下・王后陛下（Leurs Majestés）の奥の院、寝室、寝所に閉じ込められる。すべては、陛下がたの御気分次第、御健康次第で左右される。陛下の胃袋の調子が政治の秘儀として頂点に君臨しているのだ。

この王にして、この民あり。民も君主の病気に与っていた。フランスが咳をする。フランスが胸に痛みを覚える。フランスが死産する。——すると、人々は、フランス自体が死んだかのように言いふらした。実際には、フランスは生命に溢れているのに。しかし、フランスは、それを具現しているルイ十二世やアンヌ・ド・ブルターニュにおいて病んでいるのだ。

しかも、歴史も、それに劣らず病んでいる。阿諛諂佞《あゆてんねい》の輩や空想的な年代記者、空疎なロマンの模作者やお追従の言辞を弄する詩人たちを別にして、歴史も停止してしまった。わたしは、バヤールの魅力的な年代記はこの例外にしておく。そもそも、バヤールが年代記を書いたのは、当の王たちが亡くなった後、フランソワ一世の治世であるから。コミーヌ（v.1445-1509）は、ここでわたしが言っていることとは離れているし、その良識はこの世界を見捨ててしまったようである。〔訳注・コミーヌは、若い頃はブルゴーニュのシャルル突進公に仕えたが、見限ってルイ十一世のもとに身を寄せ、ルイ十一世とシャルル八世の年代記を遺した。〕繊細にして確固たるマキアヴェリとその青銅のペンは砕かれてしまった。このことは、彼自身が言っているところである。彼は、法も正義も刺し殺しながら、『君主論Prince』の常軌を逸した逆説のなかに身を投じ、ついには、破壊された世界の死者たちの上に、この最後の死者を投げ捨てて、何ものも残さなかった。

罪と絶望に陥ったこの最後の政治学は、しかしながら、それでも政治学たらんとする野望は失わなかった。そこには、実証的で実際的な一つの英知があり、政治家として成功するための規範と処方箋を提供してくれている。全能の個人が支配する世界、すなわち究極的恣意と急激な移り気が支配する世界に入るとき、これらの規範は、何を支えとしたらよいのだろうか？

お前がこれまで支えにした規範や処方箋は、そのままにして持ち帰るがよい、哀れなマキアヴェリ。その日その日の偶然で変わる個々のケースに、どうして一般的規範を当てはめることができるだろうか？　そんなことを誰が知ることができるだろうか？　誰が予見できるだろう？　せいぜいわたしにできるのは、これらの君主の気質を調べたり、彼らの掛かり付け医に相談したりすることである。ヴェサリウス〔訳注・カール五世の主治医でもあった〕はカール五世の通風について情報を教えてくれるだろう。アグリッパ〔訳注・十六世紀ベルギーの医師で、魔術にも通じていたとされる〕は、フランソワ一世の治世に政治を牛耳っていた色好みの母后〔訳注・ルイーズ・ド・サヴォワ〕の病気や艶事によって示唆を与えてくれるだろう。

強烈な個性の痕跡を留めているのは、芸術も同じである。この時代は、すべてが個人に帰着するのであり、個人の手に余る偉大なものは作られなかった。ブルネレスキが、サンタ＝マリア＝デル＝フィオーレSanta Maria del Fiore〔訳注・フィレンツェの大聖堂〕の堅固な建築の上に《ルネサンス》を打ち立てることによって中世のゴシックに決定的に勝利してからほぼ一世紀が経っていたが、その後、何が作られたか？　イタリアでは、フィレンツェの銀行家たちのため、ヴェネツィアでは元老院議員たちのために、数々の宮殿や別荘（villas）が建設された。北フランスの教会堂では、ゴシックが生き続けていたが、それは、彫刻によってであり、建築は瀕死状態で、したがって不毛化していた。装飾の主流は彫金術が占め、壮大なカテドラルを飾るのに細密な彫金の技が競われた。並外れた巨大な建築本体の細部に、繊細な巻き毛や花々、金銀細工で行われる優雅な刳形《くりかた》、ついには刺繍職人の糸レースを思わせる大理石の彫刻まで現れた。「石造りのアルプス」、「エジプトのピラミッドの妹」といってよい空高く聳える塔や巨大な身廊が、その老衰期のなかで美しくあろうと望み始めたのである。彼女たちが媚びるように身を飾り立てているのは、時代の好みによるのであり、王妃や国王たちがそう命じたからである。

彼ら彼女たちは、恋結びlacs d'amour〔訳注・8の字を横にして繋いだ形の飾り紐〕、色恋の殺し文句、ベッドの紋章などの全てを教会のなかに求めた。アクセサリーや家具に好んで用いられた鍾乳石様の飾り、型破りな穹窿が、石を細工して作られ、内陣や外陣の天井から吊り下げられて、お参りする人々を頭上から脅かした。

そのようなのが、イングランドのウェストミンスター寺院、北フランスのカンの聖ピエール教会、あるいはブルゥの教会などに見られる「ゴシックの精華」である。とりわけブルゥのそれは、フランドルのマルグリットが二十年間、精魂を傾けて造らせた彫刻における奇跡ともいえるものである。〔訳注・マクシミリアンとマリー・ド・ブルゴーニュの間に生まれた彼女が、亡くなった夫フィリベール二世への愛を込めて建設した建物であることは、すでに本書でも言及したとおりである。〕彼女は、これによって神に捧げる教会を造ったのだろうか？　否、である。彼女は、若くして亡くなった夫、フィリベール・ド・サヴォワと自分自身のために造ったのである。ここでは、形あるもの全て、背後にある歴史の全てが女性優位を感じさせる。しかし、それゆえの欠点もある。可憐なもの、小さなものへの愛着である。その丸天井は、高さはそれほどでなく、見る人の目を惹きつけるのは、白い石や石膏の糸レースの刺繍を思わせる繊細さの魅力である。いたるところで、マーガレット（ひなげし）と愛の物語詩、カンブレーの和議のために彼女が執ったペンが交差している。判じ絵や語字判じ物logogriphe〔訳注・一語の文字を組み替えることによって他の語を作り、それを判じる謎〕もあり、時代の精神を伝えている。この公妃は、糸紡ぎと刺繍に優れており、思い描いた装飾図案によって、疲れを知らない妖精さながら、自分の教会堂を紡ぎ出した。しかし、見る人は、その単調な繰り返しに飽きてしまう。フランソワ一世がブルゥの教会の内部に入ったとき、まず気づいたのは、その脆さであった。この地中から掘り出されたばかりの白い石は、厳寒に対してあまり抵抗力がなかったので、全体の完成を見る前からにすでに修理する必要があった。これを建てたフランドル人建築師〔訳注・ヴァン・ボーゲム〕は、建物の保全のために重要な課題であった排水の仕組を忘れていたのである。

これらのことからも、十六世紀は十五世紀と較べて進歩しているようには見えない。芸術は、十五世紀には偉大であるが、十六世紀には奴隷さながら個人に依存している。十五世紀には民衆によって阿られていたのが、王たちの追従者となる。

そして、芸術自体、君主制的に組織化されたように見える。絵画や彫刻における王である巨匠たちは、超絶した存在で、そのもとで、たくさんの芸術家たちが発酵を続けていった。ダ・ヴィンチ、ミケランジェロは、そのような孤絶した大芸術家である。ラファエロは一つの流派であるが、その死にいたるまで、姿を現すのは彼一人で、共同作品も彼の名だけで描かれている。一団の画家たちが彼の名前のもとに吸収されているのである。

このようなとき、芸術は時代の抗争や不幸、すなわち現実の生活から身を遠ざけ、無関心のなかに立て籠もる。わたしは、ラファエロと呼ばれ絵画の世界を席巻したこの偉大な流派のファンであることにおいて人後に落ちないが、すぐ近くで悲劇的な事件が起きていたにもかかわらず、彼が保っていた静穏ぶりには驚かされる。彼が描いたマドンナたちは、フォルリやカプアで自分の生身の姉妹たちがボルジアによって劫掠され苦しめられていることを知っていながら、あのように平然としているのだろうか？　『アテネの学堂』に描かれている哲学者たちは、ブレシア掠奪の日、未来の数学の再興者が瀕死の母親の傍で一人の怒り狂った男に殴られているときに、理屈づけたり計算していることができただろうか？　そして最後に、ラファエロによって二度も魅惑的に描かれたプシケー Psyché は、スペイン人たち（明日にもローマに姿をあらわすであろう）によって苦しめられているミラノの叫びを聞かなかったのだろうか？

ウェルギリウスはラファエロと、しばしば対比されるが、それは、ウェルギリウスにとっては、耐え難い侮辱である。ウェルギリウスの魅力は、その清らかな慈愛によって、イタリアと苦悩を絶えず共にしたことにある。扱われているテーマはどんなに離れていても、彼の魂は、常にイタリアにあった。マントヴァの貧しい農民でありイタリアの民衆を代表するこの最後にして不運な男が大きな悲しみを自己の内に持っていることを、あなた方はその作品のいたるところで、無限の優しさをもって感知するだろう。彼は、その最初期の田園詩や多くの作品においては、ふるさとを逐われた追放の詩人であったし、その後、庇護者を得て、その注文のもとに作った作品においても、そうであった。アウグストゥス帝の孫が誕生して、注文されて書いた詩のなかでも、彼は、喜びたい半面で泣いている。彼の口をついて出て来るのは、人間の姿を失いながら人間としての心と記憶を残しているテレウスの永遠の追放である。〔訳注・テレウスとはギリシア神話に出て来るトラキア王。妻とその姉妹に残虐行為を働いて鷹に姿を変えられた。〕

「不幸な彼は、空を飛んでいるうちに、かつての自分の家の上にやってきていた。」

それでは、十六世紀にはイタリアの魂はどこにあったか？　人を魅惑してやまないラファエロの穏やかな優しさのなかであろうか？　諸技芸を一身に集め諸学の預言者である偉大なレオナルド・ダ・ヴィンチの至高の静謐のなかであろうか？　しかしながら、レオナルドは、自らは無感覚であろうとし「嵐から逃れよ」と自らに言い聞かせつつも、欲すると否とに関わらず、『聖ヨハネ』にせよ『バッコス』にせよ、さらには『モナ・リザ』にせよ、いずれの人物にも唇に神経質で病的な微笑みを浮かべさせている。それらは、プルチ〔訳注・メディチ家のロレンツォの庇護を受けて『モルガンテ』などを著した。1432-1484〕やアリオスト〔訳注・代表作『狂乱のオルランド』。1474-1532〕の陽気さというより、そうした偽りの哄笑とおどけの蔭に隠れている地中海沿岸特有の熱病の現れであり、イタリア精神の痙攣の痛ましい痕跡である。

しかし、この時代、真の心の英雄というべき人物がいた。

あなた方は、システィーナ礼拝堂の『最後の審判』の巨大な画面のほぼ中心部に悪魔と天使たちの争いの的になっている人物をごらんになっただろうか？　この人物だけでなく他の人物でも、無限に対立する二つ相い戦う上方を不安げに見上げている眼をごらんになったことがあるだろうか？

それが、古い信仰と新しい信仰との狭間にあった十六世紀のイメージであり、諸国家の間で侵食されていたイタリアのイメージであるとともに、当時の人々、なかんづくミケランジェロ自身のイメージである。この絵は、彼の年齢から考えて、学者的でよく計算された作品であるが、彼の心自体と深い啓示から引き出された若く本能的で素朴な部分も見せている。

彼について、ある人はいみじくも、こう言っている。「ミケランジェロはイタリアの良心であった。……誕生から死にいたるまで、彼の作品は審判であった。」（A・デュメニル『イタリア芸術』）ミケランジェロの初期の異教徒的彫刻にも、また、彼の生涯を貫いたキリスト教徒としての意志にも注目する必要はない。彼は、サン＝ピエトロ大聖堂のなかにカトリック信仰の勝利を夢見たわけではなかった。彼が夢見たのは、新しい芸術であり、師であるブルネレスキの偉大な勝利を達成することだけであった。彼は、自分の遺骸をブルネレスキの作品の前に葬るよう遺言したが、それは、彼によると、永遠に師の作品を見つめられるようにということであった。彼は、サヴォナローラとブルネレスキの二人から生まれたが、彼の信じた宗教は、シビュラのそれであり、旧約聖書の預言者エリヤと蝗を食べる人々のそれであって、彼は、異教徒でもなければキリスト教徒でもなかった。

彼に付されるべき空前絶後にして唯一の栄光と栄冠は、《法droit》への渇仰と熱望という優れて新しいものを芸術のなかに注入したことである。

彼こそ、「イタリアの守護者」と呼ばれるにふさわしいが、それは、晩年にフィレンツェの市壁の補強に尽くしたからではなく、「法なき魂」として処刑されるべきイタリアの魂のなかに、世界が未だ見たこともない《法の勝利》という理念を示したからである。

彼の生い立ちを辿ると、なぜ彼がひとりでそのようなことをできたかが分かる。

彼が生まれたアレッツォは裁判官たちの町で、他の人々が地方行政官の職（podestats）を求めて出かけていったなかで、彼の父親も裁判官であった。彼は、歴代法王に対抗してボローニャにローマ法の学校を建てた皇帝たちとは親戚のカノッサ伯家の末裔であった。彼の家族が、生まれた彼に正義の大天使であるミカエルにちなむ名前（Michel-Ange）を付けたのは、ラファエロの父親が息子に恩寵の天使に因む名を付けたのと同じで、別に驚くまでもない。

彼の家系は怒りっぽい血統であった。アレッツォはエトルリア時代からの古い都市で、没落した共和政の町だったから、近くの銀行家の大きな町〔訳注・つまりフィレンツェ〕からは軽蔑の眼で見られていた。ダンテにいたっては、通りすがりにチラッと見ただけである。イタリア笑劇の最もありふれた主題の一つが《地方役人podestat》であるが、こうした役人は、外国のどこかの町に呼ばれ、雇われて、やがては追い払われる、法の無力な代弁者であった。したがって、イタリアでは《正義》はみんなから馬鹿にされていた。人々に正義の剣を尊重させるには、ブランカレオーネ〔訳注・一二五八年に亡くなったボローニャ出身の貴族で、元老院議員としてローマに招かれて活躍した。ちなみに「ブランカレオーネ」は「白い獅子」の意〕のように、英雄的努力が必要であった。異邦人で頼るべき味方もなく、みんなから反対されながら自分の判断を実行するには、獅子の心が必要であった。ミケランジェロは、十三世紀だったら、そうした戦う判事の一人だったであろう。彼は、ダンテが煉獄において称賛した人物や悲劇的容貌のもう一人〔訳注・詩人のソルデルロ〕のような、当時のギベリン党員に匹敵する獅子の心を持っていた。

「ロンバルディアの魂よ、汝の眼の緩やかなる動きは何にかあらむ?
そは休らう獅子のごとく……」

拝金主義者に支配されている世にあって、彼は剣を帯びる代わりに鑿を手に執ったブランカレオーネであり、イタリア芸術の「判事」であり「行政官」として、時代に対する高所からの検証を大理石や石に刻み込んだ。

その一世紀になんなんとする生涯(1475-1564)は、一つの戦いであり、一つの連続的抗弁であった。貴族ではあったが貧しく、メディチ一族の家で育てられ、雪で像を造るためにこき使われもしている。

魂は共和派であったが、生涯、君侯や法王たちに仕えた。

彼の生涯は、羨望によって歪められ、一人のライバル〔訳注・画家のブラマンテであることが、このあとの記述から明らかである〕によって、絶えず奇形化された。愛し愛されるように生まれついていたが、生涯、独身のままであった。

だが、彼の最大の矛盾は、彼自身のなかにある。謹厳実直な家に生まれ、強い責任感を躾けられたが、心はけっして石ではなかったし、ゼノン〔訳注・ここでいうゼノンは「飛んでいる矢は止まっている」で知られるエレアのゼノン（前五世紀）ではなく、前四世紀のストア派の祖のキュプロスのゼノン」が「賢人」を象徴して言ったような丸い岩ではなかった。それは、偉大なイタリアの魂であり、美への貪欲な思索と理想の追求によって己の外へ絶えず広がった。そのような彼の心を派生させた元には同時にゼノンとプラトンがあり、そのため彼は長い生涯の間、この内面の戦い、相矛盾する努力のために苦しめられ、さらに言うなら、そのために死んでいった。誰でも彼の家に夜に入った者は、（彼は少ししか眠らなかった）キュクロプス〔訳注・ギリシア神話の一つ眼の巨人〕のように額にランプをつけて働いているのを眼にして、これはタイタン〔訳注・ギリシア神話の巨人族〕ではないかと思ったであろう。しかも、この天才のなかには、そう思わせるものがあった。

しかし、このタイタンの中身は人間であった。彼が唯一心を打ち明けたのが詩であり、彼が詠んだ詩は、そのことを充分に納得させてくれる。彼は、一日に少量のパンとワインで一食、夕方にしか摂らなかったが、この夕食のあと、短詩（sonnet）を作った。それは、いつも同じで、自身を彫塑するための魂の非力さ、石の塊から己を引き出す難しさ、厳格な婚約者であり彼の欲望の対象である「思想（Idée）」を大理石から引き出すうえでぶつかる困難について詠っている。

彼は、何度も死を願った。

ある日、彼は足を怪我したので、扉を閉めて横になり、そのまま起きようとしなかった。一人の友人が心配して、なんとか内部に入って、むりやりに看病して治したのだった。

なぜ、このように絶望したのだろうか？　それについて彼は、何も語らなかったが、わたしの推

誰でも彼の家に夜に入った者は、キュクロプスのように額にランプをつけて働いているのを眼にして、これはタイタンではないかと思ったであろう。

測するところでは、彼の魂が彼の運命と並外れた才能をさえ遙かに飛び越えてしまったからであり、『死』と『審判』をテーマに作品を志していたが、二度とも逃したからであった。

『死』のモニュメントは、ある墓がそれになるはずであった。粗暴な教皇ユリウス二世は、さまざまな野望を抱いたが、その一つとして、自らの墓をカエサルあるいはアレクサンドロス大王の墓のような壮大なものにしようと考え、ミケランジェロに依頼した。それを受けてミケランジェロは、寺院のなかのもう一つの寺院として造るという壮大なプランを立てた。それは、墓の主の具えている美徳の数々、征服した王国、さまざまな宗教、モーゼや福音書などを四十本の壮大な柱で表現するはずであった。そして、天は歓喜し地は涙している。そこでは、ミケランジェロが十年間、打ち込んできた死についての研究（そのために、芸術を忘れるほどに解剖学に打ち込んだのだった）が、その場所を得て開花するはずであった。準備も進み、彼自身でカラーラ Carrare〔訳注・上質の大理石の産出で有名。イタリア北部、トスカーナの海岸山脈地帯〕まで出向いて大理石を買いつけた。こうして、海路を運ばせた大理石でサン＝ピエトロ広場の半分が埋められるところまで進んだ。ところが、風向きが変わった。ユリウス二世が、おべっか使いのブラマンテ〔訳注・建築家であり画家。1444-1514〕が言った「生きているうちに墓を造るのは縁起がよくない」の一言によって考えを変えてしまったのである。すでに制作が始まっていた『モーゼ』と『奴隷たち』だけが今に残っており、後者は、ルーヴルにある。（モーゼの石膏像はパリ美術学校にある。）〔訳注・大理石像はローマのサン＝ピエトロ＝イン＝ヴィンコリにある。〕

これが、老人たちからなる奇妙な統治の姿であった。みんな歳を取ってから地位につくので、法王たちは生と老・死の争奪の的であり、不動の統治者は他ならぬ「不安定性 l'inconsistance」自体という有様であった。一介の司祭、一介の修道士が突然、「王たちの王 roi des rois」たる君主〔訳注・法王〕になったのであるから、せいぜい寿命を延ばして自ら楽しむとともに、自分の一門によって君臨し続けようとした。偉大な法王と信じられていた「征服者ユリウス二世」は、ミケランジェロのほんもののパトロンになると思われていたが、彼の心を擽ることに長けたブラマンテが聖母を描く画家としてラファエロを紹介したその日から、ミケランジェロを見捨てたのだった。何ごとも不可能なことはないと思い込んでいるこの驚くべき子供であるユリウス二世は、イタリア自体をさらにラファエロの天分で満たそうと考え、すでに存在するすべての絵画を消させ、彼にヴァティカンの壮麗さを描かせようと考えたのであった。〔訳注・ブラマンテが一五一四年に亡くなったあと、ブラマンテのサン=ピエトロ改築の事業を引き継いだのはラファエロであった。〕

しかし、モーゼ像は未完成ながら、すでにそこにおり、その恐ろしい顔で法王の心変わりを非難していた。この作品には媚びるようなところは全くない。その大理石に刻み出された野性的な容貌はサヴォナローラの面影を示していた。ミケランジェロは、殉教したサヴォナローラへの想いから、聖書にモーゼの身体的特徴として唯一記されている「山羊の目 oculi caprini」に合わせて、変えたのであった。そこには、二つの自然がまだ明確に分かれていなかった「創世 la création」から間もない日々にそうであったように、動物的で人間離れした崇高さが際立っており、額からは角のように光が生えていて、「腰の力だけで進み、鉄の角でぶつかっていった」恐ろしい幻影の雄山羊を思い起こさせる。その足は荒々しく、神の敵どもと《法Loi》を蔑ろにする輩を打ち砕かんと一本の蹄で大地を踏まえている。このモーゼ像は肉体を具え生気を湛えた、情け容赦なき《法》そのものである。ミケランジェロがその心に描いたモーゼとは、かくのごとくでなければならなかったのだ。

それから四十年後、その像が据えられることになった教会堂〔訳注・前出〕に運ばれていったとき、その前を歩いていた父親（ミケランジェロ）は、あまりにもゆっくりとしか進まないので、像を振り返って、優しくこう言いながら、木槌を投げた、という。「ええ、どうしたんだ？　お前は、もう生きていないのか。」

このような像は、世界の権力者たちに隠す必要があった。というのは、それらは、万人平等に最後の審判と贖罪が待ち受けていることをあまりにもあけすけに思い起こさせるからである。

法王ユリウス二世はミケランジェロに決定的に背をむけた。もはや、彼には目も呉れようともしなかった。大理石職人たちへの支払いは自分のカネでさせた。ある日、法王が通る門のところにやってきて座ったが、法王が無視したので、「もし猊下がわたしをお呼びになっても、わたしはもういないとお伝えください」と言って、フィレンツェに向かった。そこから、おそらくコンスタンティノープルへ向かう予定であった。トルコのスルタンが、ペラ〔訳注・コンスタンティノープルの一画〕に橋を建設させるために彼を招いていたからである。

しかし、五人の使者がフィレンツェに次々と、ほとんど同時にやってきた。法王が続けさまに五通の手紙を寄越したのである。内容は、法王の彫刻師を返せという嘆願と怒り、嚇しで、もしフィレンツェが応じなければ戦争も辞さないというものであった。しかし、問題の彫刻師（ミケランジェロ）は知らんぷりをした。ユリウスはボローニャにいたが、「征服者」と渾名されたほど強気の法王であっただけに、ますます怒り狂った。哀れなフィレンツェの行政官、ソデリーニは怯えてミケランジェロに言った。

「わたしたちはお前のために戦争をすることはできない。……お前は共和政府の使節として法王のところへ誇り高く行ってくれ。」

そこで繰り広げられた光景は愉快なものがあった。ユリウス二世は杖にすがりながら激怒して彼をにらみながら、「お前は、このわたしがお前のところへ出向くのを待っていたのか！」と怒鳴ったので、傍にいたある司教が不器用に「教皇さま、彼をお許しください。こういう輩は、仕事をすることしか能がない無骨者ですから」と言った。すると、法王は怒りをぶつける相手が見つかったことに喜びを覚えながら、「お前こそ無骨者だ！」と叫びながら、杖でこの司教を逐い払ったのだった。

他方、蛇のように執念深いブラマンテは、ミケランジェロを絶望へ追い遣るための一手を考えついた。この常軌を逸した法王を唆し、ミケランジェロにはシスティーナ礼拝堂の絵を描くよう命じさせたのである。ミケランジェロは彫刻師であり、それまで絵筆にも絵の具にも触ったことがなく、建物の壁や天井に直に描くフレスコ画の何たるかも知らなかった。その彼に、この礼拝堂の天井

（横幅二百ピエ、高さ百ピエ）を埋め尽くす巨大な絵を描かせようということになったのである。彼は、なんとか回避しようとしたが、ユリウスは折れなかった。ミケランジェロは、フィレンツェから最も優れた画師たちを呼んで、フレスコ画について教えてもらうとともに、何人かに手伝ってもらうことにした。しかし、その仕事ぶりに不満を覚えた彼は、カネだけ払って、彼らに頼むのをやめ、結局、ひとりで礼拝堂にこもり、一人で準備し、一人で描く以外になくなった。これは、最も頑健な男をも殺せるような恐ろしい試練となった。そして、この壮大な仕事の三分の一ほど進んだところで、すべてがだめになったかと思うほどの事態が生じた。石灰の乾き方が遅いので、ところどころ、カビにやられたのである。〔訳注・フレスコ画というのは、建築職人が壁や天井に塗った漆喰が乾かないうちに絵具で描き、染みこませて定着させるのであるが、乾くのに時間がかかりすぎると、カビが生えることになる。〕

ミケランジェロにとって助けになったのは、このシスティーナ礼拝堂はユリウス二世の伯父であるシクストゥス四世が建てさせたもので、ユリウスにとってサン＝ピエトロ大寺院建設の栄誉に較べれば、些末なことに過ぎなかったため、この礼拝堂の鍵は彼だけが持ち、誰にも訪問させないようにすることができたことである。法王の訪問はさすがに断れなかったが、作業台に登るには老いた法王が尻込みするような梯子しか使えないようにすることによって、これを困難にした。

彼が天井と壁に絵を描くために孤独の五年間（一五〇七年から一五一二年までで、彼は三十七歳から四十二歳までである）を過ごしたシスティーナ礼拝堂の薄暗い穹窿の下は、彼にとってカルメル

法王の訪問はさすがに断れなかったが、作業台に登るには老いた法王が尻込みするような梯子しか使えないようにした……

山の洞窟であり、その生活は預言者エリヤのようであった〔訳注・旧約の預言者エリヤはカルメル山で異教徒を打ち破った。〕彼は、組んだ足場の頂上で仰向けに独りで寝転がり、宙に浮かびながら描いた。仲間といえば、預言者たちとサヴォナローラの説教だけであった。

天井一面を占めるこのシビュラ的な書は、どのような順序で読み解くべきか？　これは、幾つもの見解がありうる難しい問題であり、わたしたちを困惑させる問題の一つである。ルネサンス期の中心的位置を占めるこの作品において最も重要なのは、思想の論理的つながりであり、どのような年次的順序で制作されたかである。かなり年数を置き、画家が老年期にはいった一五三三年から一五四一年に祭壇奥の壁に描かれた『最後の審判』は別にしておこう。

ここで重要なのは、穹窿部分と、両側の窓と窓の間である。〔訳注・システィーナ礼拝堂の左右の壁は、ボッティチェリ、ピントゥリッキオ、ペルジーノ、ロッセリ、シニョレリ、ギルランダーイヨの絵で飾られていたが天井部分とその下の左右の壁、正面奥が、まだ空いていた。ミケランジェロは、まず穹窿部分とそれに続く左右の壁に旧約聖書の『天地創造』に因む場面を描くよう委嘱され、三十年ほど経って、正面奥に『最後の審判』を描くよう託された。〕

ヴァザーリ〔訳注・自ら画家であり建築家であるが、ルネサンス期に活躍した画家、彫刻師、建築家の業績を書いている。1511-1574〕は、こう述べている。

「初めの半分が姿を現すと、ラファエロはそれを見て、（それと競うために）サンタ＝マリア・デラ・パーチェの預言者たちと巫女たちを描いた。」〔訳注・ヴァザーリは、同じ趣旨のことを『ルネサンス画人伝』のラファエロの項とミケランジェロの項の両方に書いている。〕ついで「二十か月で後半部分がすばやく仕上げられたあと、礼拝堂は万聖節（一五一二年十一月一日）のために全面的に開放された。」

したがって、この偉大なイタリア人は、一五〇七年から一五一〇年までの歳月の間、完全に孤独で描いたわけで、それは、法王がカンブレー同盟の戦争によってヴェネツィアを倒すことによってイタリアに止めの一撃を加えた時期と一致している。この間にミケランジェロは預言者たちと巫女たちを描いて、苦しみと崇高な自由、漠然たる予感と射し込んでくる光から成るこの作品を完成したのだ。この礼拝堂の天井の下の闇のなか、偉大なキュクロプスがその額につけたランプは、いまもわたしたちに光を投げかけているのである。

この作品のために彼は四年をかけた。わたしは、それを調べ上げるのに三十年を費やした。旧約でも新約でもない、まだ知られていない時代のこのバイブルをわたしが取り上げないで過ぎ去った年は一年となかった。それは、ユダヤの聖書から生まれたのだが、それを超越しており、さらに遥かに遠くへ行くであろう。

のちの『最後の審判』では、彼はおそらく過剰なまでにダンテに追随しているが、この『天地創造』では、ダンテはまったく現れない。巫女たちもそれほどウェルギリウス的ではない。彼女たちは恐ろしいほど逞しく、彼女たちが坐っている鉄製の三脚床几は、運命の女神の玉座を思わせる。

人生のこの時点での彼は、陸地を遙か後方にし、しかも、どんな岸辺もまだ見えていない大洋の真ん中にいるクリストファー・コロンブスのようであった。

彼の直接の師は、彼がそれを知っていたか知らないでいたかは別にして、もはやサヴォナローラですらなかった。ミケランジェロが師としたのは、サヴォナローラも敢えて読もうとしなかった十二世紀のヨアキム・デ・フローリスのヴィジョンであった。〔訳注・ヨアキム（v.1145-v.1202）は『新旧約聖書の和合』を著し、人類の歴史を「父なる神の時代」、「子なるイエスの時代」（イエス出現から一二六〇年ごろまで）、それ以後の「聖霊の時代」に分けたイタリアの思想家。〕

このシスティーナ礼拝堂へは、多くの人々がするように聖週間〔訳注・復活祭に先立つ一週間〕の盛儀に群れを成して行くことは控えるべきである。行くなら、法王が時々そうしたように（しかし、ミケランジェロは作業台の上から板を落として脅かした）、一人で忍び込み、絵と一対一で向かい合うべきであろう。だが、安心しなさい。この絵は、焚かれる香とろうそくの煙で黒ずみ、色も褪せ、以前のような恐ろしさはもはやなくなって、長い忍耐と時間が与えてくれた平静さをまとって調和と優しさを示している。歳月の奥から黒ずんだ姿を現す絵は、何ものも超越もできなければ打ち消すこともできない勝利の栄光に包まれている。

この絵を初めて見る人は、混乱を覚え、どちらを向いたらよいか困るだろう。あらゆる方向に恐ろしい顔があるのを見て、そのいずれにまず耳を傾けるべきか、いずれが親切に案内してくれるのかも分からない。これらの巨大な人物たちは、話しかけるのもためらわれるくらい忙しそうである。エゼキエルは議論に夢中だし、ダニエルは、息を継いで休む暇もなく文書を書き写している。リュビアの巫女（Lybica）は立ち上がろうとしているところである。老いて頭も禿げたザカリアは、一方の脚を高く上げ、他方の脚は低くなっているという疲れる姿勢にも気づかないほど読むことに夢中である。ペルシアの巫女（Persica）は、尖った鼻で、年寄りじみたマントに頭までくるまり、幾世紀にもわたる年齢と読書のせいで背は曲がり、けちで嫉妬深いために、他人には読めない小さな本を読んで、自分の目を酷使している。おそらく彼女は、夜、しかも遅くまで読んでいる。なぜなら、彼女の傍らには、美しいエリュトレアの巫女がいて消えたランプに油を足して再び灯りを点けてくれるからである。こうした学識豊かで賢明な巫女たちは、まさに十六世紀が思い描いたものである。最も若くて、唯一、古代ギリシアに属しているのがデルフォイの巫女（Delphica）で、彼女は三脚床几に坐って大声を発している。処女でありながら多産で、霊気に溢れ、乳房ははち切れんばかりで、《タウリス Tauride の乙女》〔訳注・タウリスはクリミア半島辺りにあった国で、「タウリスの乙女」とはアルゴ船団の勇士たちを援けたメーディアか？〕のような荒々しい視線を投げかけている。

ここで巡っているのは自由の空気であり、国家や時代、宗教の境界線を越えた偉大な息吹、偉大な精神である。そこには旧約聖書のすべてだけではなく、その枠を超えたものがある。キリスト教のしるしは何もない。キリスト教の救いは来るのだろうか？　そのことについては何も語っていないが、審判については、すべてが語っている。これらの天使たち自身、キリスト教の天使なのだろうか？　それはわたしには分からない。彼らには翼がない。彼らは別の存在であり、ミケランジェロの子供たち〔訳注・天使〕は兄弟を持ったことがないし、これからも、けっして持たないであろう。彼らが持っているのは父親である。ヘルクレスとタイタンがそれである。

もしも、隅っこにいるダヴィデが未来に現れる救世主を讃える歌を唱っているとしても、その声は小さいはずである。誰も聞いているようには思えないからだ。イザヤにいたっては、すぐ近くにいながら、何かに心を奪われていて、一人の子供が「聞いて！」といっているのだが、少し顔をそちらに向けるものの、心ここにあらずである。この機械的な動作のなかで、彼は夢想を続けており、これからも続けるであろう。

「ええ？　なんだって？　ミケランジェロがキリスト教と決別したんだって？」――いやいや、そういうことではない。しかし、明らかに彼は、キリスト教のことなど念頭にない。

父なる神がこの世の救済のために子を寄越すという甘い言葉は、中世の地獄のような苦しみのなかで繰り返し伝えられてきた。それは何度も延期されたが、人々の心をつなぎ止めるためで、それに対する嘲弄は甚だしいものがあったようである。神の恩寵といえば、もっぱら鞭打ちなど懲罰であり、苛酷だったので、それ以後、世界は《正義justice》の他は何も求めなくなった。

正義と審判、恐るべき未来への待機――システィーナ礼拝堂を満たしているのがこれ〔訳注・正面奥の『最後の審判』の絵〕である。そこでは、恐怖ゆえの身震いによって、壁も天井も震えており、心を落ち着かせるために、どこに視線をやってよいか分からない。こちらでは、母親たちが、怯えて、子供たちをしっかり胸に抱きしめている。あちらでは、青ざめた人が、糸繰り機のうえで、糸が何ものも止めることができないで紡がれるのを見ている。別のある人は、鏡の前でおそらく自分のうしろをさまざまな物が通っていくのを目にしているが、恐ろしさのあまりに痙攣する脚で壁を蹴って後ずさりしている。天井の高い所に描かれているのも、絶望した人物たちの同じ動作である。彼らは全裸で、もはや恥じらいも失い、隠すべきものも露わにさらけ出して、脚で天井を揺るがしている。彼らは、預言者の声が雷のように轟くのを耳にして起き出し、恐ろしさで髪の毛を逆立てながら、身を隠す物を震える手で掻き集めている。

人物たちの配列は、明らかに論理ではなく芸術性と光の効果によっている。見ていく順序は、語る者たちよりも聞く者たちによるべきで、それによって初めて、この絵が秘めている啓示の神秘のなかに入っていくことができるのである。（これは、少なくとも、複製画で辿ることができる。）

わたしたちからすると、出発点は、エゼキエルの下方に描かれた、眠れる美女にすべきである。彼女は、明らかに妊娠している。裏づけは、神が預言者に告げさせた「お前は子供を産むであろう」という言葉である。真実は言葉どおりで、予言として述べられた言葉は一つの現実であり、予告が長期には事実を造るのである。何世紀にもわたる粘り強い父親たちの思考と母親たちの夢の抱卵によって生命の胚芽が育まれ、待望の命が完成する。彼は生まれる。なぜか？　彼は、予言されていたからである。……言葉が存在の理由なのである。それが、神の言ったひとこと、「行って、子供を産みなさい」である。
しかし、それは、どのような息子か？　神の言葉とはどのようなものだったのか？　それは、正義の子であり正義そのものである。
エゼキエルはエレミアの召使いに過ぎなかったと言われている。しかし、最も小さき者こそ最も偉大である。そのことを、この召使いは、主人よりよく知っている。彼の言葉は激しく、不吉な象徴主義から発した反世間的なものだが、預言者たちの最後の啓示とそのほかすべてを包含しており、ただ一人の犯した罪のために世界が劫罰に処され、報いは十代ののちの子孫にまで及ぶという神の報復の教義を打ち砕く。〔訳注・エゼキエルは前六世紀、バビロン捕囚期の預言者で、エルサレム陥落を予言するが、絶望の淵からユダヤ民族の復興の道を教え、希望を甦らせた。〕
ミケランジェロのエゼキエルは、その鉄のような革命的な頭にシリアのターバンを巻いている。画家は、この画面には入っていない質問者（おそらくイスラエルの博士）に向かって振り向き、左手に持った「律法書」を脇に置いて反駁の余地のない一節を相手に放った瞬間を捉えている。「あなた方は、諺のように『先祖たちが酸っぱい葡萄を食べたので、われわれの歯が浮いてしまったのだ』などと言っているが、それは、どこから来たのか？　それは真実ではない。わたしは誓って言っておこう。あなた方は、そのような諺をイスラエルで、もう決して用いなくなるだろう。この命はわたしのものである。罪を犯した者は、自分の罪で死ぬのであって、正しい者は生き、息子が泥棒や高利貸し、暗殺者であるからといって、その父に罪が降りかかることはない。ましてや、父

が罪を犯したからといって、報いが息子へ行くことはない。罪は、犯した者が償うのだ。」（『エゼキエル書』十八章の趣意）

預言者たちのなかでも最後の人であるこの人の放ったこのすばらしい光は、迷信を粉砕し、正義を打ち立てる基礎として、イタリアの苦悩に立ち会い、嘆きの声を聞いたサヴォナローラの弟子〔訳注・ミケランジェロ〕の厳しい戦いを終わらせた。この光は、彼に勇気（coeur）と力（les bras）を取り戻させた。古代の初期に語られた永遠の正義は、現代の言葉で、彼にこう語ったのだ。

「不幸は、よそからも他人の失敗からも来るのではない。それは、お前から来るのだ！」

同じ預言者の下方で、眠っている若い妊娠した女と向かい合って、年齢を重ねて今や母親となった彼女をあなた方は見るであろう。そして、あなた方の前には、この生きている言葉である逞しい息子がいる。この芸術家はあなた方を安心させてくれる。なんと力強いことか！　すでに立派に筋肉もついている！　この正義の果実は、これから力強く生きていくだろう。

「しかし、わたしは、この逞しい子供が、どのようにして大きくなったかを知りたいのだ。」

ペルシアの巫女の足許にいるこの子を見ていただきたい。老婆が読んでいる小さな本に対応しているのが、下のほうにいる小さな乳飲み子だ。そこでは、彼は、髪の毛もなく、エジプトのミイラのように全身を産着で包まれていて、手も足も見えない。自分では何もできないまま、目を閉じて眠り、夢を見ている。母親は、彼の上に屈み込み、抱きしめている。……これは幸いなことだ。というのは、二人の上を激しい精霊の風が通り過ぎていくからで、その風の激しさは、ローブが靡いていることで分かる。……幼子よ、眠れ。目を閉じて旋風をやり過ごしなさい。そして、お前の頭上に見えている意地悪な巫女が、今読んでいる書がお前の運命を書いたものであることに気づかないで読み続けるように！

この幼子にとっての運命とは、神の助けによって大きくなり、神のよき穀物を食べることである。やがて、彼が産着を脱いで大きくなった姿も、あなた方は目にする。頭には髪の毛があり、手足も伸び、彼が注意深く見ている先では、粥を作ってそれを少しずつ食べさせてくれる母がいる。（素朴な絵である。ここには、かくも男性的なこの天才の内に秘めた心根の優しさが現れている。）……このようでなくてはならない。時間が必要であり節度が必要である。少しずつ、毎日少しずつ彼のなかで生が増大し、知性もやってきて、次第に明瞭に見ることができ、人生へ導かれていく。

これが、恐れおののいてあの母親が、胸に抱きしめていたのと同じ子供だろうか？　背後から何か分からないものを見せられ、驚いて足をばたつかせていたのと同じ子供だろうか？　十二歳から十五歳へと、思春期のヘラクレスを思わせる変貌を遂げたあの子供だろうか？　それが、いまや、頭をまっすぐ上げて、背も曲げることなく、預言者たちを担ぐアトラスとなった彼なのか？　わたしには見えている。この子こそ、正義から生まれ、正義を世界に樹立する英雄的な民衆なのだ。しかし、わたしたちには、幾つもの世紀、幾つもの世代、数え切れない不幸が必要である。そして、この誇り高い作品は、どれほどの大量の涙のなかで引き継がれていくことだろう。――この芸術家は、このような不幸の洪水を予想していなかった。――彼の心臓を突き刺すのは、暗い隅っこに坐っている巡礼の家族たちである。彼らは、もう不平を言うことも泣くこともできないほど疲れきり、飢えと惨めさで茫然自失して気力も失い、袋も杖も地面に投げ出してしまっている。ときどき、道の彼方から何かが来るのを見つめるが、それが何であるかは、彼ら自身も知らない。

しかし、何かが来るのだ。おそらく施し物である。なぜなら、イタリア全体が物乞いであり、あるいは、そうなろうとしているのだから。どうか、イタリアに一スゥを！　しかし、目を伏せているこれらの女たちに、人々は何を与えるのだろうか？　何が、彼女たちの屈辱的な心を立ち直らせるか？　伏せた彼女たちの目についていえば、彼女たちは（受けた恥辱があまりにも大きいので）上へ向けることはないだろう。

「ああ！　ああ！　ああ！　主なる神よ！」

この子供のようなエレミアの叫びは、言語を絶する不幸のなかにあって、流れ落ちる涙とともに、これ以外にない反応を表している。その東洋風に三つ編みにした長い髯をつたって流れているのは、おそらく涙である。

「ああ！　ああ！　ああ！　主なる神よ！」

彼の大きな頭は、両手のなかに沈みこんでいる。彼は、それをもはや支えることができない。しかし、もし彼の眼に映っているものがあなたに見えたら、あなたの心は張り裂けてしまうだろう！彼は、あまりの苦悩によって腰掛けに釘付けされたかのようで、そこから立ち上がることもできないのである。

彼の眼に映っているもの。それは、いま、あなたに涙を流させているものだけではない。やがて未来にやってくるものも、彼には見えているのだ。——たとえば、この絵の二年後の一五一二年に起きるラヴェンナの戦いやブレシアの戦いによる人民の虐殺と、その結果として広がる広大な廃墟であり、さらにはミラノに加えられる責め苦。もう少しあとに行われるローマの劫掠（sac de Rome）がある。——芸術の一つの世界、一つの人間世界（umanità）が丸ごと、一撃で破壊され、一つの波に呑まれるのだ。こうして世界が砂漠と化し茨に覆われた荒れ地となる、野蛮な恐怖の時代が始まる。

だが、義にして善なる二人の人がまだいた。わたしは、彼らをエレミアの下の方に見ることができる。いまわたしが右のほうに見ている貧しい巡礼にもましてすばらしい人がこの世にいたら、教えていただきたい。おそらく彼は知能は弱く、思慮に欠け、髯は風に靡いている。彼は、後先も考えず巡礼の旅に出たため、パンを乞いながら、あらゆる地を旅してまわらなければならなかった。彼こそ、祖国を失ったイタリア人で、最後の審判の日にいたるまで歩き続けなければならないだろう。すでに年老い疲れ果てて、身体は弓のように曲がり、猫背になっているが、遺された道のりは、まだ遙かである。背骨は頭陀袋の下で折れ曲がり変形しており、節くれ立った痛む足でこの先、どうやって行くのだろう？　しばらく石の上に坐って休み、痛むので歩き出すこともできないが、それでも、彼は旅立たなければならない。お前は、あらゆる民族のために、ずっと歩き続けなければならないのだ。「ほら、あれがイタリアだよ」と言われるために。

しかし、この人物と向かい合って坐っているもう一人については、何と言ったらよいのだろうか？　彼が表しているのは、完全なる絶望である！　これまで誰も敢えて描こうとしなかった最もありのままの苦悩である。……これを笑う者に災いあれ！　ミケランジェロは、彼をどこから採ってきたのだろう？　盗賊がわが子の足を摑んで石に打ちつけるのを目にしている父親からである。自分の妻が兵士たちに組み敷かれて泣き叫びながら死んでゆき、その死体の上を軍勢が通り過ぎて行くのを、自分は縛られていて何もできなかった夫からである。――この男は、その全てを目に焼き付けていたのだ。

彼は、石に変えられてしまった。その頭は高くあげ、目を大きく見開いているが、何も見ていない。しかし、見なさい。彼は、死んでいる。そして、神を呪い続けている。

あなたは、これですべてだと思われるだろうか？

いや、嫌悪すべきもの、嫌悪されたものの残渣がまだ一つある。それが残念なことに、強い増殖力をもっているのだ。暴力がそうであり、隷従、さまざまな悲しみ、絶望がそうである。しかし、ここでは、この芸術家の苦悩があまりにも深かったので、彼は、芸術家の慎みというものを失ってしまった。わたしが「芸術家の慎み pudeur de l'artiste」というこの言葉で理解しているのは「美を崇敬する心」である。それが、たとえ怪物を描くときでも芸術が保っているものである。ダ・ヴィンチの描いたものは、一匹の蜥蜴、一匹の蛇であっても、あなたは思わず「美しい蛇だなあ」と言ってしまうであろう。ところが、何ということだろう！　ここにあるのは、低劣で堕落した、野卑な人間世界の嘆かわしい現実である。奴隷の末孫であるわたしたちは、その醜悪な下劣さを追求し、執念深い呪詛、悪徳に捧げられた種族の運命的卑劣さを表現し、家族の顔を赤らめさせ、終日呪いの言葉を吐かせることしかできないのだ。

ミケランジェロがエレミアの下のところに配置したこの哀れな女像柱（cariatide）は、他に肩を並べるもののない最も物悲しい彼の作品である。彼が多分、死を覚悟して閉じこもった日、最も暗澹たる絶望のなかで構想されたものに違いない。背が低くずんぐり肥った彼女は、大きくなるどころか、生まれたときからずっと彼女の頭を潰している重荷の下で、むしろ、ますます小さくなってきたのだった。それでも、醜く不幸な彼女であるから、子供を作らず、この世に痕跡も遺さないまま死んでくれたらよかったのだが、あいにく彼女は多産で、その短く逞しい上半身は、たっぷり乳の出る乳房を具えている。奴隷状態に置かれると、生殖能力が高まる。それも、きわめて高くなる。そんな彼女は怪物と番ってたくさんの子供を生み、そこに一つの種族ができる。それを見て、無神論者たちは嘲笑し、こう言う。「で、神はどこにいるのかね？」

エレミアを激しく困惑させるものが、そこにあることは明らかである。なぜなら彼は、この残忍な反論を眼前にしているからである。そして、もっとよく見ると、彼がもう泣いていないことが分かる。彼は、あまりにも大きな恐怖に捉えられ困惑の暗黒の深淵に足を取られて、そこから抜け出せなくなっているのである。エゼキエルの手も、彼をそこから引き出すことができない。結局、正義を信じるためには、どうしたらよいのか？　瞬間瞬間、彼の頭は重くなり、支えるのがやっとで、膝にくっつきそうである。

もし、彼が、完全に疑うことができたら？　彼は、自分の疑いを一つの信仰にしたであろう。だが、そうはしなかった。彼は、惨めな遭難者として、あたかも寄せては返す波間の海藻のように漂いつづける。世界の嘆きに対しても、彼の心の叫びに対しても、答えるべき言葉はない。彼の心は、彼にこう言う。

「嘘つき！　お前は神の治世が来ると予言した。しかし、この世を支配しているのは悪魔ではないか！」

悪魔は、誰も聞いたこともなければ予想もできない姿をしている。それは、幼児期に想像していたものではないし、単純な人々を怖がらせるだけの幻想的な悪魔でもない。それは成熟していて、神に対抗できる悪魔的な技を充分に身につけている。こちらでは「悪魔的博士 démon-docteur」として、フィレンツェの市場では「悪魔的司祭 démon-prêtre」や「悪魔的無神論者 démon-athée」として、キリストの名でキリストを焼き殺した。あちらでは、「悪魔的修道士 démon-moine」として襤褸を着た狂信的スペイン兵士の格好で、農民を人質に取って「哀れな兵士に何かお恵みを」と言いながら拷問し火に炙る「ビゾーニ bisogni」の悪魔（これは、イタリア人たちにとっては恐ろしい言葉であった）となった。〔訳注・「bisogni」は「欲求」「欠乏」を意味するイタリア語「bisogno」の複数形。〕

ダンテは、その地獄の最下層でも、このようなものを目にしなかった。しかし、ミケランジェロは、それらを目にしたし、予見もした。そして、それらを敢えてヴァティカン宮殿に描き、ボルジア一族と殺人者ロヴェーレ〔訳注・ウルビノ公家で、システィーナ礼拝堂を建設したシクストゥス四世とミケランジェロに天井画を描かせたユリウス二世を出した〕の穢れた壁にベルシャツァル〔訳注・旧約聖書の『ダニエル書』に出て来るバビロン王〕の祝宴の三語を書いたのであった。だが、それらが理解されなかったことは幸いであった。もし、分かっていたら、この天井画は全部消し去られていたであろう。

ミケランジェロがどのように何年もの間、システィーナ礼拝堂の入口を守ったかは、よく知られているとおりである。また、ユリウス二世が「もし遅れるようなことがあったら。お前を足場の上から投げ落とすぞ」と言って彼を脅したことも知られている。

ついに扉が開かれ、法王が大仰な行列を従えて入ってきた日、ミケランジェロは彼の作品が未解読のままで、彼らが、目では見ても何も見ていなかったことに気づいた。巨大な謎に目をまわすばかりで、驚愕させるほど巨大な人物たちを悪く言うこともしないで、みんなが沈黙を守った。法王は、恐怖を覚えさせるこの絵に圧倒されまいと、平静を装うために、喉から押し出すように「このどこにも黄金をつかっていないじゃないか」と言った。

ミケランジェロは、この一言で、法王も分かっていないことを確信して安堵し、この浅薄な検閲に苦々しく悲劇的な笑いを口元に浮かべてこう答えた。

「法王さま。この天井にいる人たちは金持ちではありませんでした。黄金など身につけず、あまり、この世の財産を作らなかった人々だったのでございます。」

第十三章　カール五世

「一の悪しき木、その蔭をもてすべてのキリスト教国をおほひ……そもそも我は彼の木の根なりき。」（『神曲』煉獄篇第二〇、山内丙三郎訳）

ダンテがカペー朝初代王〔訳注・ユーグ・カペー（987-996）〕に言わせたこの言葉は、さらに広い意味で理解されるべきである。カペー家は、他のあらゆる王家と繋がっているからである。ヨーロッパでは、王たちは皆、一つの家系に帰着する。元は同じ一本の樹がヨーロッパを、その枝と果実、葉で覆っているのである。どのような「果実」か？　とりわけ、戦争である。フランスだけを見ても、戦争は、四、五百年の間、途絶えることなく続いている。

「何をお前は求めているのか？」――近代の人間は「平和だ」と答える。彼は、平和を手に入れるためなら、人間の尊厳の基盤となり今もその光でヨーロッパを輝かせている才能に富んだ諸国家を創造した自立自尊（self-government）の理想をさえも放棄した。平和が実現され、労働が可能になるためなら、この勤勉な世界は、芸術と学問の偉大な創造のなかで、驚くべきフィクションを受け入れた。それは、王権は神の授け給いしもので、王は政治的救世主である。しかも、それは世襲されるから、王は生まれながらの権利として神であるという理念である。このようなのが王政の理想であった。

では、王国とは何か？　諸州間の平和である。帝国とは何か？　王国間の平和である。ダンテは、『普遍的王制について De la Monarchie universelle』を書きながら、平和の必要性に関し、こう答えている。――一人の個人のもとで成される統一は、およそ精神的結合や道義的和合を必要としない粗雑で野蛮なものである。国民の生命と特性はこの唯一人のなかに吸収され、人々の持つ生き生きとした力は、この唯一人のなかで次第に弱まって失われてしまう。われわれは、多分、この高い代償によって休息〔つまり平和〕を得るのであるが、その休息は、ありそうにない仮説である！　その仮説は、不条理のなかに嵌り込みながら、さらに遠くへと行くであろう。一つの国民の複雑な生命を包含していると主張するこうした神意の化肉である王それぞれは、異邦人へも自分の権利を適用しながら、ますます混合ぶりを複雑化していく。王家の内輪の取り決めによって、もろもろの国民が、一つの手から別の手へ引き渡され、征服によってなしえなかったことが、一枚の羊皮紙に書かれた文書や、宴会を開き、子供たちを結婚させることによって実現されるのだ。民衆にすると、自分たちの祖国が、婚礼の贈りものとして遣り取りされるのだ！

贈与にせよ相続にせよ、譲渡された人々にとっては、これまで外国人であったのに偶然が彼らに与えた新しい仲間にできるだけ同化することが仕事であり義務となる。かくして、ライオンと白熊を結婚させ、象と鰐を協働させるような、これまでいかなる動物小屋も経験しなかった驚くべき組み合わせが試みられるのである。
この「平和のシステム」においては、どんな激烈な戦争、執拗な争いが起きるやも知れない。当人たちの意志を無視した結婚の強制は執拗な抵抗戦争を起こすだろうし、これらの現身の神々は、その冷酷な狂気により、協定の無効を求めあるいは支持して、戦う。
わたしたちは悪い夢を見ているのか？ それとも、これが現実であり、歴史なのだろうか？ これが、ブリュージュ（ブルッヘ）のマリー・ド・ブルゴーニュとシャルル突進公の墓を前にし、あまりにも素朴な《平和のシステム》のイメージから生まれたオーストリア家とブルゴーニュ公家の系統樹を見るときに、おのずと湧き起こる悲しい問いである。

Bella gerant alii ; tu, felix Austria, nube.
（他の国は戦う。だが、幸運なるオーストリアよ、お前は結婚せよ）

これらの結婚は、あらゆる戦争を抱懐している。すべてが、戦いと飢えを孕んでいた。これらの喜びの火はヨーロッパを灰燼に帰せしめた。それらの結婚からたくさんの子が生まれたが、その揺りかごは喪で満たされ、子供たちとともに災厄で満たされている。これらの数え切れないほどの子供たちが遠く離れた人民たちのところへ王の称号をもって向かい、王座を求めたこと、しかも、これらの無垢な幼児のなかには、乳の代わりに百万人の人々の血を呑み込んだ者も一人ならずいたことを考えるなら、その誕生の一つ一つは、涙に値する。

紫色の大理石で造られ、ブロンズの全身像が載っているブリュージュの墓を見るとき、豪華でありながら陰鬱な彼らの様相に混乱を覚えたとしても、おかしくない。墓の基壇を覆っている銅製の樹は、その枝の一つ一つが姻戚を、葉っぱの一枚一枚が結婚を、果実の一つ一つが誕生した王子を表している。無知の眼には、解くのに骨の折れる謎でしかないが、知って目にする人にとっては恐怖の対象であり、それらを支えている魅力的で無邪気な子供の姿をした天使たちは、じつは、死の天使に他ならない。

カール五世の先祖（祖父）であるシャルル突進公（le Téméraire）について見ると、彼は三つの悲劇から生まれた。一つは、ジャン無畏公（sans Peur）〔訳注・突進公の祖父。1371-1419〕のそれで、彼はオルレアン公ルイを殺させ、敵対していたアルマニャック派を倒すためにイギリス軍をフランスに招き入れた。第二は、イングランドで八十人の君主たちを殺した（民衆の犠牲にいたっては、誰が数を数えているだろうか?）ヨーク家とランカスター家の薔薇戦争の悲劇。三つ目が、短剣によって王朝を築いた私生児ペドロ残忍王（Pierre le Cruel）の「ポルトガルの悲劇」である。〔訳注・シャルル突進公の妻、マルグリットはヨーク家出身。また突進公の母はイザベル・ド・ポルテュガルで、残忍王ペドロは突進公の叔父になる。〕シャルル突進公自身、相続や結婚、征服によって多くの国と運命的に結びついていたが、彼は、それらを結合させる要素となるより、むしろ互いを争わせて、戦争や憎しみへ引き寄せていった。彼のために、フランドル人とワロン人、ドイツ人たちが互いに争い、引き裂かれていった。そのため、この一人の男のもとで、いかに二つの精神が戦い合い、相容れない要素が不条理に交雑していったかを、あなた方は眼にするだろう。それらは、一つにまとめられることに抗議する。彼は、流れている血からいうとブルゴーニュ人であるとともにポルトガル人、イングランド人であり、北方人であると同時に南方人である。彼は、君主として、同時に五つか六つの国民を統治する。更に言えば、彼は五つか六つの異なる世紀そのものである。アルミニウス〔訳注・西暦紀元前後、ローマ軍を破ったゲルマンの英雄〕の時代そのままの行政区（Gau）が今も生きているフリースラントであるとともに工業時代に入ったフランドルでもあり、当時のマンチェスターであるとともに貴族的で封建的なブルゴーニュでもある。ディジョンやガン（ヘント）、《金羊毛騎士団 Toison d'or》の集会では、アーサー王の円卓を主宰するゴシック風のルイ十四世という姿を見せる。彼はすべてであり、同時に何者でもない。もし何者かだとすれば、狂人である。

かくして彼はナンシーで亡くなったのであり、また、かくして、彼の娘婿として、「偉大な狩人」でオーストリア・イギリス・ポルトガルの血を受けたマクシミリアンがやってきたのである。〔訳注・マクシミリアンは父はオーストリア公、母はポルトガル王ドゥアルテの娘、エレオノール。ドゥアルテの母はランカスターのフィリッパ。〕この血の不調和は、彼においては外へ噴出するのでなく、彼の中で、しばしば起きる眩暈、わけの分からない動揺、意味もなく動き回りたい衝動として、生涯つきまとう。彼の脳には小妖精（lutin）が住み着いていて、彼を駆り立て引きずり回して一刻も休ませてくれないのだ。

マクシミリアンの息子であり突進公の孫として、双方の狂気を受け継いだフィリップ〔訳注・マクシミリアンが一五〇八年に皇帝になり一五一九年に死去しているのに対し、フィリップは一五〇四年にカスティリヤ王国の跡継ぎ娘、フアナと結婚し、カスティリヤ王フェリペ一世となるが、一五〇六年に亡くなった〕は、ポーム球技に打ち込み、その競技のなかで二十八歳にして名誉の戦死を遂げた。しかしながら、その若死ににもかかわらず、フィリップ（フェリペ一世）は、両親から受け継いだ二つの狂気に妻である狂女フアナ（Jeanne la Folle）の憂鬱症を加えて息子に伝えた。フアナは、騎士道好みのイサベル・デ・カスティリヤと吝嗇で「マラーノ」〔訳注・スペインでカトリックに改宗させられたユダヤ人〕を思わせるフェルナンド・デ・アラゴンとの国民から強要された結婚の不幸な産物であったから、生まれた子供（それがカール五世なのだが）のなかに三つの狂気を混ざり合わせることとなった。

わたしは、これら全てを包含することを義務づけられたこの男児の頭に同情を禁じ得ない。しかし、彼の頭は幸いなことに、ラインを始め幾つもの河川がそうであるように、勢いが静められ弱められ半ば消えて到達するフランドルのそれである。彼は、広大な役割を果たすために、細かく砕かれた二十の諸国民の要素を人為的に混ぜ合わせて仕上げられ教育された合成物である。だが、それは、すべてを小さくし弱め無力化して得られた複合性でしかなかった。たとえば、ドイツの古い樹液は彼のなかにあるか？　それは、ない！　父のマクシミリアンはチロルの血気によってしかドイツ人ではなかった。〔訳注・マクシミリアンの父、フリードリヒ五世、祖父のエルンスト一世は、オーストリア公であるが、その領地は大半が東のハンガリーに接する地域で、いわゆるドイツに含まれるのはチロル地方だけである。〕では、カスティリヤの女性である母イサベルから彼は、エル＝シドの国の気高さを引き継いでいるか？　いやいや。彼がフェルナンドから受け継いだ血は、アラゴンの血が勝ちすぎている。彼にとって生を受けた故郷であり長じた地であるフランドルに関しても、彼は、フランドル人としての感覚を持っていたか？　金の卵を産む鶏であり、尽きない富の源泉であるこのフランドルの扱い方を知っていたか？　彼は、あまりフランドル的でないフランドル人で、乳とともに血まで絞り出そうと、この乳母を死にいたらしめるほど胸を強く圧迫した。

これらは中央集権化の推進者（centralisateur）としての近代的君主の本質を成しているのだが、この「中央集権」という言葉を分析すると、多様な民族性や国民性を緩和することである。これを「国民の死」と言うべきだろうか？

もし、民族の古い要素を消滅させたとしても、それらを引き継ぐべき新しい理念がもたらされるのであれば、わたしは、「否。死ではない」と言おう。もし、政治的秩序と呼ばれる空虚な普遍性を民衆に押しつけるためだけや、目的のない外交の不毛性、「小部屋の策謀、君主たちの利益l'intrigue des cabinets, les intérêts des princes」と呼ばれる無意味な神秘や謎を押しつけるためだけに各民族の独自性をと戦おうというのであれば、「そう。それは死である」と言おう。

アレクサンドロスの帝国は一つの意味をもっていた。ギリシア的精神の中央集権化が、学問と、分析の強力な道具である言葉において達成された。アリストテレスの生徒である大王は、いたるところにこの精神をもたらし、アレクサンドリアに神々の中央集権化の基礎を築いた。

ローマ帝国にも一つの意味があった。それが疲弊した諸民族の特性を弱体化させたのは、彼らに、より優れた法を与えることによってであり、征服された神々は、もっぱら「法」「法における理性」という、より偉大な神のもとに服従したのである。

それでは、十六世紀に突如現れたこの新しい帝国はどんな意味を持っていたか？　家門政治と婚姻政策によってカール五世の揺りかごのなかにごっちゃに放り込まれたこの諸王国の壮大なカオスの存在理由は何だったろうか？

彼の人格は、どのようなものだったか？　この地球を覆い尽くすような彼とは誰なのか？　彼は、古代のほんもののカエサルか？　それとも、封建制を基盤にした、十二世紀から十三世紀の金髪の偽のカエサルか？　そのどちらでもない。ましてや、「立憲制 constitutionnel」と呼ばれる、両性具有的・私生児的な奇妙な近代の王〔訳注・近代フランスのナポレオン一世、ナポレオン三世の帝政を指している〕でもない。カール五世は、これら三つの仮説のいずれでもないのである。

きわめて厳密で良心的なクロード・ジャネは、ロピタル〔訳注・ミシェル・ド・ロピタル。フランスの政治家。1505-1573〕の美しい肖像画やたくさんの王たちの肖像、何百という傑作を描いたが、カール五世のすばらしい肖像画も描いた。ここでは、カール五世は、寺院の写字室や外交という女性的不安定さのなかで生きた人間らしく痩せて擦りきれた頭を除いては、武具で身を固めている。

彼は、策謀家であったマルグリットによって二十年間育てられたため、彼女の痕跡であるその情熱を留めている。彼の疲れたような眼には、彼女と同じ神経質な炎、尽きない野望の小さな火種が宿っている。病気の熱による震え、あるいは痛風による身体の硬《こわ》ばりにもかかわらず、その身体の骨を引きずって、不安定さのために大地を不安がらせながら、こちら地の果てからあちら果てへ動き回った。彼が動き回るのを止めるのは、彼を突き動かしている運命の女神によって、ゲームでのラケットの一振りのように、一つの姦計によりユステSaint-Justの修道院〔訳注・スペインのほぼ中央にある〕に撃ち飛ばされ、狂女フアナとシャルル突進公のメランコリーへと追いやられてからである。

ラブレーなら、こう言っただろう。

「ねえ、ピクロコル。お前は、なぜ、そんなに動き回るのかね？　チュニスからオランダへ、アルジェからバルト海へ、マドリードからウィーンへ、やれ戦争だ、やれ交渉だ、やれ文書を書くためだと、まるで伝令のように動き回っている。見たところ、お前は何か持っていくようだが、自分が何が欲しいか知っているのかね？　それほどまで人々について、物事について学び、言葉を身につけて、それで、自分の秘めているものが分かっているのかね？　自分自身に説明できるのかね？

わたしには疑問だ。お前は、たしかに器用だし活動力があり、優れた素質をたくさん持っているが、それでも、生けるバベルの塔であることに変わりない。お前は、たくさんの言葉を知っているが、それでいて、一つとして知ってはいないのだ。」

この最後の指摘は、重みをもっている。各民族の「言葉verbe」すなわち、もっとも内面的な天分、深い魂は、とりわけその日常的に使っている言葉(langue)にある。ところが、これらの君主たちは、そうした意味での言葉は一つとして知っていない。彼らはそれらを不具にしてしまう。彼らにとっては、すべての言葉が明らかに外国語なのである。彼ら自身が外国人であり、どこの市民でもなく、どこにいても正統な王ではないのだ。マクシミリアンが書いた手紙ほど風変わりなものはない。カール五世も粗雑なフランス語でしか書き残していない。彼はブラバントの育ちで、ブリュッセル訛りではあるが、ともかくフランス語が母国語であるにもかかわらず、である。

したがって、彼らの脳みそが頻繁に混乱に陥ったとしたとしても、驚くにはあたらない。外面が冷徹で賢そうだからといって当てにしてはいけない。その内面には不調和があって、それが時々姿を現わす。この新しい王は、その場しのぎの器用さと繊細さといったものは叔母から受け継いで身につけていた。しかし、しっかりした良識、関わり合う諸国民についての正しい感覚、彼らに要求すべきことについての正しい尺度を持っていない。つまり可能なことと不可能なことの線引きができないのである。彼は、盲目的に、乱暴に、一つの中央集権化を推し進めようとするが、それらは何の準備もないから、その先に待っているのは死のみであろう。

この二つの頭をもつ怪物については、次のことが予想される。もし彼がフランドル的な冷徹な部分によって行動すれば、その結果、生み出すものは、官僚主義的な重苦しい王権であり、傭兵隊による無差別殺人である。他方、もしスペイン的な情熱をもって行動すれば、彼は、ヨーロッパを異端審問の劫火のなかで溶かそうとするだろう。どちらも、恐ろしいことになる。

ヨーロッパを統一し、それをかくも残酷に血に塗《まみ》れさせようとするこの混乱の天才と、彼が人格を形成した優しい学校とは、奇妙な対照をなしている。これらの近代政治の幕開けをもたらした偉大な立役者たちにあっては、精神の静謐とその解決法の残虐性とが結びついていた。愛すべきマルグリット・ドートリシュは、善良なテュレンヌ〔訳注・オランダ独立戦争や三十年戦争で戦ったフランスの名将。1611-1675〕がドイツのファルツ（Palatinat, Pfalz）を焼いたときと同じ静けさをもって、「テルアンヌ Térouenne〔訳注・正しくは Thérouanne。パ＝ド＝カレの町。一五五三年、攻囲戦のあと、カール五世によって破壊された〕は焼かねばなりません」と書いている。

カール五世の幼児期の育ての母であった彼女が、非の打ち所のない女性として成長し、夫に先立たれては深く喪に服し、夫の墓所であるブルゥの教会堂を飾るために腕のよい彫刻家を各地から集めて比類のない教会堂を建てたことは、すでに述べた。その後、ブリュッセルに居を移してからは、優れた音楽家を集め、彼女自身、詩句を作ったり、それにメロディーをつけるなどして、芸術的才能を発揮している。ただ、彼女のフランス語はルイ十一世時代の臭いのする古いものであった。彼女は、パリに住んだことはなかった〔訳注・母のマリー・ド・ブルゴーニュは、幼いころ、一時、パリのフランス王宮で過ごしている〕が、今はパリのほうから彼女のところにやってきた。『科学に抗して』を著したアグリッパ（1486-1535）〔訳注・医師で神秘家。カール五世の歴史を記述した〕がやってきて、彼女のために『女性の優位性Prééminence des Femmes』を執筆した。エラスムスやビベス（1494-1540）といったこの時代の最も偉大な懐疑主義的思想家たちも、政治的でありながら才気煥発で超然としている彼女の宮廷を好んだ。彼女のほうも彼らの自由に対して寛大で、エラスムスがイギリス女性たちのキスを褒め称えたり、まだ若いジャン・スゴン（1511-1536）がラテン語によるエロチックな詩『接吻Baisers』を書くのを大目に見た。

彼女は鷹揚であり真面目であった。情熱を傾けたのは財産問題であり、甥を偉大にすることとフランスの地位を低下させることで、彼女はフランスを悼みつつも憎んだ。この憎しみは微笑みの下に隠されていたが、彼女の書簡のなかに見ることができるし、ある美しい手書き写本の一つの余白にも、その辛辣な炸裂を見ることができる。こうした身分の高い人たちにあっては、証言する人がいない稀な孤独の瞬間に、鬱積した情念をよりいっそう荒々しく噴出させるものである。

「B....pour les Français！」

彼女に側近く仕えていたのは、どのような人々であったか？　フィリップ善良公やシャルル突進公の時代からブルゴーニュ家に仕え権力を振るった人々の一派であり、ブルゴーニュ家の神聖ローマ帝国内にある伯領であったフランシュ＝コンテのアルメニエ家、ローラン家、カロンドゥレ家、ペルノ＝グランヴェル家など、外交代理人を務めた人々であった。ジュラやドゥー地方では、幾つか非常に貧しい地域も含んでいたし、スイスのように、荷車引き、行商人、実業家もいた。フランシュ＝コンテはフランス南東部の交通の要衝であり、アルプス山地に入る道で、さまざまな人種が混在していた。しかし、奇妙なことに、多くの法律家（légiste）と実業家が出ているのに、偉大な法律学者（jurisconsulte）を出していない。カロンドゥレ家はブルゴーニュの慣習法編纂を始めたが、手をつけただけで、それをフランスに引き継いだのはロシュフォール家である。

彼らは、十五世紀には組織を作り、十六世紀には活発に活動している。金羊毛騎士団というおよそ浮世離れした封建的団体でさえも、彼らが作り出したもので、当初メンバー二十四人のうち六人がフランシュ＝コンテの人であった。最初、人々はこの騎士団の子供っぽさに嘲笑を浮かべたが、オランジュ公やヌヴェール伯に対する恐るべき裁判を通して、この騎士団が正規の手続きも踏まないで人を裁いて有罪にし、紋章も抹消してしまうのを見ると、もう微笑んでいられなくなった。

カロンドゥレ家、グランヴェル家は、早い時期からマルグリットに仕えてきた。これには、イタリア人のカルピやガッティナラが加わるが、ドイツ人とスペイン人は一人もいなかった。わずかに、外交にかかわる急ぎの用件などで働いていたカスティリヤの小姓がいるだけである。

これらの役人たちのなかで、わたしたちにも示唆を与える書簡を遺した唯一の際立った人物がガッティナラのメルクリーノである。彼はピエモンテの出身で、サヴォワの評定官（conseiller）、フランシュ＝コンテ高等法院議長（président）、そしてカール五世の宰相（chancelier）を務めた。ガッティナラの好もしい点は、彼の書簡が明晰であることである。彼は、女主人（マルグリット）に力と権威をもって話し、彼のフランスに対する嫌悪感を彼女に与えた。しかも、それにはスペイン的な尊大さがあった。彼はマルグリットに、もし自分に幾分でも不信感をお持ちのようなら、自分のような人間を召使いとしてお抱えにならないほうがよいとも言っている。のちに彼は、彼女の甥のもとで、グランヴェルの工作によって罷免されている。

以上がマルグリットに仕え、時代の主役になった人たちであるが、未来を担う人々についても見ておこう。彼らは、今は幼いが王となり皇帝となる子供、すでにヨーロッパの運命がその肩にかかっているこの王子を手中におさめ、自分たちのイメージに合わせ、自分たちの利益にかなうよう準備している人々である。

メヘレン Mechelen〔訳注・フランス語ではマリーヌ Malines。ベルギー北部の町〕のサロンで描かれたカール五世の肖像画がある。傍に教師のアドリアン・フォン・ユトレヒト〔訳注・のちの法王ハドリアヌス六世〕が坐っているが、この生徒のほうは、師を無視するかのようにまともに見ていない。黒いビロードの服に身を包んでいる王子は下唇が前に出た、オーストリア公の血筋に特徴的な顔立ちをしている。顔色は青白くて賢く冷徹そうで、イギリスの頑強な種族を思わせる鰐のような頑丈な顎は、彼が何でも呑み込んでしまう貪欲な大食漢であり、疲れを知らない仕事師であることを示している。このような男を満足させるのに充分な食糧を、王国のどこに見つけられるだろうか。

彼が長じたとき、その行く先々には、手紙と公用文書の山が待ち受けており、彼は、到着が夜中になっても、必ず目を通した。そのように躾けたのはギヨーム・ド・シエーヴル（1458-1521）で、この養育係りのおかげで、この王子は、必ず自分で書類に目を通し、評議会に報告することを習慣

この生徒のほうは、師を無視するかのようにまともに見ていない……

づけられたのだった。

このド・シエーヴル殿は、ブルゴーニュ公フィリップ善良〔1396-1467〕のもとで台頭し、大胆にも公の息子と対立するや彼を放逐したクルイ家の末子である。もともとはヴェネツィア人で、十二世紀にピカルディーに移住してきたと言われている。それほど目立つ存在ではなかったが、アントワーヌ・ド・クルイとジャン・ド・シメーの二人の兄弟が主君フィリップ善良公の側近や妻のマーガレット・オブ・ヨーク、息子のシャルル突進公との不仲といった弱みにつけこんで、重要な官職や国境の防塞の指揮権を与えてもらい、さらにはお人好しの君主の苦境に乗じてカネを貸し付けるなどして、主家の資産を奪っていった。こうして、国家のなかに国家を築くまでにいたったクルイ家の増長に、公妃マーガレットや太子シャルルが苛立ちを見せるにいたると、国外に同盟者を求めて、ロレーヌ公ルネ二世〔1451-1508〕と縁組を結び、イギリスとも秘密裏に関係を築いた。ブルゴーニュ家と対立していたフランス王室にも結びつき、ルイ十一世から役職や年金を受け取るお返しに、フィリップ善良公にとって防衛上の要であったソンムの要塞を王軍に返還させている。シャトラン〔訳注・ブルゴーニュの年代記を遺した。v.1405-1475〕は、「彼らは、老いた主君から盾も鎧も取り上げたうえ、心まで裸にした」と述べているが、彼らの忘恩行為は、さらに進み、すでにフランス王国にとって最前線であり、ヨーロッパ最初の要塞地帯であるルクセンブルク、ナミュール、ブーローニュの三つを手に入れて自分たちの足場にしていたかも知れなかった。もし、善良公の跡継ぎの君主〔訳注・突進公〕が強力な一撃によって人民に呼びかけ、武力によってでも父親の国を奪還するという強い態度を示していなかったら、外国を呼び込んででも目的を達していたであろう。

　ギヨーム・ド・シエーヴルはこのアントワーヌ・ド・クルイの孫で、彼は、シャルル突進公からどこかの領地を簒奪するやり方ではなく、突進公自身（つまり全て）を奪う方法を採用した。彼は、突進公の遺産を受け継ぐ若君のカール五世〔訳注・突進公からすると曾孫にあたる〕の教育係りになり、この若者を別の狂気のなかで念入りに賢明に育てた。かつてピュロス〔訳注・古代ギリシアのエペイロスの王。BC.319-272〕や架空の人物だがピクロコルが夢見た「世界に君臨する君主」というヴィジョンは、ブルゴーニュ公という一介の大公にとっては現実離れしたものであったが、その曾孫であるカールは、すでにスペイン、フランドル、オーストリア諸国の運命を一身に集めた帝王であり、スペインの領土的広がりを見れば、「世界帝国」もけっして夢ではなくなっていた。ヨーロッパ史上最大の帝王であったシャルルマーニュがさらに大きくなって、現実にヨーロッパの頂点に立っているのだ。世界に君臨するのももうすぐで、統一と偉大なローマ帝国の平和を取り返そうとしていた。そのためには、何が必要だったか？　その実現を阻んでいるフランスを打ち砕いてばらばらにすること、スペインとドイツを順にぶち壊すことである。その成功の確実であることは、オーストリア家の賢明な創始者である皇帝フリードリヒ三世〔訳注・マクシミリアン一世の父でありカール五世の祖父〕の予言的な銘文にも書かれているではないか。いわく

「Austriae est imperare orbi universo　オーストリアこそ、全世界を統べるなり」。

そのためには、粘り強い大いなる労作業が必要であった。ド・シエーヴルは、この生徒がマクシミリアンから引き継いでいるであろう資質の鍛錬のために、当時の君主たちには考えられなかった写字生と実業家双方の生き方に従わせた。そして、とりわけ、政治を行う者にとって重要な資質として、人間的感情に流されない乾いた冷徹な心を鍛えさせた。そもそも、クルイ家は、度重なる忘恩によって今の栄華を築いてきたのだったが、この忘恩が、またしても一つの手段となった。若いこの君主は、母親代わりを務めた叔母を、ド・シエーヴル仕込みの陰険な寡黙によって、ある朝、突然、退けた。

最もひどいのは、突如立場を失ったこの女性摂政が、年金までも一日一日と支払いを延ばされたことである。彼女は顧問会議（Conseil）に宛てた長文の手紙において、自分の財政状況を説明している。この書簡は、彼女の思い出のためにもきわめて尊重されるべきもので、彼女があれほど手塩にかけて育てた養子よりも、後世の人々とりわけ彼女があれほど憎んだフランス人たちの心を打つこととなる。

若い君主のとった最初の行動に現われているのは、これと同じ人間の自然の感情から遠く懸け離れた一つの精神である。彼は二人の祖父たち〔訳注・アラゴン王フェルナンド二世と神聖皇帝マクシミリアン一世〕に反する内容の二つの条約をフランスと結んだ。第一のそれ（1515）は、フェルナンドが六か月以内にナヴァールをフランスに返還しない場合は、自分はフェルナンドを見放し、援助もしないという内容である。第二の条約（1516）は、フランソワ一世が、ヴェネツィアを守るためにマクシミリアン〔訳注・マクシミリアンは一五一九年になくなるまで皇帝。カールは一五一六年からスペイン王カルロス一世になっていた。カールが神聖ローマ皇帝になるのは、マクシミリアンが亡くなったあとである〕に戦争を仕掛けることを〔息子である自分も〕容認するというものである。

第十四章　フランソワ一世

空も大地も海も視線を釘づけにされるこの人……
大地は、並ぶものなきこの人の美しさを見て歓喜し
海は、その善き心の力を前に静まる
空は、その身を低くしながら
徳の誉れ高きその人を一目見んと訪れる
恩寵に満ちあらゆる権利と力を持つに値し
唯一、神について語る資格を有し
名を告げずとも知られ
すべてを知るは、この人のみ
髪は栗色　肌は白く　大きくて美しき体軀
地上にあっては太陽のごとく

戦さにあっては勇敢で思慮深く
寛大で情け深く謙虚
囚われの身にあっても不幸のさなかでも
忍耐強く　力に満つる
神より完璧な叡智を授かりし
唯一王の名にふさわしい人……
——マルグリット・ド・ナヴァール

ラシーヌ（1639-1699）は、その比類のない優雅な作品、『ベレニスBérénice』のなかでルイ十四世を称えるために、この詩句を手本としたように思われる。だが、正直にいうと、彼の詩は確かに格調が高いが、このマルグリットの詩句のような情熱の奔流が伝わってこない。マルグリットは、あわれな女心から、素朴なガリア人の伝統を引き継いで、大地、海、天空という大自然に向かって、自分の愛する存在の神性を宣言するのを助けてくれるよう頼んでいるのだ。

このパヴィアの捕囚〔訳注・フランソワ一世は一五二五年、ミラノの南のパヴィアでドイツ・スペインの連合軍と戦って敗れ、スペインで虜囚の身となっていた〕を歌った感動的な詩は、マルグリットが弟を解放してもらうために出向いた旅の途中で制作されたと思われる。この詩には『La Coche』〔訳注・「馬車」〕という題が付けられているが、実際、彼女はピレネーに向かう道を馬車で辿っている途上であった。彼女は、自らの逸る心を、幼い日の思い出や、湧き起こる想念を詩にすることによって慰めたかったのであろう。その主題は「最もよく愛しているのは、どのような女性か?」で、マルグリットは、弟を審判者にしたのである。

現実には、この自然に愛されし者は、のちにルイ十四世が辛抱強い心遣いによって次第に身に着けていった威厳と荘重さを生まれながらに具えていた。フランソワ一世は背丈も太陽王のそれを頭一つ擢んでていた。彼がマリニャーノの戦いとパヴィアの戦いで着用した甲冑が鉄砲の玉や槍の攻撃で傷ついているのは、この見事な武人ぶりが招来した結果であった。

それと対照的に、そうした身体的美点が欠如していたのがカール五世で、彼は、教養もあり能弁であったが、勉強と仕事のせいで顔色は悪く、文章は下手で、演説は長く気品に欠けた。フランソワのほうは気品の塊といってよいほど魅力的な話し手で、話しをすることは少しも苦でなく、どうかすると、口が軽くなった。彼が、ダイアモンドのガラス切りを使ってシャンボール城のステンドグラスに気まぐれに遺したラウラ、アニェス、マルグリットについての題韻詩(bouts-rimés)でさえ、シャルル・ドルレアンの孫〔訳注・フランソワ一世は、シャルル・ドルレアンの弟、アングレーム伯ジャンの孫〕の名に恥じない才能の持ち主であったことを示している。他方、彼の後継者のアンリ二世やシャルル九世が作った詩は、なるほど美しいものの、手伝いをしたに違いない宮廷御用詩人たち、いわば《文学をなりわいとする人々(hommes de lettres)》の匂いを漂わせている。その点、フランソワ一世の作ったものは、王が自らの興の赴くままに詠んだもので、ルネサンスの碑銘

（épigraphe）となっている。

優しきアニェスよ、汝には、もっと高い誉れがふさわしい
（フランスの信仰の回復に貢献したのだから）
修道院のなかで働いたお方や
尼僧　あるいは信仰篤き隠者よりも

これらの詩には、彼が受けた教育と彼が政治で行ったもののすべてが含まれている。女性たちと戦争――女性の気に入ってもらうための戦い。彼をその根っこから生み出したのがそれらであり、彼のすべてを作ったのも女性たちなら、彼を壊したのも女性たちであった。

このころには、小説じみた伝説によってひどく改竄されていたが、シャルル七世の宮廷と愛妾アニェスについての伝承は、フランソワ一世に強い影響を与えていた。彼を養育したアルテュス・グーフィエは、シャルル八世の養育係の息子で、幼少のころは、シャルル七世の部屋付き小姓であった。そのため、彼は、君主たちが城から城へ、絶えず旅していた生活の思い出のなかで、「美の貴婦人 dame de beauté」と呼ばれたアニェスやプロヴァンスの恋多きルネ王の宮廷についてもよく知っていた。

そこに、さらにグーフィエがシャルル八世とルイ十二世のイタリア遠征に随行した際のフォルノ

ヴォやアニャデル、ラヴェンナの事件、これらイタリアを征服した王の前にやってきた美女たちの話やナポリで経験した逸楽の数々も加えてよい。それはまさに、手に入れる術を知っている王にとっては、あらゆる快楽を提供してくれる楽園であった。すべてがボイアルドとアリオストの主人公オルランドやヒロインのアンジェリカのように脚色されているが。〔訳注・ボイアルド（v.1441-1494）が『恋するオルランド』を、アリオスト（1474-1533）がその続編の『狂乱のオルランド』を書いた。アンジェリカは『狂乱のオルランド』の主人公のヒロインであるシナの王女。〕

貴婦人たち、戦い、高貴な騎士たち……

多感な若者は、シャラント〔訳注・フランス南西部〕をのんびり周遊し、あるいは人を惑わすようなロワール川の気まぐれな流れを辿った旅のなかで、愛想よい養育係から、これらの話も語って聞かされた。この若者の肖像（ティツィアーノの描いたそれのようなほら吹きなところはないし、嘘や奸策の皺もない）を見ると、多少、蒼白くて精彩に欠けるところがあるが、力と美の大輪の花を咲かせることを予感させる。この花は、イタリアの豊かな彩りのなかで王者らしい優しさと善良さを具えた、堂々として純粋な人間的力の結実を示したが、すぐに消えていった。

いずれはみんなの期待を裏切ることになるこの危険な愛の対象は、二人の献身的な女性の間で、いうなれば「生まれた」。実の母であるルイーズ・ド・サヴォワと二歳上の姉、マルグリット・

ド・ナヴァールである。彼女たちは、生涯、フランソワに対する献身的愛を貫いた。母のルイーズ・ド・サヴォワは、十八歳で夫のシャルル・ダングレームが亡くなり寡婦となっていた〔訳注・このときフランソワは二歳〕こともあって、息子を熱愛していたが、まわりの人々は、大胆で情熱的なこの奥方のことであるから、はたして冴えない夫に満足していただろうか？ もしかして《神の子》を宿したのでは？ と疑っていた。〔訳注・先王のルイ十二世が亡くなるのは一五一五年だが、妻のアンヌ・ド・ブルターニュ（1477-1514）との間に娘のクロードしかなかったので、オルレアン家のルイーズが男児を生めば、王位はその子が継ぐことになっていたことも、さまざまな憶測を生む土台になっていた。〕彼女は、この男の子の頭に自身の野望を注ぎ込んだが、アンヌ・ブルターニュが生きている間はアンヌが産む可能性もあり、静かに待つ以外なかった。したがって、口さがない連中が噂したように、ルイーズがアンヌを殺したいと思った可能性も完全には否定できない。

アンヌ・ド・ブルターニュ自身、何人かの子を出産したが、いずれも死産に終わっており、そのたびにルイーズが悪霊に祈っているのではないかと感じていた。あるときなど、ルイーズは王国の外へ出ることを望みながら、こっそり子供たちといっしょにアンボワーズ城に滞在していた。そこは、アンヌのいるブロワのすぐ近くだったのでアンヌが怒ってコニャックに移ると、ルイーズはアングレームの簡素な家に住んでいる。〔訳注・この両者は、ともに現在のシャラント県で、すぐ近い。〕

この王子が育ったコニャックの城やアンボワーズの城の内部は、どのようになっていたか？ 分かっているのは、ルイーズにもアンヌと同じように、女官たち（dames）がついていたが、ルイーズのお付きたちは、厳しさなどほとんどなかったことである。多くの女たちにちやほやされる環境が、この子に好ましくない影響を与えたことは間違いない。この時代には『小姓ジャン・ド・サントレ Petit Jehan de Saintré』が人気を博していて、ルイーズの宮廷にも影響を与えた可能性が大いにあるが、気弱で小心だった彼女は、見て見ぬふりをした。

この子供の自由奔放を中和することのできたものが一つある。それは、真の愛である。姉マルグリットの弟に対する度を超えた情熱は、《愛》という以外、名づけようがない。彼女は二歳年長だったが、精神的には十歳上といってよかった。年若い姉だったが、彼女は、子供同士の遊びのなかで、この弟に対して時に母のような、時に妻のような役割を演じながら、その早熟な本能によって包み込んだ。結局は、自分は彼の姉であったことを思い知らされたのであったが、この彼女の情熱がフランソワ一世に決定的で重要な影響を与えたことは疑いない。早い話、彼が、恩寵によって未だに後世の人々を魅了するものを得たのは彼女からである。「ヴァロワの真珠 la perle des Valois」と称されるマルグリット（彼女は母親が飲み込んだ真珠から生まれたというが、それは伝説である）の純粋で魅惑的な精神は、ラブレーが詩のなかで述べているように、天上的な愛のために生まれたのだった。

彼女は、シャティヨン夫人という非の打ち所のない女性によって育てられた。夫人は、偉大なパンタグリュエル〔訳注・ラブレー〕の友人で、フランソワ一世にとって最良の助言者となる枢機卿ジャン・デュ・ベレと秘密裏に再婚していた。マルグリットが自由な精神を求める人々の庇護者という、すばらしい役割を演じる下地を作られたのは、この夫人の影響によってであった。フランソワが彼女のもとにあるあいだ、心配症であったマルグリットは、おそらく姉に対しかなり厳しかった弟に依存する女性として、保護者の役割を果たした。しかも、彼女は、プロテスタントではほとんどなく、むしろ、哲学者あるいは神秘家であり、大胆さと畏怖の間、人間的愛から神の愛へと漂った。しかし、それは大したことではない。それよりもわたしたちが記憶に留めるべきは、〔自由を求める〕わたしたちの仲間が、この心優しいナヴァールの女王のもとで、牢獄や火炙りの刑を免れて安全と人間的尊厳と友情を見出すことができたことである。愛すべきルネサンスの母よ、わたしたちは永久にあなたに感謝を捧げるだろう。あなたの館こそわたしたちの聖者たちの家であり、その魅力的な懐は、自由の女神（Liberté）のねぐらであった。

とはいえ、この揺りかごで生まれた情熱は、彼女にとっては不幸であり、彼女の人生の運命を左右した。彼女が詠んだ詩句は、そのことをあまりにもよく表している。彼女が愛情を捧げた偶像〔訳注・フランソワ一世〕はシャラント（この地自体がアルコールによる酩酊にほかならない）の太い葡萄の蔓の淫蕩な揺りかごでポワトゥーの女性たち（ガルガンチュアの淫らな乳母たちに刻印されている）から軟弱な教育を受けて、その魂は生まれながらに肉体的であった。外見は人間であり子供だが、そこにいたのは、ファウヌスでありサテュロスであった。〔訳注・いずれも山羊の姿をした牧羊神。官能主義を象徴している。サテュロスのほうがギリシア起源のようであるが、ローマ人たちは、自分たちのファウヌスと同一視した。〕

彼の姉は彼に影響を与えることができたが、姉であることは次第にできなくなっていった。わたしたちは、このあまりにも優しい心のもつ弱さを彼がどのような極限にまで押しやったかを見るであろう。

この心配症の母と姉の情熱を掻き立てたのは、疑いもなく、彼の激しい性格が彼女たちに与えた絶え間ない恐怖であった。とくに養育係の息子で軽率なボニヴェ〔訳注・ボニヴェ公ギヨーム・グーフィエ〕といっしょに夢中になった遊び（狩り）のために彼は、六歳のときに死の危険にさらされた。乗った馬が暴れ出して、誰も止められなくなり遠くへ連れ去られたのだった。その後、怪我をしたこともあるし、若くして暴飲暴食で身体を壊しもしている。さらに王になってからも、悪童たちに襲われて頭に一撃を食らったが、彼は、寛容の精神から、撃ったのが誰かはけっして言わなかった。〔訳注・彼が王になったのは一五一五年、二十一歳のときである。〕

彼の行った狩りは大胆で、命の危険を伴った。あるときなどは、牡鹿に角で突きあげられて宙に舞ったこともある。また、あるときは、捕まえたばかりの気の荒い猪をアンボワーズ城の中庭で放すという遊びを思いついた。猪は建物の扉を突き破り、住居部分にまで上がってきた。みんな逃げ惑ったが、彼はひとり冷静で、向かってくる猪の前に立ちはだかって剣を鍔のところまで突き刺した。怪物は転げまわり、階段を逆戻りして中庭で息絶えて倒れた。

こうした活力に溢れた行動は、彼の優雅さや人付き合いのよさ、無知な者に限って何でも知っているフランス的能力と相まって、人々に自分たちの王は偉大な王になると思い込ませた。国民は、

彼はひとり冷静で、向かってくる猪の前に立ちはだかって剣を鍔のところまで突き刺した。

それ以上のことは知らず、ただ、彼のイメージを愛したのである。勇敢で大言壮語し、自由奔放な彼は、当時の理想の男性像と一致していた。

人々は彼の結婚に狂喜した。暴君（わたしが言うのはアンヌ・ド・ブルターニュのことである）が亡くなり（1514）、ついに自由になったルイ十二世は自分の娘をこのフランス男に与えた。これでフランスが外国人であるカール五世に乗っ取られることはなくなった。フランスの喜びは真実であり、真摯なものであった。彼らが理解できた自由とは、フランス人の王を持つことであった。〔訳注・ルイ十二世の妃、アンヌがブルターニュを第一に考え、ブルターニュがフランスに吸収されないためにはハプスブルクと結びついたほうがよいと考えていたことは、すでに述べたとおり。ちなみに、ルイ十二世の没年は一五一五年。アンヌが心を寄せたマクシミリアンが亡くなるのは一五一九年である。〕

王は、フランスからと同様、イタリアからも歓迎された。イタリアはスイス人武士団やスペイン人兵団による掠奪の恐怖に絶えず脅かされ、民衆はこれらの悪魔どもと悪人たちの残忍なゲームによって絶望のどん底に喘いでいた。豊かなロンバルディアでも最も豊かな国の君主であったマッシミリアーノ・スフォルツァは、書簡のなかで、この状況に涙し、乞食たちが羨ましいと書いている。彼は、スペイン人たちとフランス人たちに対する恐怖からスイス人たちを迎え入れ、その下僕に成り下がったのだった。しかし、日々に新しい飢えた連中を連れてアルプスから休みなく下ってくる野蛮な急流をどうやって満足させられるだろうか？　半年に及ぶ冬眠の絶食から春になって目覚めたこの飢えた熊たちを、どうすれば満足させられようか？　この残虐で酔っ払いのスイス人たちも、襲われると身の不運を嘆いたほどだったのがスペイン人たちで、スペインの男たちこそ、どんな残忍な行為をも悪魔的静けさをもって実行する死刑執行人のような連中であった。

フランソワ一世は、前任のルイ十二世の大臣を一人換えただけで彼の政治をほぼそのまま引き継いだ。対外的には、カール五世の教育係を抱き込み、スペイン王位継承に起きる混乱に便乗した。イギリスのヘンリー八世については条約を結んでカネで釣って背後から襲われないようにしてあったので、マッシミリアーノに対しても、そのイタリアを食い物にしているスイス人やスペイン人たちに対しても、自由に行動することができた。これまでフランスによって何度か痛い目に遇ったヴェネツィアも、フランスに対する希望を失っていなかった。フィレンツェはメディチ家の支配下にあるため自由に物を言うことができなかったが、沈黙自体が雄弁に語っていた。

そうしたイタリア人たちに若い王は言った。「わたしが行くのだ。安心せよ。わたしが望むのは、勝利か、さもなくば死である！」

第十五章　マリニャーノの戦い（一五一五年）

フランスは、それまで世界のいかなる国も経験しなかった突然の目覚めと奇跡的な刷新を遂げた。人間を縛る《時間》と《伝統》という二つの鎖を、フランスは瞬間ごとに断ち切った。テミストクレスが知りたいと願った過去を忘却する技術は、自然のものであるが、それは、ときに《まどろみ somnolence》であることがあり、その反対に、強引に過去と離別決別させる新しい活動であることもある。

フランス人は、他のいかなる人々にもましてキリスト教的で、「教会l'Église」を作ったのがフランス人であるが、また、アルビジョワにより、カルヴァンにより、ルネサンスにより、さらには、フランス革命によって、その教会を壊したのも、他のいかなる人々にもましてフランス人である。もっといえば、十字軍を編成したのもフランス人なら、その十字軍をテンプル騎士団とともに火刑台の上で焼き滅ぼしたのもフランス人であった。さらに、封建的諸制度に手本を与えたのもフランスなら、それらの破壊者である《ブルジョワジー》を立ち上がらせたのもフランスなのだ。

こんにちも、フランスでは、騎士軍（chevalerie）、近衛騎兵隊（gendarmerie）といった古い軍事組織が一つに統合されつつある。〔訳注・《chevalerie》が封建領主に仕える騎士に由来するのに対し、《gendarmerie》はフランス革命以前は国王直属の騎兵隊すなわち近衛騎兵隊、フランス革命以後は憲兵隊を指すようになった。〕ラヴェンナの戦い（一五一二年四月）では、フランスの人民は、歩兵隊（infanterie）として新しい姿を見せた。そして一五一五年に、このフランス歩兵隊は、大々的なアルプス越えを敢行したのだった。

これは、ヨーロッパ的革命であり、それが姿を現したのはフランスにおいてである。イングランドも、ポワティエやアザンクールで《歩兵fantassin》を使った。しかし、それが《歩兵部隊》という伝統を創ることはなかった。スペインも、カール五世やフェリペ二世のもとで、ロクロワ〔訳注・北フランス、アルデンヌの町。一六四三年、コンデ公がスペイン歩兵軍を粉砕〕の戦いにいたるまで、歩兵隊を擁していた。それに対し、フランスは、シャルル八世以後はガスコン人とブリトン人たちにより、ルイ十二世からは、ピカルディー人など北フランス人により、フランソワ一世のもとでは州軍団制度「légions provinciales」によって、永続的伝統が始まり、こんにちにいたっている。

ガストン・ド・フォワの電撃的作戦において、フランス人は世界最初の健脚家であることを証明した。これは、《兵卒soldat》として優れているということで、ガストンは、フランソワ一世のもと歩兵隊を主力として敢行されたアルプス越えにおいて、その「戦いの工匠ouvrier de guerre」ぶりを見事に発揮した。この難事業のなかで実行された、「アルプスの山々の王」たる狩人たちさえ身震いするような断崖越えに彼が使った方法は、彼が即興的に案出したもので、それに応えたのが、歩兵たちの燃えるような活動力であったことを述べている。（Foy "Les Guerres de la Peninsule"）

フランス軍が、アルプスを越えるのにどのルートを使うかは、ドイツ人たちもスイス人たちも、イタリア人やスペイン人たちも見抜くことができなかった。

アルプスとコルニッシュ〔訳注・ニースとジェノヴァの間の崖っぷち通路〕は、ピエモンテやオーストリアの人々によって見張られていた。ボナパルトは、北イタリアの最も西寄りの、アルプスとアペニンの両山脈の切れ目にあるアルベンガを通る道を通った。これが最も容易な道だという人もいたが、もし、そうなら、まず守る必要があったのは、この道だったであろう。

同様にして、グラン＝サン＝ベルナールの峠については、ここは、待機するまでもなかった。狭く険しい道なので、強力な男が一人いれば、簡単に守ることができたからである。バール Bard の砦一つで、ここを通ろうという試みを挫くことが可能であった。ボナパルトのフランス軍は、誰の手も借りず自分たちの力で、五万の兵をひそかに通すための道をアルプスの別の側に探したのでる。

しかし、このボナパルトの奇跡のアルプス越えも、一五一五年のそれに較べると、それほど奇跡的ではない。一五一五年当時は、使うことのできる手段も稚拙だったし、同じ道でもずっと狭く険しかったからである。大砲も、十六世紀のそれは重く、専門的にこれを扱う工兵隊（génie）も誕生していなかった。ところが、フランス軍の通過は思いがけなく突然に行われたので、守る側の将軍、プロスペロ・コロンナは、食事中にフランス軍に襲われ、騎士のバヤールに、フランス軍は天から降ってきたのかと訊ねたほどであった。モン＝スニとモン＝ジュネーヴの通常ルートを守っていたスイス人たちは、この二つの道が合流するスーサの隘路を塞いでいれば大丈夫だと思った。ここは、狭くなっているので、自分たちの槍で充分防ぐことができると考えたのである。ノヴァラとギヌガットの戦い〔訳注・どちらも一五一三年に行われた戦い。ノヴァラは北イタリア、ギヌガットは北フランスでの戦いで、フランスは神聖同盟軍に敗れた〕の経験から、フランス軍はパニックに弱いと思われた。そうしたフランス軍の脆さは、百年戦争初めの《拍車の戦い》が歌になって伝えられていたし、今度は、《武装した野兎lièvres armés》として語りぐさになるだろうと言い合った。

このとき、フランスの歩兵隊は、スペイン軍からフランス側に移ってきたピエトロ・ノヴァロという老練の指揮官のもとに編成されたばかりであった。彼は、ラヴェンナでフランス軍の捕虜になったが、優れた才能を持っているのに強欲で恩知らずなフェルナンド二世が彼のために身代金を払ってくれないので、命を贖うためにフランス王の臣下になったのだった。フランス軍から才能を見込まれ、歩兵隊編成を託された彼は、スペイン軍と戦うために、頑健で元気なバスクやドーフィネの山岳民の若者を募った。こうして、一万人の歩兵隊が編成され、それに、フランス中心部、ピカルディー人、ブリトン人、ガスコーニュ人から成る八千人が加わった。これにさらに、工兵〔訳注・荒れ地を切り開く《ピオニエpionniers》と道路を作ったり壕を通す《サプールsapeurs》などがある〕約三千人が加わった。この合計二万一千人の兵たちが腕のよさと勇敢さ、手際のよさを発揮して、切り立った断崖の続く難所を、大砲七十二基、小型砲五千丁、膨大な数の荷車、槍二千五百本を、あるいは人力で、あるいはラバの背に乗せて運ぶという奇跡をやり遂げたのだった。これには、二万人のドイツ人歩兵（ランツクネヒトlansquenets）も加わった。

アルプス越えのためにリヨンに着いたときは、先のことは予想もつかなかった。年老いたトリヴュルチェは、アルプスじゅうを調べて、氷に覆われた険しい峰と深い谷底の間を縫って続くこのルートを見つけたのだった。このルートは、これまで、どんな商人も、密売人たちでさえ通ったことがなかった。険しい峰を覆う雪は、おそらく、天地創造以来の万年雪であり、これまで触れたのは、臆病で狡賢いシャモワ山羊ぐらいであろう。また、雪庇の下に広がる深淵に足跡を刻んだのは、狂気じみた狩猟熱に突き動かされた大胆不敵な狩人ぐらいであったろう。

デュランス川を渡り、サン＝ポールの岩山まで進み、この岩山を踏破するのに丸一日をかけたが、たいへんな労苦を注いでも、バルセロネットまでしか進めなかった。すなわち、これで、やっとアルプスの足元に辿り着いたのだった。

ここからは、天を突くアルプスの高峰が連なっており、西のローヌ川へと流れる川と東のポー川へと流れていく川との分水嶺になっている。ピエトロ・ノヴァロは鉱山技師でもあったので、火薬を使って岩塊を吹き飛ばしながら道を造っていった。これは、まだ最も容易な部類であった。危険なのは、急な斜面に断崖の上から杭を打ち込み、それに木組で回廊を造って、七十二基のブロンズ製の重い大砲を運ぶことであった。ときには、そのような回廊を造ることができないので、こちらの断崖の上から太い綱で谷底にいったん降ろし、向こう側の断崖で引っ張り上げなければならなかった。

　このような幾つもの険しい難所を乗り越えて、ついにイタリアの平地へ下りる斜面とストゥーラの谷に到達した。しかし、そこには、まだ、この壮挙を妨げる最後の障壁として、ピック＝ディ＝ポルコの山が横たわるように行く手を塞いでいた。四日目は、これを越えるために費やされ、ロンバルディアの入口であるサルッツォの平野に到達したのは五日目である。

　これは、食糧を三日分しか携帯していなかったフランス軍にとって、ぎりぎりであった。もし、スイス軍がフランス軍をこれらの峡谷に釘付けして前進を妨げていたら〔それは、さほど難しいことではなかった〕、多くの兵士が飢え死にしていたであろう。

　道も不案内ななかで、このように大胆に決行し、このように幸運に恵まれて遂行された計画は、イタリア人の予想を裏切った。このときフランス軍は、ポー川の源流を通ってイタリアに入ったが、イタリア人からすると、ロンバルディアの河川の雄であり全てを海へ向かって運び去るこの不敗の大河とともに降ってきたフランス軍は、天から遣わされた神の軍勢を想わせた。しかも、最初の一撃で破られたのが、雄々しいローマ人の末裔であるコロンナ〔訳注・プロスペロ（1452-1523）〕であった。スイス人たちは、驚いて尻込みした。コロンナのライバルであるオルシーニの私生児で激情的なアルヴィアーノ〔訳注・バルトロメオ・ディ・（1455-1515）。一五〇九年にフランス軍の捕虜になり、一五一三年以後、フランスに与してヴェネツィア軍を率い、マリニャーノの戦いでフランス軍の勝利に貢献した〕は、フランス・ヴェネツィア軍の一翼を担ってスペイン・スイス軍に立ち向かった。

教皇軍とフィレンツェ軍はメディチの指揮下で、怪しい中立性を盾に、もしフランス軍が劣勢に追い込まれたときは便乗してフランス軍に攻撃を加えようと待機した。このため、彼らは、動こうとしないで、近くに張りついたのだった。

スイス軍のなかには、ベルン人のディースバッハとラ・ピエール、ヴァレー〔訳注・スイス南西部でローヌ川上流地方〕のシュペル＝ザックスなどフランスに好意的な人たちもいた。彼らは、「犠牲を払ってフランスを負かしても、スイスにとって天敵であるドイツを喜ばせるだけで、スイスの得るものはない。スイスは全体として、その血も命も道義も名誉もイタリアで確立したのであり、スイスは、この戦いから手を引くべきだ」と主張した。多分、この主張の最も明確な論拠は、法王もスペインも彼らに譲るような土地は持っていないこと、ミラノの君主、マッシミリアーノ・スフォルツァは、すでに最後の一滴まで絞り取られて、スイス人たちに払えるカネは持っていないことであった。その反対に、フランスは金貨をたっぷり持っていて、将来払うというのではなく、いま払うと言っている。フランスは、それらを、ある人々には温和しくしていてもらうために払ったり、別の人々については、行動させるために払うこともある。要するにフランス王は、カネについては気前がよく、四〇万エキュ支払うとディジョンで約束していたのを六〇万エキュ支払ったり、アルプスの麓のベリンゾナとルガノの代官区のためには三〇万エキュも払った。事実、フランス人たちはスフォルツァを裏切らなかったばかりか、落ちぶれたマッシミリアーノのために、ミラノを譲らせる代わりに、フランスで王家の一員として受け入れ年金生活を送れるようにしている。〔訳注・マッシミリアーノは一五三〇年にパリで亡くなっている。なお、フランスがミラノを失ったあと、マッシミリアーノ弟のフランチェスコがカール五世によってミラノ公として擁立され、一五三五年、最後のスフォルツァ家当主として亡くなった。〕

これは、すべてうまくいった。しかし、サン＝ゴタール峠から、巨大な雪崩のように二万人のスイス軍が南下してきた。全員、新顔で、貪欲で、イタリアで一儲けしようとやってきた人々である。彼らは、それ以前のイタリアでの掠奪によって肥え太り、貴重な品を山と積み、ポケットをいっぱいにして帰ってきた仲間の話を聞いてやってきたのだ。この新顔たちは、テッシーノ峠の屈辱的な譲渡について、スイスの名誉のために身を震わせた。この譲渡は、見返りもなしに一方的にイタリアに譲歩することであり、断じて受け入れることができなかった。そこへ、フランス人たちがカネを持ってやってきたのだ。よろしい！ これを取って、どうしていけないのか？――彼らは駆けつけた。フランスが自分の金庫を守るために駆けつけたのは、ぎりぎりであった。

しかしながら、熱烈な説教師としてスイスで有名であったシオンの枢機卿、マチュー・シネーは、法王レオ十世が中立の立場を守っている間は、フランス軍打倒を叫んで各地を回った。スペイン人たちはアルヴィアーノが聖マルコの旗を掲げて自分たちを脅かしているのを見ると、枢機卿の言うことを聞かず、教皇軍と同様、様子を見るに留めた。ミラノに集められたスイス人たちのなかには、「もらうだけ給与をもらって国に帰ろう」という連中もいれば、「戦って、すべてを手に入れよう」という者もいて、拮抗していた。マチューは、到着すると、城の広場にスイス人全員を集め、説教台の上から、まなじり裂いて声を張り上げ、ローマ教会を守るべきこと、聖ペテロの鍵の旗の尊さ、ベルンの熊の報復、ウリの牡牛の怒り、血の復讐の重要性を説き、「わたしは、フランス人どもの血でこの手を洗い、呑みたい」と叫んだ。

しかし、この説教は、思ったほどの反響を呼ばなかったので、スイス人のことを知り尽くしていたこの変人は、「フランス軍がやってきたぞ」と偽の警報を流させた。

これで、平和を願っていた人々も、武器を執った。危機のときに仲間を見捨てることなどできなかった。

王（フランソワ一世）は動かなかった。彼は、交渉で解決できると信じていたが、彼の立場は、かなり危険であった。彼は、教皇軍とスペイン軍を背後にしてミラノから十マイルのマリニャーノに陣取った。こうして、スイス軍とは距離を置いたのであるが、スイス軍やスペイン軍・教皇軍の動静はヴェネツィア人たちが監視した。だが、これらの軍勢の先頭に立っていたのはスペイン人歩兵たちであったからヴェネツィア軍は充分強力だったろうか？

フランス軍は誰が指揮したか？　みんなでもあり、誰でもなかった。王は二十一歳と若く、戦いの経験もなかったのに、二十五歳のシャルル・ド・ブルボンが司令官（connétable）に任命された。ルイ十二世のもとで戦ったラ・トレムイユとトリヴュルチェが傍についたが、用済みの古い家具のように無視された。フランス人たちは、それだけでなく大きな過ちをすでに犯していた。《黒部隊 Bandes noires》だけでなくドイツ人部隊全体の指揮官で、傭兵の《ランツクネヒト》からも唯一信頼されていたゲルドル公カール〔訳注・オランダ東部の州で、ブルゴーニュ公の支配下にあったことからフランス軍に属していた。ゲーテの『エグモント』の主人公は、このゲルドル公の息子〕をフランス軍から去らせたことである。フランス王〔訳注・ルイ十二世〕の友人で同盟者であり、未来の娘婿であったカール五世〔訳注・ルイ十二世は娘のクロードにブルゴーニュとブルターニュを婚資につけてカール五世に与えるつもりであった。しかし、この結婚にはフランス高等法院が強力に反対し、クロードはフランソワ一世の妃になる〕が公の本領地であるゲルドルを攻撃し、ゲルドル公を本領地へ帰らざるをえなくしたのだった。これによって、フランス軍は著しく覇気を失った。カール五世は、祖父のマクシミリアン帝に倣って、ドイツ軍の秩序を回復させ、ラヴェンナの戦いの前の状況にまで士気を回復させようとしたのだった。

ゲルドル公は、すぐ本領地の平和を回復できると考えたので、フランス軍に加わっているドイツ人たちの長としての指揮権を甥でありフランス人であるクロード・ド・ギーズ（1496-550）に託して現場を離れたのであって、彼のことは、ドイツ人たちはまったく知らなかった。

このフランス軍のなかにいたドイツ人たちは、言葉の壁もあって、まわりのフランス人たちと意思の疎通がなく、状況についてもよく知らなかった。フランス王はドイツ人たちのライバルであるスイス人たちと交渉を進めていたが、そのことについても、さまざまな噂があった。言われているところでは、フランス王は、ドイツ人たちに給与の未払いなど多くの借金があり、それを帳消しにする手段として、スイス軍との戦いが始まると、最前線に配置し、スイス人たちによって皆殺しにしてもらうつもりなのだというのである。「お前たちの指揮官であるゲルドル公が戦線から離れたのは、そのためではないか？」と。

フランス王自ら、軍勢を解体しようとしているということの常軌を逸した作り話も、これらのドイツ人たちには、ごく自然なことのように思われた。「ヴェルシュ Welsch」〔訳注・原書では Welche と綴っている。ドイツ人たちから見た南欧ロマンス語圏の人々のこと〕の信仰に対するドイツ人的偏見から、彼らは、不信感と恐怖で呆然となった。

これが、唯一強力な武装を施されていたフランス歩兵隊のほぼ半分の実態で、彼らは、このパニックに衝撃を受けた。これ以外は、ピエトロ・ナヴァロによりバスク人、ガスコン人、フランス人をもって編成された歩兵部隊だが、これらはスイス軍の重装備とは比較にならない軽武装の部隊であった。

フランス王は、きわめて強力な近衛騎兵隊を擁していたし、フランスの大領主たちは、それぞれに随員を従えていた。しかし、この壮麗な騎兵隊が存分に隊形を展開するには広い平野が必要で、一面が湿地帯で左右を溝で挟まれ、横何列かで行進するのがやっとの狭い道ではとうてい力を発揮できそうになかった。

まず第一に、このような地理的条件では、大砲を主力とする部隊が、その力を活かすことができなかった。かろうじて、ピエトロ・ナヴァロは、右翼に砲列を展開し、それをカバーするために塹壕を掘り、そこにバスク兵、ガスコン兵、ピカルディー兵から成るフランス歩兵部隊を潜ませた。

たとえばノヴァラの戦い〔訳注・一五一三年、北イタリアでスイス軍によりフランス軍が敗れた〕で四十カ所も傷を負ったフルーランジュ（彼は、「アルデンヌの猪Sanglier des Ardennes」と呼ばれた有名なロベール・ド・ラ・マルクの息子でロベール三世）や「黒部隊Bandes noires」の首領の一人のように、スイス人のことをよく知っている人たちは、戦いにはならないと信じていた。そこにあったのは、政治的戦争というよりは、以前からヨーロッパ唯一の歩兵隊であったスイス軍と、それに対抗して皇帝や大公たちが作った新しいドイツ歩兵部隊という二つの《傭兵隊armées mercenaires》の職業上の敵対関係であった。こうして、スイス山岳民は白抜き十字の旗を掲げて、低地ドイツの黒旗を憎み、「奴らは自分の喪章を掲げている」と叫びながら、ミラノから出陣していった。〔訳注・ミラノは、イタリア平地におけるスイス人たちの拠点であった。〕彼らは、自分たちの足音で兵力を敵に覚られないため、また、すばやく壕を越えたり湿地を横切って、敵の前に飛び出せるよう、靴を脱いで進軍した。チャンスは一回しかなかった。宿敵のランツクネヒト軍は総勢二万であった。こんどこそ、ひとまとめにして、やっつけるときであった。――

これほど、評価が分かれる戦いはない。デュ・ベレはひどくそっけない。このバヤールの年代記者は、司令官は殺されたと信じていた。スイスの歴史家たちは、スイス軍が大砲を持っていなかったというのは嘘で、彼らはミラノ公の大砲を使ったと言っている。フランソワ一世が母后に宛てた手紙も、内容は驚くほど不正確で、勇敢な君主にしては考えられないほど手前味噌なエピソードを並べている。しかし、考えてみると、このとき王は二十歳の若者で、勝利を収めることができて舞い上がったのであろう。彼は、二百人ばかりの騎兵を率いて戦場を駆け巡ったのだったが、「約四千のスイス兵たちを屈服させ、手槍を捨てさせて、『フランス万歳』と叫ばせた」。また「われわれは、二十八時間も馬に跨がったままで、わたし自ら見張り役も務めた」と自慢し、「二万八千のスイス兵のうち、三千人を取り逃がした」と悔しがっている。役者であり目撃証人である彼らの報告は、その言っている人ごとに違っているものである。

大砲隊がその隊長自身「この戦いの勝利は大砲に負うところ大なり」と言ったように、めざましい活躍をしたことは確かである。しかしながら、王は、大砲を操作したのは近衛部隊だったと信じた。彼は、すべては、貴族による騎士軍とその槍を振るっての攻撃のおかげであると思い込んだ。

しかしながら、歩兵隊が重要な働きをしたことについては、繰り返し強調している報告もあれば、ひとことも述べていない年代記もあって、まちまちである。フルーランジュもそれについては、かろうじてひとこと言及しているだけである。ラ・トレムイユの口述を記録したブーシェ〔訳注・ジャン1476-1559〕だけが、歩兵隊について正当に記している。

しかし、元に話を戻そう。

人々は、それまでに三度、まず最初は一人のロンバルディア人により、ついでは、ある貴族によって、そして三度目はフルーランジュ自身によって警告されていたにもかかわらず、ほとんど不意を打たれた。この司令官が食事に行こうとしていたとき、王は、歩兵用のドイツの甲冑を試してみた。それは「非常によく出来ているので、針一本差し込んで傷つけることもできません」とフルーランジュが言っていたものであった。王は、これをよい知らせと捉えたものの、まだ、信じようとはしなかった。フルーランジュは、自慢げに言うのを抑えた。しかし、王のほうはすべては巧くいっていると見て、傍にいたヴェネツィア人将軍、アルヴィアーノの手を取って、大急ぎでヴェネツィアの部隊を連れてくるよう頼んだ。アルヴィアーノは、この日がフランスにとってもイタリアにとっても、最高かつ決定的な日になると信じて馬に乗った。

王は、古くからの伝統に従って、最後の瞬間を騎士として叙任してもらうことに使った。彼は、王族や大領主たちをそこに残して、軍隊で最も尊敬されていたバヤールのところへ行き、彼の手で勲位を受けた。

この間も、フルーランジュはスイス軍の動きを監視した。彼らは二マイルほど離れたところにおり、そこに陣営を設けようとしていた。その日の彼らの進軍から言っても、おそらく、そうするだろうと考えられた。ところが、彼らは、さらに軍を進め、フランス軍陣地に矢が届くほどのところに来て、ようやく停止し、そこに聖ペテロの鍵の旗を広げ、祝福を受けたのであった。

フランス王とラ・トレムイユは、まず近衛騎兵隊が攻撃を仕掛けること、彼らの誇りはともかくとして、近衛騎兵隊に死傷者が出て隊形に欠損部分ができた場合は、歩兵によって埋めることで意見が一致した。戦いが始まり、攻める近衛騎兵隊に対し、スイス兵たちは、馬を槍で突いたり、馬上の近衛騎兵を矛槍（hallebarde）の鉤で引っかけて引きずりおろすやり方で応戦した。

彼らは、ランツクネヒトとぶつかると、この血に飢えた黒旗を掲げる敵を見ただけで激しい怒りに囚われた。ランツクネヒトのほうも、それは分かっていたので、なるべくスイス部隊には接近しないようにした。しかし、ラヴェンナでは、フランス歩兵隊のほうがランツクネヒトよりも前面に出て、スイス軍二千に対し、その半分の兵力で撃破している。この物語のなかでは、フランス王は騎兵二百を率いてスイス歩兵隊二千を壊滅させたとしている。この数字については、ラ・トレムイユが訂正を加えている。

この戦争の勝敗をわかりにくくしている要素が幾つかある。一つは、夜の帳が下りて、実情が摑めなくなったこと。また、それ以前に、恐ろしいほどの砂塵が舞ったこと。それに加えて、多くのスイス兵がイタリアの田園を覆っているさまざまな果樹園と葡萄畑に展開したために、戦況が把握しにくかったことが挙げられる。

しかし、ここに二つのエピソードがある。ドイツ傭兵隊のランツクネヒトたちは、フランス王を先頭に、元気な歩兵隊、それを守るように軽騎兵隊が前進していくこれまで見なかった光景を見て、自分たちも積極的に戦おうと奮起し、二千人が沼地を左側から迂回し、スイス軍の側面に襲いかかった。しかし、深い水路に足を取られ、そこから抜け出せなくなったところを、スイス兵たちの槍による攻撃で壊滅的打撃を被ったのだった。

もう一つ。フランス軍の右手では、スイス兵たちがピエトロ・ナヴァロの砲撃に苦しめられた。そこで彼らは「スイスの失われた子供たち les enfants perdus de la Suisse」と呼ばれていた若者の部隊を投入した。この若者たちは、白い鳥の羽根を目印に付け、二倍の給与を与えられていたが、それにふさわしい働きをした。多数の犠牲を出しながら、ピエトロ・ナヴァロの軍勢に挑み、壕をバスク兵とガスコン兵で埋め、砲列を黙らせたのだった。

このマリニャーノの戦いは、月の光のもとで行われたが、奇妙な手違いも起きた。フランス王は、スイス軍を自分の軍勢と勘違いしてそのなかに入っていこうとし、「六百本もの槍を投げつけられ、それで敵軍であることを知った」のであった。王は、騎兵三百とランツクネヒト約一千を率いて砲列の線まで後退した。「わが軍の司令官は、歩兵部隊と近衛騎兵隊を結集して攻撃を再開した。このため、敵軍はバラバラになって戦場から逃げ出した。それとともに、わが軍の砲隊は、こちらの岸に渡ってきていた別の敵軍に砲撃を行い、対岸に追い返した。」

この一節は、この戦いにおいてスイス軍がフランソワ一世の陣地をもう少しで占拠するところまで行っていたこと、この戦いに決着を付けたのがフランス歩兵部隊であったことを明らかにしている。スイス兵たちは逐い払われたが、その後も、フランス軍の陣地と入り混じるように居残った。月が照っていたが、ときどき雲に隠れたので、両軍とも互いに、うっかり近づくことはできなかった。スイス軍のなかには、フランス王がすぐ近くにいて、幾つもの大砲を擁しているが、まわりの防備はあまりしっかりしていないのを見て取って、攻勢に転じることを考えた人たちもいた。しかし、重要なのは全体の態勢であり、スイス兵たちは躊躇い、チャンスを逃した。これは、おそらく、のちのパヴィア戦（1524-1525）でも同じである。

その原因は、マチュー・シネー自身にあったように見える。スイス軍のすぐ背後には何でも供給

このマリニャーノの戦いは、月の光のもとで行われたが……

してくれる大都市ミラノがあり、彼は、充分な食糧とワインをスイス兵たちに提供した。それに対し、フランス軍は食べ物も充分でなく、王自身、血で汚れた水を飲んで食べた物を吐いてさえいる。彼は、慎重に火を消し、自分のほうからは何でも見えるが、自分のことは見られないようにした。ときには、スイス人たちの食事の場に紛れて一緒に飲み食いすることもできた。

枢機卿（マチュー・シネー）は、この戦いは勝ったと信じ、その旨、ローマはじめ各方面に知らせた。

スイス方では、互いの連携のために、ウンデルヴァルトとウリの物悲しげな笛が夜通し鳴らされた。フランス人たちも、自分たちのラッパを吹き鳴らした。フォルノヴォでのシャルル八世と同じく、フランス王は、ときおり、ひとりぼっちになった。そんなとき、一人のイタリア人が傍にいて、ロンスヴォーでのローランのようにラッパを鳴らし続けた。ラッパには、他のあらゆる楽器を黙らせる力強さがあり、王のいるところで鳴らされると、人々は王のもとに集まると考えられたのである。

歴戦の強者であるラ・トレムイユやラ・パリス、トリヴュルチェらが、夜を有効に使わなかったわけがないが、とりわけ、ガレオとピエトロは、夜を利用して大砲の配置を変更した。フランス王は大型の大砲を七十二基、小型砲を数え切れないほど擁していた。そのことは、スイス人たちも明け方に眼にしていた。点在する部隊が複雑なカーテンのような様相を呈していることは変わりなかったが、その背後で軍勢全体は刻々と容貌を変え、部隊と部隊の間のいたるところで、大砲、小型軽砲、蛇紋岩が待ち構えていた。

《黒部隊 Bandes noires》のフルーランジュは、もしスイス人たちが夜中に襲ってこなかったとすれば、それは人数がそろわなかったからだろうと鷹揚に認めた。そして、もし彼らが徹夜の祈りをやっていれば、もっとすばらしい朝を迎えていただろう、と。――しかし、彼らは、砲隊によって手荒に迎えられ、二万のランツクネヒトが槍を構えて待っているところへ飛び込んだのだった。このランツクネヒトたちの様子は壮観だったので、スイス兵たちは真正面から襲いかかろうとはせず、脇へ向きを変えようとした。スイス軍のなかには、ランツクネヒトたちもドイツ人だからドイツ語で説得しようと言う者もいて、ある隊長は列の前へ進み、演説をぶち始めたが、たちまち矢を射かけられて殺された。

しかし、なかには、フランス軍の大砲を奪い取ろうと立ち向かう人々もいた。すでに、前夜のうちにスイス人たちに奪われた大砲もあった。デュ・ベレは言っている。

「一人のスイス兵は、まっすぐにフランス軍の大砲をめざして突進し、もう少しで手で触れるところで殺された者もいた。もし近衛騎兵隊が守っていなかったら、危険な事態になっていたであろう。」

スイス軍は、打ち負かされるというより粉砕された。彼らの闘志は強固で、ただ勇敢であっただただけでなく、針一本差し込む隙のない鎧のような張り詰めたものがあった。多くの仲間を失いながら、少しも怯む気配を見せず、襲いかかっていった。このスイス軍による猛攻で、ラ・トレムイユの息子は致命傷を負い、ランツクネヒトを指揮していたクロード・ド・ギーズも、地面に倒れた。彼は、もし、フランス側の反撃が始まるまでドイツ人の家来が身を挺して守ってくれていなかったら、命を失っていたであろう。ほぼ同じことがフルーランジュの身にも起きた。彼は、部下とともに、スイス兵の矛槍の鉤で鎧をひっかけられて落馬しかけ、負傷した自分の馬に引きずりまわされた。

「もしバヤール殿が救い出してくれなかったら、そのまま野垂れ死にしていただろう。」

ふたたび馬に跨がったフルーランジュは、スイス軍がほぼ壊滅し、わずかに生き残った部隊の一つが、ボーヌ〔訳注・ブルゴーニュの銘酒の産地として有名〕のワイン樽が貯蔵されている蔵に逃げ込むのを目撃した。しかも、ワインの持ち主たちが、このスイス兵たちに攻撃を仕掛けたので、樽が壊れ、流れ出たワインで溺れ死ぬ者まで出た。フルーランジュがこの蔵に火をつけたので、八百人以上が焼け死んだ。

スイス兵たちの落胆の仕上げをさせたのは、朝八時ごろ、「マルコ！　マルコ！」の叫び声が聞こえ、ヴェネツィアの旗が見えたことであった。アルヴィアーノに率いられて夜通し行軍してきた騎馬隊であった。この軍勢は遠路やってきたもので、スイス人たちは、このアルヴィアーノの軍勢を味方にできると信じて後退することを決意した。フランス側が残した年代記は、スイス人たちは、この恐るべき戦いで一万五千の犠牲を出して退却したと述べている。しかしながら、生き残ったスイス兵たちは、ミラノをめざした。誇り高い彼らは、フランス軍から奪った大砲さえ手放そうとせず、ところが馬を持っていなかったので、人力でなんとか運んでいったが、疲れきってついには水路に投げ込んだという。

ミラノの当主であるマッシミリアーノ・スフォルツァは、何日かミラノ城で抗戦したが、策謀に長けたピエトロ・ナヴァロの軍勢に追い詰められて降伏した。このとき、彼は、自分が一種の奴隷に他ならない君主の立場であったことを認め、そこから解放される喜びをこう語っている。

「神のおかげで、これからは、乱暴なスイス人たちからも、皇帝に好き放題取り上げられることからも、スペイン人たちの裏切りからも解放される」と。

フランス王にとっては、これ以上完璧な勝利はなかったであろう。フランス王を背後から脅かした二つの敵のうち、法王庁とはこれから交渉することになり、スペイン人たちはナポリに帰還するため、調停のなかに含めてもらえるよう懇願した。

スイス人たちは、フランス軍の大砲の弾丸と槍の攻撃によって痛い目に遇ったが、それ以上に、フランス王のカネの力に負けた。要するに、多くのスイス兵が殺されたうえ、生き残った人々は、全スイスを売り払っても及ばないカネを、頭をさげて受け取ってイタリアに有していた裁判管区(bailliages)を放棄し、スイスへ追い返されたのだった。

第十六章　フランスとヨーロッパ

法王レオ十世は「スイス軍が勝った！」という誤報で大喜びしたが、翌日にはヴェネツィア大使から真実を伝えられると、その大きな赤ら顔から喜びは消えてしまってすっかり青ざめ、好奇の眼にどう映っているかも忘れて、「われわれは、どうなるのだろうか？」と呟いた。

フランスの勝利で、法王の二枚舌ぶりが明らかになった。彼は、中立の立場をとると約束しながら、自分の弟を若いフランス王の叔母と結婚させ、しかも、彼は、フランス王と戦わせるために一軍を送っていた。〔訳注・法王レオ十世はメディチのピエロの息子でジョヴァンニJean。弟はジュリアーノJulien。〕法王方が幾ら待っても、援軍は来なかった。ヨーロッパは（フランソワ一世の勝利を）称賛しつつ身震いしていた。世界中探しても、フランスに味方して戦った低地ドイツの歩兵部隊とフランスに打ち破られたスイス軍、そして、フランスの勝利を眼にしたスペイン人たち以外に軍隊はなかった。

いまは、フランス王の思うままであった。彼は、ヘルヴェティア人を負かしたカエサルのように敬意を表されるとともに、「新しいメフメット二世」たるセリム一世の脅威に立ち向かうキリスト教世界の守護者であることが期待された。〔訳注・メフメット二世は一四五三年にコンスタンティノープルを陥落させたオスマン・トルコ皇帝。セリム一世は、コンスタンティノープル改めイスタンブールを拠点に、さらに西方、ヨーロッパに勢力を拡大中で、「残忍帝」と渾名されていた。〕

フランソワには、もう一つ重要な役割が期待された。それは、次々と亡くなった王たちの国を併合し、あるいは婚姻関係を結ぶことによって相続し、ヨーロッパを呑み込むばかりになっているカール五世の三重帝国の異種混合的モンスターと釣り合いを取る役目である。

最後にまた、イタリアを解放してローマを手中に収め、カトリック教会を改革する役目である。法王が「われわれは、どうなるのだろうか?」と思わず口にして恐れたのも当然であった。

フランソワ一世のこの大きな力は、状況や立場によるだけではなく、彼の個性から来たものでもあった。まず、その若さに、すべてが微笑んだ。その若さは、大いなる幻想を抱かせた。一面では、人々が彼について見た悪い点は、その二十一歳という年齢のせいにされたが、全体としては、外見の美しさが優勢を占め、善いところが勝った。その風貌と話しぶり、剣の腕前はあらゆる人を魅了したし、とくにマリニャーノの戦いのあとは、その愛すべき容貌は威厳をも兼ね備えるようになった。彼の顔立ちは、繊細さはなかったが、力強さと美しさがあった。彼がその眼のなかにもっている偽りの哄笑には、フランスの紳士や兵士たちの気取りと淫らな陽気さが入り混じっていた。シャルル八世もルイ十二世も、サヴォナローラが予言した救済者であったが、民衆的想像力が求めたものには対応していなかった。一方は小柄なくせに不釣り合いに頭が大きかった。他方は病弱な「ブルジョワ的王」であった。それに対しフランソワ一世は、美男で若さの華があり、それは戦いの勝利によってますます美しさを増し、気品をそなえた。話し方も滑らかで、その発する言葉は希望を呼び覚ました。結局、彼こそ、イタリアにとっても世界にとっても、約束され、その出現が待たれていた《メシアMessie》なのではないかと思われた。

彼は、家族によって囲まれ、家族によって美化された。こうして、なべて愛されるものに具わる光輝のなかで、とりわけ二人の貴婦人と二つの愛の間では、その高貴さをもって現れた。一人は、情熱的でいまなお美しさを失わない母ルイーズであり、もう一人は、繊細で魅力的な姉、「マルグリットのなかのマルグリット」で、彼女は彼を「わたしたちの三位一体」と呼んだ。

母親に対する彼の尊敬心は、王としては度外れなものがあったが、生まれつきの善なる心から生じたもので、彼が成長しても、色褪せることも朽ちることもなかった。彼は、彼女と話すときは頭の被り物を手にとり、その長身を屈め、膝を曲げた。

この家族的情愛、若さの愛すべき贈りものは、もし彼がそれに背かないだけの良識さえもっていたら、彼の民衆的人気を容易に高めたであろう。彼の政策は現実化され、一つの大きな革命が二十もの多様な形をもって国家と教会のなかで具体化され、ヨーロッパじゅうで発酵していっただろう。それは、いたるところを照らし、その輝きは、時間的にずれ、一つに一致はしなかったが、その動きのすべては、ローマ教会を見据えている一つの共通の特徴をもっていた。教会財産なしでは、国

母親に対する彼の尊敬心は……成長しても、色褪せることも朽ちることもなかった

家（l'État）は一日たりとも生きることができなかった。それは、他のカトリック諸国、スペインにも当てはまることで、これらの国は教会財産を奪い取ることはしなかったが、収入の大部分を受け取った。この財政改革は、いたるところで、多様な政治革命と結びついた。忍耐力のない大衆は発酵し、自らの外に一つの中心を求めて渦巻いていった。

若い騎士王は、何をすべきだったろうか？　若く、実際に騎士であることは、寛仁の伝統に忠実であることであり、それを継承することに誇りをもっていた。フランス軍がピサにおいてそうであった〔訳注・つまり、フィレンツェによる抑圧からの守護者〕ように、フランス王は、イタリアでもドイツでも、総じてヨーロッパにおいて寛仁の伝統に忠実でなくてはならなかった。もし彼が弱者の保護者でありたい、法王およびオーストリア家への抵抗の中心でありたいと望んでいると人々が本当に信じたときには、彼は、世界の主君であった。この政策は、ヨーロッパのことも何も知らないでフランスを治めている代理人たちの眼には恐らく妄想にすぎなかったが、これが、唯一実際的な政策であった。この《狂気folie》こそ真の《英知sagesse》であった。

そのときは、このフランス王に誰が反対するだろうか？　多分、イングランドだけである。それ以外の当時の王は、誰一人反対できなかった。王は、イングランドにウルジーを養っていた。彼は、影響力のある人物で、自分抜きでは、法王に近づくことはできないと信じていた。〔訳注・Thomas Wolsey（v.1475-1530）。イングランド王ヘンリー七世と同八世に仕えた枢密院議員であり枢機卿。〕彼のイングランドにおける力を支えたのがスコットランド戦争で、フランスはスコットランドに摂政を置いて封建的イングランドに対する彼らの戦いを後押ししていたが、それだけでなく、スコットランド各氏族に経済的支援もしていた。高地スコットランドの「ハイランダー highlanders」たちは、今日とは異なり、地上から消えかねないほどに追い詰められていた。フランスの自らを守る戦いは、一つの民族を救うことでもあった。ただ、そのためには、膨大な資金が必要で、その資金は、教会改革のなかにしか見つからなかった。

スペインは、その恐るべき癌が進行するなかで、最も豊かな構成要素を切り離したばかりであった。農業と工業、ムーア人たちとユダヤ人たちを追放したのである。こうして、スペインは第二幕に到達したのだったが、そこでは、古くからの各都市は自由特権を失うことになり、そのため、国王に対する貴族たちと都市の戦いが始まった。あるフランドル人の王〔訳注・カルロス一世。神聖ローマ皇帝としてはカール五世〕は、傲慢なスペインのことを知らないので、フランスから二万の外国人部隊を寄越してもらった。彼は、狂える女王ファナ Juana の息子であり偉大なイサベルの孫として、そして嫌われた老いたアラゴン王〔訳注・フェルナンド二世〕に代わる王として、初めは愛された。偉大な宰相、ヒメネス（1436-1517）が道を切り開き玉座を築いてくれたので、彼は、ただ玉座に坐っていればよかったのだが、彼が始めたことは、死にゆくヒメネスを退け、スペインを凌辱することであった。

それでも帝国はドイツの変革と人間精神の革命という二つの自己革命を行っていた。前者に関して言うと、とくにライン沿岸地方は崩壊したも同然であった。そのことは、すでにシャルル突進公の時代から見てきた。突進公は、ひどい不器用さのため、この地方の長所を活かすことができなかった。好戦的な住民たちを雇い入れて彼らの力を発揮させるのでなく、帝国に結合するための土地の征服者であり土地買い占め人として振る舞うことによって彼らを不安がらせ苛つかせた。

これに対し、フランソワ一世は低地地方を所有していなかったので、そのような恐れを抱かせることはなかった。突進公亡き後、その後継者となった皇帝（マクシミリアン一世）がフランドルに対し根拠薄弱な要求を高飛車に突きつけたのに対し、フランスは、フランドルの人々の良き友であり、同盟者であり守護者となった。マクシミリアンが、その「よき歳月」に民衆から引き出した勇敢で実務的な気風をフランソワ一世は、もっと巧みに引き出し利用した。ライン地方の人々に求められたのは、フランスにおけるのと同様に、民とともに戦い、労苦を共にする王を尊重することであった。

イタリアの革命と違い、ドイツの場合は、領邦同士、都市同士の不和だけでなく田園も関わっており、騎士や下層貴族、農民大衆みんなが窮迫していて、彼らを共に立ち上がらせることが必要であった。戦う相手は、彼らを犠牲にして肥え太っている恵まれた大領主、とくに高位聖職者の領主たちである。貴族たちは下層といえども農民たちとはさまざまな点で利害が相反したから、一致できなかったが、教会国家はもはや容認できないという一点で一致していた。この問題は、ドイツ以外ではまだ闇に包まれていたが、ドイツ内では普遍的かつ明白であった。そして、民衆は、王たちがいなければ、この問題はすぐにでも解決できるように見えた。

フランスは、ドイツと共同にでなければ何もしようとしなかった。フランスは、イタリアに対してと同様、あるいは、それ以上に、ドイツに関心を向けた。重要かつ決定的な点は、アルプスの向こうのイタリアにフランスが所有しているのがミラノとその衛星都市だけか、もっと多いかではなく、法王とどのように関わり、もし対決するなら、ドイツをどのように巻き込み、法王と結びついているオーストリア家に対抗させるため、どのように支援するかであった。

皇帝は老いていた。〔訳注・マクシミリアンは一四五九年の生まれ。〕後を継ぐのは誰か？　これが最大の問題であった。フランスの関心は、自身が帝冠を要求して周囲を不安がらせる方法に依らないでオーストリア家から奪い、フランスと協調してローマ教会とその教会財産を世俗の手に移すという、時代に適応した革命を進める選挙侯に帝冠を被らせることであった。

フランソワ一世は、ドイツで大きな影響力をもっていた。オーストリア家に敵意を抱く多くの人々が彼のもとに雇ってもらって戦いに加わっていた。彼らは、帝国そのものの混乱や帝国都市同士の戦い、ドイツ各地で起きた反乱のためにふるさとを失った人々で、あらゆる階層に亘っていた。

フランソワ一世が、直接触れたのは兵士たちであった。しかし、もし彼が、これは一種の革命であり民族大移動であって、その破片と漂流物がフランス側の岸にまで辿り着いているのだと理解し、その状況を利用していたら、彼は、単なる一国の王を超えた存在になっていたであろう。おそらく、アルプスからアルデンヌにいたるライン流域、ムーズ川流域に沿って、また、ホーラントとフリースラント、ゲルドルといった北海沿岸の湿地帯を含む全域で、自由ドイツが身を寄せる避難所となり、希望の星になっていたであろう。都市に傭兵として使われることに不満を抱いている兵士たち、聖職領主から借りた高利の借金や法律屋の三百代言に引っかかって没落し選挙侯に土地を奪われた騎士たち、さらには、森のなかに追い詰められた農民指導者などみんなが、「この身を売り渡すなら、フランス王に！」と言って、勇気を取り戻したであろう。

彼らは、低地ドイツで兵士たちを募集している人たち（enrôleurs）のもとに押し寄せた。ライン流域ならゲルドル公、ムーズ流域なら「アルデンヌの猪」（ラ・マルク侯）である。もし、これら有名な《黒部隊》の首領たちの人生を語れば、ホメロスの『イリアス Iliade』を凌ぐ作品になるだろう。しかも、かなり長いものになるので、ここでは語るわけにいかないが、これらの人々が一世紀の間、ブルゴーニュ家とオーストリア家に対抗するフランスの剣であったことだけは言っておこう。とはいえ、この剣は、フランス王に対してもそれほど依存的でなく、時によると、刃を向けることもあった。《アルデンヌの猪たち》――ラ・マルク家は、都市リエージュと力を合わせて一度ならずルイ十一世を助けているし、逆に、彼を危機に追い込んでもいる。イタリアのノヴァラの戦いでは、ロベール・ド・ラ・マルクは、フランスと敵対している。しかし、このとき、息子のフルーランジュはフランス軍に残って、フランスのために戦い、四十二カ所も傷を負った。しかも彼は、それほどの傷を負いながら、マリニャーノでは、他の誰よりも立派に戦い、もしバヤールが助けてくれなかったら死んでいただろう。その後、ヴォルムスの帝国議会（Diète）に出向き、父親の老ロベールはカール五世に手袋を投げつけている。〔訳注・騎士同士の間で一対一の決闘を申し入れる作法として行われた。」

ゲルドル公に関して言えば、この小国の君主が、ハンニバルさながら、五十年間にわたってフランドルとオーストリア、そして帝国の運命を左右した。彼が果たした役割は、逃亡兵や追放された人々を集めることであったが、もし彼がいなかったら、オーストリア家に対する抵抗が、あれほど執拗に続いたことの説明がつかない。ゲルドル公からすると、シャルル突進公のもとでのブルゴーニュ家、マクシミリアンのもとでのオーストリア家は、異議申し立てのあったものを何でも自分のものだと宣言する破廉恥な裁判官に他ならなかった。皇帝は、恥ずかしげもなく、ザクセン人やバイエルン人に助けを求めたが、それでも挫折したのは、ゲルドル公が一歩も譲らず、抵抗したからであった。だからこそ、ブルゴーニュとオーストリアを引き継いだマルグリットは、法王やイングランド王、アラゴン王を抱き込んで、この悪魔の化身のように抵抗するゲルドル公を排除しようとしたのだった。

公式にであれ内密にであれ、フランス王は、低地ドイツでゲルドル公に与えた庇護をライン上流地域に広げ、領主たちに対する小貴族および騎士たちの抵抗を支援しなければならなかった。

革命は、ラインの上流と下流とで同時に、信じられない規模で爆発した。立ち上がったのは、低地ドイツでは農民たち、高地ドイツでは貴族・学者・法律家たちであった。当初、多くの人々が重視しなかった一つの問題は、ユダヤ人の問題であった。これは、修道士たちが彼らの本を焼却しようとしたことから始まった。思いがけない抵抗の中心が形成され、関心と抵抗精神による連鎖が拡大していった。実際、これは、けっして小さな問題ではなく、「中世」に対する革命的で深刻な意識変革を迫るものであった。それは、一千年来「神の殺害者 meurtriers de Dieu」として迫害されてきた人々についても、人間的尊厳は守られなければならないとする心の革命である。迫害者に対する正義の巻き返しであり、裁判官たちが裁かれ、封建諸侯と聖職者がゲルマン的忠誠の篩に厳しくかけられた。

この問題は、まさにこの時代のあらゆる問題と同じく、戦いの勝者に調停が託された大きく深い問題であった。ドイツのドミニコ会士たちは、法王の傍にいてユダヤ人を弁護しているロイヒリン(1455-1522)やフッテン(1488-1523)を追及するためにフランソワ一世に支持を求めた。それに対して弱冠二十一歳のフランソワが採用した判断基準は、法王に味方する輩か、それとも法王の敵かというもので、この大きな戦いにおいては、根本的に中立的であった。革命派と法王派の間で彼が選んだのは、ロディ〔訳注・ミラノの東南〕の女パン焼きであったわけである。スイス兵たちがボーヌのワインで溺れたうえ焼け死んだように、フォルナリーナの家に腰を据えたこの勝者は、即位前に遭ったように厄介な病気に罹ったのだった。

このカエサルの頭を飾った棕櫚の葉は、母親が呼んだように、抑圧された人々の希望であり、彼は、姉マルグリットがそのかよわい心に描いた詩的偶像であった。

彼が人々に見せた姿は「よき兵士」であったが、彼は、この勝利が有する意義について何も理解していなかった。アザンクールの戦いのときの用兵術についても無知で、近衛騎兵の仕業であると思っていた。彼によると、スイス兵の槍衾を切り拓いたのは近衛騎兵隊の槍で、勇者とはローランやルノーであり、王であり司令官であった。彼の夕べの楽しみは騎士たちについて語ることであった。それは、アリオストの作品を読んでいるようであった。折良く、『オルランドOrlando』が現れた。〔訳注・アリオストが『狂乱のオルランド』を発表したのが一五一六年である。〕これは、軽いアイロニーを込めた作品で、イタリアで武勲を競い勝利者となった人々に対する嘲笑を含んでいる。すべてを理解しているかのように見事に法螺を吹いたこの王は、実際には、策謀に長けたサヴォワ女である母后ルイーズと、卑しい実務家の大法官、デュプラ〔訳注・ミラノ生まれ。外交官からフランソワ一世、アンリ二世の宮廷に入りカトリーヌ・ド・メディシスにとりいった〕に操られる人形であった。

母后は確かに熱情的に息子を愛していたが、弄んでもいた。彼女は、教皇使節にこう言っている。

「頼りにするのはこのわたしになさいませ。わたしたちはわたしたちの道を行きましょう。王には、勝手に不満を言わせておけばよろしいのですわ。」

デュプラの希望は、枢機卿になり赤い帽子をかぶることであった。大臣たちは、傲慢からにせよ絞首台にかけられることへの用心からにせよ、枢機卿になることをめざした。枢機卿が首を吊られることは、まずなかったからである。わたしたちは、ブリソネやアンボワーズの歴史について、すでに見た。〔訳注・いずれも既出。ブリソネ（Guillaume Briçonnet 1514没）はルイ十一世に財政官として仕える一方、ランス、ナルボンヌの大司教を経て枢機卿になった。アンボワーズ（Georges d'Amboise 1510没）はルイ十二世に大臣として仕え、ナルボンヌ、ルーアン大司教を経て枢機卿になった。〕また、のちに見るように、サン＝バルテルミー大虐殺を断行したビラーグは、枢機卿になるのが待ちきれず、突如、男やもめになって枢機卿になった。デュプラも聖職の道に入り法王の廷臣になっている。王は、前もって母親と大臣に裏切られていたのだった。

母后ルイーズは、メディチ家との繋がりを望み、その一歩として自らの妹の一人を法王〔訳注・レオ十世。メディチのジョヴァンニ〕の弟（ジュリアーノ）と結婚させたのだった。さらに、息子フランソワを促して、王家の血を引く公女の一人を法王の甥、ロレンツォと結婚させ、フランス王家の百合とメディチ家の丸薬〔訳注・薬作りから身を起こしたメディチは、丸薬を紋章にしていた〕を結びつけさせた。この甥は病弱で、結婚してすぐに亡くなり、新妻も、しばらくして一人の娘を遺して世を去った。このフランスへの運命的プレゼントとなった娘がカトリーヌ・ド・メディシス（1519-1589）〔訳注・アンリ二世の妃〕である。

それでは、フランソワ一世は、どうなったか？

この若い無頓着な王は、政策のほとんどすべてをアンボワーズ枢機卿に任せて、イタリアを犠牲に供してもメディチ家にボルジア家を再現させ、ドイツに関しては、告解師のギヨーム・プティに任せた。この告解師は、始まったばかりの革命に逆行する政策を法王に進言して修道士たちを保護した。

結局、フランソワ一世は、ボローニャの教皇派の謝肉祭（la grasse）で、イタリア女たちからちやほやされ、ガルガンチュアの饗宴にうつつを抜かして、デュプラに勧められるままに『政教和約Concordat』（1516）に署名し、法王と利益を分け合った。彼は、すべてを手に入れることができた。いまや、彼は、唯一の強者であり、イタリアの庇護者であり、帝国の後ろ盾、教会財産の監視役として期待された。だが、彼は、その教会財産のなかでも特別の意味で高価な心の宝を手放すことによって、長子の権利を一皿のレンズ豆のために弟ヤコブに売ってしまったエサウとなったのであった。〔訳注・エサウとヤコブは、族長アブラハムの孫でありイサクの双子の息子たち。聖書の『創世記』に述べられている。〕

第十七章　ルネサンス、初期の性格

ルイ十一世逝いて三十四年、シャルル八世のイタリア遠征および「イタリア発見」から約二十年経った。この二十年は、《ルネサンス Renaissance》も初期であり、その性格はまだ不明瞭で不確かだった時代である。

さまざまな分野での「再生」の動きは、取り消しできないものとして始まっていたが、その生み出された成果が作用を及ぼすにはいたっていなかった。

アメリカの発見（1492）とこの世界の仕組み〔訳注・この地球が回転しているという事実〕の発見（1507）という重大な二つの出来事のうち、前者は、その重要性をまったく認識・評価されていなかったし、後者は、まだ知られてさえいなかった。

〔訳注・コロンブスの新大陸発見は一四九二年であるが、コロンブス自身、自分が辿り着いたのはインドだと思っていた。コペルニクスは一五〇七年に小論集『コメンタリオルス』を出し、そのなかで地動説を述べているが、本格的著述『天球の運動について』を公にできたのは、死ぬ直前の一五四三年である〕

《ルネサンス》は、どこにあるのか？　古代世界の発掘ということで理解するなら、それは、文学においてであった。

しかし、新しい作品は少ししか発見されていない。この時代、大きな評判になったのは、エラスムスの『アダギアAdages（格言集）』というラテン語の選文集である。マキアヴェリやアリオストは、それほど評価されていなかった。コミーヌの『回想録』は、まだ現れていなかった。〔訳注・コミーヌ『回想録』が公刊されるのは一五二四年から一五二八年にかけてである。〕

ルネサンスがその姿を現したのは、間違いなく芸術においてで、ダ・ヴィンチとミケランジェロによってであった。この二人は、出現すべき時代にはるかに先行して出てきた「予言者」で、彼らが呼び起こしたのは、称賛よりも驚愕であった。この時代の芸術に君臨したのはラファエロである。フランスがイタリアを最も羨むのは、最近ローマで発掘されたアラベスクでグロテスクの装飾文様である。〔訳注・「アラベスク」は「アラビア風」の意。「グロテスク」は今日使われているのと異なり、本来は、古代ローマの庭園に設けられた人工の岩窟「グロットgrot」で発掘された動植物や人間などの姿を描いた装飾に由来している。〕イタリアは、古い建築をこれらの気まぐれな花々の文様で飾り立てることに子供じみた喜びを覚えた。

それらすべては、まだ、暮れ方の陽光のように茫漠として漂っている。確固たるルネサンスは、どこに見られるか？　わたしたちは、どのような深く確かな性格によってルネサンスを見分けることができるのか？
この『ルネサンス』の巻の序説に述べたことを思い起こしてみよう。十三世紀から十五世紀へ移るうえでの超えがたい障碍とは、どのようなものだったか？　それは、自らは子を産み出す能力をもはや失い、かといって他者が子を産むのを妨害することによって生きのび続け、大きな人間の砂漠と化したことであった。大胆な先駆者、英雄たちも何人かいたが、それらは、個人的なものにとどまり、孤立した無力なものでしかなかった。彼らを支援できたはずの民衆は、まだ生まれていなかった。

しかし、その最後の三十年に、大きな前進が行われた。「民衆peuple」が現れ始めたのである。新しい時代の理念はまだ明確でなかったが、人々はもう存在した。一つの新しい人類が、見るための眼と熱烈で好奇心に満ちた魂を持って生まれたのである。

国家と教会の崩壊は、シャルル六世の時代〔在位1380-1422〕にどん底に達し、それから上昇に転じた。ルイ十一世による安定化とルイ十二世がもたらした繁栄により、平凡でおそらく卑近であるが生きるのに必要な何かが出現した。ついで、フランスがアルプスの山々を剣で切り開いたとき、一筋の光が、この血の気のうすい世界を金色に染め、イタリアを照らした。

この「イタリアの発見」は、広大な結果をもたらした。長い間保存されていた芸術と諸学の至高の宝庫が突如姿を現し、イタリアと古代が発する二重の輝きを放出した。

しかも、このとき、印刷術によって大規模な果たし合いが組まれた。一方に控えるのは、その英雄的静謐さによって高められたギリシア・ローマの古典古代、他方に控えるのは、神秘的にして深遠・悲愴な聖書的古代である。人間精神は、そのどちらに傾くか？　ルネサンスは、どちらのものか？　誰が古代の神々から甦るのだろうか？

審判をするのは《自然》である。そして、勝者は前者、ギリシア・ローマの古代である。《自然》はこの勝者に向かってほほえみ、永遠の若さを褒美として与えるだろう。誰よりも若く、しかも年長で、神々と人間たちの母であり乳母である《自然》は、古き日々には彼らをあやしただけでなく、彼らの墓にほほえむ。

「自然に従え」――ストア哲学者たちのこの言葉は、古代世界の別れのあいさつであった。「自然に帰れ」――これは、ルネサンスがわたしたちに向けて言った最初のあいさつである。そして、これこそ、《理性 Raison》の最後の言葉である。

偉大なる予言者ラブレーは、この言葉をこう言い換えている。

「深い信仰を打ち立てよ Fondez la foi profonde」。

それを彼は、自分の「意志の神殿 temple de la Volonté」の玄関柱に書いた。わたしたちは、それを十六世紀史の冒頭に掲げた。

この新しい教会の三つの礎石を伐り出した英雄的な働き手は、三人とも農奴の息子であった。コロンブス、コペルニクス、そしてルターである。

イタリア人（コロンブス）は《世界》を見出し、ポーランド人（コペルニクス）はその世界の動き、天体の調和と無限性を発見した。

ドイツ人（ルター）は《家族》を立て直し、そこに祭司を置いて、人間の世界を打ち立てた。

これは、膨大で比類のない努力である。障碍もまた、かつてない大きな障碍が起きた。成功は困難で、最初の成功は苦味を伴った。

アメリカの発見は始めてではなかったが、いずれも実質的結果を伴わなかった。しかし、こんどは、偉大な心の粘り強さによって明らかにされ確認されたのだったが、人間の道義的問題は曖昧にされ、アメリカは発見されるや、奴隷の畑となった。〔訳注・ミシュレがこのルネサンスを刊行した一八五五年、アメリカでは、黒人奴隷の酷使が続いていた。〕

ルターは、過去へ呼びかけることによって未来を再び開きながら、宗教的問題を明らかにするとともに不明瞭にもした。

コペルニクスは、ルネサンスを困惑させる最も手強い矛盾をつきつける。空疎な理屈に嫌気がさし、自分の眼で見たものしか信じようとしなくなって、もっぱら観察が推奨される時代にあって、コペルニクスの主張は、眼の証言を否定するものだからである。なんという石頭だ！　感覚がもたらした経験は、もし理性に合致しなければ、彼にとっては何ほどのものでもない。感覚の経験は、より高くのぼるための踏み台であって、それ以上のものではない。観察を重視する人々は彼を嘲笑した。もし彼のほうが正しいとすれば、感覚の証言は無力となるから、歴史の証言などさらに薄弱となって揺らぎ、ぐらついてしまう。確かなものはどこにあるのか？　わたしたちは誰を信じたらよいのか？　信じるべきは理性のみである。

理性だけが君臨し、理性のみが不変なのだ。それ以外の不変のものは終わってしまった。世界の動き、天空の無限の深みが現れるのは、この世紀の中頃、ヴェサリウス（1514-1564）が人体の深部を開き、セルウェト（ミゲル1511-1553）が血液の小循環を発見することによってである。これ以後は、そうした動きを否定する人は、何を言ってもむだであろう。

数々の決定的勝利が勝ち取られた。しかし、そのために、どれほど多くの異議が申し立てられたことか！　わたしに言わせれば、勝利に寄与したのは敗者たちなのだ！

法王は、自分を嘘つきにしたアメリカを重々しく分割し、指先で世界図に一本の線を引いて、東洋（Orient）を一方に、他方に西洋（Occident）を与えた。誰が与えたのか、だって？　どうやら、それを所有している人間である。

法王の言葉が否定された第二のもの、それは、世界のシステムについてのそれである。それは不動の天から切り離され、法王は、そのことで讃辞をくだされさえする。世界は跪いて、法王がこうした打ち続く敗北によって大きくなるのを眼にする。

おお！　なんとルネサンスは曖昧だろうか！　人類はゆっくりと不規則に歩み、ときに怠惰、過去の無気力のなかにどっぷりと落ち込む。宇宙的な動きのなかで運ばれながら、働き、疲れ、喘ぎ、汗をかく。

この疲労が、ルネサンス最初の幾つかのモニュメントのなかにある。彼らは、身を飾るために、やたらと、際限なく働いた。細部においては魅惑的で眼を奪うが、全体的統一性に欠ける。はっきり言って、そこには、まだ魂がないのだ。カーンのサン＝ピエール教会やロンドンのウェストミンスター寺院の穹隅《きゅうぐう》のなかで、装飾的ゴシックがその最後の努力をしているとき、そこにはまだ、イタリア風アラベスク模様を巻きつけるために花々や葉群が残っている。ガイヨン〔訳注・セーヌ川流域にありアンボワーズ枢機卿が建てた城〕そのほかルイ十二世時代のモニュメントについて称賛されるこの魅惑的な結婚は、なんらかの努力と、不手際なくしては、ありえないものである。

これがルネサンスなのだ。それは手探りで、自らを知らず、まだ自分を把握していない。それは、《自然》のほうに歩み寄り、ゆっくりと《自然》に同化していく。ニュンフ〔訳注・山川草木の精〕はダフネにおいて木となった〔訳注・アルカディアのラドン河神の娘。アポロンに襲われ、月桂樹に姿を変えた〕。それに対し、ここでは、ゴシックの木からニュンフが出て来るのである。それは、植物であり女性、動物であり人間、その全てである。彼女は、生命の痛ましくも混乱した開花なのだ。レダの子供は、殻を破って出て来るが、まだ動きは覚束なく、眼は斜視で、人間らしさも欠けていて、自分の奇妙な出自を非難している。レダも、同じような雰囲気を湛えている。彼女の白鳥が人間味を帯びているのに対し、レダは、その目つきと奇妙な微笑によって白鳥であり、動物の雰囲気を帯びている。ダ・ヴィンチの絵の深みはそのようなものであり、そこには、自然の普遍的類縁性という近代思想の最初の表出を見ることができる。〔訳注・レダは白鳥に姿を変えたゼウスと交わったため、その子は卵の形で生まれ、殻を破って出てこなければならなかったとされる。〕

だが、これらの大胆な人々は、出て来るのが早すぎて、ルネサンスを驚かせ、怖じ気づかせた。ルネサンスは後戻りしようとし、これまで疑ってみたこともないさまざまな形や理念、情念といった無限の世界の入口のところで、ちょうど、アメリカの処女林の、これまで見たことも想像したこともない多様で騒がしい世界に足を踏み入れた旅人のように戸惑っている。だからといって、ルネサンスは、砂漠へ、乾燥の千年に逆戻りするつもりだろうか？

いやいや、進むのだ。信念を持ち、恐れないで入っていくのだ。「宇宙的共感から、人類の世界がはじまる」との一言がお前に確信を持たせてくれる。結局、人間と世界とは兄弟なのだ。芸術の先駆者について言われた「彼は、そこに善意を置いた」ということこそ、新しい時代のことである。「彼は、わたしたちにさらなる善意を置いた」のだ。

そこにこそ《ルネサンス》の真の意味がある。《自然》に対する善意、優しさ。自由思想に与する人々は、人間らしさと共感を大事にする人々である。われらの医学博士、偉大なラブレーは、血が怖かったので瀉血を行わなかった。アグリッパやヴァヘルといった医師たち〔訳注・十六世紀当時のベルギーの医師〕は、妖術師を弁護している。貧しい印刷工のカスティリョーネ〔訳注・神学者でもあった〕は、ただひとりでセルヴェを擁護し、未来のために偉大な寛容の法を打ち立てた。ダ・ヴィンチは何羽も鳥を買ったが、それは、籠から放してやって、喜んで自由に飛び立つのを見

ダ・ヴィンチは何羽も鳥を買ったが、それは籠から放してやって喜んで自由に飛び立つのを見て楽しむためであった

て楽しむためであった。「マルグリットたちのマルグリット」〔訳注・フランソワ一世の姉〕は、ねぐらのない子供たちを集めて、捨て子たちのための最初の孤児院をパリに設立した。

訳者あとがき

ミシュレが『フランス史』の「ルネサンス時代史」を刊行したのは一八五五年二月一日とされる。これまでにも述べたように、一八三〇年の七月革命にインスピレーションを受けて『フランス史』の執筆を決意し一八三三年に第一巻を刊行して以来、一八四四年に中世篇六巻を完成、その後、一八四七年から一八五三年までかけて「フランス革命史」を執筆・刊行したあと、中世の続きの「ルネサンス時代」に戻ったのだった。

「ルネサンス」の巻は次の「宗教改革」の巻、ついでその宗教改革への反動として起きた「宗教戦争」の巻、そしてシャルル九世からアンリ四世の治世の国内対立解消の段階を扱った巻と四巻で構成される「十六世紀史」に含まれる。本書冒頭の「凡例」に示したように、本訳書の原本は、これら四巻を合本したロベール・ラフォン社の一巻本である。（ただし、ロベール・ラフォン社「ルネサンスと宗教改革」に付されているクロード・メトラの序文はロベール・ラフォン社に交渉したもののメトラ氏は死去され、著作権を引きついでいる人が不詳とのことで本訳書に収めることができなかった。）

なお、ミシュレは、一八五三年から一八六七年までかけて、ルネサンス以降大革命前夜までのフランス史を執筆し、一八七二年から一八七四年までをかけて「十九世紀史」を著し、完成してのち、同年二月九日に亡くなったのであった。その間にも、とくに「中世篇」は何度も書き改めている。まさに、全生涯を『フランス史』のために捧げたのであった。

ところで「ルネサンス」というと、ヨーロッパの歴史において文学と芸術の創造が活発化した一つのはっきりした歴史上の現象として、いまでは誰でも容易に脳裏に浮かべることができるが、そうした文芸復興の機運が盛り上がったのは、国によって時期も異なるし、それが顕著だった国もあれば、それほど顕著に現れなかった国もある。最初に起きたのは、周知のようにイタリアで、その影響が伝播してフランスで、イングランドで、フランドルやオランダで、ドイツで起きていったのだった。

イタリアが文芸復興の最初の火付け役となったのには、さまざまな要因が考えられるが、一つは、キリスト教的ドグマに制約されない、人間本来の美の基準を教えてくれる手本としてギリシア・ローマの古典古代の遺産が身近に存在していたことがある。イタリアにとって、ローマのそれがもともと身近にあったことは、イタリアの諸都市がローマ時代の都市を基礎とし、そこから資材を剝ぎ取って築かれたことからも、当然であったが、ときあたかも、もう一つのローマの生き残りであるビザンティンが東方オスマン・トルコの勢力拡大によって滅亡の脅威にさらされ、ギリシア学者たちがイタリアに逃げてきたことも、契機の一つになったことは、すでに多くの研究者によって指摘されているとおりである。

もう一つ、文芸の創造が盛んになった動機として見逃してならないのが、それまでのキリスト教神学に束縛されない古典古代の人間主義的思想が人々の精神と思考に刺激を与えたことがある。もちろん、古典古代の思考も、当時の宗教思想の束縛がまったくなかったわけではないが、中世ヨーロッパに較べると、この時代のイタリアは、都市国家的に分裂していてはるかに統制的でなかったし、多様性があっただけに束縛を受けることが少なかった。それに加えて、ルネサンス時代の作品が、どのように生み出されたかを見ると、それらを生み出した条件が明らかになってくる。たとえば、多くの作品は、権力と富を持った人々が、己の権勢を人々に見せつけたいために、豪華な館を建設し、その壁や天井を絵画や彫刻によって飾らせようとしたところから生み出された。したがって、経済的変革によって権力と富を持った少数者が現れたことが文芸復興の背景になったことも忘れる訳にはいかない。

前述したように、ミシュレの「ルネサンス」が刊行されたのが一八五五年であるが、ルネサンスへの認識を深めさせ広めた名著として有名なヤコプ・ブルクハルトの『イタリア・ルネサンスの文化』が公刊されたのが一八六〇年と僅か五年しか違っていないことも注目される。この十九世紀半ばという時代は、ナポレオンによる征服から解放され、フランス革命の刺激を受けて、ヨーロッパ諸国が次々と独立をめざしていった時代である。いわゆる民族と言語を基盤とした国民国家が成立していった「ナショナリズム」の熱気が高まっていった時期である。民族と言語によって互いの違いを主張し合い、軍事力と経済力で優劣を競うと同時に、文化的にも高みをめざした。その文化的優位を誇るための象徴となったのが文学と芸術の興隆であった。ルネサンスは、その意味での手本を提示してくれる源泉であった。そこに、この十九世紀後半の時代にルネサンスが広く関心の的になったゆえんがあるように思われる。

ミシュレが本書で解明しようとしているのは、ルネサンスとはいったい何だったのかということであったが、それとともに、記述されているのはあくまで「フランス史」のなかのルネサンスであり、さらにいえば、フランスにおけるルネサンスがどのようであったかよりも、フランスにルネサンス運動の生まれる契機となったイタリアとの接触がどうして生じたかという問題である。その観点からミシュレが取り上げているのは、シャルル八世、ルイ十二世、そしてフランソワ一世といったフランス王たちにより次々と繰り返された「イタリア戦争」である。ルネサンスの芸術家たちのなかでも、ミシュレが『フランス史』で取り上げているのは、レオナルド・ダ・ヴィンチとミケランジェロの二人とあとラファエロくらいで、それ以外の芸術家は、名前すら出てこない。フランス・ルネサンスの文人や芸術家もまったくといってよいくらい姿を見せていない。おそらく「ルネサンス」の文芸についてミシュレがどう述べているかを知りたいと思って本書をひもといた人は落胆されるかも知れない。ミシュレは、序章で「十六世紀、コロンブスからコペルニクスへ、コペルニクスからガリレオへ、地上の発見から天上の発見へと進んでいくなかで、人間は自身を発見した」と述べているように、ルネサンスをたんに文芸の復興として捉えていない。このことは次の「宗教改革」の巻でルターを、たんに宗教改革の人としてでなく、ルネサンスの人として述べているところにも表れている。ミシュレは、ルネサンスの芸術家たちについて書きたかったのではなく、ルネサンスというものが、いかなる精神的基盤から芽を出したのかを示したかったのだと思われる。

なお、本書に述べられているのは、ほとんどが十六世紀当時のイタリアで繰り広げられた歴史であるが、イタリア自体は、ミシュレが本書を刊行した一八五五年になっても、あいかわらず分裂国家のままで、ルネサンス時代と同じく都市同士の抗争が続いていた。十九世紀に入っても、ナポレオンが率いるフランス軍に蹂躙されたばかりで、つねに強国による軍事的侵食の脅威に晒され、そのようにしてイタリアを侵略した強国の軍勢によって、ルネサンス時代のイタリアの絵画や彫刻が平然と破壊され、戦利品として持ち去られていた。そうした時代背景も、ミシュレがどのような気持ちで本書を執筆したかを推し量るうえで、見落としてはならないことではないかと思う。

最後に、本書の刊行のために論創社社長森下紀夫氏、編集部の松永裕衣子さんにご苦労をおかけした。厚く感謝申し上げたい。

二〇一八年十二月

ルイ十一世 Louis　30, 31, 90, 117, 122, 124, 126-128, 130, 131, 136, 180, 225-227, 300, 318, 319, 344, 387, 392, 437, 441, 443, 445
ルイ十二世 Louis　128, 129, 183, 184, 187, 223, 225, 227-230, 232, 234, 235, 237, 242, 247, 248, 251, 253, 256, 260-262, 265, 268, 269, 273, 275, 277, 279, 281, 286-293, 297, 306, 311, 313-315, 317, 319, 342, 343, 399, 401, 406, 407, 409, 416, 417, 430, 441, 445, 449
ルイ十四世 Louis　29, 155, 381, 397, 398
ルイ十五世 Louis　23
ルイーズ・ド・サヴォワ Louise de Savoie　260, 263, 313, 344-345, 400-402, 431, 440, 441
ルイ・ドルレアン Louis d'Orléans　225, 263, 380
ルター Luther　5, 8, 42, 61, 64, 86, 117, 181, 182, 217, 322, 326, 338, 447
ルネ王 bon roi René　125, 130, 240, 399
ルネ二世（ロレーヌ公）René　392
ルノー Renaud　440
ルフェーヴル・デタープル Lefebvre d'Etaple　338
ルーベンス Rubens　83
レオ十世 Léon　223, 304, 306, 336, 338, 415, 429, 441
レダ Léda　80, 449, 450
レデラー Roederer, Pierre-Louis　228
レーナヌス Rhenanus　338
レニエ Régnier, Mathurin　29
ロイヒリン Reuchlin　217, 336, 439
ロヴェーレ家 les Rovère　164, 166
ロシュフォール Rochefort　227, 314, 319, 389
ロッセリ Rosselli　361
ロピタル L'Hôpital　384
ロベール悪魔公 Robert le Diable　318
ロベール・エティエンヌ Robert Estienne　337, 338, 340
ロベール豪胆公 Robert le Hardi　19
ロベール三世 Robert　419
ロベール・ド・ラ・マルク Robert de La Marck　419, 437
ローラン Roland　7, 19, 21-23, 66, 87, 425, 440
ローラン家 les Raulin　388
ロンディネッリ Rondinelli　207

——ジュリアーノ Julien　429, 441
メフメット二世 Mahomet　131, 430
メムリンク Memling, Hans　79
モーゼ Moïse　355-357
モリエール Molière　67, 102, 311
モリネ Molinet, Jean　18
モンテーニュ Montaigne　8, 9, 31, 276

【ヤ行】

ヤコブ（アブラハムの孫）Jacob　330, 442
ヤーコブ（ドイツ人歩兵隊長）Jacob　298-301, 303
ユーグ・カペー Hugues Capet　377
ユスティニアヌス二世 Justinien　325, 333
ユード（エウデス）Eudes　19
ユピテル Jupiter　46
ユリアヌス Julien　11
ユリウス二世 Jules　166, 221, 253, 256, 273, 279, 283, 286, 288, 298, 306, 308, 309, 355-359, 375
ヨアキム・デ・フローリス Joachim de Flore　13, 43, 57, 60, 61, 140, 363
ヨアンネス・ダマスコス Jean Damascène　104
ヨーク家 les York　380
ヨセフ（イエスの父）Josèph　46
ヨハネ（洗礼者）Jean　81, 82, 198, 234, 349
ヨハネ（福音記者）Jean　52, 63, 201
ヨブ Job　107

【ラ行】

ライプニッツ Leibniz　321
ライムンドゥス・ルルス Raymond Lulle　40
ラウラ Laure　398
ラ・サル La Sale, Antoine de　89
ラザロ Lazare　63
ラシーヌ Racine　397
ラスカリス Lascaris　335, 338
ラ・トレムイユ La Trémoille（La Trémouille）　312, 416, 420-422, 425, 427
ラ・パリス La Palice（Jacques II de Chabannes）　257, 291, 292, 425
ラ・ピエール La Pierre　414
ラファエロ Raphaël　7, 78, 83, 347-349, 351, 356, 361, 362, 444
ラブレー Rabelais　8, 9, 29, 42, 181, 182, 333, 334, 341, 385, 402, 446, 450
ラボ Rabot　155
ラ・ボエシー La Boétie　31, 276
ラボダンジュ Rabodanges　228
ラミロ・ドルコ Ramiro d'Orco　249
ランカスター家 les Lancastre　129, 380
ランスロ Lancelot　88
ランソネ Rançonet　338
リシュリュー Richelieu　224
リチャード三世 Richard　128
リッチモンド伯 Richmond（ヘンリー七世）　129
ルイ九世（聖王）Louis, saint　23, 24, 53, 131, 136, 228

公）　161, 218, 219, 221, 222
——チェーザレ César　161, 170, 199, 218, 221-226, 234-236, 238-243, 245-257, 293
——ルクレツィア Lucrèce　161, 162, 181, 199, 222, 223, 242, 245, 247
——ジュフレード Jofré　161
ホルバイン Holbein　334
ポルフュリオス Porphyre　47

【マ行】

マーガレット（マルグリット）・オブ・ヨーク Margurite d'York　380, 392
マキアヴェリ Machiavel　136, 140, 180, 206, 229, 240-243, 248-250, 260, 264, 265, 276, 281, 309-311, 344, 444
マクシミリアン Maximilien　128, 129, 136, 172, 184, 230, 232, 259, 261, 269-271, 273, 285-287, 289-291, 298, 299, 301, 308, 311, 312, 315, 346, 381-383, 386, 393-395, 406, 417, 435, 436, 438
マチャーシュ一世コルヴィヌス Mathias Corvin　163
マチュー・シネー Mathieu Shiner　415, 423, 425
マニン（ダニエレ）Manin, Daniel　284
マヌエル一世 Manuel　260
マビヨン Mabillon　11
マリア（聖母）Marie　12, 188
マリア（アラゴン王女）Marie　260
マリー・ド・ブルゴーニュ Marie de Bourgogne　18, 230, 261, 270, 346, 379, 387
マルクス・アウレリウス Marc-Aurèle　83
マルグリット・ドートリシュ（フランドルの）Marguerite d'Autriche　240, 259, 270-272, 274, 285, 287-289, 297, 298, 312, 346, 385, 387, 389, 390, 438
マルグリット・ド・ナヴァール Marguerite de Navarre（フランソワ一世の姉）　397, 398, 400, 402, 403, 431, 439, 452
マルコ（聖）Marc　201, 276, 283, 415
マルコ・ポーロ Marco Polo　277
マルセル Marcel, Etienne　18, 30
ミケランジェロ Michel-Ange　78, 79, 140, 148, 178, 200, 216, 217, 341, 347, 349-351, 355-359, 361-363, 365, 367, 368, 372, 373, 375, 376, 444
ミネルヴァ Minerve　51, 333
ミラボー一族 les Mirabeaux　26
ムスルス Musrus（Musso, Mousouros とも）　338
メアリー Marie　313
メーディア Médée　364
メディチ Medicis
——ロレンツォ Laurent（イル・マニフィコ le Magnifique）　147, 198, 305, 335, 349, 441
——ピエーロ二世 Pierre　147, 148, 150
——ジョヴァンニ Jean　305, 306, 308, 309, 429, 441

フリードリヒ三世 Frédéric　393
フリードリヒ五世 Frédéric　383
プルチ Pulci　349
ブルッカー Brucker, Jacob　36
プルートー Pluton《冥界の主神》 265
ブルネレスキ Brunelleschi　14, 70, 72-74, 76-79, 83, 116, 345, 350
ブルヒャルト Burchard　220, 221, 251
ブルボン（司令官）Bourbon, Charles de　174, 189, 416
ブルボン家 les Bourbon　127, 272
フルーランジュ Fleurange　419-421, 426, 427, 437
フレシエ Fléchier, Esprit　29
フレデゲール（フレデガリウス）Frédégaire　18
フローベン Froben（バーゼルの出版業者） 276, 333
フロワサール Froissart　64
ベアトリーチェ Béatrix　72
ベアトリーチェ・デステ Béatrix d'Este　146, 147, 198
ベイコン（ロジャー）Bacon, Roger　14, 50-53, 68
ペテロ（聖）Pierre　201, 224, 242, 287, 416, 421
ペトラルカ Pétrarque　62, 73, 323
ペトルス・ロンバルドゥス Pierre Lombard　44, 84, 326
ペトルッチ家 les Petrucci　152
ペドロ残忍王 Pierre le Cruel　380
ベネディクトゥス（聖）Benoît　48, 201
ヘラクレス Hercule（ヘルクレスはローマ名） 365, 369
ペルジーノ Perugino　361
ベルシャツァル（バルタザール）Balthazar　375
ベルナール（聖）Bernard　13
ペルノ＝グランヴェル家 les Perrenot-Granvelle　388
ペローゾ Peroso　222
ヘロデ（王）Hérode　198
ヘロディア Hérodias　198
ベンボ（ピエトロ）Bembo, Pietro　223
ベンヴェヌート Benvenute　49
ベンティヴォリオ Bentivoglio　238
ヘンリー七世 Henri　128, 129, 289, 297, 433
ヘンリー八世 Henri　289-291, 297, 311, 312, 407
ボイアルド Boiard　400
ボエティウス Boèce　47
ボシュエ Bossuet　8
ボッカッチョ Boccace　83, 95, 116
ボッティチェリ Botticelli　217, 361
ボナヴェントゥラ Bonaventure　13, 61
ボニファティウス八世 Boniface　62
ホメロス Homère　23, 41, 62, 85, 322, 323, 325, 327, 328, 437
ボランド Bolland, Jean　12
ポリュクテス Polyeucte　322
ボルジア Borgia
——ロドリゴ Roderic（アレクサンデル六世） 161
——ジョヴァンニ Jean（ガンディア

フアン二世（アラゴン王）Juan　123
フアン三世（ナヴァラ王）Juan　255
ファン・エイク Van Eyck　69, 79, 83
フィガロ Figaro　165
フィシェ Fichet　85
フィボナッチ Fibonacci（Leonardo Pisano）　53
フィリップ（善良公）Philippe le Bon　388, 392
フィリップ（美男王）Philippe le Bel　62, 265
フィリップ（フェリペ一世）Philippe　259, 270, 382
フィリップ・ル・ポ Philippe le Pot　126, 127
フィリベール二世 Philibert de Savoie　270, 288, 346
フィロラウス Philolaus　327
フェイディアス Phidias　330
フェデリーコ二世（ナポリ王）Frédéric　223, 237, 238, 244
フェヌロン Fénelon　88
フェルナンド（フェルランテ）二世 Ferdinand　123, 129, 132, 136, 152, 170, 171, 232, 237, 244, 253, 255, 259, 273, 283, 285, 287-291, 297, 307, 308, 311, 382, 383, 394, 395, 411, 434
フォリエル Fauriel　16
フォルナリーナ Fornarina　439
ブーシェ Bouchet, Jean　420
フス（ヤン）Huss, Jean　61, 64, 68, 163, 206
フッテン Hutten, Urlich von　42, 104, 439
フニャディ Huniade　137
フラ・アンジェリコ・ダ・フィエゾーレ frère Angelico de Fiesole　81
プラクシテレス Praxitèle　330
プラトン Platon　37, 38, 56, 85, 162, 321, 323-325, 327, 334, 353
ブラマンテ Bramante　352, 355, 356, 358
ブランカレオーネ Brancaleone　351, 352
フランソワ一世（フランス王）François　129, 234, 260, 261, 286, 300, 314, 336, 342-344, 346, 395-399, 402, 403, 407, 409, 416, 417, 419, 423, 429-431, 435, 436, 439-442, 452
フランソワ二世（ブルターニュ公）François　128
フランチェスコ（聖）François　12, 201
フランチェスコ・ヴァローリ Francesco Valori　211
フランチェスコ・ピッコローミニ（枢機卿。のちピウス三世）Francesco Piccolomini　253
ブラント Brandt　92
プリアポス Priape（ディオニュソスの子）　247
ブリソネ（ナルボンヌ大司教）Briçonnet　122, 150, 160, 168, 169, 185, 186, 224, 440, 441
フリードリヒ二世 Frédéric　49
フリードリヒ・バルバロッサ Frédéric Barberousse　18, 20

【ナ行】

ナヴァロ（ペドロ）Navarro, Pietro 298, 303, 304, 418, 422, 423, 428
ナポレオン Napoléon（Bonaparte） 70, 258, 306, 307, 315, 384, 410
ニコラウス三世 Nicolas 252
ニコラウス四世 Nicolas 52
ニーダー Nyder 85
ヌヴェール伯 Nevers 389
ヌムール伯 Nemours 125
ノガレ（ギヨーム）Nogaret, Guillaume 62-63

【ハ行】

ハーヴェー Harvey 54
パウリヌス Pauline 56
パウルス二世 Paul 162, 321
パウロ（聖）Paul 46, 62, 104, 201
パウロ・デ・ノヴィ Paul de Novi 268
パスカル Pascal 8, 47
バスラン（オリヴィエ）Basselin, Olivier 29
バッカス Baccus 12, 81, 82
パトラン Pathelin 29, 87, 88, 90, 180
ハドリアヌス帝 Adrien 167
ハドリアヌス六世 Adrien 390
パピニアヌス Papinien 321, 342
ハプスブルク家 les Habsbourg 272, 275, 406
バヤジット二世 Bajazet 162, 166, 170
バヤール（ピエール・テライユ）Bayard, Pierre Térail 257, 268, 281, 282, 292, 296, 300, 301, 305, 343, 410, 419, 421, 427, 437
パンタグリュエル Pantagruel 29, 341, 402
ハンニバル Annibal 438
ピウス二世 Pie 162
ピエトロ・ノヴァロ Pietro Novarro 411, 412
ピエール・ド・ボージュー Pierre de Beaujeu 127
ヒエロニムス Jérôme（フスの弟子） 206
ヒエロニムス Hieronyme（サヴォナローラの修道士時代の名） 173
ピコ・デ・ラ・ミランドラ Pic de la Mirandole 142
ピュタゴラス Pythagore 37, 327
ピティリアーノ Pitigliano 279, 280
ビベス Vivès 388
ヒポクラテス Hippocrate 49
ヒメネス Ximénès 329, 434
ビュデ（ギヨーム）Budé, Guillaume 333
ピュロス Pyrrhus 393
ビラーグ Birague 441
ピラネージ Piranesi 73
ヒルデガルト Hildegarde 111
ピントゥリッキオ Pinturicchio 361
ファウスト Faust 83
フアナ（狂女王）Jeanne la Folle 259, 382, 385, 434
ファビオ・オルシーニ Fabio Orsini 252

ソクラテス Socrate　328
ソデリーニ Soderini, Piero di Tomasso　264, 265, 358
ソフォクレス Sophocle　327
ソルデルロ Sordello　351
ソロモン Salomon　94

【タ行】

タイタン（巨人族）Titan　353, 365
ダヴィデ David　86, 365
ダヴィド（ユダヤ人）David le Juif　37
ダ・ヴィンチ（レオナルド）Da Vinci, Léonard　78, 80-83, 178, 180, 233, 234, 347, 349, 373, 444, 449, 450
タキトゥス Tacite　84, 85
タッソー Tasse　147
ダニエル Daniel　364, 375
タルクイニウス Tarquin　54, 74
ダンテ Dante　10, 60-62, 66, 72, 110, 116, 142, 157, 351, 362, 375, 377, 378
ダントゥラーグ d'Entragues　187
ディアーナ（女神）Diane　93, 94
ディアーヌ Diane　184
ティエリ（オーギュスタン））Thierry, Augustin　18
ディオニシオス・アレオパギテス Denis l'Aréopagite　104
ディースバッハ Diesbach　414
ティツィアーノ Titien　400
ティベリウス Tibère　57, 330
テオドシウス一世 Théodose　11
テオドシウス二世 Théodose　11
テミストクレス Thémistocle　408
デュ・ティエ du Tillet　228
デュプラ Duprat　440-442
デュ・ベレ Du Bellay　27, 402, 419, 426
デュマ（アレクサンドル）Dumas　292
デュムーラン（シャルル）Dumoulin, Charles　8, 320
デュメニル Dumesnil　200, 202, 350
デュモラール Dumolard　292, 296, 300, 302, 303
デューラー（アルブレヒト）Dürer, Albert　270
テュレンヌ Turenne　387
テルトゥリアヌス Tertullien　58, 60
テレウス Térée　348
ドゥアルテ Edouard　381
ド・ヴェスク de Vesc　122, 160
トゥキュディデス Thucydide　339
ドゥンス・スコトゥス Duns Scot　38-40, 84, 326
ドナテロ Donatello　73
トマス・アクィナス Thomas d'Acuin　37-39, 84, 97
ドミニクス Dominique　12, 201
ドメニコ・ボンヴィチーニ Domenico Bonvicini　206
トリヴュルチェ Trivulce　174, 235, 412, 416, 425
トルケマダ Torquemada　133
ドン・アルフォンソ Don Alfonso　222, 245
ドン・キホーテ Don Quichotte　271

399, 409, 425, 430, 443
シャルル九世 Charles　398
シャルル突進公 Charles le Téméraire　118, 126, 262, 344, 379, 380, 385, 388, 392, 393, 434, 438
シャルル・ドルレアン Charles d'Orléans　227, 228, 398
シャルルマーニュ Charlemagne　22, 53, 393
シャルロット・ダルブレ Charlotte d'Albret　221
ジャン・デュ・ベレ Jean du Bellay　402
ジャン・ド・サントレ Jean de Saintré　87, 88, 402
ジャン・ド・シメ Jean de Chimay　392
ジャン・ド・パリ Jean de Paris　51
ジャン・ド・フォワ Jean de Foix　293
ジャン・ド・リニー Jean de Ligny　89
ジャン・ビュロー Jean Bureau　90
ジャン無畏公 Jean sans Peur　380
ジャンヌ・ダルク Jeanne d'Arc　61, 66, 89, 93, 115
シュプレンガー Sprenger　94, 95, 97-99, 101-110, 112, 113
シュペル＝ザックス Super-Saxe　414
ジュリア・ベッラ Julia Bella　199
ジョワンヴィル Joinville　228
ジョヴァンニ・デ・パルマ Jean de Parme　13, 60
ジョヴァンニ・デ・メディチ Jean de Médicis　305, 306, 308, 309, 429, 441
ショーモン（フランス軍将軍）Chaumond　281
ジョルジュ・ダンボワーズ Georges d'Amboise　223-224, 232, 314
シルヴェストル・マルッフィ Silvestre Maruffi　214
スエトニウス Suétone　163
スガナレル Sganarelle　102
スゴン Second, Jean　388
ストラボン Strabon　318
スピノザ Spinoza　34, 37
スフォルツァ Sforza
――ジョヴァンニ＝ガレアッツォ（1476-1494）Jean Galéas　70, 147, 148, 233, 234
――ルドヴィコ・マリーア（イル・モーロ）（1494-1499）Ludovic-Mari　144, 147, 198, 222, 233
――マッシミリアーノ Maximilien（1499-1512のフランスによる統治のあと1512-1515）　147, 406, 407, 414, 415, 428
――フランチェスコ二世 François（1515-1521のフランスによる統治のあと1521-1529　このあと神聖ローマ帝国に統合さる）　415
スラ（三頭政治）Sylla　330
スレイマン Soliman　261
ゼウス Zeus　46, 80, 82, 450
セリム一世 Sélim　430
セーセル Seyssel, Claude de　228, 315
ゼノン（エレアの）Zénon　353
ゼノン（キュプロスの）Zénon　352, 353
セルヴェ Servet, Michel de　8, 450

コロンナ（プロスペロ）Colonna, Prosper　298, 304, 410, 413
コロンナ家 les Colonna　73, 301
コロンブス Colomb, Christophe　5, 8, 52, 74, 84, 117, 144, 266, 327, 363, 443, 446-447
ゴンサーガ（マントヴァ侯）Gonzague　174, 176
ゴンサロ・デ・コルドヴァ Gonsalve de Cordoue　184, 244, 253, 255
コンスタンティノス・ラスカリス Constantin Lascaris　335
コンデ公 Condé　409
コンドルセ Condorcet　52

【サ行】

サヴォナローラ（ジローラモ）Savonarole, Jérôme　139-143, 150, 152, 158-160, 173, 190-195, 197, 199, 200, 203, 205-217, 234, 257, 296, 325, 350, 356, 361, 363, 368, 430
ザカリア Zacharie　364
サクス（元帥）Saxe　176, 295
サフォーク公 Suffolk（チャールズ・ブランドン）　313
サムソン Samson　33
サルサール Sallesard　186
サロメ Salomé　199
サン＝ジュスト Saint-Just　31
サン＝ジュレ Saint-Gelais
——オクタヴィアン Octavien　228
——メラン Mellin　228
サン＝ポル伯 Saint-Pol　89, 125
ジエ（将軍。フランソワ一世の養育係）Gié　263
シェイクスピア Shakespeare　9, 153
ジェム Gem　162, 169, 170
ジェリコ Géricault　83
ジェルソン Gerson, Jean　68, 191, 205
ジェンティーレ・ヴィルジニオ Gentile Virginio　252
ジオットー Giotto　69
シクストゥス四世 Sixte　163, 164, 166, 217, 252, 359, 375
シスモンディ Sismondi　151, 189
シニョレリ Signorelli　361
シビュラ Sibylle　54, 322, 328, 333, 350, 361
ジャック・クール Jacques Coeur　89
シャティヨン夫人 Châtillon　402
シャトラン Chastelain　392
ジャネ Janet, Claude　384
ジャノトゥス・ドゥ・ブラグマルド Janotus de Bragmarde　104, 334
シャルル五世 Charles　124, 125, 180, 263
シャルル六世 Charles　18, 30, 92, 225, 445
シャルル七世 Charles　118, 126, 293, 399
シャルル八世 Charles　118, 122, 124, 127-130, 134, 136, 142-146, 148, 150, 153-155, 158, 159, 161, 166, 169-172, 176, 183-185, 188, 190, 191, 198, 207, 214, 222, 225, 227, 230, 233, 261, 270, 272, 287, 300, 313, 314, 319, 325, 344,

ガッティナラ Gattinara　289, 389
カテリーナ・スフォルツァ Catherine Sforza　235, 241
カトー Caton　340
カトゥルス Catulle　342
カトリーヌ・ド・メディシス Catherine de Médicis　440, 441
カペー家 les Capet　377
カリガロン Caligaron（ヴェネツィアの靴屋）　283
カリストゥス三世 Caliste　164
ガリレオ Galilée　8, 34, 53, 54, 82
カール五世 Charles-Quint　242, 258-260, 268, 270, 273, 274, 287, 290, 329, 344, 377, 379-391, 393, 395, , 398, 406, 407, 409, 415, 417, 430, 434, 437
カルヴァン Calvin　8, 181, 182, 408
ガルガンチュア Gargantua　9, 104, 341, 403, 442
カルドーネ Cardone　298, 302
カルピ Carpi　389
ガレオ Galeot　425
ガレノス Galien　49
カロンドゥレ家 les Carondelet　388, 389
キケロ Cicéron　11, 334
ギゾー Guizot　17
キネ（エドガー）Quinet, Edgar　80, 82, 139, 140, 193
ギベルティ Ghiberti, Lorenzo　76
キャサリン Catherine　289
キュヴィエ Cuvier　80
キュクロプス Cyclope　82, 353, 362
ギヨーム・グーフィエ（ボニヴェ公）Guillaume Gouffier　404
ギヨーム二世（ウィリアム征服王）Guillaume　19, 319
ギヨーム・プティ Guillaume Petit　441
ギルランダーイヨ Ghirlandajo　361
グイッチャルディーニ Guichardin　121
クジャス Cujas　8
グージョン Goujon, Jean　8
クセノフォン Xenophon　334
グットリィ Guttorii, Bernardino　219
グーテンベルク Gutenberg　84, 276, 324
クラリーチェ・オルシーニ Clarisse Orsini　147
グラングージエ Grand-Gousier　341
グリム Grimm　93
クルイ家 les Croÿ　392, 394
グレゴリウス（大法王）Grégoire　47, 201, 321, 322
クレメンス四世 Clément（ギィ・フルク）　51, 52
クレメンス五世 Clément　52
クロード・ド・ギーズ Claude de Guise　417, 427
ゲニエヴァー Genièvre　88
ゲルドル公 Gueldre　290, 291, 417, 418, 437, 438
ケレスティヌス三世 Célèste　252
コペルニクス Copernic　5, 8, 54, 117, 327, 443, 447
コミーヌ Commines　136, 140, 173, 276, 343, 344, 444

イサベル・デュ・ポルテュガル Isabelle du Portugal　260
イザヤ Isaie　205, 365
イスマイル Ismaël　330
イスラエル Israël　330
インノケンティウス三世 Innocent　37
インノケンティウス八世 Innocent　100, 164, 165
ヴァザーリ Vasari　80, 361, 362
ヴァターブル Vatabre　336
ヴァノッツァ Vanozza　161, 162, 218
ヴァヘル Wyer　450
ヴァランティーナ Valentine　232
ヴァン・ボーゲム Van Boghem　347
ヴィヨン Villon　16, 29
ヴェサリウス Vésale　8, 344, 448
ヴェッセル（ヨハン）Wessel, Jean　86
ウェルギリウス Virgile　85, 322, 323, 328, 348, 362
ヴォルテール Voltaire　23, 82, 182, 276
ウゴリーノ Ugolin　154
ウマール Omar　48
ウラニア Urania　72
ウルジー Wolsey　433
ウルピアヌス Ulpien　321
エウリュディケ Eurydice　329
エサウ Esaü　442
エゼキエル Ezéchiel　364, 366, 367, 374
エティエンヌ家 les Estienne　338, 339
エドワード四世 Edouard　129
エドワード五世 Edouard　129
エピクテートス Epictète　25
エホヴァ（ヤーウェ）Jéhovah　45, 46
エラガバルス（帝）Héliogabale　199
エラスムス Erasme　104, 276, 331, 333, 334, 388, 444
エリヤ Elia　350, 361
エル＝シド El-Cid　133, 383
エルンスト一世 Ernest　383
エレオノール Eléonore　293, 381
エレミア Jérémie　367, 370, 371, 373, 374
エロイーズ Héloïse　56
エンリケ四世 Henri　123
オウィディウス Ovide　342
オッカム Ockam　14, 33, 42, 66
オービニィ Aubigny　257
オランジュ公 Orange, duc d'　389
オリヴィエ Olivier　22
オリゲネス Origène　17, 104
オルシーニ家 les Orsini　73, 251, 252, 279
オルフェウス Orphée　329
オルランド Roland　7, 83, 146, 310, 349, 400, 440
オレオー Hauréau, Barthélemie　37

【カ行】

カエサル César　46, 243, 355, 384, 429, 439
カスティリョーネ Châtillon　450
カステルボン Castelbon　293
カストラカーニ Castracani　242
ガストン・ド・フォワ Gaston de Foix　293, 409
カッサンドル Cassandre　311

アルシーヌ Alcine　83
アルテフェルデ家 Artevelde, les　63
アルテュス・グーフィエ Artus Gouffier 399
アルド（ヴェネツィア出版業）les Alde 276, 325, 333
アルノー・ド・ヴィルヌーヴ Arnaud de Villeneuve　52, 68
アルパゴン Harpagon　311
アルフォンシーナ・オルシーニ Alfonsine Orsini　146, 147, 150
アルフォンソ二世 Alphonse　153, 171
アルブレ家 les Albert　293
アルベルトゥス・マグヌス Albert le Grand　36-38, 105, 111
アルマニャック伯 Armagnac　125, 130
アルミニウス Alminius　381
アルメニエ家 les Armeniet　388
アレアンドロ Aléandro　336
アレクサンデル四世 Alexandre　61
アレクサンデル六世 Alexandre　141, 143, 153, 161, 164, 166, 169, 170, 172, 190, 193, 198, 205, 212, 221, 222, 224, 232, 245, 251-253
アレクサンドロス（大王）Alexandre 355, 383
アングレーム家 les Anglème　260, 261
アングレーム公妃 Angoulème, duchesse de　128
アングレーム伯 Anglème, comte de 129, 398
アンジェリカ Angélique　400
アントニウス（聖）Antoine　201
アントニヌス（聖）Antonin　201
アントワーヌ・ド・クルイ Antoine de Croÿ　392, 393
アントワーヌ・ド・ラ・サル Antoine de la Sale　89, 126
アンヌ・ド・フランス（アンヌ・ド・ボージューとも）Anne de France 122, 124, 127-130, 198, 225, 227, 230, 238, 240, 259-262, 268-270, 286, 288, 307, 313, 343, 401, 406
アンヌ・ド・ボージュー Anne de Beaujeu　128-130, 313
アンハルト（大公）Anhalt　282
アンボワーズ枢機卿 Amboise, Georges d' 224, 226-228, 232-233, 238, 242, 243, 247, 252, 253, 268, 274, 288, 315, 441, 449
アンリ二世（王）Henri　440, 441
アンリ二世（出版業者）Henri d'Estienne　337, 338, 398
イアソン Jason　35
イヴ Eves　94
イヴ・ダレーグル Yves d'Allègres　235, 236, 238, 257, 304
イエス Jésus　10, 12, 45, 50, 52, 59, 63, 68, 86, 110, 201, 216, 217, 257, 363
イグナティウス・ロヨラ Ignas Loyola 114
イサク Isaac　330, 442
イサベル（カスティリヤ女王）Isabelle 123, 132, 259, 382, 383, 434
イサベル・ダラゴン（ナポリ女王）Isabelle d'Aragon　146-148

人名索引

※歴史的に実在した人物だけでなく、神話・宗教上の人物、文学作品に登場する人物名も抽出した。欧文表記は、ミシュレの原著に従った。

【ア行】

アイオロス Éole　115
アイスキュロス Eyschyle　327
アヴィセンナ Avicenne（イブン＝スィーナー）　36, 37
アヴェロエス Averroès（イブン＝ルシュド）　36, 37
アウグストゥス Auguste　46, 330, 348
アウルス・ゲリウス Aulu-Gelle　339
アエネイアス Enée　322
アグリッパ Agrippa（ベルギーの医師）　344, 388, 450
アーサー王 Arthur　381
アストーレ・マンフレディ Astorre Manfredi　238, 245
アダム Adam　45, 94
アッティラ Attila　325
アッラー Allah　45
アテナ神 Athéna　51
アトラス Atlas　369
アドリアン・フォン・ユトレヒト Adrien d'Utrecht（ハドリアヌス六世）　390
アドルフ・ド・クレーヴ Adolphe de Clèves　227
アニェス Agnès　398, 399
アニュレ Agnelet　87, 90
アブラハム Abraham（イスラエル族長）　56, 330, 442
アフラ・マズダ Ormud　46
アベラール（ペトルス・アベラルドゥス）Abailard　10, 13, 14, 33-36, 43, 55, 56
アラン・バルブトルト Allan Barbetorte　19
アリアノス Arrianos　25
アリオスト Arioste　7, 83, 146, 349, 400, 440, 444
アリストテレス Aristote　36-39, 67, 85, 321-325, 327, 384
アリストファネス Aristophanes　26
アーリマン Arimane（闇の神）　94
アルヴィアーノ Alviano, Bartolomeo di　280, 413, 415, 421, 427
アルキアーティ Alciat　342
アルキメデス Archimède　82
アルキンディ Alkindi　37

ジュール・ミシュレ（**Jules Michelet**）
フランス革命末期の1798年8月にパリで生まれ、父親の印刷業を手伝いながら、まだ中世の面影を色濃く残すパリで育ち勉学に励んだ。1827年、高等師範の歴史学教授。1831年、国立古文書館の部長、1838年からコレージュ・ド・フランス教授。復古王制やナポレオン三世の帝政下、抑圧を受けながら人民を主役とする立場を貫いた。1874年2月没。

桐村泰次（きりむら・やすじ）
1938年、京都府福知山市生まれ。1960年、東京大学文学部卒（社会学科）。欧米知識人らとの対話をまとめた『西欧との対話』のほか、『仏法と人間の生き方』等の著書、訳書にジャック・ル・ゴフ『中世西欧文明』、ピエール・グリマル『ローマ文明』、フランソワ・シャムー『ギリシア文明』『ヘレニズム文明』、ジャン・ドリュモー『ルネサンス文明』、ヴァディム＆ダニエル・エリセーエフ『日本文明』、ジャック・ル・ゴフ他『フランス文化史』、アンドレ・モロワ『ドイツ史』、ロベール・ドロール『中世ヨーロッパ生活誌』、フェルナン・ブローデル『フランスのアイデンティティⅠ・Ⅱ』、ミシェル・ソ他『中世フランスの文化』、ジュール・ミシュレ『フランス史』［中世］（Ⅰ～Ⅵ）（以上、論創社）がある。

フランス史Ⅶ ルネサンス
HISTOIRE DE FRANCE: RENAISSANCE

2019年2月10日　初版第1刷印刷
2019年2月20日　初版第1刷発行

著　者　ジュール・ミシュレ
訳　者　桐村泰次
発行者　森下紀夫
発行所　論 創 社
東京都千代田区神田神保町2-23　北井ビル
tel. 03（3264）5254　fax. 03（3264）5232
振替口座 00160-1-155266
http://www.ronso.co.jp/
装　幀　野村　浩
印刷・製本　中央精版印刷

ISBN978-4-8460-1785-9　